生命价值与教育情怀

陈辉 主编

中国海洋大学出版社
·青岛·

图书在版编目（CIP）数据

生命价值与教育情怀/陈辉主编.—青岛：中国
海洋大学出版社，2017.6
ISBN 978-7-5670-1452-7

Ⅰ.①生… Ⅱ.①陈… Ⅲ.①中小学教育—教学研究
Ⅳ.①G63

中国版本图书馆 CIP 数据核字（2017）第 142555 号

出版发行	中国海洋大学出版社	
社　　址	青岛市香港东路 23 号	邮政编码 266071
出版人	杨立敏	
网　　址	http://www.ouc-press.com	
电子信箱	465407097@qq.com	
订购电话	0532-82032573（传真）	
责任编辑	董　超	电　话 0532-85902342
装帧设计	青岛汇英栋梁文化传媒有限公司	
印　　制	日照报业印刷有限公司	
版　　次	2017 年 7 月第 1 版	
印　　次	2017 年 7 月第 1 次印刷	
成品尺寸	185 mm × 260 mm	
印　　张	18	
字　　数	405 千	
印　　数	1—2100	
定　　价	48.00 元	

发现印装质量问题，请致电 0633-8221365，由印刷厂负责调换。

阳信县"名校长名班主任名教师"建设工程核心文化

工程主题

师德和师能兼修　生命与使命同行

工作目标

传播先进理念　引领专业发展　奠基未来名家　追梦教育幸福

培养途径

理论提升　专家引领　同伴互助　自我反思

会徽解读

以专业发展为导向,以阅读积累为根基,用爱心和责任在中小学校长、班主任、任课教师三个专业领域精心培养名副其实的学术带头人。会徽以绿色铺边,时刻提醒我们铭记"教育是农业而不是工业",要心怀敬畏之心,尊重教育规律,遵循人才成长规律,守望一方净土,建设绿色、环保工程。

让生命超越平凡

"国将兴，必贵师而重傅。"山东省阳信县委、县政府历来高度重视教育工作，把教育摆在优先发展的战略地位。进入新世纪以来，通过深化农村义务教育经费保障机制改革、校舍安全工程、农村薄弱学校基本办学条件改善计划、对口支援、定向招生等重大举措，推动阳信教育迈上了新台阶。但由于自然、历史、社会等多方面原因，阳信县经济社会发展相对滞后，教育基础差，保障能力弱，特别是农村、边远、贫困、少数民族地区优秀教师少、优质资源短缺，教育质量总体不高，难以满足人民群众接受良好教育的需求，难以适应经济社会发展对各类人才的需要。"知之愈明，则行之愈笃"，"致天下之治者在人才"，阳信县教体局经过广泛调研精准发力，突出教师队伍"高、精、尖"导向，努力培养和造就一大批献身教育事业、具有先进教育理念和独特办学风格的"名师、名班主任、名校长"。其中，协同递进是"名师、名班主任、名校长"培养的主要模式；升华境界是"名师、名班主任、名校长"培养的主要内容；学校是"名师、名班主任、名校长"培养的主要平台；高等院校是"名师、名班主任、名校长"培养的主要阵地；教育行政部门是"名师、名班主任、名校长"培养的支持服务主体；信息技术是"名师、名班主任、名校长"引领全员发展的技术支撑。阳信县教体局构建了县域整体连贯推进"名师、名班主任、名校长"培养新模式，创造性地贯彻了国家倡导的建设县域教师专业发展支持服务体系的要求，为欠发达地区提供了宝贵经验与典型案例。

阳信县教体局主编的关于"名师、名班主任、名校长"在教育教学、班级活动、学校管理和培养过程教育叙事研究的《制度设计与培养创新》《生命价值与教育情怀》是两本引人入胜且信息量丰富的书籍，观点新颖独到。"名师、名班主任、名校长"需要爱的热情来始终保持对平凡教书育人工作的追求，用理性和思考去寻找教育点点滴滴的不寻常，引导自己走上从事教育科研这条幸福的道路，让生命超越平凡。

本书以《为学生幸福成长而成长》《语文教师，当精于汉字》《真水无香 大道至简》《数系的扩充和复数的概念》《以"校长为首，品德课程为主"构建全员育人导师制的德育工作实效性研究》等200余篇文章为基础，用"面对面的倾诉与倾听"的手法带领我们走进一个个校长与教师、教师与学生的真实的世界。

100位作者对日常教育教学、班级活动、学校管理的娓娓道来与认真反思，不仅带我们领略了阳信县"名师、名班主任、名校长"的共同的渴望、烦恼、焦虑、痛苦、折磨、善良、慈爱、体贴、感恩、关爱等千般情愫和万般滋味，而且使我们也因师生的真情倾诉而感动，因师生的矛盾焦虑而担心，因师生的痛苦折磨而心痛，因师生的坦诚可爱而高兴，因师生的青春激情而激动，因师生的感恩关心而温暖，因师生的仁爱善良而欣慰……在100位作者的精神世界里，生活是美好的，与学生一起成长是温馨、诗意的。正所谓满纸都是情、点滴都是诗，100位作者之所以"爱得深沉"，正在于作者用行动诠释践行着"教育如果没有爱，就如同池塘里没有水"这一教育真谛。透过这些故事，我们看到师生平凡朴实而又充满活力的教育生命，大悲、大喜、顿悟、悔恨、冲突，每一个故事浸润着作者对教育教学的不懈追求，渗透了对学生的真情挚爱。

教育是心灵与心灵的沟通，灵魂与灵魂的交融，人格与人格的对话。如果说教师是太阳下最光辉的职业，其光辉之处就在于教师可以照亮一代又一代新人，阳信县教体局的"名师、名班主任、名校长"工程闪耀着人性的光芒，温暖学生，也温暖自己。

第斯多惠认为："凡是不能自我发展教育的教师，他就不能发展培养和教育别人。"教是为了不教，所有的教育归根到底是自我教育。本书可贵之处在于坚持理想，勇于实践，努力探索与追求。希望每一位读者都有更多的探索和实践，努力把教育实践点点滴滴，升华为一种教育思想、一种行为模式、一种生活习惯。"物有本末，事有始终"，我坚定地相信：那些默默无闻、为了这个世界变得更加美好而焚膏继晷的人，总会得到这世界上最高奖赏，因为这世界最美好的事物是靠劳动创造的。

"大鹏之动，非一羽之轻也；骐骥之速，非一足之力也。"真诚祝福阳信县的"名师、名班主任、名校长"工程"择高处立、寻平处住、向宽处行"。

大德不官，大爱无言，是为序！

国家教育行政学院　于维涛
2017年1月10日

与你相约
在六年之前
你给了我一个远方
更给了我前行的伙伴
从此
我多了一个称谓："三名"人选

我在这条路上
行走,思索
学习,沉淀
每一个为目标跋涉的日子
就是如歌的行板

我在这个温暖的家园
耕耘,拔节
收获,裁剪
每一个为明天踏出的足迹
都有灿烂花开

还记得
那一次次的高端培训
北京,青岛,南京,海门
给我们的,是思想的触动
是心灵的震撼

那一个个熟悉的名字
窦桂梅,高金英,张思明,肖川
我们成长的导师
动力的源泉

还记得
那一次次协作组会议
交流,分享,展示
草根也有传奇
榜样就在身边
那一期期简报
含英,咀华
用心就有精彩
认真就有群星璀璨

你让我相信
成长无涯,梦想无边
没有不劳而获的成功
没有等来的香甜
只有坚持和努力
才会抵达美丽的彼岸

你让我明白
成长就是一次蜕变
必须经历疼痛
必须付出泪与汗
那破茧成蝶的美丽
是专属于我们的惊艳

而今
我们携手
走过了六年
我在想
我收获了什么?
把阅读当成享受

把思考当成习惯
把教书使命记在心中
把育人责任扛在双肩
我还在想
假如没有"三名"
我的成长之路
该有多么孤单
假如没有"三名"
我的人生旅程
该有多么遗憾

我不知还能陪"三名"
走多远
也许下一个路口
就是我的驿站
但我依然眷恋这里
这里是我行走的起点
是我永远的港湾
这里有我太多熟悉的容颜
承载了我多少夜的无眠
我永远记得
生命与使命同行的理念
永远记得
这支年轻团队
这熠熠燃烧的火焰

六年啊
我庆幸把珍贵的年华
与"三名"紧紧相连
我自豪,我是"三名"人选!

阳信县劳店镇中学　张如意
2017 年 2 月 1 日

目录

体会随笔

潍坊广文中学挂职培训随笔

阳信县教体局师训办公室　陈辉

根据县教体局 2012 年重点工作安排,经过长时间的联系与筹备,5 月 6 日下午,我带领 9 位初级中学校长来到潍坊广文中学挂职培训。在为期一周的时间里,我们将走进这所百年老校,以校长助理的身份参与学校日常管理,领悟赵桂霞校长及其团队的管理艺术和治校经验,以期探求广文中学薪火传承的文化基因和长盛不衰的办学奥秘……

一、高效课堂是这样炼成的

5 月 7 日,挂职培训进入第二天,培训模块是走进课堂。在昨天的见面会上,赵校长向河南、阳信两个挂职培训组每一名成员逐一征求意见,充分满足学科要求,给我们开放了上午 21 节课(文华校区),下午 10 节课(广文校区),供自由选择。我们阳信挂职人员每人都选听了 5 节课,并于下午 3:30 参加了由贾校长主持的评课活动。

我听的是以下 5 节课:上午刘湘玉、刘雅琴、钟玉老师的初二语文、初一数学、初一历史课;下午郭晓燕、孙安秀老师的初一语文、初一历史课。5 位教师的课各有千秋,其共性特点清晰可辨,窥一斑而知全豹。广文中学课堂的高效让我惊叹不已,深深回味。

第一,坚持将以人为本、强化主体地位贯穿始终。无论学生手中有无纸质稿《导学案》,课堂坚持以"导学"为主线,脉络清晰。

第二,坚持将学习小组各成员的合作探究与反馈矫正贯彻始终。广文中学的每一个班级就是一列"和谐号"动车组,除去教师这个主动力外,每一个学习小组都为火车增添了分动力,确保了高速、平稳前行。

第三,坚持将夯实"双基"贯彻始终。采取得力措施帮助、引导学生归纳、建构与优化知识系统,掌握基本技能。两节历史课的题目都是"明朝皇权的加强",两位教师在课的结尾归纳"通过中央、地方、皇族、群众、知识分子五个方面采取一系列措施,加强皇权",并画出知识树,提高了教学效率。再比如,刘雅琴老师的数学课,通过题组设计,突出变式与逆向思维训练,使学生深化了对同底数幂的乘除法、零指数幂、负整数指数幂等运算规律的把握。

第四,注重学习能力培养。我听的初二语文是作文点评课,刘湘玉老师以培养学生的阅读、鉴赏、批判能力和创新精神为重点,组织学生自主进行作文点评。我们随机查看学生的作文,篇篇文笔流畅,文采飞扬,且书写端端正正,可以看出广文中学对学生作文能力的培养"滴水穿石非一日之功"。如作文《下棋让我懂得了人生》,通过下棋,学生联想到对人生的感悟。其思想达到的深度,很难让人相信作文出自十四五岁的少年。

第五,重视情感、态度、价值观的目标达成。郭晓燕老师的课是讲读神话《夸父逐日》,在结束阶段,她希望学生通过对全文的学习,要发扬夸父逐日的精神克服学习困难。经过她的激励,学生能快速且声音洪亮地背诵全文。孙安秀老师的历史课,通过列举明太祖、建文帝、明成祖采取一系列措施加强皇权而造成对人性的摧残,不失时机地对学生进行民主与法治教育、历史唯物主义教育，时机把握恰到好处，教育效果较好。

当然，对课堂某些细节的处理，我也有一些浅见。比如作文点评课，没辅以文本呈现，仅是学生口头表述，使得广大学生不能有效感知原作文和旁批、总评，实效打了折扣。数学课的题组设计，在坚持突出重点、分化难点的前提下，没能坚持小坡度、密台阶，影响了目标达成度。

二、创造适合教师发展的管理

5月8日，挂职培训进入第三天，培训模块是走进管理，走进教师。上午分别由学校事务处、组织处、品牌管理处（含人力资源部）、课程管理处的主任就各自分管的工作进行情况介绍；下午5位教师讲述了各自的专业成长经历。他们的介绍或诙谐幽默，或声情并茂，让我们从不同的侧面对广文中学精细化管理有了新的了解。

（一）学校事务处：让制度看守校园比校长更可靠

学校事务处分管校园安全保卫、档案管理、常规落实等众多工作，随着学校声誉鹊起，来访接待、协调等工作愈发艰巨，而且赵校长及其班子成员因大量的学术研究及社会兼职而工作繁忙。学校经教代会或教职工全体大会批准出台了一系列规章制度，坚持制度第一，校长第二，让制度"看守"校园。学校的重大活动都有一整套科学的工作流程，根据岗位职责坚持分工负责，各有侧重又统筹兼顾，保证了学校的健康、协调、高效运转。

（二）学校组织处：争先创优，永葆党的先进性

根据市教育局要求，广文中学新设了专职党务机构——组织处。组织处不仅出色地完成了上级党委安排的各项常规工作，更难能可贵的是他们把党的普遍性方针政策同学校实际相结合，紧紧围绕学校中心工作，开展了党员读书、全员育人导师制、师德师风建设承诺等一系列争新创优活动，充分发挥党员的战斗堡垒作用，保持了党的先进性。

（三）品牌管理处：广文文化，专业打造

广文中学十分注重文化育人的作用，把文化建设作为提升学校软实力的重要载体。置身校园，广文的文化元素无处不在，大到学校及校长的宣传，名教师的推介，校园网站、校报的建设，小到校服、资料包的设计，教师日志，甚至一次性纸杯都由专业团队进行精心设计，倾力打造广文文化品牌。从校史馆展板、文化墙、宣传橱窗以及校长、处室主任和教师发言的课件模板上，我们都感受到了百年老校厚重的文化底蕴。

（四）课程管理处：为教师发展搭建多元平台

李新明主任讲到，一所对学生成长负责的学校，必定首先要承担教师专业发展的责任。"发展教师，成就学生，服务社会"是广文中学的核心办学理念，发展教师居首位。5位教师讲述的各自专业成长经历，使我们了解了广文中学抓住关键事件、关键人物、关键书籍、关键因素和关键时期，以举办课堂大赛、读书展示、教学基本功比赛、学科技能比赛

等系列活动为载体,为教师搭建了多元的发展平台,从而催生了青年教师的成型、成熟和年长教师的成功、成就。他们"不是一个人在奋斗",而是建立了一整套良性机制,教师专业成长如百舸争流、千帆竞发,学校发展势头如雨后春笋。是的,正如赵校长一篇文章的标题——"学校的生命力在于教师的专业成长"。广文,足以让人向往和敬仰!

三、建设适合学生发展的课程

5月9日,挂职培训进入第四天,模块是走进课程。上午分别由韩文联、孟祥池两位主任就学校的特色课程和学科课程进行了介绍,初二年级十班陈景怡同学以"在广文的小日子"为题讲述了自己的学习感受。下午,我们观摩了学校的社团课程。因我要为到广文听课的我县51名骨干教师进行牵线联络,虽然报告听得断断续续,但我对广文的课程体系已是了然于心。

他们秉承"适才教育,助每个学生走向成功"的核心理念,开设了"生本化"的学科课程、个性化的活动课程、特色化的学校课程,从而构建了与学校培养目标相一致的"三位一体"的课程体系。"大家"系列的特色课程培养了大家风范;"文化"系列的特色课程沉淀了学生的人文底蕴;"实践与探究"系列的特色课程培养了学生的科学精神;而以入校课程、离校课程为代表的活动课程触及灵魂,成为助推广文学子走向成功的不竭动力。通过两位主任的介绍,我们平生第一次听说了"引桥课程"。引桥课程包括小初引桥、难点引桥、高中引桥,其目的分别是解决小初衔接、分解难点、迅速适应高中的生活和学习。尤为难能可贵的是,广文的课程不是因校而设,因师而设,而是在经过大量调查研究,包括问计于教师、走访学生(包括回访已升入高中的学生),并经过数据统计、分析,最后做出科学研判的基础上,因学生的需求而设。他们是真正地认真践行以学生为本,为学生的终身发展和未来幸福奠基。广文,怎不令人敬佩和感动?

1个多月前,商局长就交给我一项任务,在校长挂职期间,看能否接洽选派骨干教师到广文观摩课堂。周一见面会上,当我诚惶诚恐地提出这一想法时,赵校长竟爽快答应可在周四成行。我兴奋地与局长汇报并同李月波主任接洽具体事宜。51位骨干教师由教研室范宜鹏、王鸿苇主任带队,早上5:30出发,经过4个小时的颠簸到达广文。我和月波主任早已等候在校门口,将老师们引领到文华校区听课、评课。上午的活动结束后,挂职培训团的全体成员站立在道路两旁,迎接老师们来广文校区共进午餐。12:10,老师们依次走下大巴车与他们的校长握手。温馨的场景,或许使他们减轻一些旅途的劳累。月波主任基于对我们的信任,索性给我留下了校史馆的钥匙,以便让老师们在饭后追寻广文130年的发展足迹,共享美好的正午时光。他们下午听课一节,15:30返回,往返花在路上的时间就达八九个小时,许多老师是早上4:00就起床。爱军、雪峰两位中心校长特意赶来,与我一起目送载着51位骨干教师的大巴车渐渐远去,希望他们尽早平安到家,更希望广文的种子早日在阳信生根发芽。

四、难说再见

时间过得真快,5月10日是挂职培训的最后一天。和前几天一样,我们早早来到广文,或是察看宣传橱窗,或是与执勤师生交流,或是观摩学生的课前准备。今天的培训模块是走进学生成长,先是学生处王信宝主任补上昨天下午因开会而延误的活动课程介绍,而后由学校家长委员会主任、奎文区工商联迟主席进行家长委员会工作情况报告。最后,我们兴致勃勃地翻看了家长委员会办公室及工作档案资料。我们感慨,广文中学通过家长委员会卓有成效的工作,让教师、学生、家长三条脉搏一起跳动,构筑了家校合育的立交桥,为全省实施素质教育提供了"广文样本",很值得我们学习借鉴。

历时一周的挂职培训圆满完成了预定的课程内容,我代表阳信县教体局向广文中学赠送刻有"办学卓越耀齐鲁,泽远千里润梨乡"黄金大字的锦旗,对广文给予的精心指导和周到接待表示由衷感谢。时间定格在11:10,挂职代表团成员与崔书记、贾校长及各部门负责人在办公楼前合影留念,之后依依不舍地与学校领导一一握手话别。

难说再见,是因为广文给了我们五天的美好回忆。广文有心怀高远的校长书记、精明干练的管理团队、朝气蓬勃的教师群体,更有素质超群、前途未量的英雄少年。广文人开放包容的品格让人敬仰,广文的一草一木令我们流连忘返。

难说再见,是因为广文让我们见证了当今基础教育的经典。广文是一部厚重的教科书,我们了解得还很浅显,需细品慢悟,指导今后实践。

难说再见,是因为我们挂职校长意犹未尽,学而未倦。我们十分珍惜这难得的学习机会,排除各项干扰,听报告、进课堂、访领导、问学生、写随笔,如鱼得水,如饥似渴,在广文的生活很充实,学习很圆满。

难说再见,是因为肩上的担子和心中的责任让我们有幸牵手名师,与名校结缘。内涵发展之路任重道远,我们将正确把握上级方针政策,学习借鉴外地先进经验,背负使命,执着向前!

"领导力内涵建设"研修班随笔

联想培训空降阳信带来的思考

阳信县水落坡镇中学　杨强强

一、培训第一天

(一)体会和收获:校长要抬头看路

教育是一种生命影响另一种生命的活动。作为校长,既要领着大家干,又要干给大家看。校长的一言一行,直接影响教师的言行举止。校长身体力行,处处发挥模范带头作用,教师也会勤勉敬业,奋力向前。但校长不能一味埋头苦干,要善于抬头看路,注意学习时事新闻,与时俱进不落伍。不论是校长还是教师,都应关注教育发展趋势,通过网站、报纸、电视等媒体,了解最新教育消息,看看有什么新理念、新精神、新提法,关注教育发展方向,避免方向不对,甚至南辕北辙,苦做无用功。方向对了,才会遇到顺风。

（二）行动计划

校长使命光荣，责任重大，既要把握方向，又要身体力行。为此，校长必须要加强教育方针政策、法律法规的学习，有关文件要吃透、摸准，认准教育发展方向。同时，校长要理论联系学校实际，提出可行的发展目标。在做出决策时，校长要广泛征求班子成员和一线教师的建议、意见，充分发扬民主，群策群力，集思广益，会前多讨论，会后说结论，保证决策正确，且得到全校教师的拥护，并能严格执行。

二、培训第二天

（一）体会和收获：莫让流言迷双眼

近年来，学校负面报道常常见诸报端。个别媒体记者喜欢凑热闹，为博取读者眼球，不管学校对不对，先冠上抢眼标题刊登出来，使公众心理轻易地让媒体"绑架"了，让学校背负舆论压力。

学校管理存在问题，理应遭到曝光。但是，很多时候媒体的报道只是给个别不讲理的学生家长"撑腰"，将事情的全部责任推给学校，对学校提出非分要求。学校往往选择委曲求全，息事宁人，很是被动。作为教育人，不要被教育负面报道所蒙蔽，也不要被吓倒，更不能沉浸在"物欲横流，人心不古"的负面阴影中，陷入"干也白干，干还出错"的牢骚满腹中，对工作被动应付，对问题不敢说话，对学生撒手不管。

朱老师在课堂上播放的残疾人视频，给人以震撼、感动、激励。他们虽然身体残疾，却自强不息，向困难宣战，与命运抗争。看看他们，想想我们，那些困难算得了什么？关键是对困难的态度，对生活的态度，阳光心态，满脸微笑，不仅让自己变得美丽，也感动了他人。教育人更要有爱的情怀。学校各岗位人员都要严格履行职责，保证不出责任事故。同时，我们要利用各种机会，加强与媒体的沟通交流，积极宣传学校的好人好事，占领舆论阵地，传播正能量，让真、善、美成为学校的主旋律。

（二）行动计划

"夺宝奇兵"游戏让我深深地体会到了团队的力量、团队的伟大，想要走得更远，必须和团队前行。更重要的是，和积极的人在一起，我不会消沉；与智者同行，我不同凡响；与高人为伍，我能登上巅峰。读好书，保持阳光心态，满脸微笑，不管风雨有多大；交高人，善于发现别人的优点，并把它转化为自己的长处，善于把握人生的机遇，并把它转化成自己的机遇，博彩百家促成长。

三、培训第三天

（一）体会和收获：校长要勤反思

学校里每天会发生多种多样的问题，能不能发现问题，事关工作的质量和效益。有的校长常说"没问题"，实际上"没问题才是最大的问题"。发现不了问题谈何解决问题，谈何发展？作为校长，要重新审视我们的工作，深刻反思。反思是成功之母。学校管理中存在哪些问题,怎么扬长避短,外地的先进经验怎样借鉴等,都是我们反思的内容。反思是为了更好地实践,通过"反思—实践—再反思—再实践"的循环反复过程,不断调整方向,改进措施,寻求一条适合本校实际和自身特点的发展之路,创造具有自身特色的办学思想和管理模式。

(二)行动计划

"感人心者,莫先乎情。"很多人为了一段感情,为了一种感动,甚至为了一份感激,可以心甘情愿,付出一生。作为农村学校校长,我们不能给予教师更多的金钱上的补助,但可以创设家一般的学校,让他们在这里感受到幸福。管理过程中,我们要积极创设公开、公平、公正的环境,让教师感到公正合理、平等对待;真心关心教师的冷暖,平常送问候,生日送祝福;利用课余时间和节假日,开展形式多样的文体娱乐活动,丰富教师的业余生活,让他们身心愉悦,工作快乐。

四、培训第四天

(一)体会和收获:调查是新校长的第一课

"没有调查,就没有发言权"非常有道理,对于新上任的校长,更是必不可少的功课。没有"把脉问诊",怎能"对症下药"?初到一个学校,没有半月二十天的调研功夫,是没有话语权的。大到学校概况、师生关系、历史沿革、风土人情、乡风民俗、社会关系等,小到班子构成、教师男女比例、年龄结构、文化层次、家庭状况等,我们都要有所了解、有所认识。调查既要看总结、听汇报、查材料,还要实地调研、座谈交流、侧面了解,不能道听途说,更不能偏听偏信,要掌握整体情况,避免以偏概全。事物都有两面性,校长要有辨别真相的慧眼,不要被表面现象迷惑,也不能犯"孕妇效应",要透过现象看本质,对事实负责。学校的情况,取得的成绩,存在的问题,清楚了,明白了,才能运筹帷幄,提出发展目标,制订发展计划。目标明确,看得见、摸得着,成为全校师生的共同愿景,学校一班人才会跟你走,接受你的领导,团结一心,众志成城。

(二)行动计划

学校发展不能靠校长"包打天下",需要中层干部、一线教师的积极参与。中层干部和一线教师的领悟力、执行力、创造力直接决定学校发展成败。因此,要抓好各层面团队建设,信任、支持、鼓励全校教职工,发挥他们的聪明才智,为学校发展添砖加瓦,献智献力。朱老师说:"很多事情,很多工作,不是不能做,而是没去做,输在不敢做。"从校长到教师,都要增强实干意识,一级带着一级干,一级做给一级看,环环相扣抓进度,层层推进抓落实,保证美好蓝图变成实景。

阳信县"三名"建设工程人选青岛培训心得体会

教师的幸福源于自我发展

阳信县职业中专　朱洪彬

有幸听到了肖川教授关于"教师的幸福人生与专业成长"的讲座,我感触很深,有一种豁然开朗的感觉,现将我的收获与心得总结如下。

幸福是什么?

幸福就是一种感觉,只要你敞开心灵去感受,幸福无处不在;幸福就是一种充实、闲适;幸福就是内心的平安,自由自在。

一、好的心态决定我们的幸福人生

影响教师幸福人生的因素很多,能够使我们的生活变得圆满,打造我们幸福人生的,应该是好的心态。"生活是一面镜子,你对它笑,它就对你笑;你对它哭,它就对你哭。"有心的地方就有发现,有发现的地方就有欣赏,有欣赏的地方就会有爱,有爱的地方就有美,有美的地方就有自由,有自由的地方就有快乐。世界不是缺少美,而是缺少发现美的眼睛。重要的是你要有一个积极、开放、发现的心态,如果你是死灰的心态,当然不会有所发现。快乐是一种美德。

二、教师的幸福人生与专业成长

教师的幸福是一种精神享受。有自己清晰而成熟的教育教学理念,是一种幸福;有自己充满魅力的教育教学艺术,是一种幸福;有自己的教育理想和信念,是一种幸福。教师的幸福写在学生认真书写的作业本上,教师的幸福撒在学生满意的答卷上,教师的幸福堆在家长充满谢意的脸上。学生的毕业证和入学通知书是教师的幸福;教师节学生送来的温馨贺卡和溢香鲜花是教师的幸福;满天下的"桃李"打来的电话是教师的幸福……那么教师如何才能形成自己独特的教学艺术,如何才能成为让学生和家长满意的教师呢?陶行知说过:"……我们做教师的人,必须天天学习,天天进行再教育,才能有教学之乐而无教学之苦。"教师对学生实施教育的过程也是教师的专业不断成长的过程。教师的专业成长即教师的专业发展,是指教师在整个职业生涯中,通过专业训练、获得教育理论知识和专业技能,能够专业自主,逐步提高自身的职业道德和执教素质,成为一个教育专业工作者的发展过程。教师应该在自己的专业发展过程中积极创造幸福和享受幸福。这种发展不仅意味着教师教育能力的增强,而且还是教师个人整体素质的发展,而发展本身就能带给人幸福感。

因此,对一个教师来说,专业成长受益最大的人是自己,其次才是他的学生、他的同事和学校,最后才是社会。作为校长就更有责任、有义务为教师的幸福生活和专业成长创造更好的条件,让每位教师认识到发展自我是一种职责和使命,深切关注自我的成长。

完善自我　走向幸福

阳信县教研室　田春燕

昨天,我感动于郭文红老师的幸福,于是"怎样创造自己的幸福"的问题一直在脑海中盘旋。今天听了肖川教授的报告,我仿佛找到了一点方向……

肖川教授说,幸福是一种心境,是内心充实而又闲适的感觉。怎样才能拥有这样的心境呢?在听完肖川教授的两场报告之后,我觉得自己可以做如下几方面的努力。

保持积极的心态。心态决定一切,一个人的内心世界越丰富、越深刻、越美好,他所看到的世界就越丰富、越深刻、越美好。我们对待工作、生活的积极态度能够使生活达到百分之百的圆满,我们又何乐而不为呢?

怎样保持积极的心态呢?肖教授说要学会"接受现实,悦纳自我,心存感激,追求卓越"。是啊,如果我们不能改变现实,抱怨也无济于事,不如欣然接受,积极乐观地通过改变自己来适应这样的现实,说不定能闯出一条通往成功的路。"天天想好事,好事自然来!"学会相信自己,欣赏自己,肯定自己;懂得感激别人,感恩社会,回报祖国;做到认真学习,努力工作,好好生活。这样的我们又怎能不幸福!

养成良好的习惯。好的习惯成就好的人生。肖川教授提出,作为教师,必须养成日积月累、上网查询、精读背诵的习惯。我认为还应该加上反思和写作的习惯。这些好的习惯,会为教师铺就成功之路,成就幸福人生!

争做最好的自己。"只有最好的自己,才能遇见最好的他人。"说得多好啊!我们只有努力地改变自己,完善自己,才能影响他人,改变环境,改善生活,从而成就幸福的人生。只有美丽才能邂逅美丽,只有优秀才能创造卓越。所以,我们要努力做最好的自己,让自己变得日趋完美,让自己越来越有魅力。肖川教授说,人的魅力体现在三个方面:专注、力量和温情。我认为,"专注"指做事的态度,做事就要认真,就要专心致志,一个人专注于一件有意义的工作的时候,是他最有魅力的时候,专注的程度决定了他的魅力指数。而"力量"的大小,我认为主要取决于"文化底蕴"和"专业素养"的高低。一个人如果底蕴丰厚、谈吐高雅、知识渊博、能力过人,即使外貌丑陋、地位低下,也不能降低他的气场,谁也不能否认他在人们心目中的"分量"。"温情"便是要与人为善、真诚无私、宽容大度。我们要努力地拥有专注、力量和温情,让自己魅力无边,幸福无限!

快乐是一种美德,微笑是一种力量,优秀是一种习惯,成功是一种心态。

简单是一种享受,歌唱是心灵的阳光,清白是温柔的枕头,幸福是灵魂的香味。

让我们牵手快乐,面带微笑,习惯优秀,创造成功,放声高歌,简单生活,走向幸福!

教师的幸福　是一次修行

阳信县翟王镇中学　李如燕

曾几何时，教师头上笼罩着如此多的光环。光环褪去之后，一种明显的职业倦怠在现代思潮的冲击下，潜滋暗长。教师忙忙碌碌、机械呆板地应付着自己的工作，表现出生活的乏味感、事业的失望感、精神的疲惫感、认知的冲突感等，降低了对自己所从事工作的价值认识，仅仅把职业作为一种谋生的手段，得过且过，没有激情，缺乏创造欲望，仅仅满足于完成任务。

教师的幸福哪里去了呢？

今天听了肖川教授的报告，受益匪浅。我慢慢懂得，幸福并未离我远去，只是我每天在熟悉的环境中，看不到风景；在每天平淡的工作中，看不到幸福的颜色罢了。肖川教授从幸福是什么、影响幸福的因素有哪些、幸福从哪里来等方面，阐述了自己的观点与主张，语言鲜活，振聋发聩，颇有哲学家的风采。报告结束，余音绕梁。反思就在身边的幸福，我顿悟：幸福一直跟随着我。现在需要我们做的，就是要努力放大这些幸福。

其一，让自己每天都兴奋。因为教学工作本身就是极具创造性和艺术性的，教学内容和方法是动态的，所面对的学生更是有血有肉有情感的。在这充满活力的教学环境中，教师尽管从事的是同一种工作，但每一天都不可能是单一重复的。因此，教师应该善于发现新的兴奋点，以此来唤起自己的情趣和热情。就像人每天早上起床一样，在之前先给自己一个起床的理由，让自己从倦怠中快速兴奋起来，焕发精神。从这一点来讲，作为教师，千万不要作茧自缚，只关注生活中机械重复的一面，而忽视动态变化、生动活泼的一面，这样容易产生工作的乏味感。

其二，融入温暖的集体。有时教师会觉得很孤独，觉得自己是这个集体中被孤立的人。产生这种心理状态的原因在于教师对工作产生消极情绪后，觉得自己的状态不能为集体所接受。一个人缺少了与集体的融合，就会变得偏执，对工作也就毫无兴趣。所以，我们应通过多与他人交往、沟通，找他人倾诉、宣泄，倾听别人的工作感受和经验等方式，帮助自己缓解倦怠的心理，促使自己重新振作起来。

其三，为生活中的小惊喜欢呼。保持乐观的工作态度，就是要学会称赞自己、奖励自己，要多关注自己成功的点点滴滴，哪怕是一丁点的成绩，也要积极地进行自我肯定。为自己喝彩，你就会发现每天的你都是全新的，这样就会增强工作的效能感。自己是应该获得奖励的、自己是可以得到奖励的，这是一种积极的心理暗示，它可以激起昂扬的生活热情。从一定意义上讲，人是为了肯定而活着，同事、朋友、领导、社会等外在的肯定是有限而短暂的，因而是浅层的；自我肯定这种内在的肯定是一种持久而强劲的肯定，是人的生命永不枯竭的动力，因此它是一种根本的生命元素。为生活中的小惊喜而欢呼吧！

其四，努力创造自我。失去自我的工作容易让人产生厌倦感。因此，我们在培养学生的时候，应该注意创造自我，比如形成自己独特的教学风格、探索归纳出独到的教育模式、研究创造出独具个性的理论成果等，努力成为教育家。这样，我们就会大大增强事业的成就感。

其五,享受生活精彩。丰富的文化生活可以极大地改善一个人的心态、调节一个人的情绪。无论工作多么忙,教师都应该善于忙里偷闲,参与一些有益身心健康的活动,在享受多彩的生活中培养自己的生活情趣、增强自己的生活乐趣,这样做可以对职业心理产生积极的影响。

此外,教师还应多读书,在好的文学作品或是理论专著中,汲取丰富的营养,提升自身的境界,从而增强自己的职业坚守。

这是教师自身的修炼,愿你我做一个幸福洋溢的教师。

春暖还需自努力　赏景更要有心人

阳信县实验小学　宋秋红

2014年4月25日不到7点,县教体局门口已聚集了上百人。从大家言语和表情中透露出来的兴奋和期待看出,这是一次规模大、规格高的培训学习。看看名单,除了教体局带队领导我算是年龄最大了,心里不由有些感慨。

回顾自己26年的教师生涯,有收获也有遗憾。然而属于我的美好的园丁时光却也屈指可数了,我想其中的滋味只有真正退休的人才会体会到。因此我要珍惜当下拥有,做不落伍的园丁,用人间的情怀,润泽心田;用生命的智慧,拓展成长的空间;用丰富的学识,开阔遥望的视野……

孩子们童年的快乐、明天的发展,以及民族的命运,在很大程度上掌握在一线教师的手中。如何让知识迸发出无穷的魅力,让课堂焕发出自主、鲜活的生命力,让文字插上音乐的翅膀,让图画沐浴七彩的阳光,让诗歌和书籍成为我们共同的语言与密码,是我们语文教师共同的愿望。

一、明目撼心的海尔精神敲醒教育人

1. 海尔的成功秘诀

海尔启示之一:有缺陷的产品就是废品。

海尔破旧不堪的过去与如今傲立世界的霸气深深震荡着我的心灵。"事在人为"在这里得到了最深刻的诠释。有缺陷的产品就是废品,那么有缺憾的教育所培养出来的学生是什么呢?

实际上张瑞敏那举起的铁锤敲醒了海尔人,也敲醒了中国人。

中国人的性格缺陷在这里得到了最正确的修复。"等、靠、挨"在这里没有它的一席之地。"信誉""特色""创新"才会有未来。海尔人"不追求传奇",但却创造了传奇。探求海尔人创造奇迹的秘密,我发现:伟大的企业从来不是天生的,而是用精神打造出来的!

海尔启示之二:企业就像斜坡上的球,那么教育呢?

张瑞敏有一个著名的"斜坡球体论",是说企业好比斜坡上的球体,向下滑落是它的本性；要想使它往上移动，需要两个作用力——一个是止动力，保证它不向下滑，这好比企业的基础工作；一个是拉动力，促使它往上移动，这好比企业的创新能力。且这两个力缺一不可。

我们的教育呢？不创新、不改革，总拿着旧日的船票怎能登上明天的飞船？我呼吁课本写真话，教师讲真话，学生在回答提问、做作业、写作文时也敢说真话。所谓真话，就是有依据的话，讲道理的话，可以探讨的话，可能被证明是错话的话。

2. 怎样才可以成为好教师

好的老师，就是能够实事求是教学生的教师；也是敢于追求真理，有能力向传统教材发出质疑的教师；为孩子一生发展奠基的教师；改变唯分数论的教师。在考试评价体系改革还没有跟上来的时候，我们要摒弃"考什么教什么"的思想，要往"还孩子应该有的纯真童年""培养有用的人"方面去倾斜。

二、读懂童年、爱惜童心、滋养生命

童年对于每个人来说都应该是最美好的。在没有条件上学的旧社会，孩子们流着鼻涕、背着小筐、满目茫然，长大后就像井底之蛙，终日奔波劳动。如今，很多家长让各种辅导班、各种高级学习机充斥着孩子的生活，生怕自家孩子输在起跑线上。孩子的快乐被压抑，创造力被扼杀。我不禁反思：我们的小学教育真的就走不出这个怪圈吗？

听了郭文红老师的课，我有了不一样的理解。如果大家都能早点警醒，能够读懂每个孩子的独一无二、每个孩子的勇敢担当，那该多好啊！

三、我要做这样一个人

在我的课堂上，我和孩子们经常逗笑，孩子们可以亲切地称我为"叶贴画"，我也经常称男孩子为"不服输的小蝌蚪""刚睡醒的小蝌蚪"，称小女生为"爱美的小彩蝶"。在我跟孩子共写作文时，我的"我班的慢羊羊""我班的杨排风"更是通过独特的笔风让孩子感受到了写作的快乐。

我们的实践活动也是敢于走出去请进来。如去家长的公司参观、请家长来班里上魔术课等，这些都丰富了孩子的视野。看到孩子们合不拢嘴的表情，我欣慰！看到孩子们能形成良好的习惯，我自豪！

四、追求卓越，加速成长

"快乐是一种美德，微笑是一种力量，优秀是一种习惯，成功是一种心态，清白是温柔的枕头，幸福是柠檬的香味。"肖川教授两堂课可真是妙语连珠。没想到这样一位矮个子的南方男人，头脑中的词汇竟然如此广博。特别是他即兴演说时一连串成语的脱口而出，让我感受到了知识的魅力。

苏霍姆林斯基说："只有当教师的知识视野比教学大纲宽广得无可比拟的时候，教师才能成为教学过程中的真正的能手、艺术家和诗人。"于是乎，我特别想多读书，多读有用的书。

青岛的学习培训虽然结束了,但我的思考却没有终止。我要努力做学生的伯乐、良师和指路人,也要做教师的爱学习、敢创新的同事。愿我们能真正树立起学而不厌的终生学习理念,以及诲人不倦的仁者品质,拥抱教育的阳光和雨露。

希望追求卓越的路上我不会孤单!

走出"高原" 做幸福的教师

阳信县水落坡镇中心小学 刘树信

每位教师都会经历教师专业发展的"高原期",教师专业成就的分化大多也是由此开始。一部分教师走出"高原",历经艰辛,走上"高山",看到了别样的风景,成为"名师";而大多数教师由此走上了"下坡路",逐渐坠入"谷底",成了"越老越不会教的教师"。"高原期"成了我们每位教师不得不面对的一道坎。如何突破这一发展瓶颈呢?

一、否定自我,重塑自我——凤凰涅槃

海尔作为本次青岛"朝圣之旅"的首站,相信海尔的企业精神——"永远否定自我,挑战自我,重塑自我"肯定给大家留下了深刻的印象。海尔首席执行官张瑞敏也曾说过:"我们的企业要追求的是哲学上的否定之否定,与其说让别人来战胜我们,还不如我们自己不断地否定自我,不断地完善自我,不断地超越自我,才能使我们的企业永远立于不败之地。"作为教师,也应该有这种"永远否定自我,挑战自我,重塑自我"的精神。

作为"名师"人选,相信各位都是我县教育战线上的"排头兵",都是佼佼者,都曾成绩斐然,但是如果教师只是凭经验,"吃老本",墨守成规,就会裹足不前。教师只有敢于不断否定自我,进行"充电",始终以"小学生"的心态去学习,才能扔掉"包袱",轻装前进,走出"高原"。正如陈辉主任在第二次"三名工程"集中培训开幕词的标题一样"历尽艰辛成此景,而今迈步从头越"。要有这种"从头再来"的气概,只有这样,才能凤凰涅槃,浴火重生。

二、外界介入,危机意识——鲶鱼效应

很久以前,挪威的捕鱼人为了能让从深海捕捞的沙丁鱼活着抵达港口,想了很多办法,最终都以失败告终。后来,有一位聪明的船长想到了一个办法,使得他所带领的船队总能带着活沙丁鱼回到港内。原来,他只不过是在鱼槽里面多放了一条鲶鱼而已。当鲶鱼装入鱼槽后,就会四处游动,不断地追逐沙丁鱼。水槽中的沙丁鱼感觉到了危机,就会在鲶鱼的追逐下不断地游动,逃避危险,从而激发了其内部活力。如此一来,沙丁鱼便延长了生命,这就是"鲶鱼效应"。

"鲶鱼效应"充分体现了竞争的重要性。竞争对于人的发展和社会的进步都有促进作用。它给我们以直接现实的追求目标,赋予我们压力和动力,能最大限度地激发我们的潜

能,提高我们的学习和工作效率,使我们在竞争、比较中客观地评价自己,从而使集体更富有生气。

为教师提供"鲶鱼活体",可以通过以下三种途径。一是"走出去",让教师到先进学校走访学习,使其学习先进学校的教学理念、教学方法和教师的成长方式、发展路径,以差距生动力,从而让他们认清形势、明确目标,萌发进取的欲望。这次青岛之行就是我们"走出井底"、感受"海阔天空"的一次良机。二是"请进来",请名师到校执教、开讲座,让教师领略名师的风采,感受名师的魅力,引发教师的心灵震撼,产生行为的跟进与转变,这正是今天我们所正在进行的。三是"校中生",让学校本体中的优秀教师脱颖而出,发挥其引领作用对周边教师产生积极带动。

那么作为优秀教师的代表,我们今后的路应该怎样走呢?相信每个人心中都有不同的答案,在这里,我只提一点,那就是——做幸福的教师,让学生人人享有出彩人生。

三、做幸福的教师,让学生人人享有出彩人生

在这次青岛之行关鸿羽教授的报告中所提到的"一切为了学生,为了一切学生,为了学生的一切,为了学生的一生"让印象深刻。学生的健康、学生的幸福、学生的成长是以教师的健康、教师的幸福、教师的成长为前提条件的!正如美国教育心理学家古诺特博士说的:"在经历了若干年的教师工作之后,我得到了一个令人惶恐的结论,教育的成功和失败,'我'是决定性因素,我个人采用的方法和每天的情绪是造成学习气氛和情境的主因。身为教师,我具有极大的力量,能够让孩子们活得愉快或悲惨,我可以是制造痛苦的工具也可以是启发灵感的媒介,我能让人丢脸也能让人开心,能伤人也可以救人。"

郭文红教授在报告《留下一抹温馨的记忆》中关于三毛和席慕蓉的故事一定给在座的各位留下了深刻的印象。

三毛和席慕蓉,都是我国台湾的著名作家。但由于学生时代遇到了两位不同的教师,而使她们在未来享受两种别样的人生境况。然而我们在声讨三毛之数学教师的同时,是否关注过教师的幸福呢?

不同的教师造就不同的人生。一位教师,在校园里、课堂上,举手投足间,潜移默化地影响着学生,可以春风化雨,也可以"近墨者黑"。"痛苦的教师哪怕要给予学生瞬时的幸福感都是极为困难的",一位心情不好的教师是上不好课的,因为"用幸福才能塑造幸福,用美好才能塑造美好"。教师的幸福不容忽视!但愿在座的每位教师都能成为一名幸福的教师,为了自己,也是为了我们的学生。

那么怎样做一名幸福的教师呢?除了社会、学校的因素之外,关于教师自身,肖川教授在他的报告《教师专业成长与幸福人生》中已给我们指明了方向,其关键是积极的心态。

(1)悦纳自我——要相信"天生我材必有用"。如果上帝为你关上一扇门,也一定会为你打开一扇窗。

(2)接受现实——我们不能改变社会,但我们能够改变自己。我们要有那种"山不过来,我过去"的处世哲学,而不应"撞到南墙不回头",弄个"头破血流"。

(3)心存感激——感恩之心长存。在人生的道路上,我们要感谢自己的亲人,感谢自

己的朋友,感谢一切帮助过自己的人,还要感谢自己的对手,甚至是敌人,因为有对手才使你变得更强大。

(4)追求卓越——眼界决定境界,态度决定高度。最好的自己才能遇见最美的他人。

习近平总书记提出了实现中华民族复兴的伟大中国梦的构想,提倡为每个中国人创造人人出彩的机会。让每个孩子都生活在希望之中。无论这个孩子是聪慧还是笨拙,是丑小鸭还是白天鹅,作为教师我们有权力也有责任让每个孩子对生活充满美好的憧憬,每天都生活在希望之中;让我们的学生都拥有梦想,都拥有出彩的人生!

贴着地面行走　不在云端跳舞

阳信县信城街道中心小学　刘召英

县"三名"人选赴青岛培训已经结束。难忘那段学习的岁月,那时的豪情与志向已恢复了平淡;那时的激动与欣喜回归了平日;那时学的知识已淡忘了许多。我在想:学习过后留给我的是什么,真正注入我血液的又是什么呢?当我细细咀嚼专家的书籍与文档后,当我结合当地的教育实际与学生的学习现状时,三个关键性的词语不断浮现在我的脑海:学习、融合、践行。

一、学习

学习了多种理念。理念指引一个人的教育教学行为。郭文红老师的报告,向我们传递的是包容与挚爱;丁如许老师传达给我们的是他对教育研究的执着;关红羽老师最震撼我的是"小习惯成就大未来";肖川教授值得我们细细品味的是做一个有职业幸福感的教师……"席慕蓉的幸运""三毛的自闭症""崔永元的噩梦"时刻提醒我们——"我"可能是学生生命中的贵人,也可能是制造学生痛苦的工具,"我"能让人丢脸也能叫人开心,能伤人也能救人……不论何时何地,教育的理念是相同的。作为一名基层的小学教师,我该怎样面对我的学生,是满腔怒吼还是循循善诱?是斗智斗勇还是置之不理?是照本宣科还是融会贯通?是灌输知识还是培养自主学习习惯……一切由我主宰。

感受了一种情怀。学习间隙,我们与海结成了朋友。当我展开双臂,满眼是辽阔的大海的时候,心中的不快、脑中的烦事一下子烟消云散。海尔是海,"企业是人,文化是魂",让我感受到那种海纳百川、有容乃大的胸怀与风度。着眼全球,放眼未来,我们感受到海尔人服务全球、服务人民的情怀与胸襟。青岛二中也有海一般的情怀。作为省重点高中,在高考指挥棒的重压之下,青岛二中依然能站在学生终生发展的角度,让课堂成为激扬学生生命的精神家园,让学校成为学生"绽放生命精彩的地方"。在"生活化、个性化、智慧化"的青岛二中校园里,学生带着自信、审视的眼光、质疑的精神,走向高一级学府……海、海尔、青岛二中,三个看似毫无关联的地方却让我有了同样的感动——"一粒砂里有一个世界,一朵花里有一个天堂。把无穷无尽握于手掌,永恒宁非是刹那时光"。

回归教育,在这个分数至上、功利思想严重的今天,一切的一切需要立竿见影,一切的一切需要促见成效。作为一名教师，是不是我们在浇灌知识的同时忘记了培植更重要的东西？学生的勇气、担当、责任、热爱、追求……这些美好的品质，只有在体验中才能根植学生心中，绝不是教师一味地说教就能获得的。作为教育工作者，我们要有海一般的情怀，要有静等花开的勇气，因地适宜，因人而异，让孩子像个孩子，让我们的教育变得宽厚温润。

二、融合

所有的理论如果不经实践的检验，那么一切都是空谈。一切不切实际的照搬照抄，更是违背教育的规律。消化吸收先进理论，内化本真的东西，结合学生实际，转化为工作中的实际做法，学习才有非凡的意义……

三、践行

做不断学习的充电者。要想不虚度一生，就要学习一辈子，做教师的更应如此。仅凭几次培训期盼一名教师在教学上有质的飞跃，那是不现实的。要出口成章、才思泉涌、处惊不乱，除了向专家学习之外，我们更得在书籍中滋养生命，寻求方法、启迪智慧。触类才能旁通，厚积才能薄发。这就要求每一位教师读一些教育专著，读相关的报纸杂志，甚至打破学科壁垒，与生活接轨，向学生学习，向网络学习……成为教育杂家。

做班级文化的创生者。北京育英学校于会祥校长阐释了育英文化理念——以人文本，把多年来禁止学生入内的绿草坪改为夹杂石板小路的绿草亭，学生可以在此静享自然之美和读书之乐；把学校荣誉榜变为育英时评，把学校僵化的东西变为学生对国际、国内及学校实际的关注；把禁止学生观看排球的铁丝架拆除……余校长的种种做法告诉我们：学校应该培植一种文化，传承一些故事。那我们的班级是否也要构建一种适合学生发展、张扬学生个性的文化，比如，我们构建乐于接纳的精神文化。我想起来我们班张丹的故事。张丹，先天口吃，她从不朗读课文，没有勇气站起来。当我第一次叫张丹读课文时，我怎么认真听也听不见。全班嘲笑声、埋怨声此起彼伏，我趁机引导："孩子们，学过《掌声》吗？我们现在最需要给张丹的是什么？"全班爆发了雷鸣般的掌声。我想这一课会伴随张丹一生，也会感染身边的孩子们，我们要善于帮助需要帮助的人。这一故事就积淀了一种文化，没有张贴，却印在学生的心里。今后的我们是否应多发现故事，进而传承班级无形的文化？

做课程建设的整合者。课程是素质培养的载体，是学生生命成长的动力。课程要着眼于发现并发展学生的智慧优势。课程要满足学生个性化发展的需要。立体化课程的建设绝非一朝一夕所能完成，我这里谈的课程主要是学科知识的交叉补充与运用。比如，我们开发了四季课程之一——春之韵。当学生在背诵了师生共同整合的描绘春的20首古诗、14篇散文后，我们组织了一次春游活动——观赏梨花。学生在尽情地玩乐中有了下面这样的好作品。张路同学这样写道："彩旗迎风飘扬，红领巾胸前燃烧。我们出发了，一列列整齐的队伍，一声声昂扬的口号，引得路人驻足观赏……"尹梦涵这样写道："终于有同学说到了。我在心里想，谢天谢地！有几个同学已经累得气喘吁吁，想一屁股坐在地上。听到同学的喊声，我们立即振作了精神，首先映入眼帘的是高高的亭台，满眼的梨花。"也许，这样的积累、整合、创作算不上课程的创新,我想至少能给学生带来快乐,带来学生内心的真实体验……学习一点,抓住一点,积累一点,长期坚持,积淀、整合,课程特色便会应运而生。

做静等花开的育人者。教育需要"花苞心态"。有一种花,叫"千瓣莲",花期晚,但开放时会非常美丽。孩子也是我们手中的花苞,给他们一些宽容和等待,等到花开时,一定也有别样的美丽。还记得郭老师班中的那个得过感控症的男孩,他在多数老师的眼中就是"炸药包""狂躁症",可在郭老师的智慧教育下,他有了人性的复活。一个经常对老师、同学大打出手的学生,一个让所有老师无可奈何、束手无策的学生,怎么能偷偷走进教室,打扫卫生,给每一个孩子写道歉信?也许他写得真不怎样,但那颗做好孩子的心谁又能懂得?谁是他生命路上的陪伴者和引路人?又有谁能真正静下心来待花开?我想每一个生命都是精彩的,我们要做的就是,尊重和赏识每一个生命,使每一个人的天性和与生俱来的能力得到健康发展,充满人性的教育就应该是帮助每一个人成为他自己。

贴着地面行走,不在云端跳舞。回归教育的本真,让教育拥有别样的美丽!

因为有你

阳信县水落坡镇中学　李俊芳

五天的青岛之行令人难忘:我们首先参观了经营模式和管理模式蜚声全球的海尔集团,领悟了其独特的"敬业报国、追求卓越"的企业精神和"迅速反应、马上行动"的工作作风;接着聆听了五位专家高屋建瓴、慷慨激昂的报告,加深了我对教育的理解和认识;最后又参观了在教学方面很有特色的青岛二中和薛家岛小学,与名校"零距离"的接触,使我又一次感受到了特色教育的魅力。

这次培训,因为有你——

一、我对应做一名怎样的教师有了更深的理解

教师的态度对学生和教学效果有着巨大的影响。就如美国教育心理学家古诺特博士所说:"在经历了若干年的教师工作之后,我得到了一个令人惶恐的结论——教育的成功和失败,'我'是决定性因素,我个人采用的方法和每天的情绪是造成学习气氛和情境的主因。身为教师,我具有极大的力量,能够让孩子们活得愉快或悲惨,我可以是制造痛苦的工具,也可以是启发灵感的媒介,我能让人丢脸也能让人开心,能伤人也可以救人。"在这方面,郭文红教授给我做出了很好的榜样。她利用班级日记和家庭讲座的形式给学生的心田种下了善良和快乐的种子,让孩子们随时记下生命开花的一个个美丽瞬间,让他们的人性更加芬芳。同时郭教授还善于等待,创作故事,用她自己的话说:"我愿意用爱、用情、用智和孩子一起编织故事,让自己的生命和孩子的生命互相重叠并交相辉映。"这是教育职业的意义,也是郭教授的幸福所在!所以她留给学生的是一抹永不忘却的温馨的回忆,所以有那么多学生留恋她,有那么多学生时时记得并不时来看望她。反思从教二十几年

的自己，虽自认为对学生热爱有加，也是学生心目中的好教师，但郭教授对学生的付出和热爱程度特别是她在对待问题学生的做法上却还是令我汗颜。另外，郭教授平时积累的故事和照片等资料也让我充分认识到积累对个人专业成长的重要性。

二、我对教师的幸福人生有了更全面的认识

当肖川教授带着那浓重的乡音，出口成章，一口气就能说出七八个排比句，一张口就能说出八九个近义词语时，我被震住了。这些大珠小珠落玉盘似的真知灼见，令我耳目一新，越听越有味，尤其使我对幸福有了更深一层的理解。幸福其实就是一种心态，是自己对生活的态度。就如肖教授说的："对教师而言，要养成专业心态中的良好心态，就是'接受现实、悦纳自我、心存感激、追求卓越'，用积极的心态来看待世界。"幸福就是一种心理感受，敞开心灵去感受，幸福就会无处不在。我希望自己能做到像肖教授特别指出的那样："拥有健康人格的人，不必浪费时间去处理内心的挣扎；拥有乐观的心态的人，不会将精力浪费在对付情绪的起伏上；拥有健康的自我形象的人，不会浪费心力去在乎别人的评头品足；拥有进取的人生态度的人，不必浪费心力去担心未来风雨；拥有稳定的精神情绪的人，不会生活在自怨自艾之中；拥有积极的自我肯定的人，不必浪费精力去寻找外在的肯定。"另外，肖教授还讲了幸福人生的四个"有"：第一，心中有盼头，即有目标、有追求、有所成就、有所向往；第二，手中有事做；第三，身边有亲友；第四，家庭有积蓄。是啊，人如果没有了目标就失去了生活的动力，教师没有了目标就失去了工作学习的动力。如六七十岁的于永正老师在课堂上还充满激情地清唱京剧，展示自我；贾志敏老师亲自走进小学语文课堂，带领学生阅读、感悟、享受语文的乐趣；身为校长的窦桂梅老师，还每天坚持阅读、反思，写教育随笔……而我呢？虽然平日里也读书了，也写教育教学随笔了，但是数量有限，质量还不够高。今后我会在注意积累的同时，多读、多背，及时进行反思，吸取精华，来指导自己的教育教学，使自己的教育教学也能上升到理论联系实际的高度。

三、我对素质教育有了更全面的理解

关鸿羽教授提出了"我们能给学生一生的教育才是素质教育"。一直认为，我们的教育就是"一切为了学生、为了一切学生、为了学生一切"，却从不知道后面还应该加上一个"为了学生的一生"。联想到青岛二中的项校长介绍的为学生提供"三个平台"、给不同学生以不同的发展的做法，我不禁恍然大悟。作为一名初中语文教师，不应光忙于提高学生的做题能力，而应在如何切实提高学生的语文素养上下功夫，平时要注意学生良好的语文学习习惯的培养，"小习惯成就大未来"，借鉴关教授教给我们的养成教育的方法，结合我们乡镇学生的实际特点，摸索出一套适合自己，也适合学生的教学课堂模式，切实能让学生的一生受益。

5天的青岛之行，荡涤心灵！

5天的青岛之行，让我醍醐灌顶！

5天的青岛之行，让我又一次踏上专业成长的征程！

让我们且行且学，且学且思！

青岛经济开发区实验初中挂职培训心得体会

追求完美教育　奠基幸福人生

阳信县河流镇中心学校　赵书友

一、现代化的学校布局

青岛经济开发区实验初中大门朝北,进入学校后,一条宽阔的南北走向板砖路将学校分成了东西两个区域。东边是体育活动区,西边是教学区。西区五栋楼各有四层,都呈东西走向。最北边的一栋应该是办公楼。一楼主要是配电室,二至四楼才是办公室、会议室和接待室。最南边的一栋是厨房餐厅,占用了一二楼,三四楼是功能室。中间的三栋是教室,三个年级各自占了一栋。这三栋楼有个共同的特点:一楼是悬空式的。大约有八个拱形门连接在一起,就像是延安的窑洞。这里分别安排为教师阅览室、乒乓球馆和习字长廊。廊柱和墙壁上布置悬挂了相关文化宣传标语、成果展示和画册。最令我难忘的是被命名为"龙圣书苑"的教师阅览室。那里安放有十几套藤条桌椅,可供多人在此阅读。有一条廊柱上竖着一块匾额,上书"在兹静读如沐圣贤千古遗风"。我想在此读书的人既沐浴着圣贤遗风,又吹拂着清凉海风,该是何等的惬意!二至四楼是学生教室,在这五栋楼的最西侧,每一层都用南北通透的一条条宽阔的长廊将它们连接了起来。在这四条长廊里,尽情展现着实验中学的墙壁文化,教师风采、优秀学生、地方文化历史……而且在这里还建有各个功能室,像是理化生探究实验室、陶艺工作室、地理天文室、生命科学园、书画工作室、艺术中心等特色教室,还有校园电视台和智能录播系统,这里是学校特色课程的大荟萃。这样的布局还真有点令人不可思议,令我们各位校长赞叹不已。

二、扁平化管理,撑起完美教育之树

开发区实验初中构筑了以扁平化管理为核心的精细高效运行机制,学校不设副校长,每位中层干部都具有副校长的职能,直接对校长负责。中层干部直接与教师对接,其间也不设副主任。扁平化管理,使每位管理者在所属项目管理中都能代表校长实施"首脑级"管理。为使扁平化管理实现无缝隙、无疏漏管理,学校根据实际需要设立了10个发展服务中心。学校把日常教育教学管理、监控、指导和部分评价等权力分别下放给各发展中心,使管理重心下移,形成了"事事有人管,人人有事干,人人能负责"的全员责任管理体系。

三、整合的课程和先进的教学理念

开发区实验初中以培养学生具备"学会做人的基本道理,持续发展的基本能力,终生学习的基本知识,融入社会的基本经验,智慧人生的基本思维"为课程目标,以"学科基本能力、创新能力、实践能力"为能力基线,科学整合国家、地方和校本课程,依托"学科课程、健美课程、启智课程、润德课程"为课程板块,通过系统化、高质量的国家课程校本化改造、校本课程精品化发展,让每个学生都得到适合自己的发展,有效落实了学校的课程目标和人才培养目标。学校的课程体系很像一个"菜单",机器人、云体验、青少年领导力、国际交流、生物组织培养、小发明创造、原声影院学英语、诗词鉴赏、武术、健美操、合唱、舞蹈、陶艺、剪纸等43门丰富多彩的学校课程可满足学生的多元选择。开全、开好国家课程、地方课程、综合实践课程,大胆进行学期课时整合、学科课程整合,提高课程实施效益。数学、英语学科尝试选课走班,分层教学;音体美学科实现选课走班,双环节模块化教学;将信息技术与学科知识有效整合,通过电子书包等学习方式创建师生互动、生生互动的网络学习平台。菜单化的课程体系保证了课程的弹性和选择性,为学生综合素质、个性特长的发展提供了有力的平台。学校还在多元化人才培养模式下,创办拔尖创新人才早期培养基地,为在数理、语言、计算机、科技、创造发明、体育、艺术等方面智能超常的学生开辟绿色成才通道。创办"三高"游泳训练基地,培养"道德水平高、文化素质高、运动水平高"的体育后备人才。

四、扎扎实实提高教学质量

"质量即生命"也是开发区实验初中秉持的办学理念之一。自踏入学校的那刻起,我就体会到了学生们的良好的学习习惯。他们能充分利用大课间跑操集合的等待的时间,每个学生手拿一本书,利用短时间速学。在他们跑步时,队形整齐,同时喊着班训。在孩子们排队买午饭时,手中也拿一本书,甚至在开毕业班成绩分析会时,毕业班的学生也带着一本书。对于"买午饭的时间拿书"我们同行的校长持不同的观点,但细细想来,这也是时刻提醒学生要充分利用时间。放学后,教师布置作业,学生都记录在专门的本子上,以便回家后能保质保量完成。我们同行的几位校长通过和学生交流,得知学生手上有四本统一的学习资料,平时教师还要自编自印试题。学校还实行月检测制度,每一次检测都有专门的成绩分析会,表彰各小组中进步明显的同学。成绩纵向横向分析都很到位。

五、我的几点思考

(1)如何激发教师的工作热情?责任之所以胜于能力,是因为有责任心者就会主动积极地去工作。我们学校的教师为什么缺少了这种责任心,没有了积极行动呢?是不是我们校长没有给他们搭建这样的平台?如果我们也"创造人人能负责"的学校文化,不但能让教师感受到身上的责任之重,也会让他们收获成果;不但能使他们取得优异的成绩,而且还会让他们尝到成功的喜悦。

(2)如何搞好学校文化建设?学校文化建设的核心是构建学校价值观,它是学校文化之魂。我们如何搞好学校文化建设,值得我们去思考。

(3)如何形成自己的教学模式?课堂教学研究,永远是学校工作的重点。青岛开发区实验初中现在的教学模式和我县王希奎老师的小组教学模式几乎是一样的。10年前,我们这里就有了这样的模式。我们也都学习过、尝试过,但就是没有坚持下来。今后让所有教师都研究课堂教学,给教师以展示的舞台,形成自己的教学模式。

(4)如何实行开放式办学?学校所有的活动场地周末及节假日向社会开放,各种功能教室、图书馆、阅览室、实验室面向访客、教师、学生全天候开放。家校协作建立三级家委会,联合成立家长学校家庭教育研究室,实施家校"联动管理"。这些我们也可以尝试。

（5）如何培养学生良好的习惯?我们也应坚持以立德树人为根本任务,构建"人格自尊、行为自律、学习自主、生活自理"的学生自主管理体系,打造美德生态园。通过"责任教育课程、友善至爱课程、民主班会课程、品牌环境课程、行为习惯养成课程"等行为类课程,培养学生的自主管理、自我约束的能力。

"花儿为什么这样红"

阳信县水落坡镇中心学校　杨强强

一所年轻的学校何以这样出色,到底有什么高人之处……带着一连串的问号,金秋十月,我们来到了美丽的青岛,走进了青岛经济开发区实验初中,寻找着答案。

一、办学条件是基础

青岛经济开发区实验初中占地 60 多亩,投资 1.5 亿元,单位面积投资远大于我们县的第一实验学校,我们乡镇的其他学校也无法相比。在这里,图书馆、游泳馆、龙圣书院、棋画院处处育人;科技大世界、明星大舞台、智慧大道、艺术长廊润物无声;综合实践、生命科技园、机器人与物联网教室、天文地理室启迪智慧。我们还了解到,单是校园建设,学校就邀请了青岛设计院进行总体规划,分层设计,一次性投资,一次性完成,不需要重复建设,不需要每年修补,避免了重复投资,人为浪费。

青岛经济开发区实验初中的家长委员会建设在全省闻名,涵盖了学校、年级、班级三个层面的家委会,提高了家委会成员参与教育活动、实施监督管理、支持学校发展的积极性和主动性。学校依托家委会平台,开展了丰富多彩的活动,促进了家校沟通交流,提高了学校的规范管理水平。如在疏导交通车辆、处理突发问题等难点工作中,家委会发挥了学校不能替代的作用,取得了事半功倍的效果。再比如通过家委会筹资管理的"阳光基金",对在学习进步、科技创新等活动中获奖的学生进行奖励,并且奖励范围广,受益学生多,起到了积极的促进作用。学校重视董事会建设,邀请教育专家、大学教授、爱心企业家等知名人士担任董事,对学校建设高点定位,超前谋划,全球视野,积极建言献策,大大提升了学校办学档次和水平。

二、制度建设是保障

青岛经济开发区实验初中的学校制度涵盖了学校的方方面面,大到绩效考核、安全、财务、办公等常规制度,小到教师考核、班级考核、班主任考核制度,形成了一套完整的体系,并且在不断完善中。从刘金刚主任的介绍中我们了解到,今年暑假,学校利用 15 天的时间,组织人员到西南交通大学,在知名教授的指导下,对各种制度再次进行了升级,建立了更完善、更高效的现代教育制度。学生评价制、项目负责制、日清双轨制等,这些制度不断地引导师生用更高的标准、更规范的手段和更有效的方法完成自己的教学、服务和学习任务,使各方面工作都有法可依、按章执行,最大限度地提高教职工的执行力,高标准地完成各项工作任务,不断地推进学校工作上水平、上档次。这些都给我们留下了深刻的印象。

三、师资队伍是依托

作为一所年轻的学校,教师构成有这么几个方面:一是老校的少部分教师;二是从应届大学毕业生中选考的;三是从全省选聘的高精尖人才,包括全国优秀教师、齐鲁名师等。这些教师素质高、师德好、能力强,在学校长远发展愿景的激励下,在锻炼提升自我目标的指引下,他们真下功夫、下真功夫,早7点前到校、晚10点离校是常态,并且不言苦、不言累,从备课上课到教研活动,从日常值班到培训学习,忙得不亦乐乎,同时又收获颇丰,可以说是累并快乐着。

短短10多天的时间,面对如此高密度的省级以上教学教研活动,如教师上展示课、现场课、观摩课等活动,学校接待任务之重,教师忙碌程度之密,工作强度之大可想而知。

四、干部带头是关键

"早到校、晚离校,具有先进的办学理念,紧跟时代潮流,勇做教改先锋"是学校教师对李素香校长的一致评价。翻转课堂、微课程、电子书包、和谐教学等,一些我们刚接触的新生事物,他们开始总结经验了;我们还没听说的,他们开现场会了,并且是全国性、全省性的,既让学校有了名气,树立了好形象,又为他们锻炼能力、积累经验、提升自我、获取证书提供了绝佳的机会,可谓一举多得。当然学校发展也离不开得力的中层干部,他们是校长施政的左膀右臂,是校长决策的参谋智囊。校长的决策要通过学校中层干部严格执行和组织实施,才能得到教师的认可。我们看到的是,中层干部与其他教师统一办公,没有专门办公室,课不少上,事不少干,在没有特殊待遇的情况下,加班加点,无怨无悔。

五、教育教学质量是根本

一所学校要想成为名校,如果没有过硬的教育教学质量,是站不住脚的。从我参与教研活动、观课听课、座谈交流情况看,无论是学校、年级组,还是任课教师,都把教学作为中心工作,一切都为学生学习服务。万变不离其宗,无论是问题导学模式,还是编写教学案,还是不间断地教研磨课、绘制知识树、说课标比赛,还是学生对升旗、课间操等时间的利用,都是把教学作为学校工作的重心,把学生的学习放在第一位,并且取得了显著成绩,这才赢得了家长和社会的认可。另一方面,学校不放过任何一个机会,鼓励学生参加各种科技、文体、创新活动,大厅、楼道里参加活动的照片、摆放的证书、师生的笑脸,一次次验证了学校"培育阳光生命,奠基智慧人生"的办学思想。

几天的学习、观摩、交流,在感受青岛经济开发区实验初中发展可喜成就的同时,我找到了学校发展红似火的原因,也获得了难得的工作启示,受益匪浅。

从"励心"到"励新"

阳信县信城街道中学　张海珍

一、文化"励心"

孔子说，仁者爱人。校园里有一道美丽的玉石墙，上面刻印着八个大字"仁爱尽责，追求卓越"，这是学校校训。在图书馆里，我发现了对校训的深刻阐释。"仁爱"就是从心底去爱人，希望别人得到幸福，并不求任何回报。要让学生懂得爱，教师自己首先要率先垂范。陶行知曾提出"爱满天下"，因此他才能做到为学生"捧着一颗心来，不带半根草去"。教师爱校如家、爱教如命、爱生如子，学生才会爱祖国、爱自然、爱学校、爱老师、爱同学、爱亲人、爱学习。"尽责"就是师生人人都尽心尽力、尽善尽美地做好自己的分内事。"仁爱尽责"就是全校师生都有同情、爱护、帮助他人之心，而且事事、时时、处处用尽责的行动体现仁爱的情怀。"追求卓越"就是全校师生要有不把事情做到极致不罢休的精神，要以自强不息、创新超越的进取心态去追寻教育理想。它不仅有着深厚的思想内涵，更昭示着这所学校的办学者"士不可以不弘毅"的宏远志向。学校师生每天迎着和煦的晨风在这块有着动人灵魂的玉石碑前来回走过，内心的触动一定会日渐增多，受益无穷。

二、制度"励心"

学校秩序井然，没有学生随意扔垃圾，听不到污言秽语，孩子们阳光的笑脸上充满自信，令我们参观者为之赞叹。那么学校到底靠哪些制度和规范来带动学校师生发展的呢？

据了解，学校管理制度凸显简约化、现代化的理念，除了几项基本制度，其余的均以倡导式、生态化以及与文化建设相结合的要素呈现，比如《课堂十要》《诚信十条》等，体现人性化、开放式、个性鲜明、励新发展的特点，给师生创建一种和谐的良好氛围。

三、管理"励心"

学校引入企业"扁平化"管理模式，即减少管理层级，不设副校长，加大管理幅度具体表现为设置九中心，每位中心主任均轮流带班一周，称之为"值周校长"。看到他们所悬挂的"今日我当家"值勤牌的时候，我们就意识到这所学校的领导干部有着特别强的责任心和管理能力，都能够以校长的高标准严格要求自己，同时以学校文化的博大和包容来善待学校的每一位师生。这种主人翁的意识正是学校师生能够欣然接受并乐于服从管理的原因所在。这种"高效"和"人和"也在"励"师生"心智"。

四、读书"励心"

学校图书馆的门是开着的，属于"永不打烊"，而且楼道门厅随处都有书吧。书就在手边，随处可摸、随处可见、随处可读。而真正提高学生对学校文化的认同感的，还是在于阅读工程的推动。这种无声胜有声的教育会影响学生一生！

五、课堂"励心"

5天的时间听课 10 余节，课堂上教师的激情、学生的兴奋、多媒体的有效辅助，都给我们留下了深刻印象。教师的敬业精神更让我们感动，课堂教学的充分准备、问题导学模式的熟练运用、小组互动机制的建立和操作都非常有效地调动了学生内在学习动力，使学生从头至尾都那么兴奋。在一节语文课堂上，学生时而沉默静思，时而大声朗读，突然一名学生站起来说："老师，我认为作者当时的心理境况肯定很差，他不是在一种平静的状态下写出的这篇文章。您是否认同我的观点？为什么？"接下来是一番讨论和争执，最后还是学生的观点占了上风，而教师的认同也赢得了学生的掌声。这种"励心"我经历了很多，每次都让我的心特别震撼。这样学习成长下的孩子将来一定会成长为中国的脊梁！

六、现代化建设励新——信息化纳入课堂教学常规化

作为教育部基础教育课程教材发展中心"十二五"重点项目——"基于网络的双课堂教学应用试点示范项目"试点学校，实验初中实验并推广电子书包课程。实验班每位学生拥有一件数字化学习终端机。教师基于数字资源和网络学习工具来设计学习活动，充分发挥电子书包强大的即时交互和测评功能，让学生在课前、课中和课后以自己感兴趣的方式全程参与学习，更好地满足了学生差异化、多样化的学习需求，对培养学生的信息素养和基于信息化环境的学习能力起到了极大的促进作用。同时，学校引进并构建了自适应作业测评系统。通过现场听课观摩，我们的确体验到了利用现代化信息技术有效使用的奥妙，可见此项目也成为该学校走向国际化的有效助力。

七、培养"未来教育家"工程，引领师生走向世界和未来

开发区实验初中深刻地意识到，一支优秀强大的专业型教师队伍是促进学校可持续发展的不竭动力。因此，该校以"名师工程"为抓手，积极创造一切条件，牢牢抓住一切机会，鼓励支持教师成才、成名、成家，努力造就涵盖国家、省、市、区、校五级名师在内的优秀教师梯队。以"磨教材工程""七课工程"和"修身工程"为内容的"三项工程"是实验初中教师培养的长效机制。有人说，有什么样的教师就有什么样的课堂，有什么样的课堂就有什么样的教育，有什么样的教育就有什么样的国家和民众。为了实现素质教育的要求，打造高效课堂，该校坚定不移地从提高教师教学能力入手，促进教师专业化成长，脚踏实地走出一条促进教师发展的创新之路。

回来的路上，我们还在讨论，如何把所学进行有效嫁接，特别是意识的改变、观念上的冲突以及行动上的扎实推动，这些都成为摆在我们面前的重要课题。学以致用，我们期盼着回到学校，尽快与师生分享学习的收获！

下真功　动真情　取真经　成正果

阳信县温店镇中学　赵希明

一、学习后的几点反思

1. 反思之一：抓实常规细节，将平凡的事情做到极致

青岛经济技术开发区实验初中注重抓实常规、抓实细节。如在学生管理方面无论是养成的良好习惯还是优良的学风上都有明显的体现。学生在校内都彬彬有礼、谦恭礼让，并时刻书不离手，随时随地地阅读，时间观念和效率都得到了极致发挥。在教研活动会上，各位教师积极发言、认真记录、热烈讨论的场景也给我留下了深刻的印象。

2. 反思之二：健全管理机制，把管理的过程抓得完美

每个学校都有管理制度，但制度落实在过程中，过程管理抓得不严，制度就形同虚设，而青岛市经济技术开发区实验初中显然抓严了过程管理。在交流会上校长介绍该校实行"一主两翼九中心"的扁平化管理模式，实行轮值校长值班制，要求各部门负责人务必管好自己的一块工作，要善于发现问题，并积极主动地解决问题，而不是只知道汇报，更不能等待观望。担任值周校长的同志轮流值日应切实负责起来，履行校长职责，要出去巡视、跑动，发现问题，及时解决，并加以记录，不能解决的向上一级领导反映。中层管理人员率先垂范，扎实工作，把过程管理落到实处。所有的工作必须有布置，有落实，有检查，有考核。即每一项工作都力求做得完美、善始善终，这样学校就形成了一个高效的良性循环机制，真正把制度管理落到了实处，大大提高了学校管理水平。

3. 反思之三：锐意改革创新，以不断的创新促进工作提高

改革创新是学校发展的不竭动力和源泉，学校领导在抓实常规细节的基础上，锐意进取，不断创新，勤动脑，善谋划，在教育教学的实践中不断将学校的工作推向前进。

学校管理要靠制度。首先，制度必须合理合法，科学有效。其次，制度定下来就要执行，如果不执行就等于没有制度，管理也不会有序。

4. 反思之四：要重视校园文化建设，营造精神、文化家园

学校实现现代化，硬件建设固然重要，还有非常重要的一个方面是学校文化建设。而学校文化建设应植根基于学校，立足于学校，来自于学校，营造一种氛围，切合实际，能调节师生情绪，陶冶师生情操，让师生愿意而且快乐地在学校工作、学习和生活。如实验初中的校园文化建设顶层设计高端定位，呈现多样性，每一处设计都非常用心精致，很具艺术性，别具一格。特别是精致幽雅的读书场所随处可见，具有很浓的文化气息和育人氛围。我校很多园内的宣传标语，也都条条真切，橱窗里公布栏、荣誉栏都能激发师生的士气，但是与实验初中的高端大气相比还应注意新、奇、实用性，在更好地为学校师生服务方面还有很大差距。

二、今后工作思路

确立一个办学目标：以"高起点、高标准、高绩效"的工作准则，抓管理，抓制度，规范教育教学行为；抓学生行为规范，培养文明习惯，形成良好学风；提升办学质量和办学水平，形成良好的校风、管理人员的工作作风，与时俱进，创优成名。

树立五种意识：坚持学习的意识；抓细抓实的意识；追求一流的意识；锐意创新的意识；反思提升的意识。

重点抓好两项工作：紧扣"管理"和"质量"两大关键词，在学校管理上着力抓好两项工作，一是加强备课组的建设，二是加强班级管理。

青岛市城阳区实验小学挂职培训心得体会

仰望星空脚踏实地　引领学校内涵发展

阳信县翟王镇中心小学　王振强

一周的挂职培训，对我来说是一场"精神洗礼"，使我不但拓宽了视野，感受了城阳区实验小学先进的办学理念、管理思想，而且静下心来"充电"、反思，不断提升专业素养，为今后我校发展理清了思路，现总结汇报如下。

一、先进的办学理念是学校的灵魂

名校都有各自独特的办学理念，难能可贵的是，城阳区实验小学（后简称"城阳实小"）的这些理念都能在教育教学和管理的多个方面得到充分体现和落实。

1.做"适合孩子"最好的教育

"给孩子一个美丽的童年，许孩子一个美丽的人生"的核心育人理念，"让世界因为我而更美丽"的校训，给人以心灵的震撼。在城阳实小我没有看到"以生为本"的口号，但校园处处都凸显了"以生为本"的育人理念。校园内、走廊里、教室内张贴悬挂的都是学生的作品或活动图片，整个楼宇走廊全部是孩子们最值得回忆、最靓丽的缩影，一张张充满自信而稚嫩的孩子脸上洋溢着幸福。荣誉和成绩，记载着孩子们的成长历程。用安校长的话说，要在学校的墙壁上找到每一个孩子的影子，要找到每一个孩子的闪光点。校园里的布置无不体现"适合孩子的才是最好的"这一教育理念。

2.彰显特色、打造品牌

学校为孩子的一生发展和幸福奠基，紧紧围绕着创办适合孩子的教育，彰显足球特色，打造足球品牌。山东校园足球看青岛，青岛足球看城阳，城阳足球看实小。经过几年的打造，足球"品牌"引人注目。通过品牌战略，以点带面，全面辐射，学校分别成立了舞蹈、科技、篮球、足球、合唱、羽毛球、健美操、头脑风暴、象棋等多个特色社团组织，真可谓是"学校大舞台，师生描未来"。

二、科学管理是学校发展的保障

制度管理和人文管理的有机结合,是城阳实小科学管理的鲜明特点。用先进的教育理念引导人,用科学的管理制度规范人,用浓郁的文化氛围熏陶人。关注细节,让教师有安全感、亲切感、成就感、幸福感,努力优化教师的生活品质,提高教师的幸福指数。

1.“用心聚心,以心交心”,增强班子凝聚力

“学校工作没有极致,没有最好只有更好。”安华校长说,“你想让别人尊重自己,要懂得先尊重别人,‘表扬在会上,批评一对一’。”校长要加强对领导班子的引领,特别是思想引领。领导的工作就是服务,只有树立全心全意为教师、为学生服务的意识,我们的团队才有凝聚力,我们的工作才是高效的。安华校长谈及学校班子建设时特别指出,校长要“用心聚心,以心交心”,要与自己的班子成员建立起手足般的感情,增强班子的凝聚力;要充分相信自己的领导班子,放权给他们,要做他们强有力的倚靠者、支持者和引导者。

2.提升交流的艺术,加强与教师的沟通

当前学校面临的共性难题是教师团队的职业倦怠。如何消除教师的职业倦怠？安校长给我们提出了以下的建议:用好交流的艺术,交流是人与人理解和联系的桥梁,加强与教师的沟通交流与沟通,会体现校长的关心与爱护,会拉近与教师的距离,使老师感到亲近和温暖;读书引领,校长与教师同读一本书并适时地与教师交流,让教师从书中唤醒工作的热情;关注教师的专业发展,为教师的专业发展搭建平台,让教师体味职业幸福感;给教师更多的生活关注,让他们感受到家一般的温暖,从而激发他们对学校的热爱、对同事的关爱、对学生的喜爱。

三、特色办学是学校发展的关键

1.深化课程改革,用快乐吸引学生

虽然课改推行了 10 多年,小学生学习压力依然很大,这跟当下的课程改革没有触及课程结构,而只是在简单地做加法有关。城阳实小通过课程结构的调整,实施深度的课程改革,真正改变小学教育的生态,让孩子学得更安全、更自由、更快乐,让孩子能够有丰富的情感体验、广阔的智力背景和活跃的思维状态。

走进城阳实小的全课程课堂,我们感受到了孩子们在课堂上像一只只快乐的小鸟。他们时而吟诵古诗,时而放声歌唱,时而游戏玩耍。课堂成了孩子们生活的乐园、探究的乐园。走进孩子的生本课程,一个个吸引孩子们的社团活动,让孩子们可以尽情张扬自我,成就自我,享受到成功的快乐。

2.深入开展学生社团活动

城阳实小非常注重学生的全面发展,努力为特长学生搭建展示才能的舞台。学校注重抓好海之韵艺术团、海之魂书画苑、海之帆文学社、海之梦话剧团的训练和梯队建设,邀请专家对社团进行一对一指导,同时还通过专家引领,真正让有潜质的孩子得到充分发展。

四、仰星空踏实地，引领学校内涵发展

一周的挂职学习促使我不断反思，名校的先进经验催人奋进。今后我校要在不断总结经验教训的基础上，提升办学理念，强化学习创新，积淀文化内涵，着眼学生全面长远发展，最大限度地开发学生潜能。

1. 让学习和创新为学校内涵发展注入不竭动力

每个人、每个学校只有不断学习、不断创新，才有持续发展的动力。教师的整体水平是其中的核心要素。为此，我校要以学习型组织管理理论为指导，以校本培训、校本教研为途径，通过丰富的学习活动引导教师不断加强学习，使其养成终身学习的习惯。学校要充分发挥图书馆、班级图书角、黑板报、校园网等学习宣传阵地的功能和作用，因地制宜，因时制宜，建立开放的学习教育网络。

2. 努力践行为学生一生发展和幸福奠基

第一，要培养学生良好习惯。叶圣陶说过，教育就是培养习惯。小学阶段既是习惯养成的关键时期，也是最佳时期。培养学生做人、做事、学习的良好习惯，特别是读书习惯将影响孩子的一生。教师必须注意从一点一滴的小事抓起，诸如坐、立、行的姿势，写字、读书的姿势等，注重把这些细节养成好的习惯，不断强化，持之以恒地渗透。同时我们还清楚地意识到：家长是孩子的第一任教师，家庭是学生永不毕业的学校，教师要与家长密切联系，在互相配合下提醒学生养成良好的学习习惯。

第二，要培养学生形成健康的体魄和健全的人格。我们要更积极地推进丰富多彩的体育活动，引导学生积极参与，增强学生体质。同时教师还应该是一个合格的心理辅导员，理解儿童的心理情感，切实承担起开展心理健康教育的新任务，让阳光心态永驻孩子的心灵。

第三，要培养学生的特长。我们要通过学科个性化能力培养、丰富多彩的课外兴趣小组，渗透爱国主义教育、落实行为规范、增强才干、培养特长，以有趣的活动吸引人，以丰富的活动教育人，充分挖掘学生的潜能。

通过挂职培训，我更加意识到自己肩负的使命。培训虽已结束，学习永无止境，实践永无止境，探求生命成长与教育教学的规律，我们永远在路上。

"领导力内涵建设"研修心得体会

带着厚重责任做校长

阳信县翟王镇中心学校　齐爱军

一、汇报三个体会

1. 多读书，做一名学习型校长

随着社会高速向前发展，靠吃老本搞教育，学校就有被淘汰的危险。作为新时期的校

长就必须带动教师通过学习提高水平。正如朱教授所说，作为一名优秀的领导，带领团队成员"与时消息，与时偕行，与时俱进"，校长是学校的领头羊，校长不读书，又如何要求教师去读、学生去读？又怎能带动教师发展、学校发展？校长在读书的同时，不仅可在师生中树立榜样，还可以大大提高自身素质，使自己变得更有水平、更具魅力。

2. 关注教师，做一名服务型校长

首先是给教师创造学习机会，关注教师发展。每一个人都希望上进，都有发展的需要，谁也不愿让自己落后于人。校长要巧妙把握这种心理去激发教师、引导教师健康发展，搭建好教师学习的平台，为"学习型学校"构建基础，为学校发展立下共同远景。其次是为教师工作创设条件，形成服务于人的思想。教师在没有了后顾之忧，又处于舒适的工作环境之中的情况下才能充分发挥自己的潜能。而要做到这一点，校长必须要通过自己对教师起到潜移默化的作用，在学校形成一种校长服务于教师、教师服务于学生的良好氛围，这正是朱教授"爱的五种语言"在实际生活中的落地、生根、开花、结果。

3. 注重落实，做一个严谨务实型校长

作为校长，应该从大处着眼，小处入手，踏踏实实走出一条路来，只有一切付诸行动才会有意义、才会有作用，正如把简单的工作抓到极致就是特色。工作安排得再细致，落不到实处就等于没安排。

二、分享三个经验

1. 智德并进德为首——以"德"服人

有德无才会误事，有才无德会坏事，有德有才才能成事。修炼德行的有效途径就是加强修养，讲党性、讲大局、讲仁义，形成重仁明义、知恩尚礼、乐善助人、厚德守信的美德。校长必须以个人的品德争得教师的认同，并将他们团结起来干事创业。

2. 蔚为并行为是重——以"为"带人

大有作为是每一个校长的愿望。这就要求我们会谋事，事前有预见，遇事有主见，事后无意见；会干事，善于调动一班人的积极性，善于挖掘全体教职工的潜力；敢干事，要有气魄敢为人先；干成事，凡事必须抓好落实有效果；不出事，事前考虑周全，有问题及时发现、及时解决，不留隐患。

3. 廉公并举廉为先——以"廉"聚人

"吏不畏吾严而畏吾廉，民不服吾能而服吾公。公则民不敢慢，廉则吏不敢欺。"如果说校长是一种职务，那么，职务的真正含义是责任；如果说校长是一种权利，那么，权力的真正作用是服务。这就要求在具体的工作中，始终用好三面镜子：用好望远镜，始终照前方，使自己学有方向、干有目标；用好显微镜，始终照自己，使工作能力不断长进；用好反光镜，始终照后方，使自己增强危机感和紧迫感。

三、探讨三个理念

1. 校长要重视校园文化建设，营造精神、文化乐园

学校精神、学校文化是学校可持续发展的不竭动力。

学校文化建设应根基于学校，立足于学校，来自于学校，营造一种氛围，切合实际，能调节师生情绪，陶冶师生情操，让师生愿意而且快乐地在学校工作、学习和生活。学校文化、学校精神的形成不是一朝一夕的事，要靠长期的积淀才能形成。

2. 校长要重视制度建设，依法治校，营造和谐校园

依法办学是学校健康发展的根本保证。

学校必须在国家、法律许可的范围内自主办学，同时也受到法律的保护。学校管理有序和学校得以可持续发展，必须建立一整套规范合理的规章制度。只要制度合理，并且得以延续，久而久之即成为学校文化精神的核心。让制度来统领学校工作，用制度来管理，学校发展就会少走弯路。

3. 校长要重视校本培训，整体提高教师队伍素质

教育质量是学校发展的生命线。学校的发展最终靠教师，学校教育教学质量的高低与教师的整体素质的高低有着十分密切的关系。一所好的学校，必然有一支整体素质较高的教职工队伍；一所在不断前进的学校，必然有一支整体素质在不断提高的教师队伍。校长作为教师的引领者，其中一项重要工作就是想方设法提高教师队伍的整体素质。

为了肩负起那份校长使命

阳信县劳店镇中心学校　张雪峰

一、校长领导力需要自身的高度修炼

校长是学校办学之魂，校长的高度决定着学校教师团队及办学的高度，校长的思想决定着学校的发展方向，关系着学生的发展素养与未来。这要求校长时刻站在高端，掌握最新教育发展动向，不断进行自我修炼。

一是校长要做教育发展的引领执行者。及时了解国家和各级教育政策文件，及时洞悉教育发展方向和学生的培养任务，时刻把好教育发展之脉。

二是校长要每天坚持阅读与写作，以厚积的文化素养助推个人的专业发展和教育引领。相信一个人的高度是包括读过的书垫在脚下的高度。通过阅读与大师对话，与智者沟通，启迪思维，涤荡心灵，做一名书生校长；多动笔，写教学日志，写教育感悟，因为写的过程是思维的过程，是总结提升的过程，是唤醒灵感的过程。

三是校长要让爱成为一种能力，形成并铸就学校的"爱教育"品牌。制度只能给人规范，爱却能感触心灵，真正唤醒教育梦想与激情，激发每位教职员工源自生命内心的教育热情。校长心中要有大爱，这份爱包括爱学校、爱岗位、爱每一位师生。爱学校就要从学校文化到与师生相处,从学校规划到教师成长,都要贯穿爱的尊重和爱的温暖。爱每一位师生就要构筑关爱平等的人际关系,不但关心帮助每一位教师的教学,更要关心爱护每一位教师的家庭和生活,努力做师生生命中的贵人。有时校长的一句问候,一个关心,一个对教师家庭的爱护都能让他们感受到幸福和温暖,一句话就能让他们心甘情愿地为教育为孩子奉献和付出。教育本身就是爱的艺术,需要"肯定的言词、精心的时刻",需要信任、支持与鼓励,需要呵护与坚守。校长要提高爱的能力,用心设计爱的方法、爱的途径,让师生感受到校长的爱与尊重。

四是校长要用生命激情来唤醒与感召。激情就是对教育的痴心热爱和与时间赛跑的生命价值实现。校长要用生命激情的唤醒、点燃、触动、引发教师奉献教育的生命价值追求。"改变里最缺的是行动",校长要成为最敬业的人,工作最有激情的人,因为"以身作则不是劝导他人的重要途径,而是唯一途径",让教师认可"要想优秀,与校长在一起,要想成功,与校长在一起"。

总之,校长是什么?是价值观的引领。在学校,校长就应该是一面旗帜,在思想境界、价值取向、课程建设、课堂改革等方面摇旗呐喊、引领前行。这就要求校长加强自身高度修炼,形成厚重的人格、卓拔的才识,用人性的关怀和生命潜能的激发来唤醒灵魂,成就师生,发展学校。

二、校长领导力需要辩证的哲学思想

朱胜文老师的讲课,时刻渗透着哲学的思维,分析准确,让人回味无穷。作为校长,要修炼自己的哲学思维能力。学校事务繁多,但最终会归结于做人、做事与沟通的哲学,校长要学会多角度分析问题、换位思考、发现问题并发现问题背后的问题,学会厘清现象,看透本质,从而把握方向。

做人的哲学就是用高尚的品格感染与引领自我团队的发展。在处理教师之间的关系时,不能以偏概全,既要看到每位教师的优秀和闪光,也要合理分析存在的不足,帮助每一位教师在温暖的交流中成长与升华。做事的哲学就是用对立统一的观点去认识分析出现的所有事情,既要看到好的方面,又要看到消极的部分,然后在反思与交流中找到转化消极、促进积极的途径。沟通的哲学就是在与教师交流时要用信任、尊重、赞扬引领,更要以建议、促进自我反思来帮助教师自我修正存在的不足。我们需要哲学的思想和理念,努力培养生活的方向感和高瞻远瞩的能力,拥有普遍而灵活的技能。作为校长,要多学习、多思考,多用哲学语言,多思考教育的本质和规律,耐得住寂寞,抛弃功利教育,关注生命的成长。

教育需要反思,需要理性,需要哲学的思考。

三、校长领导力需要高瞻的战略规划

作为校长,领导比管理更重要。校长要从琐碎的事务中解放出来,统揽全局,正确定位,增强学校战略规划意识,高举旗帜,跑在前面,带领教师走正确的路,并把事做对做好。

校长需要对教育发展、教育政策进行不断地学习和解读,从而洞悉教育发展的方向和定位。教育发展的根本任务是立德树人,学校如何培育学生的优秀品德,形成全校性的学生品行素养课程和培育模式成为重要课题。信息科技已经改变了我们的生活,也正在一步步改变着我们的教育方式。我们的教育已经无法再回到一支粉笔、一块黑板的年代,信息化教学已经不可阻挡。在翻转课堂成为主要教育方式的当下,我们需要研究打造移动化的教育教学模式来引领教育的发展。

校长要增强前瞻全局意识,做到系统思考与做实节点相结合,对学校的发展进行战略规划,对学校长远发展目标及其实现的途径做出综合性的,有预见构想、设计和持续的指导与监督。

四、校长领导力需要构建积极向上的学校文化

教育的核心价值不是知识的传授,而是灵魂的唤醒、兴趣的激发、生命的激活,用生命影响生命,用灵魂唤醒灵魂。让生命充满激情,充满真善美的渴望,从骨子里让生命像生命,才是教育的真谛。这一切并不是靠外力来实现的,而是最终通过受教育者自身的体验、感悟、内化来完成。没有受教育者自身的渴求与主动,一切教育会显得苍白无力。而让受教育者成为教育的主体,需要制度和规则,更需要文化和影响。

联想集团在 30 年的发展中一直致力于企业文化为核心的人才培养与管理,走的是文化管理之路。去年参观海尔集团时,他们的企业文化给人以震撼,同样是文化管理策略。的确,依靠文化的力量可以把人改变,好的团队文化是每个成员身上流露出来的优质信仰、价值观、志向和抱负,好的团队文化一旦形成,就会像水和空气一样弥漫于整个学校,在每个成员身上看到的是仁爱、自信、幸福与追求。

五、校长领导力需要依托打造优质团队

这次研修培训以及培训的形式,让我对学校团队建设有了新的思考。这种活动方式的背后,正是在强化每个成员的团队意识、沟通意识,正是在积极培养团队精神,正是在打造团队文化,正是在实现传授知识与构建团队的双重目的。

在现代化的社会发展中,没有完美的个人,只有完美的团队。团队需要融合智慧、凝聚力量、步调一致。团体要拥有一样的梦想,一样的追求,一样的行动和彼此的信任与相互吸引。

打造一支优良的团队,校长的领导力才会有基础与根基。打造团队,是提高学校管理水平的载体,是学校管理的核心内容,是出色完成教育教学任务的保证,是实现校长领导力的根本途径。

反思自己的团队建设,往往靠行政、强调和倡导,只是通过单一的会议培训、读书学习、教育科研来提升成员觉悟、素养与团队战斗力,缺乏这种沟通与互动、体验,管理评价机制陈旧呆板,教师对团队魅力和温暖体验不足,教师缺少成长的动力和热情,缺乏建设优质团队的积极性和自主自发,导致团队意识、团队荣誉感不强烈,目标、价值取向不够统一,团队精神与合力不足。

培植团队精神,提升团队品质,是我今后工作努力的方向。

与优秀者偕行　越努力越快乐

阳信县河流镇中学　黄敏

记得这样一句话,"以后的你会是什么样子,说穿了就取决于两项最重要的因素:一个是你与哪些人为伍,另一个就是你正学习什么本事"。

一、思考力——领导力建设的核心内涵

作为校长,作为一个团队的领路人,要涵养自己干事创业的勇气、胆略,敢于亮剑的气势和格局,规划学校愿景,打造学校文化,提炼学校灵魂。

一个学校的灵魂便是学校的文化和校风,或激情或创新,或温婉或厚重,需要一代一代领路人的开创、丰润、继承,更需要有担当、有魄力、有胆识、有思想、有激情的拓荒者,如李云龙、梅贻琦。一个学校一旦有了灵魂,便挥之不去,溶入血液,每一个融入这个集体的师生也便接受了灵魂的洗礼,这也是我们每一个校长的责任。

有一个农夫一早起来,告诉妻子要去耕田,当他走到40号田地时,却发现耕耘机没有油了;原本打算立刻要去加油的,突然想到家里的三四只鸡还没有喂,于是转回家去;经过仓库时,望见旁边有几棵马铃薯,想起马铃薯可能正在发芽,于是又走到马铃薯田去;路途中经过木材堆,又记起家中需要一些柴火……这样来来回回跑了几趟,这个农夫从早上一直到太阳落山,油也没加,鸡也没喂,田也没耕……很显然,最后他什么事也没有做好。

很多时候,我也和这个农夫一样,目标混乱,方向不明,绕了弯路,达不到效果。

由此可见,校长的思考力首先要放在对前景的明确规划和目标的明确设定上。校长要明确目标,同时要与时俱进、与时偕行、与时消息,把注意力集中到主要矛盾上,学会思考,看清方向,带领团队朝着目标奋力前行。

二、信任、支持、激励——团队建设的基石

短短4天,我便感觉全班50个同学,尤其是同组八九个同学似乎由开始的零散个人变成了一个团队,这给我很大的启迪。究竟是什么力量在背后推动?

首先是信任。信任是团队建设最重要基石,在"变形虫"活动中,每一个人都得到也获得了其他8个人的信任和支持,从而步调一致、勇往直前,哪怕碰了壁,走了弯路,始终一个声音,朝着目标奋力前行。

其次是激励和支持。4天,我的20个笑脸,多么简单的手段,对于成年人来讲可以说是"小儿科",却产生了奇特的激励效果。我们早到,我们晚走,我们认真听讲,我们潜心完成作业,我们积极发言,我们总是第一个表演,我们课后积极排练。不论抽到1还是抽到"王",我们得到的都是鼓励的掌声和欢呼。

每个同学都得到了团队其他人的支持和激励,得到了相互的鼓励。面对面的交流,会心的微笑,互相的拍手、击掌,每一下都拍进了心里。

我们在学校管理中带班子,带教师团队,除了给予团队成员必需的信任、适当的激励

33

外,还有很重要的一点是要看到每个人的优点。看主流,看优点,不责全求备,在交流中多换位思考。

在学习结束的第二天的班子会上,我首先把"事前提建议是补台,事后提意见是拆台""团队中每一个人都很重要"作为一项重要的工作纪律做强化,让大家感受到团队中每个人都十分重要。我们在管理过程中最需要的就是把合适的人放到适合的位置上发挥资源利用的最大化;同时每个岗位的人都要恪尽职守,履行好自己岗位职责,使任务顺利完成。一个优秀的团队离不开团队成员之间的互相支持与彼此信任,对目标的高度关注、指令的简单明了、有效执行、合适的角色分工,同时还需要勇敢的探索精神、灵活的应变能力以及善于倾听的习惯。

三、有效沟通——团队建设的必要条件

朱永胜老师说,一个人的成功与优秀,从另一个角度上取决于朋友的质量和数量。沟通没有对与错,只是每个人站的角度和立场不同。

而朋友的数量的积累和质量的提升,最重要的手段是沟通。所以,从某种意义上讲,在现代社会,我认为沟通如同水、空气和食物,是人生存的必要条件之一。要学会认同他人、换位思考、同一频率、漏斗式聚焦,让沟通产生效益。

通过学习我更加深刻地认识到一点:有一个可怕的词叫"但是"。有人做过这样一项有趣的观察和统计:一个人的沟通能力、协作能力,甚至朋友的数量,都和他说"但是"的频率成反比。你越爱说"但是",别人越不喜欢与你沟通,越不喜欢和你合作,也就越不喜欢和你深交。

据说,哈佛大学图书馆墙上有这样的话:"我荒废的今日,正是昨天殒身之人祈求的明天;请享受无法回避的痛苦;觉得自己为时已晚的时候,恰恰是最早的时候;谁也不可能轻易成功,它来自彻底的自我管理和毅力;现在流的口水,将成为明天的眼泪;今天不走,明天要跑。"

注意力在哪里,收获便在哪里!人因梦想而伟大,因学习而改变,因行动而成功。我需要重新审视自己,审视自己的集体、班子、教师和学生,更加努力,因为越努力就越幸运。我与在座的优秀领导和同仁们偕行,也便越快乐幸福,而且如果也能让别人幸福,那真是功德一件。

有心有爱有担当　做创新型校长

阳信县劳店镇中心小学　田国军

一、做"有心"的校长,让学校永远行驶在正确的路上

"有心",就要学会思考。校长的思考力,是引领一所学校健康发展的根本。心有多大,舞台就有多大;心有多远,就能走多远。一个没有思想的校长,只会带出一所没有出路的

学校。

"有心"，就要学会抬头看路。"路"就是方向，更是目标。作为学校的管理者，我们必须要非常清楚路在哪里，办学方向、育人目标是什么。只顾埋头苦干，不会抬头看路，很可能就会出现南辕北辙、事倍功半的结果。

"有心"，就要学会多个视角看问题。事物都是具有两面性的，甚至是多面性的，如果我们只盯住事物或者是人的缺点不放，往往就会忽略了他身上其他的闪光的东西。在我们的学校，每一位教师、每一个学生都是多面性的，我们必须善于挖掘他们的长处与优点，引领、相信、激励他们走向成功，我们的团队才会走向成功！"有心"，还要善于抓住事物的主要矛盾。计划力，是一个优秀领导干部必须具备的能力之一，事情必须要分清先后缓急。领导者，永远要做最重要的事，绝不能眉毛胡子一起抓，学会简化授权很重要。

二、做"有爱"的校长，让学校永远充满阳光与温馨

爱，可以创造奇迹。因为有爱，残缺的身体可以舞出醉人的舞姿；因为有爱，看似冰冷无情的水，都会现出美丽的结晶；因为有爱，忠言也可以顺耳；爱能让青春永驻，让生命延长，所以我们要学会爱，懂得爱，这样同样可以创造我们教育的奇迹。

朱胜文老师让我们掌握了"爱的五种语言"，让我们学会爱的艺术：多给老师"信任、鼓励与支持"这就是对老师真正的爱，这就是学校团队建设的基石；多用肯定的言词，善用赏识的眼光，这就是对学生的爱，是激发孩子自信与阳光的沃土；多一些互动、体验，让孩子享受成功的快乐，经历成功的艰辛，甚至是失败的苦涩，这就是负责的爱；学会微笑，善待他人，这就是对家庭、对社会的爱，微笑会给家庭带来幸福与好运，微笑就会给学校带来生机与机遇。

联想到我们学校当前正在推行尊重教育——"尊重学生，尊重教师，互尊人格，以目标管理为导向，以制度管理为准绳，以情感管理为动力，以激励机制为手段，以自我评价为调节，以和谐校园为根基。注重过程，尊重规律，追求师生的充分发展，形成团结、进取、民主、和谐的校园文化"。这不正是对学生爱的具体体现吗？我们寻找"校园最美身影"活动，不正是引导师生用赏识的眼光去发现美、创造美吗？这一切，我们必须要坚持，我们坚持了就一定会创造我们校园爱的奇迹。

三、做"有担当"的校长，让责任与使命同行

朱胜文老师的课，让我深深地体会到，担当就要首先学会"放下"，放下身份，放下架子，放下面子，放下戒备，用真诚、阳光的微笑面对下属，面对同事，用自己的人格魅力去感召人，用自己的远见卓识去引领人。"放下"，是摆脱枷锁，脱离传统思维局限，开拓创新的前提。"放下"，才能接纳；"放下"，才能承担。

担当，就要学会"变态"——改变自己的精神状态、处事心态、工作态度。态度决定一切，细节决定成败，如果你对待工作没有阳光的心态、良好的状态、虔诚的态度就无从谈担当，更不会有成功！

担当，就要在关键的时刻有亮剑的精神，亮出的是气势，是胆略，更是男子汉的精神。

作为校长,在必要的时刻,就应该挺身而出。校长的底气就是团队的士气。

担当,不是蛮干,是智慧与勇气的巧妙结合,作为学校的引领者就应该运用自己的智慧,让该坚持的一定坚持,该放弃的必须放弃,这就需要校长的执行力。没有执行力,任何完美的计划都只能是一个永远不能实现的童话。担当,就等于执行力!

校长,是一所学校的旗帜,是一所学校的灵魂。我们必须清楚自己的使命,用爱心凝聚爱心,用生命影响生命,用担当承载责任,让责任与使命同行,让自己与学校一起闪光!

放下旧我　重塑新我

阳信县翟王镇李桥小学　于东胜

听课、日志、游戏、互动……

交流、进步、回味、幸福……

激动、触动、心动、行动……

4天的培训体验深深地印在每一位校长的心中,细细品尝,愈久弥香。

学习以小组为单位,课程以互动为主线,既有人生哲理的故事,也有感人深思的视频,更有激烈的研讨交流。这次培训改变着我们的思维模式,改变着我们对学校和教师的看法,改变着我们消极、漠然的心态,改变着我们对人生和社会的认识……

一、亮剑精神,团队之魂

以前看过《亮剑》,那时只是看热闹。朱教授对《亮剑》精彩片段的解读对我触动很深,他告诉我们:作为一名优秀的领导,必须学会抬头看路,带领团队成员"与时消息,与时偕行,与时俱进",进行有效的沟通与协作。作为管理者必须有计划力、执行力、沟通力,要以"亮剑精神"为支柱,敢于决策、善于决策,同时又以"亮剑精神"为动力,坚定不移地贯彻决策,勇敢顽强地执行决策。只有这样,不管遇到怎样困难的环境条件,管理者都能够坚持到取得最后的胜利,都能够立于不败之地!

二、体验游戏,体味人生

在这4天的培训中,朱老师让我们体验了很多的游戏。正所谓"戏如人生,人生如戏",这一个个精心设计的游戏都蕴含着非常深刻的人生哲理和管理智慧。校长们长期在领导岗位,而且大多已是40岁以上的年龄,已经很久没有体验这种互动的游戏了,也很久没有毫无顾忌地释放自己展露真性情了……朱老师对学员们进行了"破冰",从"七巧板"的惨败到"夺宝奇兵"的大捷,从"应用示错五步法"到"眉目传情",校长们都觉得自己又年轻了。整个课堂一派喜乐激动的景象!我们重温着久违的"同学"称呼,暂时忘记身份、性别、年龄,抛开包袱、卸下压力,做了一回真实的自己!

三、"十道数学题",横看成岭侧成峰

"十道数学题"的案例很真实地暴露出我们看问题的思维和角度。注意力等于结果！换一种思维,换一种态度,换一种眼光,也许就会有不一样的效果。其实我们教师和学生身上有很多的闪光点,这个世界不缺乏美,只是缺乏发现美的眼睛。垃圾可能是放错了地方的宝物。缺点有可能是特点,甚至有可能是特质。"妈妈鼓励儿子成才"的故事,让我们深刻感受到了赏识教育的魅力,让我们正视学生的缺点,发现学生的闪光点,用符合学生特点的教育方式正确引导孩子们,在爱、鼓励、相信的氛围下更好地帮助他们健康快乐成长！

四、爱的五种语言,爱的哲学

爱的五种语言:肯定的言词、精心的时刻、馈赠的礼物、服务的行动、身体的接触。短短的 20 几个字却可以产生无穷的威力,让我们快速提高爱的表达能力,甚至可以成为我们教学和管理的五种武器,同时也让我们领会到"爱的五种语言"在人际沟通中的重要意义。在生活中,爱无处不在。我们因爱而存在,在爱的孕育下成长。没有爱,我们无法感受阳光的温暖,无法领会到人间的真情,无法开开心心地过好每一天。曾几何时,我们已经渐渐淡忘了爱的滋味。朱教授唤醒了我心底的爱,让我再一次走近我的家人、同事、朋友,包容、尊重、信任、理解、责任、关心……

4 天的理念洗礼,4 天的心灵碰撞,让校长们的心紧紧地连在了一起……在这里,我们一起感受成功的喜,一起承受失败的痛;在这里,我们一起在思考,一起在改变;在这里,我们舍弃了旧我,重塑着新我,如凤凰涅槃在体验中重生！这样的体验,期待下一次的重逢！

阳信县"三名"建设工程人选江苏分组培训心得体会
重温旅程　盘点收获　继续上路

阳信县教研室　田春燕

一、重温旅程——暖暖的幸福与感恩

6 天的同吃同住、同学同行,使我们不仅接受了一次高质量的培训,更经历了一段终生难忘的幸福旅程。无论是高铁上的好奇"探险",还是校园里的驻足摄影;无论是海门新教育人的激情,还是南京行知苑里的感动;无论是不辨东西的"一路向前",还是共同约定的"继续前行"……都将成为我们珍藏的记忆,时时回味,努力践行。

欣赏着韩素静老师精心制作的视频,重温这段旅程,内心盈起的是暖暖的幸福与感恩……

二、盘点收获——满满的奉献与激情

（一）新教育篇

14日上午，我们非常荣幸地聆听了成尚荣老先生的报告——《发现儿童与课程的创造》。成老先生站在"立德树人"的高度思考教育的本质，他说教育应该是以道德的方式，把最有价值的知识传授给别人。我们要做道德教师，研发道德课程，打造道德校园。教师要创造卓越课程，必须学会发现儿童、了解儿童、解放儿童、信仰儿童。听了成老先生的报告，内心充满了无限的敬仰。敬仰成老先生渊博的学识、灵动的思维，敬仰成老先生开阔的教育视野、深邃的教育思想，敬仰成老先生儒雅的学者风度、永远的儿童心态，敬仰成老先生超强的记忆力、清晰的思路、幽默流畅的表达……一个半小时的报告，70多岁的成尚荣先生既没有讲稿，也没有课件提示，就那样静静地站着、娓娓地讲述，700多听众屏息凝神，静心聆听，我不禁沉醉在这样的氛围里，感觉自己的思考也随之变得深刻起来。

接下来，海门市教育局局长许新海博士的报告传达了"课程即生活""课程即环境""课程即机会"的新教育卓越课程理念，讲解了新教育卓越课程的架构，并以海门为例从实践的层面讲解了新教育卓越课程的区域实践和校本探索之路。报告既有高深理念，又有看得见摸得着的可以学习借鉴的经验；既高屋建瓴，又接地气儿，为我们的新教育卓越课程研发指明了方向。

下午，海门的五位校长分别讲述了他们学校的卓越课程创造与实施。15日，我们又走进了三厂小学和国强小学，实地考察观摩了他们的卓越课程实施情况。让孩子拥有带得走的能力，给每个孩子"成为伟大的人"的机会，"沙地文化"课程、口琴课程、汽车课程、花样跳绳课程、书法课程、英雄课程……让人信服的理念，让人惊叹的丰富多彩的课程，他们真的发现了孩子，为了孩子甘愿辛勤地付出，哪怕是一份小小的班报，3年时间出版288期的坚持，令人动容与佩服。新教育人的激情、执着、奉献与坚守令我震撼不已！

（二）行知教育篇

故事一 行知小学有很多实践体验基地，有果园、茶园、荷塘等，其中包括一片小树林。美国学生来了，法国学生来了，新加坡学生来了，马来西亚学生来了，他们在小树林里看风景、听故事、放鸟巢、玩游戏、读《一片小树林》……当年为了打制课桌椅而种下的小树林，今天竟成了吸引国内外中小学生流连驻足的国际联合"圣地"。那片小树林还仅仅是"小树林"吗？

故事二 一次，台湾小学生来行知小学互动交流。临别时行知小学的孩子想要赠送给他们一份有意义的礼物，送什么呢？发一个结业证书，亲手制作的结业证书。于是，孩子们在校园里，在实践基地中拣树皮，在教师指导下亲手熬纸浆，再做成纸，制成了一份份独一无二的结业证书。这份礼物、这段记忆的珍贵毋庸多言，而看似简单的活动，不正是行知教育的真谛吗？

……

这样的故事太多太多。两天的时间,我们走在行知路上,聆听行知故事,感受行知思想,体悟行知教育。真正地沉浸其中,沉浸于行知苑小树林的动人故事里,沉浸于行知课堂的真实、朴实、扎实里,沉浸于行知孩子的大方、率真、幸福里,沉浸于行知教师的质朴、拼搏、创新里,沉浸于杨瑞清校长的儒雅、谦和、坚守里……

今天的行知小学以"共享行知教育、共建世界学校、共育地球公民"为办学宗旨,"立大志,做小事;立大志,做实事;立大志,做新事",怀着"1分选择99分坚持,1分自豪99分感激,1分成绩99分成长"的谦逊和坚守,在行知路上幸福地辛苦着,陶醉地疲惫着,享受地奋斗着!

我们要学习行知思想,践行行知教育,与行知人一起"并肩走在行知路上,携手创造精彩人生"!

三、继续上路——沉沉的责任与使命

学习充电是为了更好地上路。今后的路该怎么走?生命与使命同行,我们"三名人"应该肩负起这沉甸甸的责任。

我们如何做课程?海门的新教育卓越课程深刻、丰富、多彩,也许我们会觉得遥不可及,那么,请看看下面的两个案例。

滨州授田英才学园的白连涛校长曾经讲过"小窗纱的故事"。白校长在教学楼内巡视时,无意间发现新装的窗纱被割了一道口子,灵机一动写了一篇童话《哭泣的小窗纱》,就贴在损坏的窗纱边。随后,孩子们发现了,老师们发现了。于是,故事版《哭泣的小窗纱》在各班教室里讲开了,课本剧《小窗纱的故事》在各班上演并且搬上了学校的舞台,"爱护小窗纱行动"在全校展开……损坏的小窗纱早已不知被哪个孩子修补好了,但"小窗纱的故事"却深深地烙印在每个孩子的心底!

每个周一到周五的早上7:30,如果你走进劳店镇中心小学的大门,都会看见这样一幕:当国歌的旋律响起,当五星红旗迎风展开,扫地的孩子放下了笤帚,游戏的孩子停止了玩耍,执勤的教师垂下了指挥的手臂……校园里的每一个人都面向国旗脱帽肃立,行礼,唱国歌。每当此时,我总是忍不住热泪盈眶。我总在想:每天早上这短短的46秒,会在孩子们的心田上烙下怎样深刻的痕迹啊!

我想,这就是课程!课程即生活,课程即环境,课程即机会。只要有心,只要用心,课程无处不在。

我想,这就是卓越课程!卓越课程就是贴近儿童生活的课程,是以儿童为主体,关注儿童的生命成长,基于儿童的需要而研发的课程。

课程很神圣!但课程并不神秘!

回到儿童,依靠儿童,为了儿童,我们也能创造出卓越的课程!

我们怎样做教师?

做有道德的教师;

做"长不大"的教师;

做"花苞心态"的教师；

做善于学习的教师；

做勇于实践的教师；

做敢于创新的教师；

做甘于奉献的教师；

做有激情的教师；

做能坚守的教师；

……

做一辈子教师，一辈子学做教师！

只要行动，就有收获！

只有坚持，才有奇迹！

行事贵有恒，长久自芬芳。从做好"一阵子"到坚守"一辈子"，定格的是高雅人生，散发的是灵魂芬芳，收获的是职业幸福。

我们坚信，教育"还能更精彩"！

我们坚信，人生"还能更精彩"！

江苏归来话心声

阳信县水落坡镇雷家小学　雷书枝

这是一段丰富人生阅历的旅程。这段经历最终会成为我们一生的记忆。这期间有领导的谆谆教诲，有朋友间的鼓励关怀，还有可爱的韩素静一路为我们带来的欢声笑语。这是一段旅程，一次成长，一生的记忆。再次掀开这次学习之旅的封面，有太多的画面和太多的感动涌满心间。

一、海门，是你给了我力量

海门之行让我对新教育有了更深层次的理解。教育是生活，教育是机会，教育是经历，教育是共同走过，还是幸福地、完整地走过。它不是简单的"复制"与"粘贴"，也不是照搬与模仿。它没有固定的模式，只有一种理念。享受教育，幸福花开！

我也更懂得，教育的核心是学生，卓越课程的开发和建设要紧紧围绕学生、服务学生、相信学生，教师搭建的舞台有多大，学生的潜能就有多大！

在生命与生命相遇的过程中，我愿意陪着你，爱着你，和你一起成长！

研发卓越课程，就要像成尚荣老先生报告中说的那样必须做到以下四点。

（1）要回到儿童原来的意义上去。

（2）要回到儿童完整的生活世界。

（3）要回到儿童的最伟大之处。

（4）要回到儿童生活的方式中去。

于是我懂得了研发卓越课程的基点：回到儿童，依靠儿童，为了儿童！

二、行知，是你让我醍醐灌顶

那是个寒风劲吹、冷得有些刺骨的早晨，一个温文尔雅的人向我们走来，身穿灰色竖领呢子上衣，头发明显打理过，小跑状，步履是那样矫健而轻盈。这个人就是杨瑞清校长。

我们走在行知路上，聆听行知故事，感受行知思想，体悟行知教育，真正沉浸其中……杨校长说："我们在欣赏花的时候，可能都喜欢那盛开的鲜花，而忽略了旁边的花苞，可是那些花苞盛开后可能会更漂亮更美丽。花开放的时间有早有迟，学生也是一样，那些学困生就像那些还没有开放的花苞，但最终他们会盛开的，也许会开得更精彩。"

这样想，你就会不急躁；这样想，看到成绩不好的同学你就再也不会抱怨；这样想，再有学生向你告状时，你就能耐得下心来倾听；这样想，你就觉得每一天的课堂就是生命与生命的相遇，无比神奇……

多少次心动，很难具体地去行动，往往在每天四节课的工作量里随时间溜走了。这次不同，我做了以下几点尝试。

活动一：紧密结合六年级语文第七单元人与动物的主题，开展了沈石溪动物小学阅读活动，先从读《狼王梦》开始，每人准备一本沈石溪的小说，小组内轮读，全班共读一本书活动真正启动，课堂阅读之门终于打开了。

活动二：为了让学生增强内心体验，感悟动物与人之间真正的感情，组织我班的学生去了学校的唯一有电脑大屏幕的微机室里观看了电影《忠犬八公的故事》，这既留给了学生真实感动的体验，又促进了学生的共读一本书的活动。

活动三：即便是遇上了雾霾，放了两天假，但周一开学的那一天，依然挡不住学生送来的满满一办公桌的圣诞礼物。看得出，在学生的心里他们还是想过圣诞节，于是我组织了"和你一起过圣诞"等系列活动。学生悄悄地在我耳边说："谢谢老师陪我度过小学的最后一个圣诞节！"学生在美妙的圣诞节曲中了解了外国习俗、圣诞节的来历等知识。

活动四：南京之行拍过的照片也成了我很珍贵的教学资源，学生们一直弄不明白教师外出学习都干了些什么，我用我的照片再加上素静的《成长之旅》，好好地给学生上了一节《欣赏你眼中的江苏》。

我们理应相信：只要行动，就有收获！只要坚持，就有奇迹！

我们是教师，所以我们理应拥有一颗晶莹剔透的童心，学会像孩子般惊奇地打量多彩的世界，学会去在乎大自然的任何事物。

去爱，去行动！

一次心灵之旅

阳信县金阳街道中心学校　韩素静

现在回忆起这次江苏之行,点点滴滴都是感动,都是收获。我们收获了专业成长中最好的营养品,收获了心灵相通的姐妹之情……这次旅程让大家收获了从未有过的丰盈与充实、从未有过的震撼与感动!这份震撼与感动源自它们对心灵的触动。

一、心灵的触动之儿童与课程

(一)盘点收获

(1)成尚荣先生《发现儿童与课程的创造》这一报告提出了儿童与课程创造的宗旨是立德树人,卓越课程的"卓越"体现为发现儿童、让儿童参与课程的创造,教师应该成为课程的研究者和创造者等观点。一个半小时时间,一位年逾古稀的长者,站在演讲席上,滔滔不绝,神采飞扬,时而引经据典,时而吟诗诵词,时而追问,时而辅以手势……他的报告博大精深而又风趣幽默,给人以深刻的启迪和酣畅的精神享受。演讲结束,会场上响起了热烈的掌声。成老给我们诵读的陶行知先生的《教师歌》值得我们好好去领悟。

(2)海门市教育局长许新海博士在《新教育卓越课程的理念演进与实践探索》报告中指出,人就是课程,世界就是课程,课程即生活,课程即环境,课程即机会。

卓越课程应关注现实生活,一是关注现实生活,二是倡导共同生活、共同阅读,三是实现知识于生活、生命的深刻共鸣。

课程即环境。他指出,课程呈现出三种演变趋势,即课程从注重知识中心走向凸显人的价值,凸显儿童与教师的价值,教师是课程的研发者,教师就是课程;课程研发从碎片化思考走向系统化设计;课程从关注全面素质走向聚集核心素养。

课程即机会。内涵包括三层意思:一是机会的内涵是立场,应信守儿童立场、本土立场与校本立场;二是机会的指向是权利,我们应该给学生提供不同的课程;三是机会的呈现是经历,课程的生命在于师生的共同穿越。一次次穿越,让孩子们经历一个个课程,幸福成长。

两位专家的报告生动而又深刻,站位高而又具体明晰,对正在推进的卓越课程研发是一次方向上的有效引领和专业上的详细指导。

(3)五位校长向我们讲述了他们学校研发的卓越课程。他们的讲述使我深刻地感受到他们开发的课程都源于学生生活,并给予了学生带得走的能力,每一项课程都把学生的潜能引爆。

(二)我的思考

1.课程的精彩——我们已经在路上

成尚荣教授的话把我点醒,他说:"课程是神圣的,但不是神秘的。"只要以儿童为本,每一位教师都可以成为课程的设计者。

反思我们的校本课程,有具体的课程目标、具体的设计与规划、具体的实施过程和成果吗?与他们的课程相比,我们差得太远。但我们正在路上,正在努力!

2. 学生的精彩——等待生命的绽放

我们静听了东洲小学的合唱,领略了三厂小学的口琴、课本剧、花样跳绳、走出海门的体育明星,参观了国强小学写字课程……这些让我们叹为观止,也让我想起陶行知先生还有一首《小孩不小歌》:"人人都说小孩小,谁知人小心不小。"你若小看小孩子,便比小孩还要小。果真如此,你给孩子多大的舞台,他就会还给你多大的奇迹!

反思我们的孩子,真的比他们差吗?答案当然不是,那到底差在哪里?我想,是我们没有给孩子们提供这个平台。怎样才能搭建这个平台,仅仅依靠教师本身的努力是远远不够的,而是需要一个完善的教育评价去推动,需要广大教师对课程的内心认同。正如著名哲学家雅斯贝尔斯说的,"教育的本质意味着一棵树摇动一棵树,一朵云推动一朵云,一个灵魂唤醒一个灵魂"。

让这些精彩定格在我们阳信教育人的内心深处吧!让我们携起手来创造出自己的精彩,让我们坚信,只要行动,就有收获!只有坚持,才有奇迹!

二、心灵的触动之行知小学与杨瑞清校长

大巴车不知不觉来到了行知小学,让我们没有想到的是杨校长早早地在校园里等着我们,让我们参观茶园、竹林、荷花池……听杨校长简单地介绍完校园后,我们开始了课堂观摩。有一个人总是在课堂的角落,用相机留住课堂上的精彩,怕影响上课的学生,身体向前能撑起45度角,没有任何架子,和蔼可亲,是我们对杨校长的第一印象。

下午是杨校长的报告,整场报告用"精彩"一词形容都远远不够。从办学初的艰难与转型初期的挑战,杨校长都一一克服了。我觉得正是因为杨校长始终不忘初心,在坚强的毅力支撑下,行知小学开创了一个又一个奇迹。他一直走在行知路上,践行行知教育!同是教育人,我们能不为之感动、震撼与自我反思吗?一句句朴实无华的话语,一个个感人至深的故事,一步步扎实迈进的步伐令我对杨校长的教育梦想产生了强烈的共鸣,为杨校长的教育坚守和人格魅力所折服,甚至在心头庆幸,虽然在教委工作,多亏自己没有离开课堂,没有远离可爱的孩子们!

在行知小学,我们还认识了让阅读发声的葛元老师,还有学校里的名导——刘书刚老师……正是这些行知小学的普通教师,做出了惊人的成绩,让我们看到了坚持的力量、等待的力量。

在今后的工作中,我会把这次旅程中的收获铭记在心。选择很重要,坚持更为重要。我会坚实地走好教师之路的每一步,有大家的陪伴,我想,路上一定会开满鲜花,因为最美的风景总是在路上!

一份执着　一份情怀

阳信县劳店镇中心小学　王志刚

题 记 细雨蒙蒙江苏行,浸润新教育海门中。携手走在行知路,一份执着一份情。

一、一种课程,一种生命——海门催生新教育

什么样的课程,决定着什么样的人生,这是国家督学成尚荣专家对课程的解读。他的报告集中体现在"立德树人"上,"人"是核心,"道德"是根本,完美生活中德性的实现离不开道德。成教授旁征博引,妙语连珠。在他的报告中反复提到儿童,课程应该是儿童的课程,心中有儿童才能心中有课程。是啊,走进儿童内心才能聆听儿童的内心世界。从课程中发现儿童,回到儿童原来的意义,呵护儿童的天性;回到儿童完整的生活世界,经历"实现、理想,虚拟"三个世界;回到儿童的最伟大之处,留给孩子们空间;回到儿童的生活方式,在游戏中聆听孩子们的内心。四个"回到"是对当下应试教育的叩问,是对新教育课程的诠释。

五位校长的报告从不同角度解读了对新教育的理解和实施新教育卓越课程的具体做法,翔实的案例、具体的方案、扎实的活动,他们是在用心做教育。顾云辉校长的《让学生拥有带得走的能力》中"十大学会"是生命的积淀,是能力培养范例;吴建英校长《新生命教育的思与行》是"生命教育"的赞歌;曹伟校长的《时间都去哪儿了——数学文化学习课程叙事》在数学领域开辟了一条幽径,研究的深度和广度让人叹服;王敏校长的《暮省与心灵的歌唱》是诗意的叙事,是诗意的暮省,正如她所说,因为坚持所以丰实,因为习惯所以优秀,因为参与所以热情,精美的板报让人折服;祝禧校长是一位会思考的校长,是一位有远见卓识的校长,她的《卓越课程,给每一个儿童成为伟大的机会》让我们看到了学生的精彩。

15日重点考察了海门三厂小学和国强小学。优美的环境,浓浓的书香,厚重的文化是三厂小学给我的第一印象。研发卓越课程,成全美丽的生命,学校立足生命教育,打造生命课程,唤醒新生命,享受新生命,成就新生命,让每个生命都成为最好的自己。课程开设立足本土,立足实际,特别是三大类课程已经积累了丰实的经验,结出了丰硕的果实。"沙地文化""口琴乐队""体育律动",孩子们的精彩展现就是最好的证明。国强小学的书法课程独具魅力,浓浓墨香飘溢校园,这是对中华民族母语的最好传承;英雄课程则将爱国主义深深镌刻在每个孩子的心灵!

二、一份执着,一份情怀——携手走在"行知"路上

走在行知小学,一草一木、一树一花、一砖一瓦都是文化。著名教育家陶行知先生的教育思想在这里已经深深扎根,并开出了美丽的花。杨瑞清校长历经30年的呕心沥血,开辟了教育的新天地。30年的风雨历程,如果不是一份执着,如果不是一份情怀,怎会有今天的风采?

走在行知小学,看到大片的实验基地、难忘的小树林、诗意的荷花塘,我深感其真正做

到了陶行知先生的知行合一。学中做，做中学。教育是慢的艺术，不折腾，守住根本。杨校长将 30 年的青春献给了行知小学，充满着人文情怀。16 日下午和 17 日上午聆听他和团队们的报告后更是理解了"捧着一颗心来，不带半棵草去"的深刻内涵。难忘杨校长的《并肩走在行知路上，携手创造精彩人生》的精彩报告。负责德育管理的葛校长将学生管理工作做得井井有条，图书管理员葛老师更是将图书管理工作做得红红火火，刘老师将微电影做出了大文章，行知精神已经镌刻在他们的心中。

"教育，主要不是方法问题，而是态度问题。态度一变，问题也会改变。态度就是最好的方法。态度就是师德。"杨校长如是说。小学校也可以有大文化，小学校也有大事业。教师好好学习，学生天天向上。做一名良师，"读好行知这本大书，读好实践这本活书，读好生命这本天书"。他对陶行知教育思想的追随，对教育事业的执着与热爱，都让我感动不已。

一份执着，一份情怀。作为一名学习者的我，也在不断地反思自己。今后的教学，在吸收先进经验的基础上，与课堂实际相结合，与学生实际相结合，让自己的教育事业绽放出生命的精彩！

踏实前行　不忘初心

阳信县教研室　王建勇

一、有行动才会有收获

"行动是成功的开始"，在片面追求升学率的怪圈中苦苦挣扎却每每以失败告终后，面对积弊深重、成为被撤并对象的困境，东庐中学选择的是从实际出发，迎难而上，在行动中解决问题，在实践探索中寻求发展，在经过学习、调研对自身问题的剖析之后，形成了他们自己的"一个巨人挑起两个侏儒"的理论，发挥业务能力稍胜一筹的教师的作用，从有优势的数学、化学两个学科做起，讲学稿初具雏形，从而一发而不可收……

新教育实验的行动主旨不是提出多少深奥的教育理念，而是改变我们的教育行为，是一种追求教育行为改变的行动。海门中学的班本课程入学第一天——青春梦想起航，做个好父母——开启新父母学校，每月一事习惯课程——让九月的成长更美丽，共读共写——我们的共同生活，生命成长仪式——九月的生命庆典……准备效率手册、习惯养成记录本等从人人都可以做、每个班主任都需要做的常规开始，行动！在行动中一个个问题解决了，学生的习惯悄悄发生着变化……

"行动是最好的语言"，我们不缺少理念，而缺少扎实的实践；不要头脑一热的冲动，需要踏踏实实的行动。

二、坚持才能创造奇迹

任何事情的发展都不可能是一帆风顺的，东庐中学的教学改革也不例外。社会、家长、教师的不解、质疑、不配合、不支持……陈康金校长一方面晓之以理，统一思想，同时借助督查机制、考评机制、激励机制强力推进,执着地坚持了下来。面对暑寒假备课、备课组备课、课前备课、课后备课、课前讲学稿批阅、学生自主学习习惯及能力的培养等繁重的劳动,庐中教师务实、扎实地坚持做了下来,才有了从面临被撤并的"三差三后"学校到全国素质教育一面旗帜的华丽变身。

在"只有坚持,才有奇迹"新教育行动价值取向的支撑下,海南中学殷卫娟老师坚持了下来,才有了从"不想做班主任了,因为那毫无价值"到与学生一起成长,享受班主任工作的快乐的转变。海门教师提到的诵读特别慢的孩子的转变、一个个生活习惯差及学习习惯差孩子的转变,都是教师不离不弃、不懈坚持的结果,同时也给了老师坚持下去的信心和力量。

认准一件事,坚持做下去,不为眼前的名利得失所动,这考验一个人的定力,这本身就是一种成功。

三、学生发展是学校发展的根本

东庐中学的教学改革是本着"不仅要学会有成绩,而且学会有能力"的价值追求开始的,"讲学稿"是一切围绕着学生的学而设计的:确立学生是学习的主体,具有指导学生学习的作用,尽可能设计可供学生在研究中学习的内容,参照不同层次学生的不同要求分层设计,有利于培养学生创新意识,让学生在做中学……讲学稿实际是"给学生一个拐杖,让学生尝试自学"。

新教育认为:儿童是课程的主体,儿童的现实生活和可能生活是课程的依据,每个孩子都是一粒神奇的种子,儿童课程就是种子成长的环境。卓越课程的开发就是为学生创造成长的机会。卓越课程应是最大限度地吻合各阶段儿童的身心发展特点,最大限度地开拓学生身心发展的最近发展区,最大限度地满足学生生命成长的需要。不同的班级、不同阶段的学生创生出了源自于学生生活、源自于学校实际的各具特色的班本课程。

学生发展才是学校发展的出发点和落脚点,学校的工作只要是真正关注学生成长发展的都是值得我们付出和坚守的。

四、教师是学校的核心发展力

为了做好东庐中学讲学稿的编制,教师要下"题海",精选开发素材,精选认知策略,精设反馈渠道,选好教法学法,用好教学手段,要在提高学生学习能力的"支撑点"上下功夫;课前要批阅讲学稿,充分掌握学情;课堂上教师必须激励、唤醒学生的主体意识,变"要我学"为"我要学";学生自主学习习惯、学习能力的养成需要教师的反复培训;学生的常规管理等都需要教师勇于开拓进取的精神,需要教师将教育作为自己钟爱的事业。

新教育卓越课程研发中提到,教师是课程的研发者,教师本身就是课程,作为学生生命中的重要他人,"教师蓬勃的生命状态、丰富的生命能量是最重要的教育资源"。学生的生活状态、生命形态的形成有赖于教师的引领和示范。师生共同生活,教师是对学生成长影响力最大的生命范本之一。海南中学奇迹树班殷卫娟老师由2007年5月"不想做班主任了,因为那毫无价值",到享受班主任工作的快乐,是师生共同成长的过程。教师成长课程是一切课程的源头。教师有理想的朝向,才能带领孩子们朝向理想;教师不断前行选择适合自己的行走方式,才能引领孩子们不断成长。

没有教师的发展,没有教师的成功,谁来推动学校的发展,谁来引领孩子走向成功?

五、不断创新是学校发展的灵魂

东庐中学在讲学稿使用日趋成熟时遇到了新的问题:备课过程中讲学稿囊括了备课组考虑到的所有的内容和问题,课堂运用中过于程序化,限制了教师的思维,师生渐渐地失去了热情。到底讲学稿内容要细化到什么程度?经过苦苦地探索,史正红老师从电影宣传片剪辑最精彩的片段和镜头、片花中受到启发,讲学稿只设计主问题,多一些素材,少点个性化问题,给教师留出充分发挥的空间,从而使讲学稿的使用更能发挥出教师的个性特点。"讲学稿是应试教育的产物,随着现代教育技术的发展,讲学稿过时了",正是面对这种质疑和适应现代教育发展的需要,才有了讲学稿 0.0 版、1.0 版、2.0 版的不断创新突破;与时俱进、不断创新才有了庐中人"讲学稿只有更新版没有终结版"的满满自信。

正如史正红老师在报告中所说,"拥有再多也是曾经",任何人都没有在成绩面前睡大觉的资本,只有不断创新,才能有不竭的生命力。

六、适合自己的才是最好的

"学我者生,似我者死","没有谁比谁更伟大,而是谁更适合",东庐中学面对困境没有跟风,没有今天学东家明天搬西家,而是从本校实际出发,立足当下,积极探索推进讲学稿。海门新教育的班本课程,每个班级都有自己的班名、班训、班歌、班旗……都针对班级的学生,发挥自身的优势,设计特色活动。

适合自己的才是最好的。你的条件达到什么程度,就采用什么载体。学校如此,我们个人同样如此,要充分认识、了解自己,从自身实际出发,走适合自己的成长之路。

学习活动虽已结束,自我成长正在路上,正如习近平总书记在元旦贺词中提到"只要坚持,梦想总是可以实现的",让我们怀揣梦想,踏实前行,勿忘初心。

走近江苏名校 领悟教育真谛

阳信县实验中学 张延娥

一、讲学稿——集体智慧的结晶

"讲学稿"集教案、学案、作业本、测试卷、复习资料于一体,既是帮助学生学习的最好拐杖,也是教师实施集体备课的抓手与平台。教师由原来带着学生走进书本,转变为学生预习后带着问题走近教师,学生由题海战术转变为先思考后提问;教师由原来围绕本本转,转变为教师围绕学生转。

再回味我们亲历的东庐中学课堂,感受是简单、朴实、有效。东庐中学呈现的都是原生态的课堂,没有丝毫的作秀与粉饰,所有开放的课堂都是按课表开设,看不出一点花样与包装。在这些看似平常、平淡的课堂上,我们却看到了蕴含其间的无穷的教学魅力,看到了积淀其间的灵动技巧和效率,看到了融入其间的"以人为本,教学合一"的理想境界。

回到学校,及时把感动转变成行动。在转变作业方式上大胆探索,把以往的机械做或抄写变为时效性的全批全改,把量减下来,把实效提上去。面对学生作业量大并且疲于应付的现状,发动初三全年级的教师由备课组长牵头,把全部章节精选试题整理出了一套高效实用的复习资料。

二、立足实际,做新教育的践行者

新教育人是实实在在地做教育。在4所学校的耳闻目睹,我们一次又一次被他们踏踏实实做教育的情怀所打动,真真切切感受到海门的学校对新教育理念的落实是多么到位,点点滴滴都透着他们的执着。

他们的"阅读教育""完美教室""卓越课程"等都给我留下了深刻的印象。特别是阅读活动,孩子们对于书的热爱让人感动,孩子们的阅读量之大让人震惊。朱永新教授曾说过:研发卓越课程是新教育的"天命"。新教育要成为一家"百年老店",就必须拥有真正属于自己的完整的课程体系。

由班主任牵头的卓越课程提升了班级的管理水平。比如说,生日课程、开学课程、节日课程、《三字经》课程、诗歌诵读课程、旅游课程(明天要远足)、班级课程(有爱护航家校通)、班级博客叙事(我是一朵开满花的树)、运动课程叙事——当"运动"邂逅"幸福"等系列各具特色课程的研发就是最好的佐证。

海门人善积累敢创新,体现在其在打造完美教室过程中所做的事,如班风、班级制度、班级图标等的班级文化建设,班级图书角、队角等的个性文化建设,班队活动、综合实践活动等的课程文化建设,等等。这些我们各学校、各班级也都在搞,但各自为战,缺乏顶层设计,没有统一的纲领,没有统一的目标和行动计划,就无法提升到理论的高度。

我不禁感叹,"完美教室"的缔造高不可攀,遥不可及吗?答案肯定是否定的。只要我们一线教师有着追求完美教育生活的热情,有着对教育的痴迷和执着,当好班级的"国王"、精神的"领袖",把自己和学生的生命编织在一起,让教室充满幸福感。这样,"完美教室"也会离我们越来越近,因为"只要行动,就有收获;只有坚持,才有奇迹"。

三、借力卓越课程,缔造"完美班主任"

(1)"爱教育"课程:"爱是教育的润滑剂",爱是连接学生与教师情感的纽带。用心去教育学生,用爱去感染学生,与学生同进退,帮助他们解决学习或生活上的困难,做学生的知心好友。比如举行特殊节日的班级主题活动——教师节、感恩教育等。这样既能缩短学生之间的距离,获得学生的喜爱和尊重,也强化了班集体的凝聚力和向心力。

(2)特殊生教育课程开发:学习归来后我相继制定了初三优秀生和后进生培养方案,并且担任了优秀生的班主任。我会把培训的收获运用到管理中去,及时地记录他们的成长过程。

感受苏派教育 执着反思前行

阳信县实验中学 蒋丙建

中国的教育看江苏。这几天我深深地感受到了这一点！因为,江苏之行带给我的是视觉的盛宴,是头脑的风暴,是心灵的震撼。

一、原汁原味品东庐

在紧张的两天学习中,我观摩了东庐中学三节示范课和三节常态课,聆听了桑传生副校长《班主任队伍建设和班级管理》的专题报告、徐晖副校长《实话实说讲学稿》的专题讲座,领略了史正红主任对"讲学稿"的编制、使用等情况所做的精彩演讲。课间休息和午休时,我走进教室、操场、学生宿舍,向同行请教,与同学交流,全面感受了东庐中学的校园文化建设,深刻领会了以"至博至淳"为核心的东庐精神。

南京市东庐中学起初是一所面临被撤并的乡镇中学。1999 年,新任陈康金校长大胆启动了以"讲学稿"为载体的教学模式改革,迅速取得了"惊动"整个南京的极佳中考成绩。陈校长所倡导的以"先学后教,以学定教,少教多学,一教促学"为指导的"讲学稿"模式在中国教育界迅速铺展开了。

综合我的所听、所看、所思,我认为"讲学稿"的成功之处有以下几点。

（1）"讲学稿"要求提前备课,集体讨论,轮流执笔,并由骨干教师把关审核。这既培养了新教师,又发挥了学科带头人的作用;既避免了新教师的"无头苍蝇式"的无重点教学,又避免了优秀老教师的经验无形流失和职业倦怠感。

（2）"讲学稿"完全替代了学生的课辅资料,减轻了孩子们的书包,却促进了学生学习的高效,真正体现了"辛苦教师一人,解放学生一群"。

（3）"讲学稿"提前发给学生,使学生有目的地进行课前预习,培养了学生的自主学习精神和分析问题解决问题的能力,使学生带着问题走进教室,极大地提高了学习效率。同时,教师将学生书面预习的情况了解后,在进行课堂教学时,也能做到只讲重点难点,有针对性地进行教学。

（4）"讲学稿"强调师生互动,共同探究,倡导了"发展和提高"的新教师观和学生观,调动了每个学生学习积极性,促进了教学的全面提高。

（5）"讲学稿"大容量的、针对性的训练,体现了教学"精讲多练"的精神。这种训练不是刻板机械的复制,而是在师生有目的的活动中完成的。

我的思考有以下几点。

（1）东庐中学教育的成功是基于其无法回避的生存危机。1999 年的东庐中学,要么让自己在搏击中死亡,要么飞向高空,陈康金校长选择了突破和挑战。

（2）大批优秀师资是"讲学稿"成功的保障。东庐中学"讲学稿"的起步,是在数学和化学两个学科上摸索开始的,而陈校长负责数学,史正红主任负责化学。我校是我县的教学窗口学校,有许多有教学经验的和先进教学理念的优质师资,我们完全可以打造出适合我们学校的教学风格。

（3）近几年，过多的年轻教师的加入为我校开展"讲学稿"（或称为"导学案"）提出了必要性。随着我校的快速发展，大量的年轻教师进入我校工作。幸福中学 126 名教职员工中就有代课年轻教师 44 人，占 35%。教材的重难点处理、学生的实有文化课基础、学生的心理活动、学生的学习方法指导等对他们是一种挑战。

（4）"讲学稿"的实用对学生的自主预习、自我检测、学法指导、复习提升起到重要的作用。

（5）多媒体教学辅助设备在以"讲学稿"为载体的教学模式中起到什么作用？我观摩的三节观摩课和四节常态课中，只有史正红主任的化学课用到了多媒体教具，其他六位教师一律是一根粉笔加两张嘴皮。一些抽象的、难以直接用语言表达的概念和理论能否用多媒体教学辅助手段的形式表现出来呢？

二、膜拜新教育，惊艳卓越课程研发

新教育实验，是朱永新教授发起的一个民间教育改革行动，全国教育科学"十五"规划重点课题；是一个以教师发展为起点，以十大行动为途径，以帮助新教育共同体成员过一种幸福完整的教育生活为目的的教育实验。发展至今，它已经由起初的热热闹闹的活动课程逐步转向国家课程的二次开发和校本课程的研发。而海门教育则无疑走在课程研发的最前列。

12 月 17 日，我们在全国新教育实验海门开放周暨海门市新教育研发卓越课程推进会上，聆听了苏州大学陈国安教授《三重架构：孩子，你慢慢来》和新教育学院许新海院长对新教育课程研发的简介。下午，我们沉醉于陈铁梅等五位校长、教师、班主任的主题报告。18 日，我们又深入地参观了东洲中学、能仁中学、海南中学，梳理一天的报告、一天的现场观摩，享受着新教育的庆典，过一种幸福完整的教育生活的清泉润泽心灵，清风拂面、静待花开的教育信念油然而生。

思考一：海门新教育的精彩在于专家引领、强力推进、师生共同学习。朱永新、许新海、成尚荣等一个个大家高屋建瓴，对教育进行顶层设计；市教育局局长、各位校长执牛耳砥砺前行；学科组教师"实"字当头，根植家乡沃土创特色，立足校情实际谋精品。每一项课程，有目标，有规划，有教师团队打造，有理论提升，有过程记录，有成果雄辩呈现，真可谓精心、精致、精品。

思考二：海门新教育的硕果根植于学校的常规管理和细节管理。无论是学生的文明礼仪，课间的活动，还是课上的表现、坐姿、书写，上下楼的站队都呈现一派有序景象看着井然有序的学生，我们也会一遍遍反思：我们到底是哪里出现了问题？为什么在我们身边屡禁不止的常规问题，在这里却寻不到踪影？为什么海门的孩子给我们留下了如此美好的印象？他们的文质彬彬到底是如何而来的？这一切的答案，或许就是新教育的魅力所在。

思考三：海门新教育的精彩在于师生创造课程。国家课程地方化，地方课程特色化。两天的学习、观摩，印象最深刻的就是在海门新教育人的辛勤培育下，学生精彩纷呈的表现。读书演讲、游戏挑战登上中央电视台；口琴乐声悠悠，独奏、合奏韵味独到；跳绳新花样，球类新玩法，书法韵味长；国家级科学小发明、篮球赛、国少足球班……就这样，在精彩与惊喜中赞叹，在喝彩与激动中信服。究竟是新教育成就了学生，还是学生成就了新教育？

思考四：海门教育的成功在于其卓越的校园文化和班级文化。每一所学校的校园文化设计科学，植根于实际，深发于师生内心。班级文化以打造完美教室的形式出现。一间完美的教室是图书馆、阅览室、实践场、探究室，是操纵间、展览室、信息资源库，是教师办公室、习惯养成地、人格成长室，是共同生活所、生命栖居室。每个教室都有很多的亮点和故事。独有的班级名称、班级口号、班徽，彰显着每个教室独有的文化内涵，如向日葵班、奇迹树班、生命树班等班名。在这里，学生们与教师齐心协力，聚集体智慧，努力让每一面墙壁、每一个角落都成为"会说话的书"。师生齐动手，创造出属于师生共同的润泽教室。

思考五：海门教育的成功源于教师的敬业和极强的责任心。每一份试卷、每一次作业，无不留下教师红色的批改记录，全批全改，不是做不到，只是不想做到。无论走到哪一个办公室，教师的专注，都让人感叹不已。

思考六：独特的班主任跟班制。无论东庐中学，还是海门市各学校，每个教室里都有班主任的办公桌。班主任在教室里可备课，可座谈，可陪休……无论人在不在，教师对学生总有一份牵挂，学生对教师总有一份依靠。

泰国支教之旅

阳信县实验幼儿园　宋立芹

题　记　2015 年 5 月 26 日，我背负领导的期望、亲人朋友的牵挂和内心的猜想，走出国门踏上了海外传播华文教育的历程——泰国支教之旅。在这 300 多个日子里，感受到泰国的异域风情，深深体会到祖国的日益强大，体验到不同人文环境下的不同教育理念，内心也从碰撞泰囧到泰然处之。一所学校、一名教师、一个孩子、一位家长都有一段精彩的故事。这段不一样的教学经历，给我的教育生涯画上精彩的一笔，留下了永生难忘的回忆！

一、泰国家长对孩子"态不一样"

下午 4 点是泰国小朋友放学的时间，由于他们有进屋就脱鞋的习惯，所以临放学他们要先穿好鞋子，背好书包，拿好被子才能离开。虽然是小班的小朋友，但他们都知道到自己的鞋橱里去取鞋子、穿鞋子。大部分孩子都穿得很快，到最后只有胖胖的安达还没有穿上。

恰好此时，安达的妈妈来接他。我赶忙叫过他并帮忙给他穿鞋，安达妈妈立刻用手势制止了我，微笑的表情也来了个360度大转弯，露出很不满意的眼神。我感到很诧异，难道帮助孩子穿鞋子也有讲究？毕竟是泰国和中国有不一样的风俗很正常，出于尊重我没有再去帮助安达。我本以为安达妈妈会帮孩子穿鞋，出乎我的意料，她给安达做了一个在外面等他的姿势，微笑地和安达挥了挥手，就退到教室外面的长椅上，耐心地等着安达自己穿鞋子。安达本来就着急，看见妈妈来了更着急了，小手胡乱地摆弄着鞋子，可是怎么也穿不进去。他用祈求的眼神望向妈妈，而他的妈妈依旧保持着微笑，安静地瞅着他，丝毫没有过来帮忙的意思，好像在告诉他，这是你自己的事情，你应该自己能做好。安达委屈得眼泪都快要掉下来了，看我们都没有过去，他开始自己尝试着穿第一只鞋子，胖乎乎的小手打开鞋的按钮，慢吞吞地把小脚伸进去。由于小脚进去得不够深，所以他想把鞋提上真是不容易，两只小手一起拽鞋子，小嘴巴绷得紧紧的，嘴里还发出长长的"哎呀"声以给自己加油，再加上本身就胖，安达额头上开始渗出细细的汗珠。看着他费劲的表情，旁边的我都忍不住和他一起使劲，真想走过去一把帮他提上。

再看安达的妈妈坐在长椅上，一副天塌下来有地接着的表情，微笑是她给孩子的肯定和鼓励，等待是她给孩子最大的帮助。几经尝试安达好不容易把脚塞进鞋里，结果穿反了。看看不对称的两只脚，安达又用疑惑的眼神看向妈妈。妈妈站起身，脸上依旧挂着温馨的笑容，耸了耸肩膀，两只手一交叉做出交换的动作。安达明白了妈妈的意思，立刻又坐在地上把鞋脱下来。这次他先把鞋子按顺序摆好，再依次穿进去。有了上次的经验这次顺利了很多，虽然费了很大劲儿，但最终还是穿上了。我看了一下时间足足有半小时！安达妈妈向安达走过来，抱起他亲了亲。安达把刚才的烦恼一扫而光，开心地牵着妈妈的手离开了。

望着母子俩的背影，每天早上入园时看到的情景一下子映入我的脑海。泰国小朋友大声哭闹，站在一旁的爸爸妈妈会轻声给他们讲道理，等待他们停止哭泣，擦干眼泪独自走向老师，很少会看见泰国的家长粗暴地训斥孩子，即便是小托班也是这样。他们会用一种平和的心态来对待孩子的种种问题，而不是简单激进地解决。这是不是和我们幼儿园送孩子的情境截然不同呢？泰国人的这种慢节奏其实是有很大的教育智慧的，他们对孩子的爱的态度里多了一份等待。在中国，孩子几乎是家庭的全部，事事包办也成了爱孩子的重要表现，再加上快节奏的生活，高压下的工作环境，家长不平和的心态，都希望自己的孩子有出色的表现，急于求成地想让他们不输在任何一个起跑线上，帮孩子选择各式各类的辅导班，给孩子购买最好的食品、用具，替孩子做好一切应该由孩子自己做的琐事，看似很幸福的孩子却丢失了最重要的东西——陪伴和等待。

教育家卢梭曾经说过："大自然希望儿童在成人以前就要像儿童的样子。如果我们打乱了这个秩序，我们就会造成一些早熟的果实，它们既不丰满也不甜美，而且很快就会腐烂。"意大利著名教育家罗里斯·马拉古兹也曾说过："我们非常留意和尊重儿童的时间，我们真的需要放慢脚步，给予儿童所需要的时间，我们需要等待孩子。"

其实，每一个孩子都是一个独立的个体，他们都有自己独立的思想。孩子的成长不是一蹴而就，成长的过程会遇到各种各样的问题，等待比包办更有利于孩子的发展，也更适合孩子的需求。我们的教育也需要慢一点，从一点一滴做起。只有这样，孩子才能健康快乐地成长。千万不能为了一时的"高效",忘却了培养孩子的能力,遗失了关注孩子的情感态度。多一些等待,多给孩子一点思考的时间,多给孩子一次交流的机会,让孩子充分地去读,充分地去思考,充分地去体验。相信每个孩子的学习兴趣都将被点燃,思维都将被激活,生活中自然就不乏我们所期望的精彩瞬间!

二、特别狠心特别爱

在泰国,我带的是汉语班小班。说是小班,其实他们的年龄也只有我们国内的托班,大部分孩子都在两周岁半左右,有的甚至刚刚两周岁,看着走路都不稳。我总怕他们摔倒了、碰着了、伤着了,一到班上就像在国内一样,眼睛要能观四方,嗓子还要响当当,心提到嗓子眼儿上,精神高度紧张,真是吓怕了!

朱尼亚是我带的汉语班里最小的孩子,小手小脚大脑袋,忽闪着大大的眼睛,最搞笑的是他的个子矮矮的,校服上衣最小号穿在他身上能到脚面,简直像个小矮人,看着非常可爱!小小的他在小朋友中间简直看不见人儿,每次活动我都担心他被"挤扁"了,总是下意识地伸手去帮助他。吃饭时我都会帮他拉椅子,把他抱上去,站队时我会牵着他的手让他站在最前面,喝奶时我会把吸管插好递给他。时间久了,朱尼亚不管做什么事儿总是仰着小脸,笑嘻嘻地等我去帮他。我也很欣慰自己能在语言不通的情况下,通过自己的细心和爱心和孩子相处得如此融洽。

那天中午孩子们刚刚站好队准备吃饭,小女孩蒲干尿裤子了,于是我忙去给她换裤子。等出来时,我发现泰文班主任媲娃正组织孩子们有秩序地坐椅子吃饭,孩子们特别安静,不推也不挤,静悄悄地走到椅子旁,自己拉开椅子坐好,等待其他小朋友。这是我第一次以一个旁观者的视角去观察孩子们,只见最小的朱尼亚踮着脚尖悄悄地走在队伍里,来到椅子旁用小手抓住椅子背。因为椅子都是木质的很沉,他的小手太小都握不住,所以拉起来就很费劲。他把小肚子顶在椅背上,脚尖抬得高高的,由于用力小脸都憋得通红,椅子终于动了动。他的身子向后退了一步,椅子被拉出一点空隙。朱尼亚瘦小的身子挤了进去,他无法像别人一样一下子坐上去。他先四肢并用爬上椅子,由于失重椅子差点翻倒,我吓得赶紧跑过去想要扶住他。媲娃没有那么紧张而是慢慢走过来,让朱尼亚重新坐一次,她仔细地教给他怎样坐椅子。朱妮亚显然已经饿了,便胡乱地坐下,小嘴有些不情愿地撅了起来。媲娃没有就此罢休而是让他按要求再坐一次。这次朱尼亚没有捣乱而是好好地坐下了。当时我有些不理解,觉得媲娃对孩子太苛刻了。

下午睡完午觉,孩子们起床后都认真地自己叠被子,朱尼亚一手揉着他的眼睛,一手拖拉着自己的被子向我走过来,很显然他想让我帮他叠被子。这时媲娃走过去拦住了他,示意让他自己叠被子。朱尼亚仰起小脸,用委屈的眼神看着媲娃。媲娃很严厉地警告他自己的事情自己做。我觉得媲娃对这么小的孩子太狠心了,但又不好意思去制止。朱尼亚失望地一屁股坐到地上,十分不情愿地叠起了被子。媲娃则站在一旁不断地提示他怎样叠得整齐。我有些不敢相信自己的眼睛,朱尼亚麻利地用小手先把被子铺平,左边折一半右边折一半,再从一头卷子来,一会儿就把被子卷得板板正正了。媲娃表扬了他,朱尼亚乖乖地把叠好的被子放到规定位置,小脸儿上带着开心的笑容回到了队伍里。

以后的日子里朱尼亚不再来求助于我了，他好像一下子长大了，自己穿鞋，自己叠被子，自己坐椅子，自己吃饭，吃完饭还要自己收拾盘子端给老师，把杯子勺子分类叠放，一套程序下来一点也不落后。他用行动告诉我一个事实，"我很小，可是我能行"。我一下子很理解媳娃的做法，她特别注重孩子的行为习惯和生活习惯的培养，礼貌教育、秩序感、独立能力等，因为她的"狠心"教育送给了孩子一份特别的爱，让孩子学会自理自立。

作为家长和老师，我们除了要保证他们的身心健康，教给他们丰富的知识以外，更应该放开握紧孩子的手，让他们去体验、去感受、去探索，使他们更自信、更健康、更快乐！

三、童子军野营训练

"生存教育"是泰国幼儿园教育的核心，这种教育理念与联合国教科文组织所提倡的"学会生存"的教育理念十分吻合。每周幼儿园都会安排一节童子军活动（和我国的军训很相似），一般都是周四。那天孩子们要穿幼儿园要求的童子军服装（类似我国的军服，配有专门的帽子、腰带等），主要是练习左转、右转、敬礼、齐步走之类。11月25日，天气较凉爽，适合野外活动，幼儿园安排大班幼儿的童子军野营训练活动。这项活动主要是培养幼儿的动手操作、集体分工和合作、吃苦耐劳、勇于克服困难等素质。幼儿园教学活动负责人会提前选好场所（一般会选在本府的农场或者郊区夏令营场所，这次专门安排在泰国合艾市军营训练基地），安排好专门的培训工作人员，安排好车辆、陪同教师等，幼儿需要带上小被子、衣服、洗漱用品等，在野外生活三天两夜。

我虽然带小班，出于对这次活动的好奇心，经过与学校领导申请，我很荣幸地参加了这次童子军的野外训练活动。第一天我们在学校集合整队，孩子们都穿着统一的童子军服装，背着行李，看上去特别精神。听中文主任说每次都是步行十几里路才到达目的地，我提前武装好，防晒、帽子、眼镜一应俱全，早上8:00我们的队伍浩浩荡荡地出发了。中午之前到达目的地。这里有很专业的训练场地和器材，包括住宿房舍。我们首先来到住宿的房间，我敢说那是真正的野外军营地，空空的房间里没有床，四壁光秃秃的，除了房顶的风扇你找不到第二样物品了，地上倒是有不速之客：蚂蚁、蟑螂等，墙壁上的壁虎也爬来爬去。看到这些，最害怕虫子的我头皮发麻、直冒冷汗：这对我、我的孩子们，绝对是一次考验！

晚饭后，"寻宝"活动（培养小朋友们的野外探索技能）开始。小朋友手中拿有手电筒，然后分组去树林里寻找"教练"指定的宝物。一个个"宝物"事先被教练巧妙隐藏在了相对隐秘的地方：草丛里、枯枝中、石头下——每当孩子们借着手电筒的光找到一个个宝物，都会兴奋地雀跃。他们的笑声时时感染着我。

第二天，"教练"教孩子日常生活上的一些自护自救常识并辅以生动的肢体语言和现场演练，还让孩子们做一些体能锻炼活动。教练教孩子们如何结绳节、搭篝火，让孩子们跑到树林里找来树枝，工作人员提供的物品有绳子、剪刀等。孩子们开动他们的小脑袋，选取合适的材料，自己动手完成了一个个造型可爱的篝火架。当看到自己的"作品"诞生在幽美的草丛间，孩子们兴奋得就像燃烧的篝火。

三天的军营生活，我们一直被好奇、刺激、快乐包围着，忘记了害怕，忘记了烦恼，和孩子们一起体验感受野外求生的本领。这段经历，必将成为我和孩子们共同的财富！

"生存教育"是为了弥补"书本教育"的不足和偏颇，通过童子军野营训练，幼儿在户外自然条件下开阔了视野，体能得到了锻炼，团体合作能力得到了提高，使教育回归幼儿的生活，让教育以游戏或者是野外探索活动的方式进行，既体现了对幼儿权利的尊重，又可以发挥教育的最大教益。这种回归自然的田园生活教育与卢梭提倡的自然主义教育不谋而合，教育要遵循儿童的本性，让儿童在自然状态下享受自由、平等、快乐的生活，获得自由发展。将儿童的幼儿园生活与自然生活、社会生活三者有机结合在一起，有助于教育的一致性与完整性，有助于发挥儿童的主体性。

教育故事

送一轮明月给他

阳信县金阳街道中学　　吴吉成

有这样一个有关佛家禅语的故事,讲的是一位在山中深居简出的禅师。一天夜晚,他碰到一位正要行窃的小偷。一无所获的小偷慌不择路,禅师却对他说:"别急,天上的明月会给你指路的。"说完,顺手把自己脱下的外衣也递给了他。第二天,禅师在门口发现了小偷送还的外衣,感慨道:"我终于送了一轮明月给他。"

记得是 12 年前的一个深夜,我在睡梦中被一阵急促的敲门声惊醒。"吴老师,开门,有事!"门外传来我校赵老师的声音。开门一看,发现赵老师揪着一个瑟瑟发抖的男生对我说:"刚才巡查看他在学生宿舍外转悠,问他来干什么,就是不说,嘴硬得很。他说是你以前的学生,你处理吧。"看着余怒未消的赵老师,我佯装生气地冲着男生说道:"回学校来看老师也不挑个时候,黑灯瞎火的找错地方了吧?"劝走赵老师以后,我"命令"男生坐在我的对面,一句话没说,先盯着他的眼睛看了足有一分钟。对于这个学生我还是了解的:平时沉默寡言,学习比较刻苦;家庭条件很差,母亲有慢性病,常年吃药;初三上学期因为辍学我曾经到他家去做过工作,费了好大的劲也没把他叫回学校。

我见他目光闪烁游离,始终不敢和我对视,就问道:"你妈妈的身体好点儿了吧?"他捂着脸,一个字没说就呜呜地哭了起来。"知道我刚才为什么没当着赵老师叫你的名字吗?"我继续开导他,"世上没有过不去的坎,如果你信任我,说出来我帮你出出主意。如果你和住宿的哪个学生有矛盾,我也能给你调解,犯不着深夜来寻仇。你妈知道了那得多担心?""老师,我不是来打架的。我想去天津打工……"他连忙辩解。"既然去打工,那你深更半夜的来学校干什么?"他沉默了一会儿,仿佛下了很大的决心才说出了事情的原委:为了补贴家用,刚满 17 岁的他要去天津做小工挣钱,翻遍家中竟然凑不齐 40 块钱的路费,想去左邻右舍借点又觉得很没面子,于是就想起学校里的住宿生都带着生活费且又胆小怕事,"借"点钱应该不难。没想到翻墙进来后,刚刚摸到宿舍门口就被值勤的赵老师逮了个正着。听完后,我觉得他既可怜又可气:"幸亏你还没动手,如果'借'到了,就是违法了,就不会送到我这儿来了。那样就有面子了?""老师,你可千万别告诉别人啊……""我一定会为你保密的,但是你也得答应我以后好好干。你已经是小男子汉了,要担起家庭的责任。"

在我的开导下,他的情绪渐渐平复下来。但是我觉得就这样让他走了也不是办法,便拿了 50 块钱塞到他手里说:"老师也不富裕,这点儿钱你先拿着用。"他没想到我会这样,一个劲儿地推辞。害怕伤了他的自尊心,我连忙说:"就当是借的,以后挣了钱再还我,好不好?"看他把钱装了起来,我说:"走,我送你从大门出去,就别爬院墙了。"看他走出大门,我的心情稍稍轻松了一点。就在这时,令我吃惊且至今难忘的一幕发生了:他突然转过身,朝着我扑通跪下,连磕了三个响头,接着站起喊了一声:"后会有期!"然后在我惊愕的目光中很快地大步走了。

一个月后,我收到一张来自天津的汇款单,留言上的"谢谢"让我倍感欣慰,我觉得自己不仅仅收回了那 50 块钱,更重要的是还收回了一笔无法用金钱衡量的利息,这利息将令我及我的学生受益终生。

作为教师,难免会遇到暂时迷途的心灵,我们是该送给他一通棒喝,还是送他一轮指路的明月?对于我们的学生在成长过程中所犯下的一些错误,我们不妨豁达一点,不妨满怀一颗真挚的爱心,投一束亲切的目光,做一个放行的手势,让他们在老师关爱的目光中温暖内心,以感悟和省悟。

第 100 条微信

阳信县流坡坞镇中心小学　逯彩霞

今天是三八节。办公室内洋溢着过节的气氛,我们几位女同胞个个笑容满面,享受着这个专属于女性的节日。同事李明用半是埋怨半是玩笑的口吻说:"今天是女神节,也没有人给我们这些貌美如花的女神送份礼物。"惹来我们一片笑声。

就在这时,我班里的小冰出现在办公室门口。他手里拿着好几个大大小小的礼品盒,脸上挂着些许的羞涩,正在犹豫要不要进。我赶忙让他进来,他好像鼓起勇气地说:"老师,今天是三八妇女节,我给每位女老师都买了一份礼物。祝老师们节日快乐!"说完,小冰转身就走了。

几位女老师围上来,嚷嚷着,打开礼品盒。我看到了一条条颜色各异的丝巾。同事们喜气洋洋,说春天多风,有了这丝巾可防风防土了。她们纷纷表扬小冰懂事,当然,也顺便"表扬"了一下我,说我教育学生有方法。

我却没有过多的欣喜,因为我隐约觉得,小冰这样的做法,肯定藏着不为人知的秘密,或者说是怀着某种目的。但我很快就否定了自己的这个怀疑:他毕竟是孩子,也许只是单纯地给老师们送一份礼物。我也愿意相信是我多虑了。

第一节是我的课。我来到班级,昔日安静的教室今天却人声鼎沸,一片喧闹。我有些不解,也有点生气。看到我一脸不快的样子,很多女生着急忙慌地把貌似礼物的东西塞进桌洞。我带着质问的语气说:"那是什么?谁带来的?"一个胆小的女生如实"供述":"是小冰给买的,他说今天是三八节,也是'女生节'。他还给班里的每一个女同学都买了。"这个女生特别强调了小冰"给班里的每一个女同学都买了"!这让我很是震惊,也坚定了我先前的怀疑是对的。他肯定带着某种目的来制造这个"场面"的。

他,怎么了?我陷入了沉思。

小冰的父母都在外地打工,他是典型的留守少年。小冰曾告诉我,他一年与爸妈在一起的时间不超过一周。对这一点,我是深信不疑的。每一次的家长会,小冰的座位上都是空空的;每一次的家长通知单,小冰都是交回一份没有签字的。

下午,我把小冰叫到办公室。看到他东躲西藏的不自信的眼神,我一阵阵地心痛。我问他:"孩子,今天为什么忽然买那么多的礼物给老师和同学们啊?"小冰低着头,低声说:"我想给老师们、同学们祝福节日。"

这肯定不是他的心里话,我想。我决定换一个思路。

我说:"孩子,想爸爸妈妈了吗?"

"想。"我仿佛摸到了小冰内心的柔软处,他带着幸福的语调回答我。透过他的眼神,我看到了一个孩子简单的愿望。

"孩子,你给老师、同学们买那么多礼物,需要花不少钱啊。你爸爸妈妈在外面打工赚钱可不容易。你要懂得珍惜!"我轻声说。

"老师,我知道爸爸妈妈的辛劳。他们给我邮寄回的钱,我都攒着呢。今天我买那么多的礼物,就是想让同学们知道,我有爸爸妈妈,我不是没人要的孩子,"小冰说到这里,眼里噙满了泪花,"我还希望爸爸妈妈明白,我要的不是钱,而是他们的爱,是一份完整的家的感觉。"

原来是这样!小冰这样做,仅仅是为了证明自己的存在,为了引起同学们的关注,更为了满足自己一个有家有爱的愿望。

我内心深处,仿佛被针扎了一下。我决定给孩子的爸爸妈妈发一条微信,告诉他们孩子的诉求与愿望。"小冰爸爸妈妈,你们好。我知道你们在外打工很忙,也很辛苦。小冰的成长离不开你们的关心与陪伴,请你们有时间常回家看看,或者给孩子打电话关心一下。"我写道。

一会儿,我得到了小冰爸妈的微信回复:"老师,您好。谢谢您的关心。我们也很想孩子,但是工作实在太忙,我们抽不开身。您就多费心吧!"

我无奈地叹了一口气。又是这样的理由,一个"忙"字就把孩子的成长给耽误了!

我继续编辑微信:"咱们不能以忙为借口,就让陪伴缺席啊。孩子的成长需要你们!"

家长回复:"老师,我们也没有文化,也不懂得如何教育孩子。孩子的教育就教给您吧。"

总以为孩子的成长是老师的责任,但我们的家长总是忘了自己的角色也是何等重要啊。我必须要改变家长的想法。于是我继续编辑微信:"老师只是孩子在校期间的陪伴者,而家庭的温暖、父母的引领也是一份珍贵的礼物。我们千万不能让孩子缺失了它。"

家长回复:"老师,我们在外辛苦赚钱就是为了孩子,我们会为孩子提供好的环境与条件,从不耽误他用钱。我们经常给他寄钱的,让他自己买喜欢的东西。"

我苦笑了一下,总觉得用钱就可以弥补孩子,这是一份自欺欺人的心理安慰罢了。我回复道:"你们的孩子缺少的并不是钱,而是一份切身感受到的爱。他愿意一回到家就看到你们的笑脸,就闻到你们的饭菜香,喜欢看到你们陪着他写作业的身影。钱并不是可以买到一切的。正如你们自己所说,辛苦赚钱是为了孩子,但孩子在人生中最关键的时期没有享受到你们的关爱,不能健康的成长,赚再多钱又有何用呢?"

家长迅速回复:"怎么了?老师,小冰犯错误了吗?"

我回复:"没有。但是你们知道吗?小冰生活得一点儿也不快乐。"

我把先前拍下的一组关于小冰的镜头,给小冰的家长发了过去。这些镜头中,有小冰拿着家长会通知书一脸失落的表情,有小冰日记中写到的独自过生日的无助,有小冰在亲子活动中悄然离开的背影……

小冰的家长好一会儿没有回复我的微信。他们肯定在观看这些照片。

我也在看这组照片，每一张照片，都让我心口发酸。

好大一会儿，小冰的家长回复我："老师，我们看了这些照片，感觉对不住孩子……"

我一下子看到了希望！我要及时地把这份近乎残缺了的爱给补全了，我要让家长知道，任何孩子的成长，都是学校和家庭的共同培植。老师的爱，父母的爱，组合起来，才是阳光和雨露，缺失任何一方，孩子都不能健康成长。

就这样，我与小冰的家长，一直微信交流着。

最后，小冰的家长这样回复我："老师，我明白了您的良苦用心。我发觉自己以前犯了一个错误——总觉得努力赚钱就是对孩子最大的爱，钱可以弥补我们对孩子的爱，甚至觉得孩子成长是老师的责任。通过今天与您的交流，我知道了，孩子的成长离不开父母，父母也是孩子的老师。我们可能很容易就能给孩子提供最好的衣食住行，但来自心灵的陪伴、习惯的培养等，则需要家长细致入微的引领。我们决定了，孩子的妈妈辞掉这里的工作，回家陪伴孩子学习、成长。"

看完这条微信，我如释重负，心情格外地愉悦。因为，我仿佛看到了小冰阳光的笑颜，看到了他嘴角上扬的自信。

刚好，这是我与家长的第100条微信。

开在手掌心的花朵

阳信县劳店镇中学　南林

这个故事，发生在很多年前了，我依然清晰记得，它让我相信：每一个学生的掌心里，都有花朵在盛开。

那是一节英语课，我正在给同学们听写单词。我抽查了两名学生到黑板听写：小雪、小军。

当我点到小雪名字的时候，她紧锁着眉头，脸上写着满满的愁容，显出一副极不情愿的样子。她低着头来到黑板前，拿起一根粉笔。

我开始依次读着单词，教室里安静得很，只听到笔尖唰唰划过纸张的声音。也许是小雪刚才的表现提醒了我，我有意地关注了一下她。我好像觉得每读一个词语，小雪就低头朝下面看。开始我以为是小雪有低头的习惯，可后来越来越觉得不对劲。因为我发现她的左手一直在她的胸前！原来她低头看的是她的左手。

这里面肯定有文章！我决定继续观察一下再下结论。我慢慢踱步到讲台一侧，继续听写。在小雪低头的那一刹那，我用眼神一角看到她匆忙地扫了一下她的左手，然后就紧紧地攥起了手。原来，她在用这样的方式应对听写！

好一个狡猾的孩子！我想笑，但同时也有些气恼。弄虚作假欺瞒老师，小孩子的把戏！怎么办？马上勒令她停止偷窥的行为？那她不可告人的秘密就会大白于天下，一个女孩子，肯定承受不了全班同学的目光。可我不能视若不见，听之任之啊！那一刻，我陷入了两难的境地。

我先用眼神暗示一下她吧。对,就这样办。我边读着词语,边把眼神投向了小雪,并故意停留了好一会儿。可是,小雪面对我意味深长的"秋天的菠菜"无动于衷,依旧我行我素。

我火气蹭得地一下起来了:也太不把我放在眼里了!那就别怪我让你难堪了!想到这里,我厉声呵斥道:"小雪,你手掌里攥着什么?"小雪显然被我的突然质问吓了一跳,不由得颤抖了一下,而班里的同学们也被我大分贝的"吼叫"惊住了,他们面面相觑,不知道到底发生了什么。

我索性放下课本,决定来一场关于学习态度的思想教育。我走到小雪跟前,用严厉的口吻说:"课前不认真准备,现在用这样掩耳盗铃的方式蒙混过关,有意思吗?"小雪头垂得很低,怯怯地回答我:"老师,我没有——""还不承认错误!"我粗鲁地打断她,"一定要诚实。你手掌上面写的什么?"小雪像被电击了一样,继而赶紧用右手搓捻着左手掌。我看到,那些原来事先抄好的的词语,已经没有了字的形状,而是被搓成了一团团黑色的图案。

同学们明白了事情的原委,把目光聚焦在了小雪身上。我感觉到那些目光里,有难以置信,也有幸灾乐祸。而众目睽睽下的小雪,涨红了脸,低头不语。

此时,我已没有丝毫进行思想教育的兴趣,而是有一种懊悔的情愫,在心里蔓延开来。

把一个孩子的错误晾晒在大家面前,我做得对吗?

接下来的好几天,小雪一直闷闷不乐。在班里,她好像成了一个被遗忘的人,不去参加同学们的活动,甚至不愿与他人交流。小雪的表现,给了我明确的答案:我的的确确做错了!我伤了她的自尊,让小雪陷入了被冷落、被孤立的境地。

我决定与小雪谈谈心,解开她的心结,也解开我的心结。

一天下午,我把小雪约到办公室。小雪脸上显然还挂着那天因我指责而带来的阴云,站在我面前,有些许的惶恐与尴尬。

我请她坐下,并且笑着对她说:"小雪,老师先向你表示歉意。我那天没有控制好自己的情绪,没有顾及你的面子,请你原谅!"

看到我一脸真诚的样子,小雪始料未及。她看上去愈发地不安起来,手足无措地搓起手来,但先前的恐慌已经没有了。她也慢慢地对我打开了话匣子:"老师,那天我真的没准备好听写,担心您点到我,就自作聪明地在手掌心写下了要听写的内容,以备不时之需……"我问她:"你这样做的原因是什么?"小雪回答我:"担心写不来,同学们面前难堪,也怕完不成惹您不高兴。""傻孩子,你这样做我就高兴了吗?"我爱抚地拍了拍她的肩膀。"老师,我现在明白了,这是自欺欺人的做法。糊弄了您的眼睛,也糊弄不了自己啊。"小雪也微笑着对我说。

看到小雪明白了这些道理,我很开心。是的,还有什么比学生自己悟出心得更有价值的教育呢?

"那你今后怎么做啊?"我顺势问小雪。

"对老师布置的作业不打折扣地完成,今日事,今日毕。"小雪回答我,"不再做一些要小聪明的事了。"说完,她嘿嘿一笑。

我说:"小雪,你的手掌心可以继续写一些字。"

小雪一愣。我笑着说:"可以在你的手掌里写下'自信、勤奋'等词语,告诉自己一定要努力啊。"

听完我的话,小雪笑了,一脸的灿烂。

在孩子们的世界,总会有一些专属于孩子的美丽错误。面对这些错误,我们可以用霜雪坚冰肃杀它,也可以用和风细雨滋润它,直至让它绽放出自我教育、自我修正的花朵。前者,是冰冷的击打;而后者,是温暖的守望。

我庆幸,我让孩子的手掌里,盛开了美丽。

静等花开

阳信县温店镇中学　赵希明

初见黄娜同学是在3年前的初一同学迎新会上,那天学校各科室负责人和初一老师正在忙于迎接新生报到,我在校园内逡巡,远远看见一名中年妇女抱着一个孩子走了过来。正纳闷中,这名中年妇女已走到了我的眼前,一张憔悴的面孔,一双无助的眼神,一副欲言又止的样子。

"赵校长,我来给孩子报名。"

"孩子呢?"我随口补充道,"新生报名处在一楼大厅呢。"

她面露难色地说,"孩子在这儿,怕学校不收,嫌弃孩子呢。"

"老师好,"一声童稚的问候一下子把我吸引到了妇女怀里的孩子身上,一张并不算漂亮的脸上一双眼睛显示出她与这个身材极不相称的目光,一副瘦瘦而又短小的身躯支撑着一个不相称的脑袋。我意识到了什么,忙把她们母女俩请到办公室里。孩子被妈妈抱在怀里,目光中透露着急切和渴盼。母亲用尽量平和的语气告诉了我孩子患有先天性脊柱侧翻,既不能站立也不能走路,但作为一个母亲坚定地让孩子继续学习的语气却容不得我拒绝。在再三询问了孩子的生活情况后我把她母女领到了报名处,要求科室必须给孩子安排一个最认真的、最负责的班主任,并将孩子的相关情况详细告知班主任,不能出任何的差错,要求将新初一安排在教学楼一楼以方便母亲来回接送孩子。

第二次见到那个孩子黄娜是在一次大课间当中,我在教学楼内巡逻,检查各班出操情况,无意间发现她独自一人坐在教室里默默地望着窗外,娇小的身躯蜷缩在学校给她改装的座位上。我知道她也许伤感于自己不能够和健全的孩子一样去上活动课,更不能去做自己所喜欢的事情。我欠下身来询问她在想什么,她笑笑并没有回答,只是匆匆地低头看书。我找到她的班主任李燕娜老师,沟通之后才知道黄娜由于身体原因从来没有上过体育课、信息课、实验课等活动性课程,甚至一上午都不会去厕所,也许她的这些事情只有在母亲的亲自帮助下才能完成,因为她的上学放学都是母亲迎来送往,风雨无阻,从心理上她是排斥其他同学帮助她的。我不知道这孩子是以多大的毅力和坚强的意志来克服这一切的。我和盘托出了我的想法，即在她们班成立一个志愿帮助小组来主动解决黄娜的实际问题，包括上信息课等活动课，上厕所等都有专人负责抱送，心理问题由班主任亲自疏导，其他不能克服的困难随时找我。

最近一次见到黄娜是在期末考试表彰会上，又一次见到了被同学抱在怀里的她。当我亲手把奖状交到她手上的时候，她和她的妈妈幸福的脸上都洋溢着无尽的笑容，我知道孩子内心一定是阳光灿烂的，因为她走进了学校这个温暖的大家庭里，更因为她走出了自己内心的阴郁世界，她感受到了老师、同学对她的博大而无私的爱，更体味到了阳光青春的味道，收获了自信和希望。

成绩优异、性格坚强的黄娜在拼搏、努力和付出之后终于迎来了收获，2015 年荣获县委县府颁发的"阳信张海迪"光荣称号，2016 年被评为"全国最美中学生"的荣誉称号。孩子，诚如你所言，"你不一定比别人强，但你一定不比别人差"，愿你在今后的人生路上静享花开。

一本特殊的"作文集"

阳信县劳店镇中学　张如意

寂静的课堂上，同学们正在认真地上自习，偶有的声息似乎是来自两人之间的问题探讨，喜欢在后门"窥视"的我暗自欣幸：班主任很有威慑力嘛！

可就在我的视线要离开的时候，一本影集迅速从小彬那里传到后排几位同学，他们个个看得乐不可支。原来刚才的嚓嚓声是有源头的！刚才还有点小得意的我，气不打一处来：学习如此紧张，你们竟然还有心思整这些没用的东西！这是"祸乱班纲"的节奏啊。不行，我得严惩他们，不能让他们"逍遥法外"！

于是，我一脸"杀气"地冲到把他们面前。被"抓到现行"的小彬他们显然没想到我会"突然造访"，个个做惊恐状，一副"吓死宝宝了"的模样。

我疾言厉色地质问："你们在干什么？"

"没干什么。"为首的小彬率先回答。

我料想到他们不会束手就擒，但实在没想到那作为"罪证"的影集在我眼皮儿底下，他们还能抵赖。

我心里的火气燃烧得更猛，劈手夺过那本影集，大声地训斥道："你们就是不见棺材不掉泪。这是啥？学习如此忙碌，你们还有心思不务正业。太让我失望了——"在我连珠炮似的语言攻击下，小彬他们终于败下阵来，个个耷拉着脑袋，一声不吭。班里的学生显然也被我的盛怒镇住了，大气不敢喘，甚至没有抬头看我的。那一刻，我顿时有了一种"杀鸡骇猴"的巨大满足感。

我拿走了那本无辜的影集，摔门而去，留给同学们一个气呼呼的背影。

回到办公室，我陷入了沉思：我这样的处理对吗？我甚至没有听听他们的辩白，就武断地给了他们狠狠的一顿批评。我打开那本影集，映入眼帘的是一张张似曾相识的童年照片。看上去,那一张张稚嫩的脸庞是那么帅气,那么富有生机!我忽然觉得,我眼前的这一张张照片,其实就是珍贵的生命啊!我隐约觉得自己做错了。

课后,办公桌边自觉站着6个颔首忏悔的学生。我已经没有了先前的火气,反而有点愧疚。我带着一点微笑,问他们:"这里面的照片是谁啊?"几个孩子一愣,面面相觑,显然他们没想到我会问这个。最后,还是小彬回答我:"老师,是我们6个人的童年照片。"我很好奇,继续问:"你们带这些童年照片干什么呢?"小彬作为他们的发言人,告诉我:"马上就要初中毕业了,我们已经远离了童年时代。我们几个同学相约拿自己童年时代最有趣的一张照片,来纪念我们的快乐时光。"小彬的话,让我内心满满全是感动:原来他们是以这样的方式来缅怀他们的童年,向他们青春致敬!好一个浪漫的想法!好一个有创意的行为!

我兴奋不已,提议道:"你们每人写一下这张照片背后的故事吧,用文字作别童年。"他们齐声说好。我自告奋勇为这个"作文集"写序。他们高高兴兴地走了,我看到了一个个蓬蓬勃勃的生命在跳跃。

一周后,我和学生们的"作文集"出版了,封面标题是"童年的足迹",我的序文也洋洋洒洒写了上千字。记得最后的文段我是这样写的:"迎春花选择春天吐蕊,因为有温和的春风抚慰;荷花选择夏天吐翠,因为有灿烂的骄阳沐浴。孩子们,你们不能错过绽放自己的季节啊!"

事后,向来火气十足的我变得沉静了,因为我已经明白:生气,只会让自己做出错误的决定;生气,只能让自己面目狰狞;生气,只会让自己错过美丽的风景。耐心一点,学会倾听,学会等待,在细节上去洞察学生的心理和情感,尊重他们,以身示范,我们会赢得学生更多的尊重。

孩子　我还能为你做点什么

阳信县翟王镇李桥小学　于东胜

春节刚过的一天下午,办公室的门突然被推开。我抬头,不禁一惊,进来的是一位70多岁的老人,领着两个孩子,大的是女孩,十二三岁的样子,小的是男孩,上幼儿园的年龄,他们的衣着以及脸上的愁苦表情与春节的氛围形成的强烈反差让我感到惊诧。老人衣服破旧,藏蓝色的棉袄满是污渍还露着些许棉絮,右手紧紧地攥着一个老式黑色提包。两个孩子怯生生地躲在他身后,瑟缩着,眼睛里闪着胆怯。

我赶紧站起来问:"大爷,请问你找谁?"

"我找校长。"

"我就是校长,有什么事吗大爷?"

"校长,救救俺们吧!"

我心中一惊,忙上前把老人扶到沙发上,安顿下两个孩子。

"大爷,发生了什么事情?"

老人把大一点的女孩往我眼前拉了拉,说道:"校长,这是俺孙女,两年前从这里转走的。"我仔细打量了一下女孩,她头发干枯,衣服磨得黑乎乎的。哦,我记起来了,这个孩子曾经是我们学校四年级的语文课代表。我还曾经给她颁过奖,两年前办了转学,转到劳店去读书了。但是那时候孩子身上穿着时兴的衣服,脸肉嘟嘟的多么活泼可爱啊,而眼前的孩子棉袄袖口上的油污都磨得发亮了!

"校长,请你救救俺孩子吧!"

"大爷,别着急,有什么困难,学校能帮的我们会尽力!"

老人掏出了一盒香烟,看样子是来学校的路上特意买的,"校长,你别嫌孬"。我笑着拒绝他的好意。我沏了杯热茶,顺手从茶几上拿了烟,递给老人,老人一副受宠若惊的样子,连连摆手说道:"我有,我有,这个抽不惯,没有劲儿。"说着便掏出了旱烟兜,我见状便不再强让。

"校长你看看这些材料,"老人从皮包里拿出一摞脏兮兮的材料和本本,"这是俺儿子判刑和俺儿媳妇长病住院的单子。"我顺手接过,里面有老人的低保证、户口本、医院看病挂号、住院收费单据、法院和监狱方面的材料。

"俺这俩孩子命苦啊,这么大了,没娘没爹了。俺那个不孝儿子前几年犯了事,判了7年。儿子入狱后,儿媳妇就带着两个孩子回娘家过了,这个大的就转到劳店她姥姥家上学,后来他妈就查出得了癌症,做的手术。现在媳妇还在娘家,下不来炕了。到了孩子姥姥家俺孙女就上了一个月学就不上了。她姥姥身体不好,一直就是俺这个大的在她姥姥家给她妈使唤。我也去河北监狱找过监狱长,让人家可怜可怜俺们……"老人老泪纵横,俩孩子满脸泪水。

"孩子姥姥是疼她们,但她姥姥也老了做不了主啊。他们去了以后他妗子经常和她姥姥拌嘴吵架。孩子在那里和外人似的。她妗子因为俺儿子入狱的事也不待见孩子,让孙女干这干那的。有时她表哥还打他们,俺这两个孩子再加上一个病人在姥姥那边。姥姥实在是顾不过来了。大的懂事了,孩子心里苦但是不说。年纪小的孩子可不会藏着,一骂他他就哭。我心疼啊,就和她姥姥商量着让媳妇在姥姥家让他们照顾着,过年我就把两个孩子接来了。这不俺孙女老是说,'爷爷,你再送我去上学吧,我想上学'。我一个糟老头子吃着低保又没经济能力,就家里有几亩地,养得起孩子吃得起馒头,可供养不起孩子念书啊!这个大的按理说今年都该读六年级了,四年级没上几天,就辍学在家了。小的今年也5岁了,还没上幼儿园。校长,俺现在是来求你救救俺们,让孩子在你这里上学吧!"老人已泣不成声。

"大爷,听了你们的情况我很震惊,孩子上学的事情请您放心,我们学校是绝对不会坐视不管的,学校一定尽最大努力帮助她,学籍、学费的事情您也不用担心,俩孩子上学的费用我请示上级全部给孩子免除。"

老人听完这话,不停地说:"谢谢校长,谢谢校长了!"老人躬偻着起身屈膝想跪,我赶忙挽住他。

"孩子,你在劳店四年级上了多久啊?"

"上了一个多月,后来我妈就得病了,就没上。"

女孩声音小得像蚊子。我接着看了看一直没有说话的小男孩，他似乎更加害怕这样的场合。

"孩子你几岁了啊？"

"6岁。"

"上幼儿园了吗？"

"没有。"

"大爷，闺女就留在我们这里上四年级，学籍和学费的问题我们学校想办法解决。"小孙子就让他在我校上幼儿园，学费全免。我这就带孩子去见一下他们的老师，明天上午就让孩子来我校正式上学。"老人听后，抓着我的手握得更紧了。

我站在办公室门口目送着孩子和爷爷。老少三人在冬日的阳光中，相依相偎，走出校门。望着他们的背影，我的内心久久不能平静，现在为什么还有如此可怜的家庭？为什么所有不幸和苦难都落在了这么小的孩子和本该颐养天年的老人身上？可恶的爸爸、病重的妈妈……

让人欣慰的是，所有的老师都特别关照他们。女孩除了刚到的几天和同学们生疏之外，之后便很快有了自己的朋友，与同学们在课间游戏嬉戏，长长的马尾辫一翘一翘的，笑容灿烂了。小一点的男孩也在幼儿园里面快乐地成长着，每次我去幼儿园，都会特意去他班问候孩子几句或看望几眼。

接下来的政府救助也给了他们姐弟两个，虽然只是杯水车薪。每一个孩子都应该健康成长，拥有快乐的童年，但是，还有很多可怜的孩子。他们有的因家庭变故而陷入困境，有的孩子因为父母再婚而被遗弃，有的孤儿们可能没衣服穿……虽然我只是一个老师，一个小学的校长，有时目睹着他们的不幸，有很多我做不来的事情，但我相信众人扶船能过山！一份份爱心可以帮助他们坚强地走下去。

孩子，茫茫人海里你我相遇，冬来暑往中我会陪你一起长大。

被学生"将军"后的蜕变

阳信县水落坡镇中学　李俊芳

题记　　刚任语文教师的我在一次检查学生背诵时被学生的一句"您不是也没背过吗"将了一军。被"将军"后的我以此为教育契机，既找到了解决学生背诵这个大难题的有效方法，也激励自己不断反思，不断进步，在业务素质上有了质的蜕变。被学生"将军"不可怕，可怕的是被"将军"后没有任何改变。

"老师，您真厉害！课本上的诗词您不但背得滚瓜烂熟，而且对其中的诗句能做到信口拈来。"

"老师，真羡慕您！讲古文时，一个词有几种用法、几种意思，在哪篇文章中学过，是哪个句子？您能张口说出来。"

　　每每看到学生在作业本上这样夸奖我时,我心中美滋滋的,甚是自豪。回想起来,在教学上,我之所以能做到这样顺心应手完全得益于我以前的学生。

　　那是 2001 年的 9 月,我刚开始教初中语文,担任两个七年级班的语文教学工作,一次要求学生背《童趣》。当我拿着课本检查学生背诵时,其中一个叫小东的学生背得不是掉字、加字,就是改字,真可谓乱七八糟,很是不熟。我生气了,不管三七二十一,冲他吼道:"怎么回事? 就这四段文字,这么点字,怎么背得这样?"小东看了看我,低下头,用很小的声音断断续续地说:"您……您不是……也没……背过吗?"

　　声音虽然很小,但我却听得特别清楚,当时我就愣住了,好长时间没回过神来,接着感觉脸上火辣辣的,看来学生这是在将我的军啊。我红着脸,用商量的语气问:"只要我背过,你也能背过吗?"

　　"能!"他非常坚决地回答。

　　"那好,我们就来个比赛,到明天上语文课时,看谁背得又快又准确,我们两个让全班同学证明!"

　　"行! 没问题! 一言为定!"小东痛快地答应了。

　　看着他兴奋的样子,我很明白,这是他在和我较真,想看我的笑话啊,这怎么办? 泼出去的水怎么能收回来? 可转念一想,这不正是既能证明自己也能教育学生的好机会吗? 箭已放在弦上了,豁出去了! 下课回到办公室,我就捂上耳朵用心背起课文来。我知道,在相同时间内我是比不过那个学生的,机械记忆力不如他,但我的意义记忆肯定会比他好,我要趁着他上别的课的时间,来个"笨鸟先飞"。

　　第二天语文课上,我和那个学生展开了 PK,这是我自当教师后的第一次。虽然我做好了充分准备,平时讲课也能做到"面不改色心不跳",但真在全班学生面前和一个学生PK 时,也非常紧张。我努力控制住我的情绪,按照大多数学生的意愿,我先开始背,刚背了两句,第三句我竟重复了两遍,差点背不出来。我长舒一口气,静下心来,很快调整好自己,流畅准确地背了出来,教室里一片掌声。小东果然也如他说的那样,背得很好,教室里又是一片掌声。

　　这时我借机说:"这次 PK,其实小东赢了,我甘拜下风。在这里我要当着全班同学的对小东说一声——谢谢你,小东! 是你让我认清了自己,在以后的日子里,我们互相监督,只要课本中背诵的内容,我们都按时背过好吗?"教室里又响起了一片掌声。

　　从此以后,只要是要求学生背诵的内容,我都事先背熟,在检查学生之前,先让全班学生检查我。这样我和学生的关系越来越融洽,在学生面前我更有了自豪感,成为学生比较喜欢的老师,无形之中成了学生的榜样,以后再也不用为检查学生背诵而犯愁了。学生呢,在我的影响下很自然地就能按时完成任务,比我之前用的别的方法好多了。

　　那句"您不也没背过吗"一直在提醒着我,让我时刻反思自己——要求学生做到的,我必须先要做到。作文课上安排的作文,有时我要先写好下水文,以求在课堂上与学生有更好的交流沟通。

　　没想到,一句"您不也没背过吗"让我收获了这么多。

教师被学生"将军"不可怕,可怕的是被"将军"后没有任何改变。

孩子 请让我牵起你的手

阳信县翟王镇中学 刘秀丽

2007年,我担任初一的班主任。开学那天,我正给学生排座次,只听一个声音:"我就爱坐在这儿,你管得着吗?"循声望去,只见一个男孩子不顾同学劝阻,正自行在最后一排座坐下。接下来的日子,我发现他很孤僻,不合群,就对他进行了"暗访"。原来这是一个不幸的孩子:他五岁时,妈妈患上精神疾病,为了治疗家里已经一贫如洗。爸爸的脾气也日渐暴躁,孩子享受不到温馨和快乐。了解到这些后,我很心痛。我也是一个妈妈,怎么忍心看着这个可怜的孩子不管,我一定要帮帮他!

我试着走近他,课堂上多提问他,课间主动与他谈话。有一次他给我一张纸条:"也许,我的生命本身就是个错误。我本来就不该来到这个世界上,可偏偏来了,多么无奈!我曾带着好奇与希望,现实却这样无情……"寥寥数语激起我情感的波澜。是啊!他还只是个孩子啊!别的孩子饿了有热饭吃,冷了有棉衣穿的时候,他只能把羡慕深埋在心底,用冷漠来掩饰自己。我给他写下了这样的话:"孩子,人生的路上,总会遇到许许多多的困难,有时候咬咬牙自己就挺过去了,而有时候却需要别人的帮助。孩子,请让我牵起你的手吧,我愿陪你走一程……"自此以后,他在班上渐渐活跃起来,他和我的互动也频繁起来,一有心事就和我唠唠,有高兴的事也不忘和我分享,看到孩子的变化,我打心底里替他高兴。第二年临近教师节那几天,我颈椎病又犯了。那天我刚一进办公室,就看到我桌子上多了一个精致的盒子,盒子盖上贴着一朵非常漂亮的康乃馨的剪纸,打开盒子,哇,好大的一个苹果,孩子很有心,我的眼圈禁不住湿润了。

那时我们学校正组建篮球队,听说他喜欢打篮球,我鼓励他报了名。暗地里,我又找体育老师说明了这一情况,希望他无论如何要收下这个孩子。见我这么执着,体育老师爽快地答应了。每当看到他在球场上奔跑的身影和灿烂的笑容,我的心里就会涌起一种莫名的情绪,是辛酸,是高兴,是欣慰,是自豪……

2009年冬天一场大雪后,他感冒在家。我去看他,路上雪已成冰,滑得很。我不小心摔倒了,电动车滑出去很远,被路旁的树挡下来。我摔破了手和胳膊,脚也崴了。我一瘸一拐地到了他家。见我满手是血,他一边给我擦一边哭:"老师,您这是怎么了……"

2010年初中毕业后,他考取了一所技校,他说要学习一门适合自己的技术,改变家里的贫穷现状,我相信他会做到!

教育的责任不是把月季培养成牡丹,不是把垂柳修剪成参天大树,而是让青松成为挺拔的青松,让玫瑰成为怒放的玫瑰!在班主任工作中,我对这句话有了更深刻的理解和体会。也许我们真的像蜡烛,默默燃烧,默默熄灭,但回忆所走过的路,我青春无怨,生命无悔!

"老师 我也要上讲台"

阳信县第一实验学校 李淑敏

小霞，一位拄着双拐年龄比同班同学大几岁的女学生，在我新接任五年级将近一年的时间里，从未见到过她上一次体育课、参加过一次课外活动，任何一次课间活动的场地上也从未出现过她的身影；见到的只是她每天重复"家"和"教室"的两点一线，见到的只是她坐在课桌前读书和出神的样子。因为先天身体残疾，她的两条腿根本无法支撑躯体，而动力来源就是用尽全身力气拄起的双拐，因此在她经过的两点一线上总能隐隐约约地"画"下两条弯弯曲曲的"线"，这是她无力的双腿"带动"歪曲的双脚在"走路"时留下的痕迹。

她不仅双腿残疾，而且语言功能也存在障碍，更让人感到痛心的是双手活动也不够灵活，别人写完三个字她最多能写完一个，而且手的力量也太小，她写出的都是"梅花"篆字。

对于这样一位特殊同学，任课教师达成一致共识：她回答问题不用起立，上课师生问好时她依然可以坐着，免去她劳动的所有任务……

因此，她在学校里享受到的最大待遇便是在课堂上小组合作时与同学"交流"（多数情况下她只能当听众，因为她根本表达不清）的快乐，以及为数不多的回答老师提问问题的成就感。

然而有一天，她却鼓足勇气做出了让全班同学给予她经久不息的掌声的举动。感人的故事发生在"测量不规则物体的体积"综合实践活动的汇报课上。

在进行"测量不规则物体的体积"综合实践活动的课时，我采取的教学措施是让同学们自己想办法测量一个不规则物体的体积，第二天学生将测量及计算过程向全班同学汇报。同学们一听老师就布置这么一点儿作业，而且这次作业与平时机械的做题形式又截然不同，很有挑战性，汇报成绩还计入小组成绩，因此个个都兴趣盎然。

汇报课伊始，我环顾全班，做好准备的同学个个精神抖擞，都跃跃欲试展示自己的活动成果，为小组争光，其中也包括平时没有表现机会的小霞。首先是我们班的数学大王小康抢到了第一个汇报的机会，他把测量过程讲得明明白白，计算过程写得清清楚楚，同学们听得个个频频点头，且部分环节语言富有幽默感，这样小康在同学们的笑声和掌声中结束了汇报。然后，平时胆怯的小宁也大大方方地走到讲台前汇报："我是用家里的冰箱盒子作为测量的容器，测量的是一个西红柿的体积……"调皮捣蛋大王小蒙（家庭作业从来都不完成，爸爸妈妈都在外地打工）也来汇报："我是借用的邻居家的鱼缸，测量的一个土豆的体积……"嘿，讲得头头是道，同学们都不由自主地给他们送去了掌声。

……

同学们汇报时，我一直没有忘记关注小霞，只见她听得热血澎湃，脸泛红晕，用力鼓掌。我能感觉到，这节课是小霞听得最认真的一节课。当四五位同学汇报过后，小霞高高地把手举了起来,大声地说:"老师,我!"我依然是急急忙忙地追加一句话:"你不用站起来,坐着回答就行。""不,老师,我也要上讲台上展示。"虽然她的话语不太清晰,但声音洪亮,听起来掷地有声。我用关切的眼光看着她,再问道:"你……能行吗?""我行。"我们俩在对话的同时,同学们的目光全部集中到小霞身上。她脸上的红晕更红了,但仍然坚定地又说了一句:"老师,我也要上讲台上展示。"看到这样,我和同学们能做的是什么呢? 那就是对她要求的允许,对她极大勇气的鼓励。

接下来,同桌帮她拿起双拐,另一位同学帮她拿着自己的实践记录(这次实践活动的过程是以数学日记的形式呈现的),两位同学扶着她走到了讲桌前。这时教室里鸦雀无声,关注点都聚焦在这位勇敢者的身上。感人的一幕发生了:只见她边讲解边板书,两臂夹着双拐支撑着整个身体,左手拿着自己的日记本,右手奋力地在黑板上写字,本来纤细的两臂除了支撑身体外还得分配一点力量来写字,难度可想而知。5月初的天气本来还不算热,但当小霞在写完她的计算过程后她的额头和鼻尖上都明显地渗出了汗滴,可见她是把全身心投入这次汇报中。虽然她讲得不如刚才那几位同学那么流畅自然,板书更不如那几位同学那么美观大方,但是她却获得了全体师生经久不息的、真挚的、鼓励的掌声。

当天下午在校门口,远远地就看见推着三轮车送小霞上学的妈妈,她说她是在这儿专门等我的,见到我说的最多的一句话便是"李老师,太谢谢您了",然后又激动地说了一大堆话:"我家孩子今天回家后都激动得吃不下中午饭了,她说她这是上学五年以来第一次上讲台,第一次面对全班同学讲话,第一次赢得同学们和老师这么热烈的掌声,李老师还用手机给她拍了照呢!""我家孩子说,自己一站在讲台上,手和腿直打哆嗦,不是因为害怕,而是因为激动!""我家孩子还说……"面对着激动不已的小霞的妈妈,我只能说:"我只是尽了我们做教师的责任。"

自此以后,身残的小霞就像变了一个人,在我的课堂上会经常听到走动的双拐敲击地板发出的嗒嗒声,数学成绩也由原来的"不及格"到"及格"再到期末考试的"良好"。

事后,我深深反思,身体上的残疾不等同于心灵上的残疾。对于身体残疾的小霞来说,老师和同学对于她身体上的照顾是必需的,但其他方面的要求应该一视同仁,平等对待,因为她拥有一颗和正常人一样的积极向上的心。

给每个孩子一方舞台,他(她)会还你一片精彩!

孩子 那是一颗青橄榄

阳信县信城街道中心小学 刘召英

夜幕早已降临,一轮明月遥遥地挂在天际,黑蓝的天幕上点缀着稀稀疏疏的星星。

办公室里没有开灯,从外面看漆黑一团。椅子上的我沉沉地坐着,淡淡的灯光、月光、星光伴着习习的晚风透过窗纱照进来,洒在我凝神的脸上。

我已沉思了很久,没有感觉到夜色的降临,没有发现自己还在黑暗中,没有想到早已过了回家的时间。

我的手里抓着一封信，那封信把我的心抓得好疼，白天的一幕在我的脑子里一遍一遍地萦绕着……

下午，我刚走进办公室，一个女孩就哭着跑到我面前，把一封信交给了我。我打开一看，原来是一封情书，是本班的学生小明（化名）写给她的。我大略看了一下，忍耐着心头的哭笑不得，劝慰了女孩几句，让她回去了。

送走了女孩，我又仔细地阅读了这封信。虽然在情感表达上尚显羞涩，但不可否认无论是书写还是遣词造句都不失为一篇好文章。它出自本班的班长之手，在我眼里这是一个非常优秀的男孩，虽然他只有十二三岁，身高却有一米七几，他平时温文尔雅举止稳重，一直是我的得力干将。而刚才的女孩则是邻班一个相貌出众的孩子。

我该怎么做？以往遇到类似情况，我总是"冷"处理或是单独做做工作，讲讲道理而已。但今天这样做肯定是不行了，因为牵扯到兄弟班级，看来是瞒不住了。我忽地想起了下午到校时看到那女孩注视而又躲闪的目光，我也料到万一此事处理不当带来的严重后果……

我沉思着，思量着，心沉沉的，反复思忖着各种各样的处理方式，但似乎任何一种方式都不妥当，都有它的缺憾之处。怎么办？

我待心情冷静些后，决定先把小明叫来谈谈，顺便了解一下情况，于是把他请到了办公室。

也许是由于我脸色的凝重，也许是他早已意识到了问题的严重——毕竟兄弟班级对于处理此类事件的严肃让人记忆犹新。这个孩子吓坏了，只见他脸色通红，紧张的双眼慌乱地看了看我，并用余光扫了扫我手中的信，轻轻地叫了一声"老师"，然后深深地低下了头。

"知道叫你来干什么吗？"我不知道当时我的语气怎样，根据孩子的表情判断，一定是冷而沉的，只见他更加惊慌失措，全身哆嗦成一团，竟然哭出了声："老师，我错了，我以后再也不敢了，我先回家反省……"

我的心似乎被鞭子狠狠地抽了几下，懊恼、不安、自责吞噬着我的心，这……我究竟做了什么，我到底是怎样做班主任的，竟让孩子怕到这个地步……我想：这件事一旦处理不当，将会对孩子的心灵造成多大的伤害，也许孩子将一生不敢投入感情，那会是多大的缺憾！

待小明冷静后，我收起了以往的严肃，诚恳地说："你能告诉我为什么喜欢那个女孩吗？"小明可能没有料到我会这样问，他愣住了。"你能和我说说吗？"我微笑着继续问。他看我没有生气的意思，脸红了，喃喃地说："因为她漂亮、可爱……"说完似乎忽然又意识到了什么，连忙改口："不，老师，我错了，我错了，我再也不了。"我摆摆手，说："不，孩子，你没错，而是你长大了。"小明可能没料到我会这样说，又愣住了。

"美好的东西让人赏心悦目。你喜欢美好的事物这一点没错。可是——"我语气一转，收起了脸上的笑容，"你今天的行为确实不妥当，你想过这样做的后果吗？""我……"小明张了张嘴，却什么话也没说出来。看他那副懊恼不已的样子，我又把语气放软："你想过你现在能给予她什么吗？你现在的做法会给她带去什么？她会不安、烦躁，这会影响她的学习。这是你愿看到的吗?"他摇了摇头,欲言又止。"如果你是真心喜欢她,就应该把这份喜欢珍藏在心里,让自己为有能力拥有她的感情而付出努力,等将来有一天你有了这种能力,到那时你如果还喜欢她,你完全可以再去做今天所做的事情了。现在对你来说,那还是一棵青橄榄,还不到采摘的时候。我说的话你明白吗?"我说。

小明看了看我,又低下头深思了许久,说:"老师,您的话我虽然不全懂,但我知道该怎么做了。"

我点点头,说:"不过,你要有思想准备,最近可能需要经受一些压力。""老师,您放心,我一定能正确面对,请您相信我!"此时的小明似乎长大了许多,刚进来时的那种怯懦已经荡然无存,脸上显出一份刚毅的神情。

小明回去了,可我的心情却久久不能平静。我不知道我的做法对不对,只知道要保护孩子,不能让孩子的心灵上留下伤痕,只知道不能让孩子长大后因小时候的幼稚而失去追求爱情的勇气!

10多年过去了,这件事一直萦绕在我的心头。那个孩子上大学后陆续给我写过几封信,告诉我他的学习的情况,感情的事只字未提,以后再杳无音信。最近他在微信中告诉我他在南方上班,工作不错,刚结了婚,生活很幸福。

一抹难忘的回忆

阳信县实验中学　王伟燕

那是一个阳光明媚的上午,我正在八班上课。我们班(我是七班的班主任)的班长跑过来说:"老师,打起来了!"我扔下书,飞快地跑了过去。正好看到小A跟上课老师支起了黄瓜架,两人脸都憋得通红,其他同学都在一旁拉着劝着。我进去大喝一声:"都住手!"同学们借机把他俩拉开了。

我气呼呼地说:"小A,去我办公室。"

他一脸不服气的样子,一甩手走出了教室,出教室的时候还瞪了上课老师一眼,恶狠狠地说了一句:"你给我等着!"蹭地一下我的火气就上来了,当时恨不得把他拽过来给他两巴掌。但我很快明白如果我带着这样的情绪去跟他谈,怕是谈不出所以然来,就在门口做了个深呼吸,尽量让自己的情绪平静下来。

"你跟我说说到底是怎么回事,哪有你这么不尊重老师的!"

小A横着脖子说:"他先不尊重我,我也没有必要尊重他。"

"他怎么不尊重你了?"

"他就是看我不顺眼!"

"怎么看你不顺眼了?"

他沉默不语了,还是一脸不服气的样子。小A在我们班经常调皮捣蛋,制造问题,成绩也不理想,老师们一谈起他都感觉头疼。不过他是那种讲哥们义气、吃软不吃硬的家伙,跟我相处还算融洽。根据他的性格,我意识到,我不能再这么生硬逼问,要不然问题解决不了,还有可能出别的麻烦。于是我的语气柔和下来,推心置腹地跟他说:"我作为你的班主任,当然要维护你的利益,你不跟我说怎么回事,只是这么横着解决不了问题。我只有弄明白了,才能帮你解决,应该是谁的责任谁就来承担,哪怕他是老师。"

他听到我这么说,就缓和下来:"我上课迟到了,老师让我站着。我后面的同学一伸腿不小心踢了我一下,我冲他做了一个鬼脸,正好让老师看见了。老师过来没有问我为什么就打了我一下,他一直都看我不顺眼。"我明白了事情的缘由之后,耐心地跟他进行交流。

我先扯开话题,关心地问:"最近感觉学习怎样?"

"还那样。"

"平时周末回家都跟着谁啊?"

"爷爷、奶奶。"

"爸爸妈妈不在家吗?"

"在天津卖花椒大料。"

我立刻意识到他是一名留守儿童,而这么长时间以来我竟然不知道,内心有些不安。

"那平时看来你与父母相处比较少,你希望他们管你吗?"

"当然了,不过已经习惯了。"

在他说这句话时,我看到他的眼中闪过一丝的难过与无奈。

"那你希望老师管你吗,还是希望老师对您不闻不问、任由自己?"

他沉默不语。

我借机给他讲了父母为生活打拼的艰辛以及刚才的上课老师平时为他做的点点滴滴。

"任何一个老师跟你的父母是一样的,总是希望你进步,能学好,看到你不认真学习,他会感到生气,可能有时候老师处理问题的方式不一定恰当,但你要相信他们都是为了你们。"

听到这些,慢慢地,他不再骄横,不过还是带点小情绪。最后他承认自己的行为有些鲁莽,并答应我去找老师道歉。

他走后,我想我更应该跟他的父母交流一下。于是我把他的妈妈请来了,跟他妈妈交流了一番。以后的日子里我越来越多地关注小A,刚开始他的话还不是很多,主要是我问他答,但是时间久了,我和他交流的话越来越多了。阳光的笑容重新绽放在他的脸上。静静地等待花开,感觉真好。

每个孩子都有个性,不一定都能善解人意,但是每个孩子对他们家庭来说都是100%的珍贵。家长把孩子送到学校来是对我们的信任,作为一名教师我们有责任也有义务去教育他们,爱护他们。我们为人师的平时应该多进行反思,注意说话的方式以及与人交流的智慧,也许就不会出现与孩子对话的不愉快甚至对立。也正是这件事使我明白了一名教师只有真正地热爱学生,才会愿意完全了解孩子们。其实学生对教师的要求并不高。只要我们真心一点,平等一点,赏识一点,他们就会心满意足。

时间匆匆,溜走了光阴,却留下了难忘。在以后的日子里我会努力地蹲下身子与学生对话,及时了解他们,真正走进他们的内心,成为他们的知心朋友。

百元钞票不翼而飞之后

阳信县信城街道中心小学 杨国芹

一个星期一的下午，下班刚回到家，听到电话铃不停地在响，我迅速接起电话。电话那头传来熟悉的声音："老师，我是小旭的家长。今天中午小旭带你们班的小琦、小浩到我家玩，我卧室床沿边上的一百元钱不见了。我问遍家里所有的人，并反复逼问我们家小旭，他们都说没拿。老师，麻烦你帮我问问那两个学生吧！"我客套了一番后挂了电话。

今晚又将是我的难眠之夜。他们俩究竟拿没拿？若是拿了是两人合谋还是一人悄悄藏起？我该如何处理这件事——既不伤害学生的自尊，又能给家长一个满意的答复呢？反复思忖后，我打算先找小琦谈。小琦虽说平时调皮捣蛋，但胆小诚实。第一节课课间，我在教室门前喊他出来，问："小琦，咱俩交流个问题呗。你去小旭家玩的那天，他家里丢了一百元钱。对此，你什么看法？"小琦听后额上的青筋条条绽出："老师，我发誓我真的没看见……""给我个充足的理由。""老师，当时我一直和小旭在一块玩网络游戏，不信你问问他。"小琦说着便呜呜地哭了起来。

他的言行告诉我，他说的话是真实的。至于小浩，我没有十足的把握是不能找他的。说起这家伙我就有些心神不宁。他聪明过人但调皮，有不认账之举。我想对他先冷处理一下。一周以来，我对他不管不问。令我感到意外的是他各方面表现得异常的好，只是我上课偶尔与他目光相对时，他会迅速低下头。一周后的一天，当我把他叫到办公室的时候，他先是有些不安，之后又说："老师，我又犯错误了。""没有，老师觉得你这周学习特别努力，我为你的进步感到骄傲。加油！"我真诚地说。此时的他脸上显出前所未有的喜悦，迅即跑出了办公室。当我再一次公开在班级里表扬他的时候，他却显得特别焦躁和不安，似乎显得非常尴尬，下课后他追上我并小声地对我说："老师，求你以后别在班里表扬我了，我受不了。"我反问道："为什么？难道一个人有明显的进步不值得表扬吗？""老师，我觉得我做得不好，我抄过同桌的数学作业，前几天上科学课时我还用板擦刮过后位的鼻子，我还不……求你以后别表扬我了。"说完他头也不回地走进了教室。

几天后我意外地收到了一张字条，背面还用透明胶粘了一百元钱。我用心地读字条上的文字："老师，我知道我是一个调皮捣蛋、常给您惹麻烦的学生，但我知道您像爱他们一样爱着我。老师，有一件事我一直想对您说，但却怎么也说不出口。那天我和小琦去小旭家玩，当我在小旭家的床上藏电脑游戏积分卡时，却意外地发现床沿边上躺着一张崭新的一百元的钱，见到钱我就想起我的电脑游戏，看看他们俩正玩得起劲，我迅速将这一百元钱装进了自己的口袋。刚开始我还为我的'意外收获'感到高兴，可后来我总是感觉'贼'和'小偷'这样的字眼时刻追随着我，尤其您表扬我的时候，我更坐立不安，特别后悔和懊恼。老师，您能帮我还上这一百元并保守这个秘密吗？期待您的回答。"读完这张字条，我为他的天真和诚实所感动，回复道："孩子，诚实永远最重要。钱人人喜欢，但拿别人的钱是不对的。老师能帮你还这一百元，也一定保守这个秘密。老师觉得今天的你更优秀。"

这之后我依从了孩子的想法，把一百元钱交给了小旭的家长，并打算永远为孩子保守这个秘密。学生成长的过程中不可能一帆风顺，需要作为教师的我们细心呵护，守望成长，静待花开！

奶奶的眼泪

阳信县金阳街道张黄小学　孙玉川

上周五中午我值班，正在学校巡视，一位学生跑过来说有位奶奶要见我。我急忙过去一看是小浩的奶奶，她手里还拿着一份"爱心驿站"申请资助学生登记表。见我到来她急忙把表交给我并连声说："谢谢老师，谢谢老师，俺这孩子多亏了你呀！"面对白发苍苍的小浩奶奶我竟一时无语。这仅仅是一张登记表，小浩奶奶还专门跑到学校跟我说声谢谢。老人的心思我十分理解，对于我的帮助她每次都非常真诚地对我说 N 个谢谢。我把老人请到办公室。老人问起了孙子的学习状况。说实在的，小浩的基础太差，而且学习与生活习惯都不好。爷爷奶奶对他衣食住行上的照顾可以打一百分，可是对于孩子的学习与思想的沟通只是零。所以我觉得他需要的并不是物质，而是精神上的安慰与引导。但我如何与老人沟通呢？奶奶激动地抽泣起来，我也禁不住陪着奶奶一块流泪。

小浩的父亲在小浩读二年级的时候因建筑事故不幸离世，不久母亲就改嫁了，奶奶从此就肩负起照顾他的重担。大家原以为建筑工地赔付了不少钱。可是从今天与奶奶的谈话中我才了解到：虽然达成协议要赔付，但迟迟没有落实，而且当时小浩爸爸在医院抢救期间花费的巨额医药费全是奶奶借来先行垫付的。现在，奶奶不但照顾孩子，还要种地。每年的收入都要还一些当时落下的账，爷爷还常年有病，需要就医治疗。难呀！

都说穷人的孩子早当家。小浩很小就跟奶奶学会给梨树打药、翻地等农活。大人干多久他就能坚持多久，着实让人心痛！在学校里孩子表现也非常努力。但是他基础差，心理压力又大，每天默默无语，有时还累得趴在桌子上睡觉。大家都了解他的情况，无论老师还是同学都积极地帮助他、包容他。

在跟奶奶的聊天中提到孩子的妈妈。奶奶说小浩妈妈自从改嫁后就再也不曾回来过，但小浩毕竟是她的亲骨肉，小浩妈妈每周让孩子到她那里去，村里人都加以劝阻，怕别人把宝贝孙子拐跑了。周末孩子自己骑车去见妈妈。奶奶拦住他不让去，孩子的眼泪哗哗地就下来了，哭着对奶奶说："奶奶，您虽然对我很好，可我需要妈妈呀！别的孩子回家后都可以叫声妈妈，叫声爸爸，而我呢？没有了爸爸，难道你还要我再没有妈妈吗？"奶奶听完后倚在大门上闪开道路，让孩子去找妈妈。孩子走后，奶奶号啕大哭。可怜的孩子！可怜的奶奶！

此后，小浩的妈妈加上了我的微信，经常与我交流，于是我经常给她发信息，告诉她孩子需要妈妈的关爱，光有物质上给予还不行。妈妈在老百货大楼对面开了一家日用品商店，十分勤劳、贤惠。我们两人交流起来很顺畅。

周六我专门去了小百货商店找到了小浩妈妈，把小浩近来的表现、思想动态以及现在奶奶的生活状况甚至当时小浩爸爸去世时产生的经济纠纷问题与小浩妈妈进行了交流。

时过境迁，小浩妈妈也理解奶奶当时不把赔付款给她的原因：救治小浩爸爸所有的花费，到现在还没有还完。

清明节过后第一个工作日的早上，我刚进校门，一脸灿烂笑容的小浩飞奔过来："老师，昨天晚上妈妈来家看望我了，也来看奶奶了，还给我买来水果与课外读物。"正说着我的电话响起，小浩奶奶打来的："老师，谢谢……"奶奶与小浩说的是同一件事情。我告诉老人，人心换人心，你们都是好人，但缺乏交流。有什么事相互讲清楚，相互理解，相互包容，什么难事都能过去的！电话那头，又传来奶奶的哭泣声。

用心交流　静等花开

阳信县流坡坞镇中心学校　李秀芳

2015年12月，随县"三名"工程人选团队到江苏培训，结束了一天的课程，晚上我与同居一室的同事媛媛正在梳理培训心得，一个电话打乱了各自的思路。"怎么回事，你不做完作业，还来玩？你哭啥哭？还有脸哭！看我回去怎么治你！"

媛媛神态之严厉，令我都胆战心惊！我不禁皱了皱眉头。

"快去做作业，做完让你爸爸检查，快去！"

关了手机视频聊天，媛媛才又重新露出了笑脸。

"我们这是在哪呢，媛媛？"我明知故问。

"海门啊！"

"离家有多远啊？"

"快到两千里地了吧！"

"在这两千里之外，孩子们该是多么想我们啊！你却在视频里把孩子训哭了！你都把我吓到了！"

"是呢，这是在千里之外啊！"

媛媛赶紧重新打开手机视频，好一顿安抚，女儿终于安然睡去了！

房间的灯光一片静柔，我看到媛媛也陷入了沉思之中，眼睛里有很多——对女儿的想念，也有对女儿的一丝歉意……

我给媛媛倒了一杯茶，递给她，说："媛媛，咱们做家长的，总担心孩子学习成绩落下，习惯养不好。这心情可以理解。但是，我们又很容易犯急躁的毛病，恨不得让孩子一年就把所有的知识都学会了。我们也近乎苛责地要求孩子，恨不得让自己的孩子什么样都好。你想想看，我们做得对吗？"

媛媛一边摩挲着水杯，一边回应我："你说的我都明白，可就是控制不住自己。尤其是看到孩子贪玩的时候，我就很生气。"

"贪玩是孩子的天性啊，"我接过话茬儿，"你想一下，如果一个孩子连玩都不会了，每天只知道机械地学习，那是多无趣的事儿。那样的孩子多可悲！难道你希望自己的孩子连玩的兴趣都没有了吗？"

媛媛静默了一会儿，没有言语。显然，她是被我的话触动了。我趁热打铁，说："孩子的世界是五彩斑斓的，只是我们习惯了用成人的眼光去看待，用成人的思维去理解。所以，我们与孩子的沟通越来越艰难。所以啊，我们应该试着用儿童的心灵去打开孩子的世界。"

听到这儿，媛媛笑了。

江苏学习归来，媛媛开始重新反思、审视自己，在教学和自己的家庭教育中开始了新的探索。她开始了漫长而艰辛的学习之路。她开始阅读育儿书籍，加入父母成长微信交流群。在学习中她认识到父母是孩子的一面镜子，是孩子的榜样。媛媛渐渐明白，在鼓励中长大的孩子才能充满自信；在接纳中长大的孩子心胸必定宽广；在友善中长大的孩子才会给他人以关怀。她一改以前强势、武断、粗暴的妈妈形象，开始关注女儿的所思所想，愿意蹲下身子和女儿交流，成了女儿的知心妈妈。

女儿很快就了她意想不到的惊喜。孩子不再胆怯畏惧，不再懦弱无助，而是像一朵骄傲的白莲花亭亭地开放在妈妈的面前。女儿学习也变得积极主动，成绩一次次的飞跃让妈妈兴奋不已。终有一天，她推开办公室的门，大声宣布，女儿的年终成绩位列全班第一。更可喜的是女儿变得热情、开朗、自信，成了妈妈的贴心小棉袄，让妈妈引以为荣，欣喜不已！

半年后，媛媛又一次去潍坊学习。三天里每天都要和女儿视频半小时亲切交流。三天后回到家里，女儿偷偷交给媛媛三张小卡片。那是孩子每天晚上睡前写给妈妈的信，图文并茂，让媛媛爱不释手。

"妈妈，我已经开始想念您了，我舍不得您走，希望您赶快回来。我想您。"

"亲爱的妈妈，您现在是不是也很想我啊？爸爸也很想念您。您快回来吧！"

"这是第三天了。妈妈，您今天是不是回来啊？您高兴吗？我好激动，盼您快点到家！"

三张卡片的落款是"您的女儿，灿"。激动过后，媛媛给女儿的信一一做了回复。

"亲爱的宝贝，妈妈这几天也一直很想念你们，你们过得开心吗？妈妈给你们买了礼物，希望你们喜欢。以前，妈妈脾气暴躁，妈妈以后努力改正。亲爱的宝贝，请帮助爸爸妈妈成为最好的爸爸妈妈！爱你的妈妈！"

学习成绩固然重要，但理想与信念大厦的落成才是人生最隆重的庆典。我们应该给孩子多开一扇乐观向上的窗子，给孩子全面的信任和无限的祝福。自己的孩子如此，学生的发展也是同样的道理。让我们静下心来，蹲下身子，精心培育，静等花开，千瓣莲的奇迹也许就会出现在我们身边！

远足·承诺

阳信县劳店镇中心小学　王志刚

2015年6月17日，我兑现了孩子们的承诺——远足。当大家得知要去远足的时候，个个摩拳擦掌，那场面真有点儿"欲与天公试比高"的感觉。

17日早上，我早早来到六年级二班教室，看到学生们一个个都欢呼雀跃起来。调皮的马国帅同学来了一句："远足！远足！"大家也和着调子有节奏地喊了起来："远足！远足……""好啊，老师就和大家比一比，谁也不能掉队哦！"我微笑着说。说实在的，像"春来踏青""冬来玩雪"这样的活动，我经常带领学生们走进大自然去体验。但像今天这样徒步行走30多里的路，工作17年来，我还是第一次。安全是大事，为确保本次远足的顺利，我制定了详细的安全预案，做到分工明确，责任到人，保证孩子们的安全。一切就绪，我带着整齐的队伍来到教学楼大厅门口进行出征前的宣誓——"勇往直前，展现自我！""展现自我，勇往直前！"响亮的誓言响彻云霄。天上飘着微云，感谢天气还不是很热。我把写有誓言的队旗用力一挥，铿锵有力地喊道："同学们，出征——"浩浩荡荡的队伍在我的带领下开始了本次远足之旅。德育处周洪伟老师按动快门，用相机记下了这精彩的瞬间。

我们从学校出发，向第一站（原劳店第二小学）进军。刚开始，同学们精神头儿十足，一路上欢笑声不断，像一只只快乐的小鸟。你听，"百灵鸟"李俊唱起了动听的歌，几位女生也跟着应和着；你看，"开心果"张乐洋的笑话，不时引来大家阵阵的笑声；你瞧，"摄影师"程鑫铭正在忙前忙后抓拍镜头，还真有摄影师的范儿。我忽然觉得，带领学生徜徉在大自然课堂的怀抱中是如此快乐！来往的行人不时向我们投来赞许的目光，一位农民大哥走过来说："该锻炼一下现在的孩子们了，磨炼一下他们的意志也不错！"

行走了大约一半的路程，有的同学开始落在了后面，我这个总指挥不断地给他们鼓劲。我转过身喊道："同学们，王老师曾经也是跑步名将哦，谁敢和我比试比试？"这一鼓劲还真管用，落在后面的同学赶上来不少，有几个还和我来了个百米冲刺比赛！

天渐渐热起来了，麦收之后的热浪开始扑面而来。一张张小脸开始变得通红，汗珠顺着脸颊滴滴答答地淌了下来。"同学们，加油，看看谁能够最先到达第一个目的地。"安全队长王曦为落队的同学鼓舞士气。"老师，那里有座小山，我们去那里先休息一下呗！"张晓阳同学问。小山？顺着她手指的方向望去。哦！原来是砖厂的大土堆，足足有十几米高，可不就是一座小山吗！"好，我们去那里休息一下！"我回答道。大家可来了精神，你追我赶，加快了行进的步伐，来到小山旁，攀着杂草，努力向"山顶"奔去。孩子们站在"山顶"东张西望，好像要把满眼的新奇装进脑子里。"王老师快看，我们的学校！"班长王培新兴奋地说。我向北眺望，校园隐约可见。我想，此刻孩子们心中是何等的惬意啊！

"下山后"来到第二小学旧址，稍做修整，队伍开始折线向侯家村挺进。后半程的道路开始变得艰难，我抬头看看天，没有一丝凉意，身体的重量好像增加了一倍，两条腿像灌了铅一样，嗓子干得要冒烟儿。再看看"战线"，"先头部队"和落在后面的相隔有一里多地。"老师，我走不动了！""老师，没想到这么累啊！""老师，我的腿疼！"……孩子们已经疲惫不堪了，磨炼他们意志的时候也到了。我在队伍的后面，鼓励着那些泄气的同学："怎么啦？累了？相信自己，坚持到底！"两位旗手一边挥着旗子，一边在远处呐喊："加油！加油！"那鲜红的队旗就像一把燃烧的火炬！"老师，孔繁美的脚扭着了！"安全队长王曦同学气喘吁吁地跑到我身边。我连忙跑过去，说："孩子，先坐下，让老师看看。"我一边安慰她，一边蹲下身子查看情况。"还好，没大碍，你还能坚持吗？"我拍了拍她的肩头。"老师，我还能！"孔繁美擦擦额头的汗水坚强地回答。"孩子，你是好样的！"我对她竖了竖大拇指。有几位同学主动跑过来搀起了她。队伍又开始踏上了征程，大家你扶着我，我搀着你，还不时地相互安慰着。我在后面注视着孩子们的背影，这背影慢慢变成了一道亮丽的风景线。

经过艰难"跋涉"，11点半左右，我们终于回到了学校。通红的小脸，湿透的衣服，疲惫的身体，彻底都变了样儿，刚开始的精气神儿已经荡然无存了。一个活动，一次实践，一种生活，一种教育。著名教育家陶行知先生说过："生活即教育。"应该说，这是让孩子们终生难忘的一次体验。

我想，在教育生活中，更应关注孩子们经历人生体验的过程。只有在一次次人生体验的过程后，孩子们才会享受幸福快乐，体验痛苦失落，感悟人生真理，丰富社会经验，体会生命价值！在教育这方热土上摸爬滚打了这么多年，我深深地知道，为孩子们的幸福一生奠基是何等的重要与神圣！最美的风景在路上。这次远足，希望会在孩子们的内心深处播下一颗坚韧的种子，播下一颗团队的种子，播下一颗承诺的种子……这些种子会慢慢发芽，给他们6年的小学生活留下一抹温馨的记忆。

没有爱就没有教育

阳信县河流镇中学　苏红红

"喂，你好！请问是苏老师吗？"

"对啊！你是？"

"我是小超的姐姐，想问一下小超今天来上课了吗？"

"我没在学校，怎么？是不是小超又逃课了？"

"前天我听人说，看见小超在城里打零工，没去上学。我一生气就打了他，不知今天他去上课了吗？"

……

托尔斯泰曾经说过，"幸福的家庭总是相似的，不幸的家庭却各有各的不幸"。小超就是我们初一二班一位"不幸"的孩子。他今年刚刚13岁，3岁时母亲离家出走，5岁时父亲死于癫痫病发作，小小年纪就与大他15岁的姐姐相依为命。母亲离家出走后，多次要求看看小超，都被心存怨恨的姐姐给拒绝了。时间一晃就是10年，母亲在外组建新家庭后就再也没露面。这一切对于一个仅有13岁的孩子来说是个难解的"结"，一方面他非常想念自己的亲生母亲，另一方面对于姐姐与母亲两人之间的矛盾又很无奈。其实小超这个孩子极其聪明，学习基础也挺扎实，就是因为背负了太大的心理压力，常常一个人躲在角落里，沉默寡言，不愿与老师和同学们交流，上课老走神，还经常无故旷课，成绩更是直线下滑。

自从上学期接手班主任工作以来，我一直鼓励自己要做个有心人、爱心人，特别是对像小超这种情况特殊的学生更是格外关注，总是想方设法帮助他们打开心结，让他们心中充满阳光，乐观快乐地生活。对于小超，我费尽了心思，先是给他专门调整了座位，他的左边是英语课代表，右边是班级第一名，都是品学兼优的好学生，我希望通过优秀学生的带动促进他学习。接着我又多次召开耐受挫折主题班会,以此来培养学生对待挫折的正确态度。让学生知道,挫折是人生无法避免的,但对待挫折的态度却是可以选择的,因此,面对挫折和不幸,我们应该用积极的态度去对待。慢慢地,小超的眼神里少了恐惧和忧郁,多了些自信与喜悦,学习成绩也逐渐赶了上来。谁知这一次,竟然趁我出差不在校又逃课了。我再也淡定不下来了,随即向带队领导请假,提前一天结束了在外地的培训学习。

经过了解,原来小超逃课是因为他看见姐姐太过操劳,想辍学打工挣钱,帮助姐姐家减轻负担。多么懂事的孩子啊!虽然我心里也赞许他的责任与担当,但毕竟他现在还是学生,主要任务是好好学习,这种辍学打工"担责任"的方式并不可取。

我和颜悦色地对他说:"你的情况我都了解,但是你知道你姐姐这么辛苦,她最大的愿望是什么吗?"

"她最大的愿望是希望你能考上大学,有生活的本领。如果她知道你不想上学,而一心只想打工,你想想她该多伤心、失望啊!"

这时,小超已是泪流满面,哽咽着说:"老师,我错了,我一定好好学习,不会让他们失望的。"

"你的基础很好,脑子也聪明,老师相信你,一定能行的。"从后来的表现看,他确实在进步!但为了进一步稳住他,确保他不再逃课,我打算将每天统计各科作业的任务交给他。这样的话,如果他再逃课或者不注意听课我就能随时掌握。

当我试探性地把"你帮老师统计每天的作业吧"的任务向他提起时,没想到他竟然爽快地答应了,眼睛里流露出惊讶和被信任的自豪。

接下来的日子里,每天下午我都会收到一张统计各科作业情况的纸条。我这一招还真管用,自那以后他就再也没逃过一节课,人也渐渐变得开朗了许多。即使有时生病,他也会委托同桌替他完成任务。有一次,我发觉他写的字有些潦草,像是在应付,便开玩笑地跟他说:"我儿子昨天看见了你写的作业纸条了,你猜他说啥?"他忙问:"说了啥?"我说:"他问我这是谁写的字,这么潦草!"自那以后,他的字也端正了。

现在的小超是班里的积极分子,运动会跳高取得了年级第二名的好成绩,学校的乐队也有他的身影。圣诞节前一天,他送给我一只大苹果,对我说:"送给我喜欢的老师。"没等我说话,他就跑开了。

是什么让他拥有了阳光般的笑容?我想应该是爱心。"没有爱就没有教育",爱心是冬日里的阳光,让人感到温暖;爱心是沙漠中的一泓清泉,让人看到走出困境的希望。就让我们每一位教师,都能在爱学生的故事中不断感受着为人师表的快乐与幸福!

植树节的青春舞曲

阳信县金阳街道中学　王晓军

那是5年前的植树节。

为了绿化美化校园,学校决定在操场四周空地上栽种花木。各班主任布置学生从家中带来工具，准备在下午的课外活动时间刨坑、栽树。

下午第一节，是我在七年级三班的音乐课，我要带领孩子们学习《青春舞曲》。备课时我精心设计了教学流程，准备了丰富的图片、视频资料和伴奏乐器。

预备铃打响后，我信心满满地向教室走去，到教室门口一看，呵，好家伙，铁锹、铲子、水桶等劳动工具都放在了教室的后面、讲台的两边、孩子们的座位旁……孩子们也显得异常兴奋，他们东摸摸、西摸摸，敲敲打打，一点儿都没有准备上课的样子。

上课铃声响起，我走进教室。"同学们安静下来，我们上课了！"而他们像没看见我一样，还是嘻嘻哈哈，敲敲打打，一阵阵刺耳的铁器敲击声回荡在教室内。看到这乱糟糟的场面，一股怒火不由得在我的心中升起。我站在讲台前，冷冷地扫视了一遍全班。以往，孩子们看到我这样的表情总会很快安静下来，但是那天不管用，只有几个学生赶紧坐端正，眼睛却还留恋着自己的工具，另外大部分的学生还在投入地玩着。看来，得靠音乐教师练声乐时的"狮子吼"功"镇压"一下才能上课了。

就在"狮子吼怒喝"将要冲口而出的一刹那，我忍住了。一声"怒喝"会让这节活泼欢快、充满青春活力的"青春舞曲"变成什么样子呢？我是不是应该想办法将孩子们的心思被巧妙地引到这节轻松的音乐课上来呢？踌躇间，叮叮当当的敲击声给了我灵感，我快步走到一个同学身边拿过一个大水桶，按铃鼓的节奏在讲台上敲了起来。

孩子们停下摆弄手中的工具，教室里立刻安静了下来。我故作惊奇："同学们都带了什么东西啊？""铲子、水桶，铁锹……"我摇摇头，认真地对他们说："我感觉把它们当作打击乐器会更好。""啊？乐器？"同学们满脸都是不相信的表情。我又走到学生的座位前拿过一把铁锹，用一支圆珠笔敲了起来，有规律的节奏和清脆的声音让同学们明白了其中的奥妙，大家也跟着敲了起来，而且是更起劲地敲打，顿时教室里又噪声大作。过了有半分钟时间，有些同学因为声音嘈杂捂上了耳朵。又过了半分钟，我做手势让学生们停下来。我问："你觉得你们敲得好听吗？"同学们说："难听死了，乱七八糟的，还是老师敲得好听。"我问："为什么一样的工具你们敲得不好听啊？想想原因！"孩子们皱皱眉头："老师敲得有节奏，我们敲得没有。""对了，有规律有节奏的音才好听，而无规律无节奏的是噪音啊！还有更重要的一点，只有找对合适的演奏方法，这些劳动工具才能真正变为乐器！现在就让我们一起来探讨怎样用这些乐器来为我们的歌曲伴奏吧！"问题一出，孩子们兴致大发，《青春舞曲》就在这样的氛围中开始了。

一堂本可能乱糟糟的课因为我的一点容忍与创意变成了一堂生动活泼的课！

下课之后，我感慨颇深：原先精心设计的教学方案被彻底打乱，但却又取得了意想不到的课堂效果！所以说，教学过程不应该过分拘泥于预先的教案设计。教学中遇到一些意外情景时，我们要有一定的创造精神，既要把握好预定教学目标，又要善于利用课堂上生成的资源，学会随机应变，转弊为利，抓住学生的兴奋点，抓住课堂上学生自主与即兴创造能力的培养契机，给学生一个无拘无束的自由创造的广阔空间，这样教学便会出现"柳暗花明又一村"的非常效果！

让我们的课堂因生成而变得更有活力！

绽放在记忆深处的花朵

阳信县翟王镇中学　宗鹏

记忆中的那一朵朵小花啊,现在的你们还好吗?那坐在教室最后面墙角处的小鹏鹏,那盗用我的 QQ 给班里的同学发信息的新文,那一提问就弓下腰默不作声的倩倩,那每个字都写得缺胳膊少腿的希辉,还有……

你们现在还好吗?知道吗?是你们一直温暖、提醒着我。如果没有你们,我不敢想象在教育的路上我还要走多少弯路,遇到多少迷茫。

一、"偷"绿豆芽的小鹏鹏

小鹏鹏是我的第一届学生,他个子小小的,脑袋圆圆的,眼珠又黑又亮,样子极可爱。可老师们大都不喜欢他,同学们也都不愿和他玩儿,因为他在课堂上总喜欢耍小聪明,闹笑话,成绩也不好,他所在的位置几乎就成了班里的"孤岛"。只有我上课的时候会经常关注到他,有时对他的那些故作聪明的小伎俩故意视而不见,并愿意叫他帮我做一些搬作业本、拿板擦之类的小事。因为他和我们学校的一个老师同名,我就叫他"小鹏鹏"。

2000 年老师工资打折发放。我第一年上班,只发实习工资,每月两百元,打折后每月只有一百,当时的生活可想而知,蔬菜成了奢侈品。有一段时间,我宿舍门上隔三岔五就挂着一袋绿豆芽,一开始我以为是邻居老师给的,后来一问他们都说不是。谁这样做好事还不留名呢?我很纳闷。后来得知原来是小鹏鹏了解了我生活的窘境,因为他爸爸卖豆芽,他就不时地从家里出"偷"一袋再偷偷地送给我。

知道了事情的真相后,我很感动,告诉他不要再"偷"他爸爸的豆芽了。我并没有对他有几分偏爱,但正是因为他让我爱上了这本职工作。

现在只要一吃绿豆芽,我就会想起小鹏鹏,而且再也没有吃到像从前那样好吃的绿豆芽了!

二、"嗜睡"的新文

上班时间长了,我和学生之间的距离也远了。

不知不觉中我当了 4 年的班主任,又送走了 5 届的毕业班,时间一下子就到了 2010 年。身为老教师的我为了让班级更好,成绩更优,把所有的精力都放在抓学习成绩上。我的眼睛就像"筛选甄别器","优秀生""中等生""后进生"一扫就能够自动识别分类。我不愿在任何一个"后进生"上浪费自己的精力。也就是这个时候被我认定为"后进生"的新文写的一篇作文惊醒了有些功利思想的我。

那是一篇半命题作文《一颗_____的心》,多数学生的作文都无真情实感,很空洞。新文的题目很长——"一颗不想努力仅靠别人可怜的心"。一看题目我就知道他是在写自己。前几天班里调位,一开始他和王杰同位。他靠北墙,但上课的时候他不是睡觉就是歪着头说话,语文课的时候我提醒过他好几次,也不起丝毫作用。我怕他影响了王杰(当时王杰是我班的"边缘生"),就把新文调到了班里的最后一排,让他自己一个位,这样就打扰不了别人了。

一次家长会后,我留下了他的家长,和家长说了新文的课堂表现。一交流我才知道新文患癫痫病,靠药物控制病情,嗜睡是药物副作用,他无法克制。知道原因后,我很难过,我觉得我太自以为是,在没有调查的情况下就武断地给他扣上"不求上进"的帽子,对他不公平。我想:上课就随他去吧,睡觉就睡觉,玩就玩,只要不影响到别的学生就行了。我觉得我这样做就是对他好。

看完他的作文后,我心里很难过。我明白了他内心的孤独,个子不大的他被调到最后一排,他觉得很丢人,就自暴自弃起来,想睡就睡,作业不想做就不做,因为老师也不追究,他觉得自己就像空气一样,完全透明,别人对他视而不见。有时候他看到老师狠狠地批评某个学生时,他都羡慕得不得了。

一直以来,我认为自己应该算得上是一个合格的老师。但新文让我明白,我是一个不能设身处地从学生的角度去关注他们的内心所需所求的冷漠的老师。一个不关心学生内心世界的老师,怎能算合格?尽管最后中考的时候我班的语文成绩非常出色,但我却一点也高兴不起来。新文让我知道了自己的短板,所以在以后的工作中我及时地进行了弥补。

三、"怕嘲笑"的希辉

今年我接的仍是毕业班,作为语文老师,我当然知道学生坚持写日记对提高他们写作能力的重要性,批阅学生日记也就成了我每天的必修课。前段时间我被希辉的日记打动了。他的那篇日记写的是前一天早读时的事情:

今天早上一上来,我的心情由晴转阴,这都是因为我在来的时候听到有的同学说今天发数学试卷。走进教室,我的心一下子就掉进了"地狱"。上课了,我的试卷一发下来我就抢了过来,因为怕张伟(他的同桌)发现我的分数,他会笑话我,结果最后还是被发现了,这样的分数真让人难过。

看到他的日记,我很自责,因为他的成绩不好,所以上课就很少关注他,也想当然地认为他不在意分数,不怕嘲笑。有好几次测试他考分极低,扯了我班的"后腿"。我很生气,就故意大声地说:"希辉,这次你又考了多少分啊?说给大家听听?"事实上我错了,班里的每一个孩子都没有放弃努力,我凭什么这样对待他们!

每个孩子都渴望开花,既然离中考还有一段时间,那么我就要做一名称职的园丁,不漏下每一株植物。

一花一世界,一沙一天堂。正是这些可爱的孩子们,用他们的言行温暖着我,督促着我,沃灌着我,让我努力地成长下去。

捅马蜂窝

阳信县水落坡镇中心小学　杨俊红

"老师,小康和小义等人在教室门前捅马蜂窝,吓得我们女同学都不敢进教室。"正准备午休,忽然听到班上几名女同学的告状。近几天来,小家伙们不断制造事端。"看我怎么收拾你们?"我强压怒火,三步并作两步向教室走去。

还未到教室,远远地就看到一群男生围在教室门口,几个女生大呼小叫,四散逃窜。不知是谁喊了一声"老师来了",学生们赶紧跑进了教室。我来到教室门前,才发现在屋檐下悬挂着一个碗口大小的马蜂窝,惊魂未定的马蜂还在"嗡嗡"地向我示威。"新教育强调发展学生的个性,强调无限相信学生的潜力,态度决定成败,体罚近乎无能"的声音在我耳边回响。我灵机一动,心想,何不来个"一箭双雕"以绝后患。我把刚才捅马蜂窝的几个学生叫到跟前。他们个个吓得低下头等着挨批。下面的学生也惊恐地睁大了眼睛,看老师怎么发落。我亲切地摸摸几个小家伙的头,叫他们抬起头来,面向同学们。我大声地对同学们说:"同学们,他们是我们班的小英雄,让我们用热烈的掌声来感谢他们。"我带头鼓起掌来,但响应者寥寥无几。学生们都丈二的和尚——摸不着头脑了。我接着大声说:"小康和小义等同学冒着被马蜂蜇伤的危险,想'为民除害',还不应该表扬吗?"下面顿时响起了热烈的掌声。"不过,他们勇气可嘉,但是智谋不足。谁有好办法把马蜂窝除掉?"我趁热打铁。教室里顿时活跃起来,大家你一言我一语,七嘴八舌地议论起来。尤其是刚被封为"小英雄"的几个小家伙更是积极地出谋划策,并主动请缨"再战马蜂窝"。最后,我们商定了"作战方案"——几个"小英雄"轮番上阵用长竹竿捅,我拿喷雾剂掩护,其他同学隐蔽在教室内紧闭门窗。结果,我们没伤一兵一卒,一举消除了这颗悬在头上的"不定时炸弹"。

回到教室,同学们自发地为"小英雄"们鼓起掌来。我又让同学们对今天的事件进行了反思,作为今天的暮省日记。同学们都很好地完成了任务。王雪芳同学的日记是这样写的:"我们的新老师真有意思。我们告状竟告出了'英雄'……"小康在作文中写道:"捅马蜂窝时,本来我只是觉得好玩儿,被老师发现后,本来以为会挨批评,没想到我竟成了'英雄'。今后我一定做一个名副其实的英雄……"看着学生们的作文,我不禁暗自庆幸当时的"灵机一动"造就了一批"英雄"。学生们也领会了我的良苦用心。我借机召开了"何为勇敢"的主题班会。班会课上,同学们展开了激烈的讨论。从那以后,班里的男生越来越绅士,重活累活他们抢着干,向着英雄的目标出发,女生也越来越淡定,不再动不动就大呼小叫,班级呈现出团结和谐的氛围。

谁说"自古华山一条路",换个角度想问题,另辟蹊径或许能领略到别样的风光。这也是新教育带给我的灵感和启发。

初为人师,望着台下那一张张充满稚气的眼睛,我立志要做一名孩子们喜爱的好老师。然而,事不遂愿,工作中的种种压力和困难使我迷惘过、彷徨过。一个偶然的机会,我接触了新教育,如梦初醒,于是在我的教室里上演了一个又一个精彩的教育故事。我选择了教师这个职业,就选择了责任。在今后的日子里,我将和千千万万新教育同仁一样,与孩子们一起书写生命的传奇。

一个日记本

阳信县温店镇张官寨小学　夏洪强

校园里总少不了一个"呆呆"的脏兮兮的小男孩,无论什么时候。上课的时候他不进教室,下课的时候他有时又会自言自语,自由自在,有时候还会闲逛到我的办公室前,东瞅瞅西望望。也许在他眼里,这不是个学校,这似乎是他的全部小世界,这个小家伙的名字叫张康。据邻居讲,他的父母都没办法让他好好地像正常人一样吃饭,从来都不用筷子吃饭,哪怕面条,都是用手抓的。他的爷爷万般请求把他送到学校,这也难坏了上课的老师们,他们只能是尽力而为!

有一次,他闲逛到我的办公室,也不害怕我,只是偷偷往里看。我放下手中的材料说:"过来吧!张康,我有一件东西给你。"他怯怯地走过来。我说:"我给你一个本子吧!你可以在上面画画啊,写字啊!(在老师们的课堂上什么方法用尽了,他从来都是只会画杠杠,就是不写字)但是你要知道我们这个院子叫什么。我教给你好吗?这个院子叫学校,英语叫"school"。你记住了吗?"为了让他感兴趣,我还教给他用英语怎么说学校,令我惊讶的是,他竟然能较准确地模仿英语发音。隔了几分钟,我再问他,学校叫什么,他还是声音很洪亮地说了声"school"。我当时太高兴了!随即给了他那本封皮很漂亮的本子,我说:"你用好了。你什么时候在上面想写字了,就来找我。"张康很高兴地走了,还哼着小曲……

快一周了,张康也没来,还有点惦记他呢。一次,他终于来了,拿着那个空本子,还拿着笔,那种期待的眼神是让我教他点什么?我放下手中的材料,就拉他过来,像幼儿园的老师那样教他学写字,"人""口""手"这几个汉字。我说:"你的作业就是要写好这几个字,写好了给我看好吗?"他点点头又哼着小曲走了。过了三天,张康来了,老远喊着:"老师我交作业,我交作业……"我那时还以为他是给别人交作业呢。我打开那个熟悉的本子,这么神奇!满满一页的"人""口""手",写得那么工整,简直让我不敢相信了。我高兴地给他打了一个红红的"100分"。这次,他是跳着蹦着哼着小曲走的……

长路漫漫,张康的成长需要我们无数人的帮助和支持。我们要陪着这个小蜗牛散步,要静静等待这朵迟开的小花绽放,我们要有足够的耐心去坚持……

孩子　我向你道歉

阳信县实验中学　张延娥

那次期中考试刚结束,我经过教室的时候发现班里趴着一个人。我走过去,从位置上判断她应该是小田。她从初一入学,就在我教的班级里。她的年龄大其他同学两岁,好像对什么也看透的样子。这是一节体育课,学生们都在释放备考时的压力,她却一个人趴在教室里。

我轻轻地咳嗽了一声。小田没有抬起头,而是侧向了一旁,擦拭着什么。

"你怎么哭了?"

小田沉默着。

她始终不肯开口,我就使出了自己故有的伎俩:"我都知道了,小田。"

小田一下子转过了头,盯着我:"谁告诉你的!"

看到她的反应,我知道离成功还差一步。我慢慢地说:"我知道你现在肯定很委屈。我想先听听你怎么说。"

小田一怔,她好像明白我在骗她了。

如果她的头再低下,我就不可能再有办法让她抬起来了。我只好向她坦白:"小田啊,你知道吗?在老师心里,你其实是一个非常聪明伶俐的孩子。虽然你的成绩接近中游,但是我看到班里很多事情都是你主持的。我一直希望你能成为班委的一员。可是,你知道吗?老师很怕你会拒绝。"

这一次我说得很诚恳,也的确是我的心里话。小田听得非常认真。

我继续说:"现在你15岁了吧?很快就要长大了呢。老话说,女儿是父母的小棉袄。你得努力学习,不仅要做最漂亮的棉袄,还要争取成为最暖和的棉袄。这样你的父母才能依靠你啊。我记得你好像是独生女吧?"

接下来,我说了一句我后悔一生的话:"你妈怎么不给你生个妹妹啊?"

当时我只是想幽默一下,可是这句话说完,就看到小田趴在桌子上大声哭起来。我一下子慌了。她哽咽着说:"我没有爸爸啊,我没有爸爸了啊……"

我揽着她的肩膀,说:"对不起,对不起。"我很自责,作为一个老师怎么能这么轻率地和学生开这样的玩笑呢!我很后悔自己的唐突。

小田一边哭,一边跟我说了自己的经历。原来她的父亲在她小时候就因为癌症而去世了,妈妈一个人拉扯她。很多小朋友都欺负她,所以她到了9岁才上小学,已经比别人晚了两年。

我这才发现这个坚强的女孩也有着一颗脆弱的心灵。这一天就是她爸爸的忌日。我知道这个时候,任何语言都是无力的,只能紧紧地把她揽在怀里。

庆幸的是,我担心的事情并没有发生。小田并没有恨我,见了我也没有回避,反而多了些真诚的笑容。我知道小田的心很敏感,所以我小心翼翼地处理和她的关系,上课的时候,看到她举手,一定先提问她;讲题的时候多看一下她的角落,看到她还有疑问,就再讲一遍;班会的时候,多讲些励志故事……

初三毕业时,她已经是班里的佼佼者,如愿考入了一中。去年暑假的一天,我收到小田的QQ留言:"张老师,我已经考上了山东师范大学。多谢您当年的教导,如果没有您的教导,我怎么会有今天。多谢您当年无言的爱,那对于我来说,是一辈子最宝贵的财富。"

看完小田的留言,我感慨万千。教师一句看似平常的话,对于一个孩子,却有着巨大的力量。我们教师的职责,就是要用春天般温暖的言语,去唤醒他们内心美好的种子。

全国优秀班主任高金英曾经说过:"每个人的身上都隐藏着原子能,但只有很少的人能够点燃它;每个人的身后都沉睡着一个神通广大的巨人,可是很少有人能够唤醒它。"我想,我们教师的职责不就是帮助学生点燃身上的原子能、唤醒身后的巨人吗?在孩子的潜能被点燃、被唤醒的一刻,我们就成了学生生命轨迹的拐点,就成了学生生命中的引路人。

重复的事情用心做

阳信县第一实验学校　劳爱君

一个秋天,鑫鑫妈妈建立了一个班级微信群。入群的家长在里面时不时地发一些销售广告、搞笑视频,或为某某评选拉票、助力等内容,孩子们在群里则学着发一些无聊的图片或文字。如何用好这个群?我一直在思考。突然想到了花果山阅读群发起的"2016新年新气象阅读100天"活动。我何不利用这个群,发起个班级"21天阅读"活动?说干就干,为取得家长的支持,我尝试着在群里召开了两次家长会。时机成熟了,我便鼓励学生们,在每天阅读1小时后,写读后感,然后拍下所写内容,上传到班级微信圈晒一晒,评评谁写得认真,谁写得精彩。

通知发出后,正值周末,一整天下来,班级读书群里没有什么动静。晚上我读完《狼王梦》后,便认真地写了一篇300字左右的读后感,连同书的封面一起拍照上传到了班级读书群里。第二天上午十点多,我再打开班级读书群看,惊喜地看到了戈宇、佳乐等十几名同学相继上传的读后感。我一一进行了详细点评。

周一语文课上,我鼓励参与的学生坚持下去,没参与的抓紧行动起来。在我的感召下,晚上在班级读书群里"晒"读后感的学生增到了36人。我一一点评,花了近两个小时的时间。点评完之后我在想,孩子们上传的读后感我都阅读了,有些写得还不错,孩子们读了没有?如何让每个孩子阅读到,并从中获益呢?周二我试着做了一些改变,要求孩子们每天上传完自己的习作后,至少再读4篇同伴的作品,并对其中的2篇做出评价。没想到孩子们的评价还挺精彩的,现摘录两则如下。

希娟评:我认为孙佳乐写得好。她用自己的语言概述了《一百条裙子》的主要内容,还对我们如何与同学相处,提出了自己的建议。我觉得这些建议很合理。

欣源评:我觉得程家祺写得好,因为她的读书感受是结合一个小事例来谈的,写得很具体。最后她还号召我们学会倾听,我读了她的读书感受收获很大。

为使每个孩子都能赢得别人的赏识,我要求孩子们,别人评价过的作品,最好不要再重复评价,要勇于在新的作品中有所发现。每天晚上我更是不辞辛苦地参与到活动中,去群里"捡漏"。看看哪个孩子的读后感没有人评论,以便及时予以点评和鼓励!令人惊喜的是,我们每晚都能看到一向对家庭作业敷衍了事的吴鑫州、曹毅康等同学,坚持上传认认真真写成的读后感。

家长们也不甘落后,另外建了个家长群,相互交流起伴读感受来。

马硕妈妈说,孩子以前读书"看热闹"的成分居多,"学门道"的成分较少。劳老师在班级阅读群里组织的"21天阅读"交流活动,一下子点燃了孩子的阅读热情。更重要的是,孩子们现在不仅仅是读,读完后有了更多自己的思考。

佳琪爸爸说,这种教学方式很好,通过互动展示和互相欣赏把课堂延伸到了家庭,极大调动了学生读好书的积极性,也给学生家长和老师互动提供了很好的平台。

春节放假前夕,我们班21天的阅读交流活动结束了。热心的家长们商定给孩子们搞个表彰大会,并从网上订购了《中华经典诗文诵读》和林汉达的《中国历史故事集》作为给孩子们的奖励。

12月27日,我们班的读书颁奖会在学校会议室如期进行。会场上家长和孩子们或讲演或诵读或吟唱,尽情抒发着阅读带给我们的快乐。借此颁奖会,我把微信圈里的交流活动升级为"100天阅读",另外增添了语音上传经典诗文诵读的内容,孩子们的参与热情空前高涨。

活动现在还在进行中,这已经成为孩子每天生活的固定栏目。读书——写读后感——晒读后感——评价同学的读后感,看似简单的事情我和孩子们每天重复地做着。我想这种坚持,会让孩子形成一种良好的读书习惯,而这种习惯必将使孩子们受益终生。

不忘初心

阳信县金阳街道中心学校　韩素静

2015年端午节放假的第三天,我正"窝"在家中打扫卫生,这时手机响了,QQ显示信息"中考结束了,终于可以看望我们的小胖老师了"。

看到信息后心情有感动,有欣慰,有幸福,有激动！4年了,他们还依然记得我这个小学老师。现在他们会是什么样子？晓楠是不是还在追星？经常流鼻血的小蕊,现在怎样了……

门铃终于响了,孩子们一拥而进,和我拥抱着、跳着、笑着……文龙这些男孩子个头有的长到了1米8多,女孩子们也都是窈窕淑女了。他们和我谈天聊地,谈天文地理,谈班级趣事,谈贴心话,聚会的时间那么美好。

这时,文龙问我:"小胖老师,你们家有无线网络吗？"

"有啊,不过你们还记得老师的生日吗？"

"记得,6月14日啊。"他们几乎是异口同声地喊出来的。

"没想到,你们居然都还记得！密码就是我名字首字母和生日。"

孩子们也许不曾察觉,这时幸福的泪水在我眼中打转。每一个孩子都记得我们相处的点滴,都清楚地记得我的生日。我最喜欢听的还是那句"老师,现在我的数学最好了,因为你,我一直喜欢数学"……

这时,我禁不住思索,为什么我会得到孩子们这么多的爱？我想答案就是,工作了10多年,我仍然记得初为人师时的那份"最初的心"——做一个不偏心的老师,做一个真心为孩子们着想的老师。

因为曾经是一名"后进生"的我，明白孩子们最需要的什么。他们不惧怕严厉的管教，甚至不怕拳打脚踢，但是他们怕老师瞧不起的眼神，不满老师对待他们的不平等、不尊重，所以不偏心、一视同仁成为我未踏上教师岗位时就告诫自己必须做到的。

因为工作时我始终记得"最初的心"，所以现在收获了很多。我是一个幸福的老师，这里的幸福并不是获得多少荣誉，而是无论过去多少年，学生依然把我记在心里。

其实"最初的心"是什么？不同的人可能有不同的解释。当你踏入教育这一行，"最初的心"又是什么？

我相信，只要坚守了这份"最初的心"，你的收获可能比我还要多，那就让我们始终怀着一颗最纯洁的心灵，去教育学生吧，这样我们的工作才更有乐趣，人生才能成功，理想才能实现。

一盒面膜

阳信县职业中专　　吕秋月

"亲，你学生让我给你捎了一盒面膜。我给你拿过去啊！"同事的电话让我有点懵。

"学生？是哪个啊？我在外面呢，不用送了。"我正在东营开会呢。

"还记得郝敏吗？她开了美容连锁店。我正好去买东西，她问起了你，还让我代她问好。"同事娓娓道来。

记忆的闸门瞬间打开了。那是我教的第一批学生，郝敏在女生中是很扎眼的，个子高高，清秀标致，特别是那一头蓬松的头发，看起来桀骜不驯又不好相处。但似乎我的担心是多余的，郝敏很勤奋，尽管成绩不是最好的，但她却很努力，与同学关系相处得也很融洽。学校举行篮球赛，在体育老师的帮助下，男生篮球队训练有素，胸有成竹。而一向沉静的郝敏竟然组建了啦啦队。篮球场上的球赛扣人心弦，而女生啦啦队的呐喊声也响彻云霄，热情的女生们构成了一道风景。篮球赛我班拿得到了第二名，但班级的凝聚力却是空前高涨。学期末的元旦晚会，郝敏编排的舞蹈获得了满堂彩。多才多艺的她获得了全班同学的认可。

一、发现猫腻

晚上查完宿舍，我急匆匆赶回家。将近 11 点，手机铃又响了起来。

"班里有事？"我不免惶恐。

"你们班两个学生在操场上溜达呢？"值班的同事话里带着诡异。

"合伙打架吗？"我有点急了。

"现在确定是谈恋爱了。上次我看见过一次，他俩偷偷跑回宿舍了，我不明确状况。这次让我正好迎面撞上，两人牵着手呢。"同事振振有词。

"哦，是哪两个同学？我们班的首例啊！"我有些吃惊。

"郝敏和刘宾。我让他俩做了违纪登记，你明天再找他们了解情况吧。"同事补充道。

我有点丈二和尚摸不着头脑了。郝敏现在完全是学生榜样,多才多艺,勤奋谦逊;刘宾虽然平常不生事,但是也不怎么学习。初中同学说过他的壮举,打遍天下无敌手。第二天一大早,我采取了各个击破的策略,先和刘宾交手。刘宾今天一改往日的孤冷,低着头,有点忐忑。

没等我开口呢,他说:"老师,求你千万别往我家里打电话,我以后不会违反学校纪律了。"

"哦,知道是违反学校纪律,那你觉得应该怎样处理你俩的关系。"我口气并不霸道。

"我知道现在这个阶段不应该谈恋爱,可是我就是愿意跟她聊天。我以后会克制的,行吗?你也别喊她家长可以吗?我保证,以后跟她保持距离。"他的态度很诚恳。

我倒是赞成他的坦诚:"你现在对异性有好感是很正常的事情,但是我希望你现在把这份好感化成最纯最真的友情,把学习知识和技能放到第一位。将来走上社会有了一技之长,而且能理性对待感情的时候你再谈也不迟啊!给我写个保证书吧!"

"嗯。我知道了!"他低着头走了。

男生表明了态度,女生应该就更容易沟通了。郝敏红着眼睛走到我跟前,面露忐忑之色。

"郝敏,我想知道你现在是怎么想的。"我想先发制人。

"老师,我知道错了。可是,我觉得他很仗义,也很尊重女生。而且从军训的时候,我就感觉到他不一样,虽然话不多,但是在男生中有威信。所以我……"郝敏勇敢地说出了这些。

"我能感觉到刘宾的变化,以及他的这些优秀品质。可是你的这些情感现在把它作为珍贵的友情可以吗?老师和同学们都欣赏你,所以我希望你能发挥榜样的作用。汲取知识,学好技能,走上社会你会有更广阔的空间和选择,当然那时候你的心智也足以去面对感情。"我意味深长地看着她。

"老师,我会的,你放心吧!"

随着年龄的增长,中学生的生理和心理都发生了变化,对异性产生好感,这是正常的。所以我觉得这种事情最重要的是疏导,打压反倒会起到反效果。

打那之后,他俩的确相安无事。毕业后,我听说他们谈起了恋爱,最终却并没有走到一起。

二、坚韧地飞

自己带孩子,根本没有时间去修饰自己,更谈不上去美容店做保养。在办公室,我将面膜进行了分享,大家心情都美美的。

郝敏也发来了信息:"老师,您挺好的吧,还那么忙吗?"

"挺好的,现在更忙了。看朋友圈了,你现在气质更好了。"其实我挺欣慰的。

"老师,我结婚了,有个两周岁的小女孩。一直很想联系您,却找不到联系方式。我学历不高,所以选择了自己创业。现在是一家美容连锁的滨州市代理,有10多家下属店,平常经常出差,这几年去过阳信几次。昨天在下属店搞活动的时候我碰见了李老师,说起了您,我太想您了。"她一口气发了这么多信息。

"挺好的,走到社会上除了有扎实的知识积淀,情商也是很重要的,老师看好你,有韧劲!"自己有这么能干的学生,真是由衷地高兴。

"谢谢老师!没想到毕业这么多年,还有老师的鼓励,感动……等回阳信一定给您打电话!"她说。我能想象她激动的表情。

看到她朋友圈里那美丽成熟的模样,我思绪万千。她的生活应该是多彩多姿的吧,看到她每天发出的美美的照片、励志的言语。年轻真好,可以一边感叹劳累,却还要像"狼"一样勇猛前行。

我的中职的孩子们,坚韧地飞吧。愿你们插上一对有力的翅膀,不要为风雨所折服,不要为香甜的蜜汁所陶醉。朝着明确的目标,飞向美好的未来。

教育思想

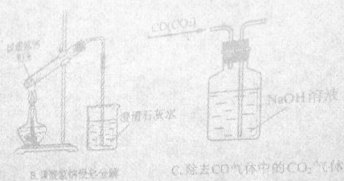

培养个性解放全面发展的人

阳信县水落坡镇中学　李俊芳

"大学之道,在明明德,在亲民,在止于至善。"马克思、恩格斯则认为,教育是促进"个人的独创的自由发展"。联合国教科文组织的教育研究报告提到,教育是"保证人人享有他们为充分发挥自己的才能和尽可能牢牢掌握自己的命运而需要的思想、判断、感情和想象方面的自由"。我认为:教育的本质是让人的个性真正地得到解放,让人的个性得到全面发展,使人成为真正的人。作为一名语文教师,从学科教学的角度讲,就是培养学生成为个性解放全面发展的人。

一、给每位学生以宽容和期待

教育是使人成为人的过程,是鲜活生命的成长历程,受教育者作为这一过程的主体,理应受到关注和敬畏。学生优质、高效的学习活动,应始终做到以学为主;教师应理性对待学生的成功、错误甚至是失误,学会用辩证的眼光看这些成长中出现的问题,真正学会用慢的心态来看待学生的成长(静心等待花开满园而不是一顿棒杀),成长的过程就会永远充满阳光。

一日,我在九班给学生听写词语,坐在后排的王玉梅边写边不时地抬头用眼睛看我。我心中雪亮,她一定在偷看书!我有点生气了,平时她可是很乖巧的孩子啊,虽然学习成绩不是很好,但对我布置的学习任务她都能按时完成。再说了听写前我已做好了要求,小组内对桌和紧挨着的学生内容不同,并禁止抄袭,谁抄袭就罚写 5 遍。我这么要求她还敢抄书,真把我说的话当儿戏了,想到这儿更生气了,真想当面揭穿,可转念一想,自尊心很强的她能不能受得了?以后她还能喜欢上我的课吗?想到这里,我平息了一下自己的情绪,像什么事也没发生一样走到她的身后用手碰了碰她的后背。她猛地回转头,红着脸不好意思地看了看我,低下了头,并快速地把课本放好了。课下我批改完听写内容,发现只有 5 人全写对,其中就有王玉梅,这更证实了她可能是抄的。因为王玉梅的基础很差,平时听写从没有全写对过。怎么办?我陷入了沉思。第二天上课,我搬着那一叠听写本来到教室,一眼瞥见王玉梅,只见她低着头,不时用眼瞟我一下,然后又赶紧低下头。我微笑着站在讲台前,很动情地说:"我先说一下昨天我们听写的情况,全对的只有 5 人,在这 5 人中我要特别表扬一下王玉梅同学……"我的话还没说完,只见全班学生的眼睛"唰"地冲向了王玉梅,下面立刻响起了嗡嗡的议论声。王玉梅的脸更红了,头更低了。我故意装作没听见,高声说:"士别三日,当刮目相看!你们谁不服气?那就同王玉梅同学比一比,让时间来做裁判,看最终的胜利属于谁!希望这次的听写能成为王玉梅同学的新起点,我们一起鼓掌祝贺一下!"立刻教室里响起了雷鸣般的掌声。王玉梅的脸红得像熟透了的苹果,不知所措地冲大家笑了笑。从那以后王玉梅像换了一个人似的,学习很认真,上课发言积极,以后听写再也没有偷偷抄书,并且每次的听写她几乎能做到全对,语文成绩有了大幅度提高。在期末测试中,她的语文考到 90 多分。

学生在成长过程中,难免有失误、难免会犯错误。我们为师者,在教学中有时其实没必要与学生斤斤计较,抓住学生的错误不放,非要弄个明白,其实可以有时"糊涂"一下。"糊涂"得适当,更要付出我们的真心、诚心、爱心,以尊重学生自尊为主,或用我们幽默风趣的语言,或用我们灵活巧妙的方法,或用我们的聪明智慧去适时加以引导,感动学生,让学生的小错成为他们转变的契机。

"错误是一朵美丽的浪花",好好对待这朵浪花,你会有意想不到的收获。

二、在学生心田播下快乐的种子

"一个人能否有立足于社会的本领,很重要的取决于他童年的经历和感受,童年是快乐的、自由的,他就有无限的张力;童年过于沉闷、劳累,就会厌倦学习,厌倦生活,甚至厌倦人生……"的确,身为教师的我们,必须要在学生的心田种下一颗快乐的种子,让学生能在快乐的土壤中自由地学习、健康地成长。

语文课上,教师往往最头痛的是检查古诗文的背诵。这不,我手里拿着一摞纸条(纸条上面写着抽查的内容),看到学生不情愿上台来、战战兢兢抽签的样子,我心有戚戚焉。我知道:学生的害怕、恐惧心理来自这些纸条和我手里的记账单!

望着这些困顿的学生,我忽然心生一计。

第二天,我拿着一个手提袋,来到班上,对学生们说:"你们每天的进步就是我提袋里的一朵小花,你们谁进步了,成功了,老师就把属于你的小花还给你。老师呢,从今天开始,也不给你们记账了。但你们可要记住,要及早地拿回属于自己的花哦!好,我们就从这次背诵开始。"学生的脸上立刻充满了好奇和兴奋。

不一会儿,一个学生顺利过关了。她领回了我自制的纸花。看到她神气的样子,学生们都羡慕得不得了。

意料之中的难题意外地解决了!

在一个人成长的过程中,孩子也许需要责罚,需要我们的批评和教育,但更多的时候他们是需要快乐、成功的体验。心理学测试表明:一个人如果长期地处于一种心理的萎靡、沮丧等消极情绪中,他成功的概率比处在积极情绪影响中的人要小得多。苏霍姆林斯基曾经这样告诫我们:"你在任何时候也不要急于给学生打不及格的分数。请记住,成功的欢乐是一种巨大的情绪力量,它可以促进儿童好好学习的愿望。请你注意无论如何不要使这种内在力量消失。缺少这种力量,教育上的任何巧妙措施都是无济于事的。""教学和教育的技巧和艺术就在于,要使每一个儿童的力量和可能性发挥出来,使他享受到脑力劳动中的成功的乐趣……只要让每一个学生体验到取得成功的个人的、人格上的欢乐,那么这种课就不会把教师弄得心情焦躁、筋疲力尽……如果教师善于把学生引进一种力所能及的、向他们预示着并且使他们得到成功的脑力劳动中去,就连那些调皮捣蛋的学生也能多么勤奋地、专心致志地学习啊!"而这是一种多么让人渴望的境界啊!

三、在民主和规则中,促进每一位学生个性全面发展

学生的健康成长所需要的环境,是学校、家庭和社会所形成教育合力的结果。在这个

环境中,民主和规则是不可或缺的两个要素。

一曰民主。"成长无法替代",学生是成长的主体,作为教师或家长,在班级建设上,首先要充分考虑到成长主体的感受、需要,努力营造融洽和谐的育人氛围,如在一些班级事务的处理上,本着"从学生中来,到学生中去"的原则,尽量让学生参与管理,同学生商量商量,看看学生会怎么说,怎么做,然后施教。这样既体现了施教中教师主导作用的发挥,又从某种程度上保证了学生能力的培养。一句话,尊重学生感受和需要后的施教之时就是真正的教育发生之时!

二曰规则。俗话说,无规矩不成方圆。班级建设和良好班风的形成,要由规则的制定作为前提。教师应该站在学生的角度去思考,去进行班级管理。单纯人为、"一厢情愿"式的管理取得的效果往往会适得其反。规则的制定要在充分调研学生的基础上,以学生的发展为根本目的来制定,即做到"学生说好,才是真的好"。如学期初,我与学生一起商定我们的班规民约,即在学期之初,从班级的常规评比、学生作业、纪律等几个方面提出具体而明确的目标,让每个学生明白,班级的进步与他们的进步是分不开的,为了班级该做什么,不该做什么,"我要为班级而改变"。并让每个学生感到"我就是班级中的一员",产生一种"我要为班级做贡献"的愿望,这也是为学生的发展提供一个导向,学期末再进行"荣誉班民"的评选,加以反馈和落实。这可以促使学生不断内省、自悟,从而提升自己的思想境界,产生积极向上的自觉行为,其过程是一个从量变到质变的过程。

总之,在学生成长的过程中,教师无论采用哪种手段或方式,其本质意义还是要着眼于学生的个性解放和全面发展,这才是真正成功的教育。随着时代的发展和社会的不断进步,教育永远是一个常说常新的话题。作为一名语文教师,我愿意和学生一起进步、成长,我愿意在课堂上踏踏实实迈出每一步,用真心诚心走好每一步。

借用西方哲学家维特根斯坦的一句话自勉:"我贴在地面步行,不在云端跳舞。"

班级管理中的辩证法

阳信县流坡坞镇中心学校　李秀芳

唯物辩证法指出:世界是一个有机的整体,世界上的一切事物都处于相互影响、相互作用、相互制约之中,反对以片面或孤立的观点看问题。辩证法同样对我们的班级管理工作有着极其重要的指导作用。现对我从教以来班级管理中的一些做法与思考总结如下。

一、爱而不宠

热爱学生,这是班主任被班集体接纳的前提。班主任爱学生,才能接受学生,走近学生,走进学生的心灵天地,与他们心灵相通;爱学生,才能赢得学生的爱,"亲其师才能信其道"。但班主任的爱不等同于母爱。班主任的爱应该是基于学生未来发展的大爱,绝不是无原则的宠爱。对学生的爱,不是迁就姑息,不是娇宠溺爱,要在严格平等中实现。爱是水,严为舟,严爱统一,宽严适度,学生的自律性自然会增强。

我任教班中有一位同学兼同事的儿子凡。他勤奋好学，聪明活泼，但自制力较差。我对他一视同仁，严格要求。他在班中各方面都很优秀，是一班之长。新毕业的辉老师任教班里的语文课。她很有爱心、耐心，不分课上课下对孩子们处处容忍、爱护，以至于发展到宠爱的地步。孩子们觉得她好脾气，到最后对她的话从不放到心上，甚至有恃无恐。特别是凡，由于他是教师子女，和辉老师朝夕相处，摸透了辉老师的脾气，凡在语文课上更是率性而为。一天，辉老师流着泪回到办公室，我忙追问怎么了。原来，课上她在讲台上说一句，凡就在下面接一句，其他孩子还起哄，课上不下去了。我愤愤然找到凡，问他怎么回事。辉老师那么爱他们，他们为什么不尊重老师，不尊重老师的劳动！凡说："没有不尊重，只是觉得老师脾气好，和老师闹着玩的！"最后凡向辉老师承认了错误。事后，我也和辉老师交流，对学生要爱而不宠，从细节出发，严格要求。慢慢地辉老师和孩子们的关系回到了正常的轨道，可喜的是现在她已经成为一名优秀的班主任了。

二、引导而不专制

作为班主任应该树立一种观念：每个人都有广阔的发展空间，只有树立信心，引导他们认识到自己的发展方向，明确发展目标，他们才会有动力努力向着目标发展，实现人生价值。但我们又不能越俎代庖，控制他们，甚至取代他们。一些东西，只有自己真正经过的才会真正成为自己所拥有的。

去年的六一儿童节，学校要求每班准备两个优秀节目。我把这个任务交给了副班长宁。通过宁组织的活动小组最后确定了两个节目，一个舞蹈，一个相声。自习课上宁请我把关，看后我真是捏了一把汗。

在我看来，这样的相声有什么可笑的呢？但看到表演的孩子的勤奋和努力，还有预演时班里孩子的夸张的笑脸，我也只能是提出自己的改进建议，力争进一步在提高作品的质量上下功夫了。最后在全校联欢会上，这个相声却成为关注度最高、反响最好的节目。事后我反思自己，总是以成年人的眼光去看待孩子，如果当时我武断专制，就打击了孩子们的积极性和创造性，禁锢了他们的思维，剥夺了他们的权利，罪莫大焉！

三、惩戒而不抛弃

不得不承认，惩戒是当今教育的敏感话题。我坚持认为惩戒教育是学生成长过程中必不可少的，它能起到片面地使用赏识教育所达不到的效果。惩戒旨在帮助学生认识自己的错误，从而增强为自己过失负责的责任感。但教育者在实施惩戒之后，要做到不放弃、不抛弃，反复抓、抓反复，及时与学生进行思想沟通，引导他们尽快走出惩戒的阴影，帮助他们树立自信心。

我的班里曾经有一个离异家庭的孩子娜。她成绩优异、热情活泼、关心集体，是老师们眼中的好学生。但她又敏感多疑、脾气暴躁，妒忌心强，就像一只带刺的玫瑰，在同学中朋友较少。她经常因为一些小事与同学们闹矛盾，甚至大打出手。作为班主任，当然不能置之不理。如果听之任之，是对其他同学的不公平，也是对她未来的不负责。除了批评教育以外，我也会有惩戒，比如罚扫地、背课文、检讨书、面壁思过。惩罚不是目的，只是让她知道要对自己的行为负责。过后我会及时找她谈心，从她的家庭状况谈起，母亲的不易，自己的前途出路，同学老师的期望，发自内心地爱护这个孩子。娜能够感受到老师的真情，她也必会以真情报之。我还发动同学们帮助她、关心她，使她能够体会到集体的温暖和朋友的力量。慢慢地她变了，她收起了她的戒备和敌意，真诚和同学们相处，得到了老师和同学们的一致好评，最后还被选为学习委员。现在她已是一名大二学生了！

班主任应该多学习一点辩证法，不能"一叶障目，不见泰山"，掌握适度的原则，不走极端，掌握更多科学的方法来进行班级管理。我也将在以后的教育教学管理中努力实践，勇攀高峰！

智慧地热爱每一个美丽的生命

阳信县流坡坞镇中心学校　逯彩霞

没有爱心就没有教育。教育应该是充满艺术、充满智慧的爱。我们很多老师在对待学生时，不会对学生正确地施以爱，或者包办替代，或者武断单一，这也是我们很多班主任老师感觉付出很多收获却很少的原因。因此，我的教育思想是智慧地热爱每一个美丽的生命。

一、尊重每个孩子——复活的蒙娜丽莎

每个孩子都是上苍赐予的天使，只是有的天使在飞行的过程中被雨打湿了翅膀，远离了队伍，这就需要我们尊重每个孩子，用爱为他们风干，让他们继续向着梦想飞行。

我班有个很特别的回族女孩，她叫雪儿，时时会露出灿烂的笑容。她笑起来很美，像达·芬奇画中的蒙娜丽莎。但她穿着邋遢，天天迟到，每次考试达不到10分，很少与别人交流。作为班主任，我不会丢掉这个孩子不管，于是我和雪儿有了一次长谈。我趁着办公室没人，把雪儿叫了进来。她怯生生地进来，头埋得低低的。我笑着对她说："雪儿，知道老师为什么叫你进来吗？""是因为我又迟到了吧？"她用手使劲揉着衣角说。"不是，孩子，你知道蒙娜丽莎吗？"我依然微笑着说。"蒙娜丽莎？不知道。"她有些惊讶。于是我为她讲达·芬奇，讲他画中的美女蒙娜丽莎。"孩子，你长得像蒙娜丽莎，你知道吗？"我拉过她的手说。"真的？"她的眼睛亮亮的，闪着光。"是啊，孩子，你在老师心目中比蒙娜丽莎还美！因为蒙娜丽莎是画中人，你是我的学生，是一个活生生的人。老师非常喜欢你。你知道吗？同学和老师们也都叫你蒙娜丽莎。""真的吗？"她的大眼睛里闪动着泪花。我们的谈话一下子变得默契起来。时间在融洽的氛围中滑过，很久她才恋恋不舍地离开办公室。

我知道，我们师生之间擦出了爱的火花，我为孩子的心灵打开了那扇走向自信的门。果然，从此之后，她有了很大的改变。她像换了个人一样，没有极特殊原因绝不迟到，学习也进步很快。人也精神了，脸上有了阳光般的笑容。蒙娜丽莎复活了！

二、机会给每个孩子——读懂孩子的心

不是每个孩子都爱表现，有的孩子不善于表达，但不代表孩子没有爱心，没有上进心。

而是老师没有给其机会。如果老师能从细微处着手,会有意想不到的收获。

我班有个学生叫小雨,她学习不好不爱说话,整天默默无闻地躲在一个角落里。老师和同学们仿佛都忽略了她的存在。但是一件事却让我有机会走进她的内心。我周五外出开会,加上周六、周日正好三天没见到学生。周日的晚上,小雨给我发了一条短信:"我是小雨。"我看了有些纳闷,心想:这孩子想要跟我说什么呢?我就回了一条短信:"小雨,找老师有什么事吗?"她接着回了一条:"老师在干什么?"我想孩子看来是想我了吧!就又给她回复:"你是一个很懂事的孩子,老师很喜欢你,只要你好好学习,将来一定会有出息的。"她又回了一条:"老师,我在学习。谢谢老师的关心,同学们都想你。"多么懂事的孩子啊!没有想到,我在这个孩子的心里竟是如此重要。而在此之前我这个粗心的老师却从没有注意过这个角落里的女孩。有些愧疚的我又给她发了一条短信:"孩子,时间不早了,早些休息吧!老师爱你!做个好梦。"短信刚一发出去,她立刻回了一条短信,只有一个字:"好!"接着又一条:"老师晚安!"我的眼里竟有了点点泪花。我充满爱意地发了一条:"孩子晚安。"

时间已经不早了,但我却久久不能入睡。我感动于孩子的懂事,同时自己也陷入了深深的思考:如果我对孩子的短信置之不理,就不会有师生之间心贴心的沟通;我不给孩子这次表达的机会,或许我永远都走不进孩子的内心。庆幸的是我给了孩子机会,读懂了孩子的心。我相信,这次交流是孩子敞开心扉、拥抱生活的开始!

三、公平对待每个孩子——绽放多彩生命

苏联心理学家列·符·赞科夫在和一位教师的谈话中说过这样一段话:"请你不要忘记,孩子们受到不公平的待遇,特别是这种待遇来自一个亲近的人的时候,他的痛苦心情会在心灵里留下一个长久的痕迹……"每一位学生,特别是学困生,非常需要教师的赏识。作为教育者,要面向全体学生,一视同仁,平等对待,这才是正确的教育。

曾有一件事让我印象深刻。一次语文课,我匆匆走进教室,一眼便看见乱糟糟的讲桌,顿时就来气了,瞪着眼问道:"今天谁值日?为什么不整理讲桌?"孩子们鸦雀无声。我正想发火,这时,后排的小阳跑上来麻利地收拾,很认真地擦拭每个角落。不一会儿就收拾完桌子,低着头走到座位上。这是一个学困生,考试经常拉我班成绩的"后腿"。我以为今天的值日是他就更生气了,说:"大家都看到了吧,今天课耽误几分钟,就是由于一个人的不负责造成的。"前排小丽小声嘟囔了一声:"今天不是他值日。"这时,成绩优异的小华满脸通红地说:"老师,今天是我值日。"我愕然了,尴尬地说:"你先坐下,下回注意。"那节课,我五味杂陈,心里甭提多难受了。好在我及时地向小阳道歉,并在班里就此事做了自我检讨。从那以后,我时刻提醒自己:一定平等对待学生,不要戴有色眼镜看学生,每一个学生都是好孩子,每一个孩子身上都有值得我去欣赏的地方。

教育的智慧,不是听来的,而是实践所得。当孩子的生命之花灼灼地盛开,我们要用智慧去关爱,给他们尊重,给他们绽放的机会,让他们都能沐浴到公平的阳光,从而开得更美。

潜心打造真正的教育

阳信县劳店镇中学　南林

什么才是真正的教育？这一直是每一位校长思索并努力践行的重大课题。中共十八大提出"办人民满意的教育"，并把"立德树人"作为教育的根本任务，这无疑给我们的教育指明了方向：立德为先，树人为本。然而有的学校片面追求升学率，以成绩论英雄，以分数评优劣，鼓励老师、学生人人争第一，夺冠军，结果就是累老师，苦学生，师生体验不到教育的乐趣，学校不再是师生的温馨家园。因此，我的教育思想是别把目光紧盯着第一，让每一位学校的师生，享受"唯一"的乐趣，成为无可替代的自己。

一、不争第一，让师生成为快乐的"唯一"

第一固然令人羡慕，但不应当成为我们借以激励师生的理由。要知道第一只有一个，其他人注定是普通的一员，但他们也一样为了目标付出了努力，同样值得尊重。如果我们的教育一味地夸大第一的重要性，就会泯灭第二、第三……以及这些人努力的可贵，教育就会陷入一个尊崇王者、轻视后来者的畸形怪圈，这显然不是教育的真正内涵。因此，我觉得真正的教育就是不要单纯争取第一，而是让更多的师生享受"唯一"带给自己的乐趣。

我校有一位姓李的语文老师，语文教学成绩平平，没有在学科组教学成绩中获得过第一名。李老师在指导学生写作方面独有一套方法，已经形成了自己的知识体系，所以很多学生特别喜欢他的作文指导课。他自己也曾找过我，主动请缨，给整个年级的学生上作文课。我觉得像李老师这样，虽然教学成绩不是最优秀的，但却是作文辅导领域学校的"唯一"，我应该给予他更多的机会。于是，我在教学视导中积极推荐他执教作文指导课，在山东省"1751"工程现场会中，也把他推向更大的舞台，让他一展风采。李老师不负众望，执教的作文指导课得到专家好评，最终受益的还是他的学生。经他指导的学生，写作能力明显提升，很多学生的作品在多家校园刊物中发表，在国家级中学生作文大赛中获奖。李老师没有成为教学成绩的第一，他却成为作文指导的唯一。我想李老师是快乐的，因为他的价值得到了体现，他的付出得到了尊重。

我们的教育对象是有着鲜明个性的学生，那是一个个鲜活的生命。我们不要用"第一"去约束他们，而应该努力地让他们成为"唯一"，让他们的生命释放出无限的可能，我想这才是教育的价值所在。

二、尊重差异，让师生成为无可替代的自己

我们都熟知"短板理论"：决定木桶盛水多少的，不是最高的木板，而是最低的。于是，在这一理论的指导下，很多教育者拼命地拔高师生，采用各种手法让师生做"最高的木板"，从而让学校成绩优秀，装下更多的水。其实，这种做法，完全忽视了师生的个性。世界上没有完全相同的树叶，人也是如此。我们不能用整齐划一的方法，把所有的师生都做成大小一样高低相同的木板。这就需要我们尊重师生的个体差异，尊重师生的个性，让他

们在现有木板的长度基础上，做最好的自己，成为无可替代的自己。

我校曾有一个人见人怕的孩子，每天违反学校纪律，班主任老师软硬兼施，穷尽所有的办法却收效甚微。最后我看班主任实在没办法了，就把这个孩子叫到我办公室。这个孩子第一次"光顾"校长办公室，也有点怵，但还是摆出一副天不怕地不怕的架势。我没有搭理他，而是先让他自己杵在那里，我自顾自地看书。他显然很诧异，原以为迎接暴风骤雨的他没想到我对他不管不问。我越是冷静，他越是心虚。好一会儿，我说："请你和我一起打扫一下办公室的卫生吧，好久没打扫了，都有灰尘了。"他惊异了一会儿，默默地跟着我干起来。我挪动椅子，他用扫帚清扫；我整理书籍，他用抹布擦拭桌面。干了半小时左右，办公室清亮了许多。我请他坐下，我问他："这个义务劳动是咱们一起完成的。假如单独一个人去做，效率会大大降低。这说明了什么？"他回答我："合作很重要。"我说："对，合作是很重要的一项能力。未来社会需要合作，单打独斗走不了很远。你现在在班级，肯定被孤立了吧？"他低下了头，没有回答我。我继续说："合作是相互的。你一身是刺，谁会主动与你合作呢？团队的强大需要每个人的合作，一个甘愿把自己抛弃的人，团队最终也会抛弃他。我看你做事很认真，连犄角旮旯的卫生都清理到了，你完全可以为你的班级贡献自己的力量。"后来，这个同学像变了一个人，主动融入集体，积极地为班集体做事。虽然学习成绩还是在后面，但他体验到了集体带给他的温暖，他找到了自己的存在感。其实，我给予这个学生的，仅仅是一份尊重、一次机会。我只是想让他在这个集体中成为无可替代的自己。学生还了我一个新生！我想，这才是真正的教育：尊重个体差异，为他们的成长创设环境和条件，让我们的师生成为一个在集体中不可替代的自己，让他们在做自己中品尝到快乐与幸福。

未来社会的分工会越来越细。任何一个人，无论学历高低，读书多少，只要能在自己擅长的领域里有所成绩，他就是第一，就应该被关注、被表扬。即使他有短板，他完全可以通过合作的方式弥补自己，只要他能在一个团队中做好自己的角色，成为无法复制、无法替代的自己，他就是成功者。我们的教育，就应当为他们服务。

这个世界上，缺少的不是第一，缺少的是"唯一"；我们的教育，缺少的不是批量运作，缺少的是无法替代。让我们尊重师生的个性，尊重他们的差异，让我们的老师和学生做最好的自己！

构建幸福感动教育　培育未来品能人才

阳信县劳店镇中学　王立新

爱上教育，正如你进行着一场心动的恋爱，每天奔走在科研和课堂之间，不管是早上五点，还是凌晨一点，用一生的努力追求着自己的教育誓言：打造让学生幸福感动的课堂，成就每个孩子的杰出与优秀；在幸福感动中，培育未来的品能人才。

幸福感动课堂是基于学生的心理发展和内心认知需求构建的内醒化课堂导学方式和唤醒策略。幸福，是每个人都在追求的生活状态。但它不仅是一种追求，更是一种促进健康成长的内在环境。只有幸福了，才会真正地自由生长。每个人都墨守成规，不敢也不愿意轻易改变，因为改变是痛苦的。真正的改变源于内心的震撼、触痛和唤醒，这就是"感动效应"。幸福感动课堂包括两个相互磁场。一种是幸福磁场，通过创建和呈现与学生生活相关的幸福情景、幸福故事和幸福体验，结合温暖与笑容、热情与激情、关注与包容（发现与引领）、成就体验、舞台展示、未来根植六大幸福设计策略，为学生营建全课堂幸福生活环境。幸福既包括温暖体验、被爱关注、关爱期许、危情帮助、生命感恩，也包括历练蜕变、压力成长、爱心矫正和华丽转身。第二种是感动磁场，通过生活磨难、父母艰辛、辛酸故事、身边温暖、求生互助、生命解析、灾难有情、亲子叛逆、苦涩成长、不幸精彩等体验式设计来触发内心认知，使学生在反思阵痛中自我改变。幸福磁场搭建的是一个积极快乐的外在情绪环境，感动磁场却是引发学生自我改变的内心触痛环境。前者是棉衣，后者是火炉。幸福感动课堂的设计是基于"163幸福感动线"和"5＋1基化学习模型"实现的，所有的知识学习都是在这个模型的框架中完成。即学生在感动的引领下和幸福的磁场中完成知识的自主学习、合作学习、探究学习、实践学习和展论学习。

幸福与感动是促进学生自由成长与全面发展的内外因素。只有幸福了，学生才会爱上学习，才会拥有无穷追求知识的力量，才会满怀期待拥抱未来，才会敢于向一切挑战。只有感动了，学生才会触动心灵、触痛认知、发自内心地自我追求、主动求索、真正反思、彻底改变。

什么是品能人才？就是具备优秀品格素养、优秀习惯和优秀实践能力的人才。教育的根本任务是立德树人，培育学生优秀的品德是教育发展的根本任务。我们的教育必须首先使学生成人，然后成才。优秀的品格是未来人才的第一品质。什么是幸福感动教育？就是在课堂教学中通过一系列活动，让学生感受到学习的快乐和幸福，同时在活动体验中感受到一份感动，因感动而触痛自己内心的认知，从而自我转变与成长。

一、价值与梦想规划是幸福感动课堂的目标路径

一切的课堂都是为了学生的全面发展。这种发展除了知识素养外，也包括生命价值、梦想追求和人生规划。没有梦想的人生没有动力，没有规划的人生就没有方向，没有真正内省的生命理解和价值追求是没有意义的。人必须为一份有意义的生命追求而活着。

在信息技术项目学习中，我通过"我的个人网站"设计，引领学生建立职业梦想和人生规划；通过数字化视频"我的VCR"，引领学生阐述梦想和未来发展，展示自己的生命价值理解与未来追求；通过微信自媒体"我的成长电视台"，引领学生建立个人成长规划路径，通过QQ时间线记录自己每天的成长。

二、品格培育是幸福感动课堂的第一品质

在我的课堂上，我一直坚守着知识传授在品格培育之中。培育学生优良的品格是我教学的第一守候。一切的幸福，都源于优秀品格的养成，同时服务于人的全面发展；一切的感动都根植于内心的唤醒和生命的触动，这份唤醒和触动最终服务于优秀品格的养成。

教育不只是传道、授业、解惑，更重要的是在知识传授中培育学生优秀的品格，使学生

成为全面发展的人，从而促进学生的个性发展。教育就是给学生一个幸福的成长、科学的规划和美好的未来。一切知识只有建立在生命发展基础上才有意义；一切文化只有建立在社会责任和国家发展基础上才富有价值。

在信息技术教学中，我设计了"项目学习"导学方式，把初中3年的信息技术课程全部整合在一个项目中，项目名称叫"我的初中生活"。我把初中3年所有信息技术课程知识点利用学生自身的生活呈现出来。比如数字化音频，就设计成学生的小项目"我的音乐唱片"；把编辑与排版设计成学生的"我的个人海报"；把视频编辑设计成"我的VCR"；把Frontpaper网站编辑设计成"我的个人网站"等。在每个小项目的导学中，我采用五步设计法：一是品格情景设计；二是生活追忆；三是工具软件探索体验；四是品格反思与碰撞；五是技术生活使用与品格养成。这样不仅传授了知识，而且将知识的学习在生活实践和自始至终的品格培育中体验完成。这种培育是通过内心唤醒与生命触动实现的。痛了，方思来路；醒了，方知幸福。

小健（化名）是九年级五班的学生，也是一个让诸多老师头痛的调皮生。在小健的生活中，打架、扰乱纪律、带头闹事是他的全部。当接任五班了解这些之后，我并没有故意去关注他什么，只是在每一个探索活动和品格反思中，多给他交流的机会。起初他非常反感，于是在信息技术"画图"与"Photoshop"软件学习中，我专门让他展示他的电脑作品"发现父母之'美'"并分享他的父母之美。结果我看到的是远在天边的父母和孤独暴躁的他自己。下课了，我与他单独聊了两个多小时，才知道他在上小学时学习成绩还是很不错的，结果父母外出打工，他与年近80岁的奶奶在一起。3年里他与父母在一起的时间不足1个月，除了每月收到父母寄来的生活费，再没有父母的一点消息。缺少了爱，他便通过寻找另外一种刺激证明自己的存在。

了解这些后，我便开始了最后5个月的相知陪伴。学习倒数第一不是最重要的，最重要的是重新唤醒他内心对生活的热爱和美好，点燃他对生命未来的梦想与追求。我给他讲"饥寒交迫的故事"，给他讲"父母承担的辛苦"，通过映射让他感受到一份隐形的爱，引领他去体验父母一天的工作，和他一起看《妈妈再爱我一次》，让他给父母写"心灵日记"，然后改成"回忆日记"，最后成为"感恩日记"。3个月后，父母收到他写的第一本感恩日记。日记发出5天后，教室外他看到了泪眼汪汪的母亲和含满泪水的父亲，拥抱成了他们必然的动作。从这一刻起，小健不打架了，不扰乱课堂了，不再去网吧了。感恩，成了他生活的阳光。

三、能力发展是幸福感动课堂的关键支柱

品格是内在修养，能力是外在素质。一切不为学生的全面发展实施的教育都是不完整的，这样成长的学生也是不健全的。我们除了教给学生丰富的知识、优秀的品格之外，还要给学生基于知识发展的能力养成（这种养成也包括习惯）。教育不只是知道什么，更重要的是能做什么、坚守什么和创新什么！

给学生课堂的幸福是为了让他爱上自我成长；给学生课堂的感动是为了让他唤醒本知，主动寻求与探索。这种成长、寻求与探索都是通过实践活动和真实体验完成的能力培

育,是引领学生在实践中内化养成能做什么的重要课题。

心中有爱,生命自然阳光。小健慢慢变得开朗了、自信了、友好了,开始尊敬师长了,慢慢开始带头参加班级劳动了……但因为课程学习已经落下太多了,最后几个月的补救也很难让他考上高中。我一直坚守一个观点,考学是走向成功的便捷路径,但绝不是唯一路径。在学校生活中,学生的成绩优秀仅是他优秀的一个方面,而不是全部。学生的优秀还包括优秀的品格、良好的实践能力、优良的习惯,以及清晰的未来职业规划。我也许无法在短时间内让小健走入高中的大门,但可以努力帮助他找到他喜欢的一扇职业大门,帮他规划好自己的职业未来。于是我借助自己的信息技术优势,在计算机应用和硬件维护中给他指导,培养他的自信和成就感,让他多次在全班展示交流,同时他作为小导师来帮助其他同学。他慢慢对计算机产生了浓厚的兴趣,我进一步与他分析自己毕业后的职业方向,最后他确定了做一名计算机网络工程师的职业目标。3年后,再一次见到小健时,他非常有礼貌地告诉我,他现在已经是北京一家网络公司的维护工程师。

四、给学生创造幸福与感动的成长环境是首要任务

幸福,是一个人的生命追求;感动,是一个人的成长塑造。只有感受到幸福,学生才会爱上学习,才会拥有无穷追求知识的力量,才会满怀期待拥抱未来,才会敢于向一切挑战。只有感动了,学生才会触动心灵、触痛认知,才会发自内心地自我追求、主动求索、真正反思、彻底改变。

为了给学生创建幸福感动课堂,我设计了62F幸福感动框架,即在一节课上做好六件事情,然后引领两个思考探索。这六件事情:一是创设内心唤醒的"6＋1"幸福感动导学设计;二是打造激情飞扬的微笑凝思情绪感染;三是创设自由宽松的辩证批判式体验情景;四是把知识植入生活事件触动;五是引领学生进入深度体验与触动;六是唤醒式幸福与触动式感动的分享与深化。"2"是指在每次幸福感动最后,引领学生反思一个问题,体验一个活动。这个问题是"今天的触动告诉我们要具备和养成什么样的品质"。然后学生设计一个活动去培育和体验这种品质,同时完成知识的实践性掌握和检验。最后的F代表着教育的一种持久的热情和火热,老师必须是一个时刻传递信任和热度的热情磁场。当然,课堂知识会贯穿在整个活动框架内,实现体验式学习、实践性学习、唤醒式学习与内化式品格植入学习的结合。

比如在学习信息技术"画图"和"Photoshop"图片处理软件中,我用了凝思式情绪导学,给学生创设了一个活动,名称是"发现父母之'美'"。要求学生通过平常的观察和记忆,用Photoshop或画图工具描绘出一幅能体现父母辛苦与伟大的美丽画面,并且对画面体现的父母之"美"进行深度解读,最后引导出孝爱父母、关爱父母、为父母承担责任的优秀品质。

整节课包括五个步骤:一是回忆"父母之'美'"(3分钟);二是根据导学框架自主学习工具使用方法,同时描绘"父母之'美'"画面(30分钟);三是解读与分享父母之美(5分钟);四是优秀发现——如何照顾我们的父母(3分钟);五是优秀行动——我为父母做什么(4分钟)。

课堂上,我希望学生是幸福的;学习时,我希望学生是感动的;生活中,我希望学生是光彩的,一切只因我要学生成为最好的。培育一种品格,种下一种习惯,修炼一种能力,塑造一个梦想,规划一个路径,成就生命价值,这就是我给孩子们的"品能人生",也是我一直在追求的"幸福感动课堂"。

唤醒学生生命自觉　让学生心灵自由呼吸

阳信县第一实验学校　魏艳玲

按照亚里士多德的观念,幸福是人类生活的最高目的,幸福是家庭美满和事业成功的综合体。柏拉图认为,幸福的生活就像两股清泉在心中流淌,一股清泉是快乐,可以比作蜜泉,甜蜜而可口;一股清泉是智慧,如同清凉剂。两股清泉合理配置,才能够成为理想和幸福。而幸福就是人生活的根本。所以我在日常班级管理中,就把唤醒学生生命自觉、让学生心灵自由呼吸作为我的教育思想、管理理念,让每一个孩子都能在这种理念的影响下幸福成长,这成为我班级管理的终极目标。

一、让每一个孩子都有幸福的愿景

《礼记·学记》指出:"君子既知教之所由兴,又知教之所由废,然后可以为人师也。故君子之教,喻也。道而弗牵,强而弗抑,开而弗达。道而弗牵则和,强而弗抑则易,开而弗达则思。和易以思,可谓善喻矣。""教"的根是"喻","教"的本是"善喻"。这句话给我的启迪就是为人师应是善喻之人。要善于启发、善于诱导,善于引导学生发现身边的幸福,提升自己的幸福指数。

每次接管一个新的班级,我总会发现一些不快乐的孩子。这些孩子的不快乐或许因为学校管理的严格,或许因为家庭的不睦,或许迫于成绩的压力,归根结底,我觉得是因为他们心灵不自由,被诸多的因素影响禁锢着。但人生活在社会中,总是要有约束的,要唤醒属于自己精神内部的自觉系统,幸福就会来敲门。

我们班有一个男孩,平时大大咧咧,一副事不关己、高高挂起的样子。仔细观察,我发现这个男孩身边连个朋友也没有。按理说,他心无城府,所说的话、所做的事应该符合大部分同学的心愿,但事实不是这样的。后来,我在我的"心灵小屋"约见了他。原来他所有的高兴的样子都是装出来的。他说:"我其实一点都不快乐,下课后我愿意怎么玩就怎么玩,想和谁闹别扭就和谁闹别扭。同学们心里根本不拿我当回事,都觉得我其实就是一杆枪,都利用我,利用完了又都不理我。"我问他:"你想幸福吗?"他告诉我:"当然,我觉得和同学们在一起的时光是最幸福的。"我趁热打铁地告诉他:"如果你真心希望在班里自己有真心的朋友,希望同学们都看得起你的话,你的幸福、快乐必须是真实的,而这些的基础就是你必须遵循同学们之间交往的一些原则。要不然,在这个大集体中,你可能得不到真正的幸福与快乐。如果你觉得我的建议对,考虑清楚后,我们一起绘制幸福愿景图,我帮你实现这个愿望。"我明白,只有孩子真正地唤醒生命中那部分自觉的意识,才有自由而言,才会幸福。后来,我又成立了一个专门的学生团队来帮助他,把耳朵叫醒,什么事情就水到渠成,容易解决了。

二、创造自我管理、感受幸福的机会

每个孩子的内心深处,都有一股潜意识,那就是期待被肯定、向往幸福。其实,教育本身要培养什么样的人,从其本质上来讲,就是关注学生发展核心素养。他们得有适应社会发展的必备品格和关键能力。只要人的潜能被激发,有了成功的机会,他们才会有真正感受幸福的喜悦。

针对孩子们过生日攀比的现象,我在春暖花开的季节里,组织了"我是厨神才艺大赛"。各个组怎么准备材料、怎么安排人员、怎么合理安排时间、准备什么菜系等,都由孩子们自己组织、自己安排。据说有的孩子为了炒好酸辣土豆丝这一道最为普通的菜,练到晚上12点。大赛上,孩子们大显身手,有条不紊,展示了自己精湛的厨艺;大赛上,孩子们对自己所做的菜侃侃而谈,得到了评委同学的多次掌声;大赛上,他们在有限的时间内合理安排本组内所有的同学,组长的一个手势,就会得到同组成员的积极配合;大赛上,场面很热闹,很开放,但是乱而有序,无须担心他们谁会受伤。大赛还专门安排了摄制组,及时将这个幸福的场面利用微信群传到每个孩子家长的手机上。最后,我告诉孩子们:"今天请为我和所有的同学过生日!请真心地祝福我们自己"重生"快乐!希望每年的今天你都会想起这个生日派对!"这样一个机会的创造,让每一个人都融入这个集体中来,感受幸福的所在!而这个"自觉",是孩子们潜意识中就有的、愿意遵循的。这样的机会是有利于孩子们的成长的!

三、浸染教育,是最有效的唤醒

苏霍姆林斯基曾经指出:"今天的孩子将来会成为一个什么样的人,起决定作用的是他的童年如何度过,成长时期由谁携手带路,周围世界的哪些东西进入了他的头脑和心灵。"人的性格、思维都受到这些因素的影响。要解决学生的问题,往往也要解决班主任的问题。因此,班主任的言传身教、浸染教育就起到了举足轻重的作用。

班里有两个孩子的性格特别古怪(后来得知有一个同学的父母为躲避高利贷假离婚,结果假戏真做;另外一个同学家庭几代人住一起),看起来和同学们打成一片,但是私下里问起其他的同学,他们都说其实这两个孩子只是想引起其他人的注意,哗众取宠而已。他们的自觉意识很差,太过自由。我说,我觉得他们很幸福、很快乐啊,你看他们每天笑嘻嘻的。可学生不这样认为:"老师,快点想个办法制止一下啊,要不然,他们快成了咱们班的'灾难'了。"有这么严重?我最先考虑的还是自身问题,是不是最近我家里事情太多,忽略了对学生的情商管理。不对啊,父亲手术我请了半月的假,不至于到这个程度吧。班长对我说:"老师,你都不会笑了。"团支书接着说:"老师,您有没有发现,他们的家庭问题其实一直存在,可是您原先传递给我们的尽是快乐元素,不管什么事情同学们都会跟上您的节奏,您的影响力可大啦!现在,您的情绪已经有点失控了!老师,您不能一直这样下去,让我们一起想办法吧!"说句实在话,我真心笑不出来。我反思自己最近一段时间的所作所为，还真是影响孩子们的情绪了。为了解决好这个事，我和这两个孩子制订了详细的自我唤醒计划，还组织了"紫手环在行动"的主题活动，我和两个孩子都手戴紫手环，每天早晨一起击掌相约：要自由，先自律；找幸福，我能行。要求孩子做到的，我要身体力行。一段时间以后，大家的情绪都稳定下来，有了自我约束的能力，心里也不再别别扭扭，呼吸顺畅，幸福自来！

教育的终极目标是为了孩子将来过得更幸福，心灵可以自由呼吸，让孩子全面健康和谐地发展。这引领着我指导孩子们唤醒自己内心深处的潜能量，自觉约束自己。孩子们脸上洋溢着的笑容，是我作为一名班主任的荣耀和最大的幸福！

关注孩子的生命成长

阳信县水落坡镇中心小学　杨俊红

教育大家李镇西说过："教育太需要泪流满面、心灵激荡的时刻。不是所有的学生都能考上清华北大，成为工程师或科学家，这个概率很低。更多的学生会成为普普通通的父亲和母亲、丈夫和妻子，这个概率很高。教育要做概率高的事儿。我们的教育之所以出问题，就是因为我们把更多的时间花在做概率低的事情上，而在概率高的事情上投入的时间和精力不够。每一位教师都应该富有生命意识，充满生命活力，以生命照亮生命，用生命润泽生命！把每个孩子培养成人，让每个孩子善良正直，帮助每个孩子找到最卓越的自己！"教育就应该关爱孩子的生命成长，让每一个孩子的生命都能够灿烂地绽放。

一、用晨诵润泽生命

晨诵是一种仪式。每天早晨的课前20分钟，我都会和孩子沉浸在诗歌的海洋里，享受生命，开启新的一天，与孩子们一起朗诵、感受、陶醉、升华，把孩子们的生活编织进诗歌，让教师、学生、诗歌三者交织在一起，从而让孩子们对生活有一双敏感的眼睛，让孩子们的生命得到润泽，心灵得到洗涤。

记得晨诵《这条路》这首诗时，我和孩子们一起编织诗歌。他们有的说："这条路的尽头，一定有大型的游乐场吧，喜欢玩耍的孩子啊，我们去走这条路吧！"有的说："这条路的尽头，一定会有好吃的棒棒糖吧，贪吃的孩子啊，我们去走这条路吧！"有个叫刘欣的孩子，她却这样说道："这条路的尽头，一定有温暖的家吧，渴望母爱的孩子啊，我们去走这条路吧。"当她出口时，我的心为此一颤。经过了解，我知道了刘欣是个缺少母爱的孩子，在她没上幼儿园的时候，妈妈就过早地离开了她，爸爸常年在外打工，只有她和爷爷奶奶相依为命。母爱的缺失使这个孩子比一般孩子懂事坚强，她整天沉默寡言，很少和同学们一起玩耍。我多次试着和她聊天，但她不愿说出自己的家境，于是我就在日记中与她交流："老师愿做你忠实的朋友，你累了、闷了，老师愿借肩膀让你靠一靠，老师希望看到你灿烂的笑容。"精诚所至，金石为开。渐渐地，她对我敞开了心扉。她曾经在日记中写道："每当看到别的孩子跟爸爸妈妈在一起玩耍的时候，我望着天上的星星多想妈妈也能出现在我的面前,和我说说悄悄话……"接下来的日子里,我经常帮助这个不幸的孩子,比如她过生日的时候我会送给她一件小小的礼物,在她取得进步的时候给她一个温暖的拥抱,在她委屈的时候帮她拭去腮边的泪花。她变得越来越开朗了,脸上的笑容也灿烂了许多。

二、用文化点缀生命

班级文化是一个班集体的灵魂,积极向上的班级文化能够使班级成员具有向善向好积极的生命状态。

我们班有定期自编的班级文集。内容有班级人物介绍、新闻广角、阅读故事、班级生活趣事等。例如,国庆节我们自编了《祝福你,祖国》;中秋节我们编的文集是《花好月圆》;结合秋天的特点,我们编了《秋之韵》。

珍藏记忆,记录岁月。在我的班里,有一个漂亮的小本子,首页是班主任寄语:"孩子们,我们有缘相聚在一起,教室既是我们学习知识的地方,也应该是我们最温馨的家,在这个温馨和谐的大家庭里,无论遇到什么困难,我们都能心连心,手拉手一起度过。让我们齐心协力,追寻梦想……"中间是孩子们轮流根据日常生活的发现记录的班里的好人好事和一些有意义的事情。今天写了明天读,久而久之,班里打架闹事的少了,做好事的多了,班里的正能量足了:班里的卫生工具乱了,有人把它摆好;桌凳坏了,有人把它修好;同学生病了,有人给他补课……我暗自庆幸,这不是对学生进行自我教育的最有效的手段吗?孩子们对这件事非常感兴趣。"写得精彩,必须活得精彩,做得精彩。"看似不经意的记录活动,是我们在引导孩子随时记下生命开花的一个个美丽瞬间,它承载着孩子们一颗颗积极向上的心。试想有谁会不好好写班级日记,而让同学们笑话?认真记录的背后是学生敏锐的观察力在支撑,是学生细腻的笔触在流淌,是学生美好的心灵在迸发。这完美的班级日记活动,既能起到引导、激励的作用,也成为学生思想交锋的平台。

三、用课程丰盈生命

教室是一根扁担,一头挑着课程,一头挑着学生。教师应该具有课程意识,和学生一起享受生命,编织课程。

童话剧的编排让学生亲历曲折,学会担当。新教育特别关注童话剧,因此我在缔造我的"完美教室"时,每学期都会排演一部可以让尽可能多的孩子参演的童话剧。上学期我让孩子们编排了《小熊请客》,孩子们兴趣盎然,分工明确,有的准备道具,有的编台词,有的写剧本,一遍又一遍地排练。这学期孩子们又自编自演了课本剧《晏子使楚》和《草船借箭》,获得了镇一等奖的好成绩。

3月份我们一起"编织"风筝课程;4月份我们一起"编织"踏青课程;5月份我们一起"编织"感恩课程;6月份我们一起"编织"节日课程。在一个个丰富多彩的课程里,孩子们增长了知识,生命也得到了丰盈。

四、用行动唤醒生命

周一那天,我让每个孩子都从家里带一只鸡蛋到学校,并将它完好无损地保存一天。

我说:"除了上体育课和课间操跑步,必须把它带在身边。"文超凡同学怕其他同学把他的鸡蛋弄破就放在口袋里,就连打扫卫生的时候也带在身上,可是一不留神,拖把杆碰到了鸡蛋,鲜黄的蛋液流了满满一口袋。冯敏同学拿着自己的蛋宝宝爱不释手,想在上面画一个笑脸,可没想到用力过大,蛋宝宝被戳破了一个小洞。平晓航同学最有办法,她自己准备了一个跨兜,把鸡蛋用棉花裹起来,裹得严严实实的,又在外面包上了好几层卫生纸,一天下来鸡蛋完好无损。同学们看来轻而易举的事情却不像想象得那么简单。一天下来,仅有少数几个同学的鸡蛋完好无损地保留了下来。利用最后一节班会课,我让孩子们谈自己一天的感受。有的同学说:"太辛苦了,必须时时处处小心,不然鸡蛋就会碎掉。"有的同学说:"没想到看似很简单的事情做起来却这么难。"我借机引导说:"孩子们,把一个鸡蛋给你们保存一天你们就这么辛苦,你们都这么大了,父母养育你们该付出了多少心血?"学生们交流了自己的看法,体会到了父母养育自己的辛苦,懂得了要尊重、孝敬自己的父母。这样的一个易行活动,几毛钱的代价,让孩子们收获了真正的情感体验,促进了儿童生命的自由生长。

人本主义教育理论认为学生是涌动着无限活力的生命体,是教育的起点和归宿。关注生命,给顽皮的学生以感化,给自卑的学生以力量,给胆怯的学生以激励,给愚钝的学生以智慧。关注生命,教育才能真正走进学生的心灵;关注生命,教育方可绿意盎然。教育是共享生命成长的事业。关注生命,就是要关注生命的需要,关注生命的个性,关注生命的发展。让我们关注孩子的生命成长,多给孩子一些触动心灵的东西,相信教育的明天一定会更美好!

做麦田里的"守望者"

阳信县实验中学　姚西红

苏联教育家苏霍姆林斯基曾说过:"人的内心有一种根深蒂固的需要——总想感到自己是发现者、研究者、探寻者。"《麦田里的守望者》一书里也提到要维护孩子纯真的心灵和自由的本性,崇尚个性解放。无论是班主任管理、学生自我管理、还是家校共建,都需要围绕孩子来做文章,以孩子的自我快乐成长和终身发展为目标。

一、"麦田"守望者应有度

苏霍姆林斯基曾说过:"没有情感,道德就会变成枯燥无味的空话。"教育的活力来源于爱。但是爱的泛滥,容易让孩子不服管教;爱的淡漠,容易让孩子叛逆。所以,师生的关系应是若即若离。对优秀的学生稍远一些,他们可能就不会有那么多的骄傲和压力;对于学困生,更加关注一些,他们可能多一些动力。

记得我刚上班的时候,感觉自己爱心"泛滥",平常我和学生打成一片,对于学生的错误处理得比较简单,只要学生说一声"老师我错了",处理就结束了。结果是学生对自己的错误认识不够,经常会一而再,再而三地犯错,把我忙得焦头烂额。当时我班有个叫超超的孩子,平常父母都不在身边,他和爷爷奶奶在一起。爷爷奶奶对他很溺爱,对他有求必应。超超平常学习很不用功,所以学习成绩不理想,但是他总是报喜不报忧,逐渐连作业也不做了。后来他开始打打闹闹,不遵守课堂纪律,让老师们都很反感。起初我对他很有耐心,只要他承认错误,就原谅他,慢慢地不那么关注他了。有一次运动会,我坐在他身边,不经意间我们聊了他为什么那么喜欢打闹,为什么作业不认真,他慢慢向我敞开心扉,从他的话中,我能感受到他也需要老师的注意和关心。在以后的学习中,他也越来越认真了。原来我和他从前的交流都很肤浅,没有"温度",没有走进他的内心。正是家庭"爱"的泛滥,使得孩子没有压力和动力,而学校老师爱得冷漠,孩子缺乏指导,所以我觉得,老师应适时调整关爱度,增加"温度"和家长携手共进,走进孩子内心,促进孩子健康快乐成长。

二、加以引导地放手孩子们在"麦田里"奔跑

只有能激发学生去进行自我教育的教育,才是真正的教育。用心拨动学生心弦,让孩子展现自己的精彩。孩子本来心里是善的,是积极向上的,我们所做的就是让他们发掘自己的闪光点。但是孩子们本身都是有惰性的,如果没有引导,常会因无序而无果。

有一天,我们班的一个孩子正阳跑到我办公室,说:"老师这不公平,纪律委员自己都说话,还罚我,而且周围有很多违纪的,为什么就罚我们几个。我也想当纪律委员!我觉得我比她们更公正!"看到正阳泪流满面地说这番话,我很震惊。是啊,长期以来,我一直让学生自我管理,而且以为学生的管理就是民主管理。殊不知学生的自我管理在很大程度上是学习成绩优秀的孩子对学困生的管制,这样虽避免了教师高高在上发号施令,但是又陷入以少数学生为中心的强势"话语"权,给很多孩子造成了负面影响。他们错误地认为成绩好,有教师的宠爱,就可以纵横班内,无人敢管。我让正阳也参与了整个整改的过程,按照正阳收集的同学们的意见,把学生按照学习成绩分成学优生、中间生、学困生,然后各找出2名敢说话的代表。我把这6位学生代表请到办公室,商量怎样进行民主管理,让大家都参与到民主管理中来。对于这个问题,大家的讨论兴趣很浓,很快就制定出来一套完整的班干部选拔与考核的方案。随着学生代表起草一系列班级规定的实施,我慢慢发现正阳课上违纪的情况越来越少了,而且班干部的干劲更足了,孩子们课间的欢声笑语更多了,课上纪律更有序了。

三、麦田里的守望者不止教师一人

父母是孩子的第一任教师,家庭是孩子成长的摇篮。苏霍姆林斯基曾说,父亲和母亲是如同教师一样的教育者,他们不亚于教师,是富有智慧的人类创造者。没有家庭教育的学校教育和没有学校教育的家庭教育都不可能完成培养人这样一个艰巨的任务。班主任必须联合父母进行教育,才能形成教育合力。

"孩子就交给你了,老师的话比我们讲的管用。""孩子到家不和我们交流,怎么办?""孩子学习成绩差,我们又不会辅导。"这是我在工作中经常遇到的话语。部分家长认为话我已经说了,就没问题了。但是没有父母的支持,学校很可能就是"5 + 2 = 0"。除了上课的时间,学生大部分时间还是与家里人一起。家庭教育不是一时的教育,而是孩子终生成长的"学校"。孩子是家长与教师的关注点,寻求共同"成长"的关键是家长与

教师的教育理念不断更新。我们家长学校的一个务实的做法就是每学期推荐给家长一本书，然后大家定期交流。读书交流促进了教育工作的活力，受到了家长的好评。王月的家长给我留言："收到短信后，我首先阅读了《好父母，好家教》。我读了此书的感受是要给孩子一个合理的空间，尽量不给孩子留下错误的记忆，要及时纠正自己和孩子对'人、事、物'的负面看法。不能以孩子的成绩来决定一切，更应该从'德'的方面加以引导。"

塑造平凡而幸福的人

阳信县劳店镇中学　张如意

海纳百川，方成其浩瀚；地容万物，才得其辽阔。一所学校，一个班级，每一个学生都是一个独立的个体，都有着鲜明的个性，这决定了我们不能用同一个标尺去衡量他们，去设计他们未来的命运。也许，我们无法把所有的学生都培养成未来社会的栋梁，但完全可以让每一个孩子体验到成长的幸福，并储存下将来可以幸福的能力。我觉得这是我们教育人的本心。因此，我的教育思想是让每一位学生成为平凡而幸福的人。我想，这才是理想的教育状态，也是教育的最高境界。

一、让学生学会自我期待

自我期待是一种内心的自我期许，是对自我行为表现及未来发展方向所持有的知觉与期望。这份自我期待相对于教师的鼓励而言，持续力更强。因为自我期待是来自心灵深处的自我觉醒、暗示，它可以让学生带着自信，带着美好的愿望去体验，去经历。因此，我经常对我的学生说，不要总等着别人来鼓励你，不要活在别人的期待里，那毕竟是外力，并且这份外力有时来得太迟了，我们要给自己一份期待，相信自己的内力。

我班有一个女生，暂且叫她小娟吧。小娟刚到班级时，成绩平平，课堂表现也不积极，在班内属于容易被忽略的那一部分。我时常看到她躲躲闪闪的目光。可是本学期以来，她"脱胎换骨"一般。课堂上小娟同学变得阳光自信，思维活跃，经常有新奇的观点令我们啧啧称赞，她的成绩也是步步提升。我对于她的变化很是好奇，于是在一天的课间，我和小娟有了一番交流。我问小娟："你成绩进步这么快，有什么灵丹妙药啊？"小娟听后笑了，回答我说："我哪有什么灵丹妙药啊！老师，您不经常告诉我们要相信自己的内力嘛！我就尝试着给自己一份期待。我觉得我自信了，学习也成了快乐的事情。"我听后，欣慰极了。学生的自我期待，慢慢地让他们修炼出强大的内心，他们会因此变得自信，会朝着内心的目标快乐地奔跑。这样，平凡的他们为之付出的所有的努力就不是疲惫，不是乏味，不是痛苦，而是快乐，是幸福。

二、呵护学生源自内心的兴趣

兴趣是最好的教师，也是最可贵的成长引导。学生能在自己充满兴趣的世界里成长，无疑是最幸福的事情。在我看来,兴趣是促使学生思考的动力,是激发学生创造性的源泉,而这些都是学生成长中最珍贵的品质,这与学生更快乐、更幸福的成长息息相关。所以,我们一定要呵护学生的兴趣,不要给学生的兴趣贴上或积极或消极,或高雅或通俗的标签。

我班有个叫小强的孩子,在课下经常玩一种叫"手撕画"的游戏。很多同学对我诉苦,好端端的一张纸,被他撕得七零八落,浪费资源不说,还破坏教室卫生。那嘶嘶的单调声音,严重影响别人学习。于是我找到小强,并没有批评他,而是先让他在我面前表演一下他的"手撕绝技"。小强同学半信半疑,但还是给我手撕出了一张憨态可掬的卡通熊的图画。我觉得这孩子还真是个手撕画的"好手",于是把他推荐给了学校的美术教师,并上网给他搜集、整理、打印出了国内外关于手撕画的知识、技巧等。看到我如此支持他的兴趣,小强更加阳光了,随之变化的还有他行为的自觉:爱护班级卫生,不影响同学们学习。后来,小强在各级才艺比赛中,屡次获奖。我想,他的成长,是充满色彩与幸福的,因为他的兴趣有人在意,他的才艺有人欣赏。我很庆幸,用欣赏的眼光去看待了学生的兴趣,给了他用兴趣影响自我、改变自我,进而获得尊重与幸福的机会。

三、引导学生养成良好的习惯

习惯是外在行为的强化而形成的思维方式、生活方式。习惯铸造品格,品格决定人生。一个人在他的学生时代养成的习惯,直接决定着他未来人生的格局。好的习惯是人稳定的福利,于学生而言,养成良好的习惯,可以变教师的管束为自觉,从"他"教走向自律,进而在学习成长中自觉扬弃,明辨是非。这样,孩子们就能实现真正的自我教育,也就能体验到自我超越的幸福感。

我在课堂上经常倡导同学们多阅读,告诉他们书籍中蕴藏着丰富的宝藏,能帮助读者收获思想的珍珠;我引导学生自觉养成写随笔的习惯,告诉他们写作就是反思,写作就是与自己的灵魂对话,可以完善性格;我还提倡同学们养成分享的习惯,让他们明白,分享是一种美德,更是一种相互启发的智慧。我积极倡导并以身作则,勤读书,坚持写作,并及时将自己的读书感悟与心灵随笔拿来与同学们分享。在我的带动下,同学们以读书为乐,以写作为趣,以分享为荣。当我看到他们沉浸在阅读的世界,徜徉在随笔的海洋,快乐在分享的天空,我知道,是好习惯成就了他们,是好习惯让他们获得了自我肯定、自我认同的坚定与幸福。我们也许给不了学生取之不尽的学识,但一定要努力给学生养一个好的习惯。因为一个好习惯,足以为一个孩子明天的幸福奠基。

不是所有的种子都能长成参天大树,不是所有的星星都能如银河灿烂。我们的每一个学生,不可能全部成长为出类拔萃的精英、指点江山的巨匠。所以,请接受孩子的普通,允许他们的平凡。但这不能成为我们甩手不管不作为的借口,我们应该循学生纹理而裁,遵学生性灵而为,在学生内心深处植下幸福的种子,让学生享受完整而幸福的成长历程。

让孩子做一个独立而勇敢的自己

阳信县翟王镇中学　宗鹏

在日常生活中,无论教师还是家长往往会给我们的孩子传达这样一些信息:你一定要赢,千万不能输,输了就什么都失去了;你一定要快一点,再快一点,慢下来就会被人超越;你一定要少问多做,能做十个题,就不要只做九个……我们以为自己是大人,比孩子懂得多得多,我们的建议都是多年的经验,绝对正确,如果孩子们按我们的要求去做会少走弯路,直线冲向成功。可孩子们并不像我们期待得那样听话,当他们不愿意接受我们的这些建议时,我们还会表现出恨铁不成钢的愤愤之情,说这全是为了他们好,为了让他们少走弯路,但这样的教育思想真的就是对的吗? 在做了近20年的教师后,我突然发现在教育的路上让孩子明白:输得起比赢得起更了不起;慢一点比快一点更好一点;多提出问题比解出题更值得提倡,这对孩子的成长帮助会更大。

一、输得起比赢得起更了不起

我们经常会教给孩子如何去赢,但从未想过教给孩子如何体面并且有尊严地输。老祖宗曾留下这样一句话,"人生不如意事十有八九"。既然不如意事十有八九,那么为什么我们从来不教面对"十有八九"时的心态和应对能力? 反而"十之一二"的成功却被看得这么重要。

去年我当班主任。10月份中旬学校德育处组织了一次拔河比赛,要求每班选出20名队员,10男10女,从学生的实力来看我们班一直认为自己必赢,从未想过输了会怎样。在前面的淘汰赛中我们班以破竹之势挺入了决赛,与实力同样强悍的三班一决高下。一开始我们班稍占优势,可眼看就要取得胜利的时候,我们班的小胖冯洪浩因为脚下打滑意外摔倒。三班抓准时机,反败为胜。意外赢得胜利的三班欢呼雀跃,而我们班的同学们都变成了斗败的小公鸡,一副副垂头丧气的样子,落寞地回了教室。

我看到同学们一个个无精打采的样子,觉得自己的教育很失败,这么一个小小的失败,他们就难以自拔,赢得起但输不起怎么能行? 那天我给学生上了一节班会课,主题是"因失败而伟大"。我给他们讲了岳飞的故事、项羽的故事,还有林则徐的故事,最终学生们明白了失败其实有很多意义,有些意义甚至比成功的意义还大。没有人能够一帆风顺,古今中外很多优秀的人物都是输了无数次才最终赢得成功的,输得起的人比赢得起的人更了不起。

二、慢一点比快一点更好一点

去年去江苏海门学习的时候,听了一位教育博士的报告,那是我第一次听到了"慢教育"这个概念。与"慢教育"相比我们正在进行的教育就可以称为"快教育"了,但"慢教育"真的好过"快教育"吗? 我不是很确定,回来后我又查了一些资料,张文质先生的《慢教育》一书中说:"教育是一个慢活、细活,是生命潜移默化的过程,所谓润物细无声,教育的变化是极其缓慢、细微的，它需要生命的沉潜，需要深耕细作式的关注与规范。"我还不是很理解。后来偶然，我又读到了台湾女作家龙应台在《孩子，你慢慢来》中的一段话："我，坐在斜阳浅照的石阶上，望着这个眼睛清亮的小孩专心地做一件事。是的，我愿意等上一辈子的时间，让他从从容容地把这个蝴蝶结扎好，用他五岁的手指。孩子，你慢慢来，慢慢来。"我恍然大悟，这短短的几句话不正是对"慢教育"的最好的阐释吗？于是我开始反思我自己，与龙应台相比，我这个做妈妈的也差得很远。在教育孩子的时候，我容不得孩子慢一点，每天都如同拿着一个小皮鞭跟在女儿的后面，不断地督促她快点儿，再快点儿，生怕她被别人超过去。

今年暑假女儿想学游泳，我就给她报了个培训班。第一节课先从憋气、水中漂浮开始学起，她学得很认真也很努力。第二节课大多数的孩子还在学基本动作，她就已经能在水里游一小段了。教练和其他家长都表扬她学得好，学得快。我看后虽然也很高兴但仍不满足，当女儿带着满脸的期待想得到我的赞扬的时候，我却告诉她，她游得速度太慢，距离太短，还必须继续努力还要游得快一些。当她游得足够快的时候，我对她又有了新的要求。总之，无论女儿做得有多好，我都会要求她比现在再好一点儿。

作为妈妈，在我的"再快一点，再好一点"的要求下，女儿少了快乐，多了叛逆；作为教师，在我的"再快一点，再好一点"的要求下，学生丧失了自我发现、自我思考的过程，学习成了一种负担，这何尝不是教育的失败？

叶圣陶曾说过："教育是农业，不是工业。"人的成长每个阶段都有其不同的特点，有他自身的规律，教学就应该是学生自我发现、自我思考的过程。让我们慢下来吧，只有慢下来才能让孩子体会到学习的快乐，只有慢下来才能让孩子发现最好的自己。

三、提出问题比解出题更重要

爱因斯坦说："提出一个问题往往比解决一个问题更重要。"而我们当前的课堂教学形式存在以下问题：教师一味地讲，学生一味地听，并且教师往往还会对那些听课认真、做题准确的同学给予高度赞扬，对于问题多、做题少的同学则横眉冷对，责怪其听得不认真、不仔细。这样想提出问题的学生也越来越不愿问、不敢问，一个个都变成了被动接受现成答案的机器。一个习惯于接受现成答案而不能产生问题的学生何谈创新？

现在常常会听一些教师感慨现在的学生太懒散，太没有求知的欲望，对着一大群千里马，教师却只能执策而临之，大呼"天下无马"！其实，何曾知这一匹匹的千里马就在不知不觉中葬送在了我们的手中。

和我教平行班的方老师每次下课回来都会抱怨，说她班的林秋雨同学太烦人，没有一节课不问问题，并且常常打断她的教学思路，令她十分恼火。我虽然没有给林秋雨同学教过课，但我认识他，并且对他的印象很深。教数学的赵老师说林秋雨很有数学思维，他问的问题帮了赵老师一个大忙。

那天我执勤，中午在办公室值班。林秋雨同学来办公室，找他的数学老师刘老师。刘老师不在，赵老师正好在场，我就告诉他可以问问赵老师。于是他就很有礼貌地请教了赵老师。当他离开后，赵老师对我说林秋雨同学很聪明，他问的这个问题很好。这个问题的解决对一个数学概念的理解很重要，但遗憾的是我们两个班的同学从未问过。通过他这一问，赵老师自己也恍然大悟，以后再讲这个概念的时候就不必绕一个大圈子了。

赵老师因教不到林秋雨觉得遗憾，而方老师教到林秋雨却是一味地抱怨，但我想最该抱怨的应该是林秋雨，因为如果林秋雨遇到赵老师，那么林秋雨的未来一定会比他遇到方老师要好得多。

我国著名的教育家陶行知说："发明千千万，起点是一问。"古希腊哲学家亚里士多德说："思维自疑问和惊奇开始。"如果我们所有的老师都对善于发现问题、勇于提出问题的同学予以嘉奖的话，培养学生的创新能力就不会只是一句空话。

不管我们拥有怎样的教育思想和教育理念，无论我们是教师还是家长，目标都是一样的，那就是期待孩子们能够更优秀、更成功，但对优秀与成功的认定应该是"仁者见仁，智者见智"的，我想如果一个孩子在成长的路上能够"慢一点"，他能感受成长的点点滴滴，遇事能够停下来多问几个为什么，遭遇风雨能够做到输得起，做一个独立而勇敢的自己就是最大的成功。

培养有能力有责任心的人

阳信县金阳街道程坞小学　陈晓燕

我国著名作家刘心武先生曾经说过："以仁爱之心点燃希望之火，以信任之剑斩断心灵枷锁，以唤醒之手开启知识大门。"我对这句话感触颇深。教师对学生要有仁爱之心，用好信任之剑和唤醒之手是促进学生成功的必然。一直以来我就是这样做的。

一、以仁爱之心点燃希望之火

"爱"不是教育的全部，但如果没有"爱"，就不会有真正的教育。

我的学生中有一个叫张宏的男孩子。在我刚刚接班的时候，他如女孩子般的腼腆，脸上、脖子上时常黑乎乎的，不爱说话，衣服不是大就是小。我一直很关注这个孩子，经常领他到办公室洗一洗，擦一擦。到了冬天他光着脚，不穿袜子，穿着一双很大的鞋子，裤子就像大人们穿的九分裤那么短，露出冻得通红的脚踝，一看让人很心疼。之前我了解过，张宏的父亲在建筑工地干活，母亲是一个精神有点问题的人。在和他的父亲沟通的过程中发现，父亲也比较木讷。对这样的孩子怎么办？他自己看起来比较小心，做事情总是很不好意思，有些自卑。我观察了一段时间，也与他谈过几次，对他的心理也有了一个较好的了解，现在的关键问题是想办法让孩子走出自卑。我决定先从个人卫生开始，每天到校让其他孩子帮助和监督他，他每天都会有进步，"孩子，你越来越干净了！"我经常夸奖他。其次让他担任班里的语文课代表（他的学习成绩一般，我是为了提高他的自信心），这样他与老师的接触多了。我也时不时对他开小灶，一般是在不经意间。他的进步很快，他的脸上多了自信和笑容。再次生活上多关心，家里有好吃的我会拿来让他在办公室吃,我家孩子的一些衣服我也会以各种不同的方式方法奖励给他。他脸上的笑多了,话也多了。

二、以信任之剑斩断心灵枷锁

学校要召开"六一联欢会",让我班的学生当主持人,包括写串词等,问我谁合适。我一口气说了好几个名字。德育主任笑了:"你们班真厉害!"真是这样,刚开始接班时,我会对学生的一些活动提出方案或者说有时候也会亲力亲为。慢慢地,我班的很多活动我只是指导,只有学生不知道怎么办时才会来找我,因为之前我对他们放手了——就是学生在一些活动中出现问题,我也不会责怪,只会提一些意见或者建议。慢慢地,学生真的成了我的帮手,学生的能力也得到了很大的提高。

三、以唤醒之手开启知识大门

苏霍姆林斯基指出,在人的心灵深处,都有一种根深蒂固的需要,就是希望自己是一个发现者、研究者、探索者,在学生的精神世界中,这种需要特别强烈。为学生点亮盏盏明灯,让学生感受成长的快乐,是教师的责任。

课堂上让学生自己去读书,去思考,去发现,去实践。课外给学生一个跳板去找到适合自己发展的事。

因为种种原因——出差、学习、培训,有些时候我不能去上课,这时学生成了"小老师"一步步引领着其他的孩子进行学习。老师对"小老师"的培养很重要。虽然课堂上老师会教授一些学习方法,可是毕竟有些孩子仍会不太注意,一会儿又忘了,所以可以利用课余时间进行小范围培训。"小老师"在课堂上讲得头头是道,自信满满。老师用自己的智慧唤醒学生,让学生意识到成功离自己越来越近了。苏霍姆林斯基曾说:"要像爱护最宝贵的财富一样,爱护儿童对你的信任这朵娇嫩的花朵。它是很容易被摧折,被晒枯,被不信任的毒药摧残致死的。"

课外我会利用小组学习的方式提高孩子们的业余学习,按照村为小组,让他们定时在一块儿交流、学习,相信孩子。

这样,孩子们的自主意识增强,能力也有了很大的提高。

"教就是为了不教",为了这个目标我会不断探索,充分调动孩子们的积极性、主动性,激发他们的潜能,提高他们的素养。

专业成长

阳信县"三名"建设工程人选第二次专业成长论坛发言

为学生幸福成长而成长

阳信县信城街道中心小学　张海珍

我怀着虔诚的学习之心，跟随县"三名工程"赴京学习团队一起于 2011 年 8 月 6 日来到首都北京，聆听专家讲座，参观名校，参加与学友交流等活动。培训的生活充实而又丰富多彩，虽然只有短暂的几天，但是不管是年轻的徐长清老师还是已退休的高金英老师，让我深深感受到他们对教育的无比热爱，他们一生不懈的学习和奋斗都是因为学生的幸福成长而成长。下面我就从三个方面简要谈谈学习的收获。

一、感悟专家经历，提升人生境界

北大附中副校长张思明先生 13 岁失去了父亲，顶着巨大的家庭压力自学微积分，先是在北大数学系当旁听生，然后读夜大，随后完成了高等教育自学考试。从来没有假期，他做了几千道题，整理了 30 多本习题总结，摞起来有一米多高。随后，1990 年他争取到一个去日本研修的机会，又以第一名的优异成绩改变了马来西亚、泰国等留学生以及日本人对中国人的偏见。回到北京，他又攻读了硕士学位。从一个不甚合格的高中生到北京首批自考本科三个合格者中的一个并攻读硕士学位，且在中学数学界取得骄人的成绩，其间付出的心血和汗水，是无法用语言来表达的。正是因为这不平凡而又艰难的经历，使得张思明校长在 30 多年的教育生涯中，一直以两种身份出现在学生面前，既是教师，更是学生。他经常说，有三种感受时时刻刻鞭策着自己，一是让我们的民族真正站起来的使命感；二是在知识爆炸时代做一个称职教师的危机感；三是只争朝夕奋斗不已的责任感。他站在全民族的高度用心做教育。这种大气和豁达、做教育和做智慧人生的境界值得我永远学习。

张思明校长说，影响青年人成长的最大障碍，不是环境和他人的作用，而是自己的惰性、满足、自我原谅、自我开脱，是不甘寂寞、大事做不来、小事又不做的这种轻浮的"潇洒"。回顾自己在工作中，遇到困难就去找所谓的理由，归结于他人、客观因素，而没有真正去想人生对绝大多数人来说不会都是"艳阳天"，总会遇到一些沟沟坎坎，不耕耘就不会有收获，而且十分的耕耘也不一定会有十分的收获，但是最重要的是先要去耕耘，因为人生的"季节"是不等人的。这些话将作为我工作的座右铭，为了更好地"因学生幸福成长而存在"，永远提醒自己踏踏实实走好人生的每一步。

二、感悟专家思想，培植学校精神

听了各位名家的讲座，最大的感受就是他们具有前瞻性的、独特的办学思想和理念。在其指导下，通过多年的积淀，学校成为一个个和谐统一体，内涵突出，特色鲜明，成为师生幸福成长的家园！下面就以北京市第十四中学王建宗校长的办学经验为例，谈谈自己的感受。

在报告中,王建宗校长用演示文稿展示了他在现代教育报连载文章的名称,我一一从网络上搜索打印出来,仔细阅读,爱不释手。

1. 树立特色办学思想

温家宝总理曾经在国务院教育工作座谈会上提出两个问题,一是如何提高教育质量,二是如何特色办学。这两个问题引起了王建宗校长的思考,使他撰写了文章《思想雷同与特色办学》。他提出学校同质性的办学价值追求,是不是思想就是雷同的,表述就非得整齐划一?显然不是。当今教育发展的趋势不是趋同,而是求异,求特色,并且必须要有先进的教育思想和独到的办学理念生成能力,正所谓"大家不同,大家才好"。反复咀嚼王校长的话,我对学校的定位和办学理念有了重新的认识。在过去,我们学校一直在办学定位和理念思考方面存在较大的随意性,有些甚至照搬名校理念挂在墙上,师生不解,更谈不上个性特色和行为内化,可以说只是起到了一张糊墙纸的作用。在今后工作中,我将像王建宗校长说的那样,作为校长,在教育改革的形势面前,学校办学定位既要与国家教育方针政策保持一致,又要结合学校实际,进行特色办学的思想定位和实践创新;在思想的宏观层面精到理念、中观层面明晰思路、微观层面尽显睿智,追求特色办学。

2. 培植大气育人文化

曹志祥主任提出,什么是以人为本?即尊重别人的选择。在教学实践过程中我们往往会被学生的一些琐事所累,失去了教育的耐心、细心和动力,而忽略了真正的以人为本,缺乏对学生生命个体的尊重和理性。因此,在学校里应该培植一种大气、高雅的育人文化,真正打造属于师生自由、发展的时空!

王建宗校长在《学校德育三重境》中提出,研究表明,道德教育可分为三层结构:一是道德理想层,即人们追求的高尚的道德理想,比如共产主义道德、"五爱"等;二是道德原则层,即修养准则,比如遵纪守法的社会公德、爱护公物、保护环境、倡导文明道德等;三是道德规范层,即基本的行为规范甚至是道德底线,比如不随地吐痰、不乱扔垃圾、不破坏公物等。为此,学校育人目标应该从这三重境界出发,既要注重习惯养成,又要守住道德底线,更为重要的是最终要能够升华为崇高的道德理想。古语云"一屋不扫何以扫天下",周恩来总理的"为中华之崛起而读书",就是指人们要从小树立崇高的理想,并成为其不懈奋斗的动力。鉴于以上思考,我校通过规范庄严的升旗仪式进行爱国主义教育,通过千人体操、千人诵读经典的大型活动陶冶学生情操,建立了200余人的花样鼓号操团队以及学生义工团,形成学校育人文化,为实现学校特色办学目标而努力创新!

3. 培养理性教育精神

窦桂梅老师以"回到教育的原点"为题,为我们做了一场如何定位教育、定位自身,如何修炼自己的创新视角等内容,其中引用了朱小蔓老师的话"办学条件越来越好,学生却越来越不喜欢学校,家长也越来越怀疑学校教育究竟能否使孩子全面发展"……其中无一不在渗透着应该理性对待教育的观点。高金英老师也多次呼吁要做有价值的教师,要做学生生命中的贵人,保持平和心态,掌握管理方法,培养理性教育精神。

与此同时,王建宗校长撰写的文章《审视教育的勤、情、理》,通过对一则对联的感悟使我们能够更感性地认识培养理性教育精神的重要性。

一对联曰:一支粉笔两袖清风,三尺讲台四季晴雨,加上五脏六腑七嘴八舌九思十霜,教必有方,滴滴汗水诚滋桃李芳天下;十卷诗赋九章勾股,八索文思七纬地理,连同六艺五经四书三字两雅一心,诲而不倦,点点心血勤育英才泽神州。仔细分析对联含义,其实就好像用三个字给教师画像,即勤、情、理。为了更好地说明理性智慧做教育的价值,王校长提出,如果给三个字排序的话,就目前来讲,还应该是"理"在前,因为教师应该是履行教育教学职责的专业人员。

鉴于以上认识,回顾学校工作实践,教师敬业爱生,"勤"和"情"不是突出的问题。而术业有专攻,在"理"方面还是有所欠缺的。为此,从今年开始,我校努力倡导一切工作从"研究"出发,掌握教育规律,打造适合各年级学生年龄特点和身心发展规律的教学模式;从学校实际出发,聘请专业人士指导科研课题的研究,目前省级课题立项有 3 项;另外,我们还成立了家庭教育研究协会组织,家校联手,共同理性对待孩子的成长,在工作和生活中不断树立和培养理性教育精神。

三、感悟教育神圣,锻造精彩人生

王建宗校长曾经给校长建议,开学第一课应该以"教育神圣"为题,高举教育神圣而美丽的事业大旗,向教师、学生、家长及社会大力宣传。由此我想,那教育神圣到底是什么?

王建宗校长从情理、道理、伦理、哲理、事理多个层面阐释教育神圣。古有"程门立雪",今有总理的"多难兴邦"课堂;国内古语天地君亲师,教师是其一,国外也有赞颂,在所有有益于人类的事业中,首要的是教育;《国家中长期教育改革和发展规划实施纲要》中提出教育要优先发展;学校是人类传承文明、延续智慧生命的神圣殿堂……

那么,如何在教育神圣的美丽旗帜下,自我清晰定位呢?在窦桂梅老师的报告中,提出了清晰定位的思路,即:

你为谁工作?

为什么要努力工作?

究竟怎样努力工作?

和每一位教育战线上的战友一样,我做出如下的回答:

为了举起自己心中的教育神圣的旗帜而工作。

为了活出生命的意义而努力工作。

无条件地热爱学习、无条件地热爱工作、无条件地热爱学生,缺一不可。

总之一句话,用心做教育,为学生幸福成长而成长。

品大家风范　悟大家精髓

阳信县第一实验学校　李淑敏

题记　▶　成功是一个不断超越自我、突破自我的过程。你的心在哪里,收获就在哪里。

从张思明专家《用心做教育,携手共成长》的报告中领略了其只争朝夕、奋斗不已的执着追求以及教师和学生共同成长的真谛。

从王建宗校长《优秀校长的发展策略》的报告中充分感悟到其大气厚重的办学理念,高屋建瓴的理论基础,高效实用的实践经验。

从窦桂梅校长《回到教育原点》的报告中深刻体会到读书的必要性和重要性,其感人的实践经验充分证明了一个永恒的真理——"机遇总会垂青那些有准备的人"。每一名教师都应准确定位,用自己的实践践行"你在为谁工作""你为什么工作""究竟怎样工作"。

从徐长青专家《让高效教学落实到每节课》的"前奏"报告《读书,思考,实践——教师专业成长漫谈》中深刻体会到教师"专业"二字的内涵:教师应是职业读书人,终生学习者;教师还应是思想者、思考者,善于反思;教师更应是实践者,在实践中思考,在思考中实践。

从曹志祥主任做的《素质教育与新课程改革》和《国家中长期教育改革和发展规划纲要》的解读中零距离接触到国家的教育政策、教育精神,也进一步明白了一个道理,任何事物的发展都应有阶段性、时代性,我们不要超越时代、跨越发展,但是要跟上时代、科学发展,教师发展应如此,学生的发展也应遵循这个规律。

高金英老师的《做有价值的老师》报告妙趣横生、高潮迭起,幽默中写满智慧,笑声中充满灵动。她以大量生动典型的教育教学案例,提出作为一名班主任(任何一名教师都应如此),要静下心来教书,潜下心来育人,要富有爱心和责任心,能够用自身的人格魅力教育并感染着每一位学生。

我们从专家的报告中领略做法,悟大家精髓。

相信每位专家均给参训的各位留下深刻的印象,他们的治学方略、育人策略、教学艺术均独树一帜且耐人寻味,值得借鉴,激发了我心灵深处的思考。

一、"名"教师必须热爱学习

1. 教师职业道德规范的要求

中小学教师职业道德规范的最后一条是"终身学习"。这是每一名职业教师必须遵循的一条道德规范,否则就不能成为合格的教师,更不会成长为一名"名师"。

2. 专家的人生启迪

张思明校长发自内心的使命感、危机感和责任感的阐述、窦桂梅校长的现身说法、徐长青的真实案例等报告中无不映射出读书的重要性和关键性。在当前知识爆炸的时代,教师要想跟上时代的步伐,跟上学生的潮流,必须读书,善于读书,做一名"专业"型的教师,丰富自己的内涵,提升自己的修养,让学生"亲其师而信其道"。

3. 我们应该这样做

因此,教师必须读书、学习,必须"无条件地热爱学习",把娱乐、放松的时间缩短一点。学习要付出努力,需要体力和脑力,是一个艰苦的过程,要靠"韧"劲儿学习,靠"闯"劲儿实践,靠"恒"劲积累,培养读书的兴趣,养成读书、积累的习惯……学习并不是非得坐在书桌边,生活中的角角落落、时时刻刻都可以读书学习。

读书只是学习的一种形式,"生活处处皆学问",我们也必须向生活这部"无字巨著"学习,学习育人的策略、管理的技巧。学习、实践、反思;再学习、再实践、再反思,循环往复,让知识像滚雪球一样在自身专业成长的道路上越来越多,我们的内涵会越来越丰富,同时步伐也会越来越坚定。

二、"名"教师必须历练课堂

课堂是教师劳作的田地,是实现我们教师人生价值的舞台。教书育人从课堂开始,课堂教学是教育教学的主旋律。所以,作为一名教师,首先必须得立足于课堂,经受住课堂的历练,把根深扎于学科课堂的沃土。课堂对于教师来说,是永恒。

窦桂梅校长说:"课堂是承载教师职业生涯和学生学习生涯的主要场所,是师生漫长而又重要的生命舞台。"

因此,作为"名师"特殊群体中的一员,我们更应做到以下几点。

1. 要勇于承担课堂教学改革实践的重任

教师认真备课,大胆实践,探索模式,总结规律,真正成为一名课堂教学改革的实践者,哪怕实践和推广的对象只有自己和所执教的那个班的学生。

2. 持之以恒地进行课堂历练

课堂永远是自己进行课堂教学改革的跑马场。在这里,每一位教师可以按照自己的设计任意驰骋,但前提必须是要有恒心、有韧劲儿、敢闯、不怕累、不嫌烦、敢于面对挫折……把握自己每一节课堂实践的机会,同时积极争取展示自己的机会。

3. 完整地进行课堂历练

徐长青教授在报告中指出:"课——动态的以建构执行建构的活动,课是预设,堂是发生。""建构包括预行建构,现行建构,反思建构和重组建构。"寥寥数语,道出了课堂历练的真谛。

(1)加强预设,重视生成,即加强预行建构又重视现行建构。课堂教学是预设与生成的有机结合的过程,作为一名教师,需加强预设,精心预设。同时,生成也是课堂教学中的重要组成部分。我们在历练过程中还得关注生成,要想使生成具有有效性,就要做到以下五点:精心地预设生成;宽容地接纳生成;理性地认识生成;机制地筛选生成;巧妙地运用生成。

(2)加强反思,重视总结,即加强反思建构又重视重组建构。叶澜教授曾指出:"一个教师写一辈子的教案不一定能成为名师,如果一个教师写三年反思就有可能成为名师。"诚然,作为教师,如果只是读书、教书,不写作、不反思、不梳理自己课堂的成败得失,又怎么可能提升自己的学科素养呢?只有通过反思,教师才能不断更新教学观念,改善教学行为,提升教学水平,丰富知识储备,从而使自己朝着专业型教师方向发展。

一般情况下,教师们在经历了学习、实践和反思这三步就完成了一次历练的全过程,殊不知,正如徐长青教授所言,正是因为多数人没有走到"重组建构"这一步,没有及时地将自己历练的过程、收获、疑惑总结概括,理论升华,所以才有了"普通教师"和"名师"之别、"普通教师"和"专家"之别。因此,作为"名师"培养对象,必须明确这一点,"重组建构"是历练的最终环节,也是下一轮历练的开端,因此必须养成善于总结归纳整理的良好习惯。初步养成这种习惯,离"名师"的距离可能就缩短了一大步。

三、"名"教师还得学会倾听

倾听就是理解、尊重、接纳、期待、分担、共享,它体现着宝贵的人文情怀。倾听,是一门艺术,也是一门学问;是一种心与心的对话,是一个灵魂和另一个灵魂的激荡,是师师之间、师生之间沟通的桥梁。

1. 学会倾听自己的同伴

"名"教师要做同伴的忠实听众,虚心接受每一位同伴的建议和意见。伏尔泰曾经说过:"耳朵是通向心灵的道路。"毋庸置疑,多倾听,教师才能博采众长,集思广益;多倾听,教师才能多渠道、多方位、多层次了解教育信息。学会倾听不仅体现着自己对教师同伴的尊重,还彰显出自己的人品修养,更重要的是能加快自己专业成长的步伐。

2. 学会倾听自己的学生

教师蹲下身来,倾听孩子的心声,充分体现了教学的生成性。教师改变"一把尺子"的评价模式,建立多元的评价模式,把学生自己的观念视为教学的出发点和归宿,把课堂变成教师与学生共同探究、体验学科与生活的过程,努力打造快乐课堂,让学生在快乐中学习,在快乐中成长。

"善于倾听的教育者,可以准确地透视学生思想行走的路径,感受学生内心的犹豫、恐惧、欢乐和兴奋;善于倾听的教育者,可以睿智地见证学生头脑中神经细胞的运动状态,把握学生们思维的激荡;善于倾听的教育者,可以于平坦处见丘壑,可以于细微处听惊雷,可以于寻常处见奇迹,可以于众人忽略处显意趣。"哲人如是说。愿我们每一位教师都能掌握"倾听"这门艺术,时刻以一颗平等的心、宽容的心、睿智的心来倾听,做一名合格的教育者。

总之,几天的参观学习我都在充实匆忙中度过,每每聆听到一位专家的报告,都会激起自己思想的波澜,也同时清醒地认识到自己知识的匮乏与心灵的稚嫩,也更加认识到只有不断学习,不断反思,且不骄不躁,永不言弃,才会不断进步、不断提高。

今天　我们应该做怎样的教师

阳信县河流镇中心小学　黄敏

北京之行受益匪浅。面对的都是国内知名的大家,我总的感觉是他们风格各异,但在教育教学及管理领域的成长及实践又是异曲同工。清华园、未名湖折射出百年名校独有的历史积淀。置身其中,那浓重的文化气息便不觉地浸润着我们的心灵,和专家的报告一样:大气而厚重。作为教师,作为教育工作者,先谈一下本次培训的几点直接感受。

(1)教师要始终保持着对孩子、对本职工作的热爱和激情。

(2)教师要让读书和学习成为重要的习惯,要终身学习。

(3)学校和班级管理中要引入科学管理的机制,教师要加强对管理科学的研究。

(4)我们的德育中可能存在一些问题,要向先进国家和地区学习借鉴,多从实效的角度加强和改进。

(5)努力打造教师职业的专业化,让专业化为我们的职业和事业护航。

(6)教师尊严来自实力。

(7)让我们的教育冷静一下,有时也需要慢下来,让我们有时间去思考。

(8)有时教师态度决定一切。

(9)让教育回归原点,打造简约而高效的课堂。

(10)对我们这个职业的重要性有了更深的认识,我们的价值在于——永恒。

静心思考,愈发感觉作为一名教师,尤其是"三名工程"人选教师的责任,对我们应该做怎样的教师有了更深的认识。

一、做学习之师——永葆激情、潜心读书

很多专家都提及读书学习的重要性,尤其是窦桂梅老师对不断学习做了深入的阐释。9年前的震撼尤在记忆中,语文课堂的"三个超越"实现了她人生的骐骥一跃——成为清华附小的当家人。她年届不惑却仍保持着昂扬的战斗精神和飞扬的激情。这种激情投射出的感染力影响着在座的每一个人。

读书、学习,重要性不言而喻,从名师成长的历程中,读书学习的作用体现得淋漓尽致。而我们却有这样那样的理由没有读足够的书,使得心田里生长了不少世俗的杂草。

在这嘈杂浮躁的社会中,唯有读书可以为我们开辟一方安静的时空,让我们打造书香班级、书香校园和书香家庭,让读书成为需要和习惯,虽然很艰难,但这是重要的事。

态度决定高度,要改变态度。不要等年华逝去时再去慨叹天不假年,不要把自己装在狭小的信封里。

学习需要激情,教学需要激情,让我们也像窦老师那样,永葆一颗热爱教育的激情澎湃的心。

二、做有尊严的教师——尊严来自实力

一年内我两次聆听到张思明老师的报告,上一次因报告时间短意犹未尽,这一次仍是匆匆忙忙。不过这次我有幸分享了他曲折而充实的求学和奋斗之路,对其努力学习、勤奋实践的精神更是敬佩有加。

尤其他留学日本的经历使我感触很深——尊严来自实力。在这样一个崇拜强者的时代,没有实力确实很难得到尊严,这不由得也激发出我们对民族更加强大的使命感;在

知识爆炸、百舸争流的时代做一名合格教师的职业危机感；只争朝夕、为目标而奋斗的紧迫感。

另外，几个实例也触及了德育的现状——多空洞说教和浅层次的活动，与发达国家、发达地区相比我们的德育面临着危机，值得我们深思。我们要转变观念、采取行动，把德育为首真正落到实处。

十分耕耘不一定有十分的收获，但人生最重要的是要去耕耘，因为季节不等人。

从张校长的报告中，我们更加体会到他的含蓄、内敛、厚重和严谨。这种对教育、科学孜孜不倦的追求和探索精神，于我们青年人的成长大有裨益的。这也使我更加深刻地认识到，要做有尊严的教师，要受到学生、家长、社会的尊重，必须从自身做起，提升自己的实力——不断提高自身的业务能力。

三、做明日之师——冷静思考，科学发展

优先发展，以人为本，改革创新，统筹兼顾，提高质量。"规划纲要"的20字方针为今后10年的教育发展指明了方向，曹志祥主任为我们做了很好的解读。

曹主任从中外教育的对比，经济的高速发展和相对落后的教育的矛盾，人民群众对优质教育资源的需求和供应不足的矛盾等方面指出了下一步我们应该努力的方向。他也为我们教育教学和教学管理的提升提出了几个原则和法宝，那就是——实事求是，解放思想，与时俱进，科学发展。

另外，曹主任也结合我们"三名工程"指出了教师和学校发展的三个阶段：

品质阶段——做好本职工作；

品牌阶段——取得成绩，产生影响力；

品味阶段——形成独特的风格。

我们"三名工程"，很大程度上是促进和帮助我们实现从"工"到"匠"，从"匠"到"师"，从"师"到"家"的发展转变，我们现在可能只是刚刚准备从匠转变为师，要树立做教育家的理想和志向，做明日之师。

四、做科研型、专家型教师——让科学引领管理和教学

我们现在的学校管理、班级管理和教学研究在一定程度上的确存在随意性强、科学性差的问题。李建宗校长提及的抽象的管理方法在他的分析中变得生动而具体，不由得使人产生必须迅速学习、查阅资料的渴望。我们的管理的确需要科学的引领。

另外，对孩子的激励方面，他提到了"不夸智力夸努力，不比起步比进步"的说法，也明确地点明了我们的课堂评价中的随意性和片面性的问题，应该反思修正。特别是从心理学、教育学的角度谈及观察力、注意力、记忆力、表达、操作、思维想象力的训练等非智力因素在教学中的重要作用时，他的语言形象生动，谈及的内容可操作性很强，我们在教学实践中应该尝试借鉴。

目标只有一个：培养出更多气质优雅、个性鲜明、举止得体、健康自信的好学生。

五、做明白之师——博观约取,厚积薄发

一个研究数学的名师兼有高深的文学修养、丰富的语言文字表达能力和方式,幽默中透着睿智,严谨中透出厚重。

徐长青老师用"学习""反思""实践"三个关键词点出了名师成长的必由之路,勉励大家做明白之师,可谓一语中的。

他明确指出"简约"是打造高效课堂的方向。是的,我们的课堂改革可能进入了一个转型期。到底什么样的课堂是好的课堂?叶澜教授曾提出过"扎实、充实、平实、朴实、丰实"的说法,指出了当前课堂教学中存在的浮躁问题,我们的学科教学真的需要从冗繁走向凝练,从紧张走向舒展,从杂乱走向清晰,从肤浅走向深邃。把必要的东西留下,重要的东西突显,建设精品的课堂,从而打造精品的课程和课程体系,用好的课程去影响我们的学生。

博观而约取,厚积而薄发。只有深入研究,"博观约取,厚积薄发",才能使我们的课堂游刃有余;只有做明白之师,才能引领明白之师,培育明白之人。

六、做有价值的教师——我们的职业意义在于永恒

60多岁的高金英老师,仍担任宏志班管委会的主任。宏志班创造了一个又一个的奇迹,教师应该有神奇的力量。这神奇于今天看来即科学的方法、艰辛的付出。

60多岁的可以被称为老人的高老师在讲台上仍是那样的意气风发、激情飞扬,仍从事着繁重的教育教学工作,更加使我们从心底里生出十几分的敬佩。

心态决定一切,不管这种说法妥与不妥,但心态的作用在高老师的解读中越来越明确——极其重要。我们应该积极向上,又要包容宽容,要唯旗是夺,又要善于"舍得",要有一颗对待教育的平常心。静下心来,受益的不仅是我们的学生,最终也包括我们自己。

经验的积累是不断学习实践的结果。从对学生的全面细致了解,到班级各项制度的建立健全,到学生的自主管理,再到具体问题具体分析和各种高超的管理技巧,最后谈到我们应用的各种知识储备,虽未完全展开,但从一个个经典的管理案例中,无不透射出其全国模范班主任的智慧和她对班级管理的深刻思考。

大师们的报告深入浅出,既带领我们仰望星空,又能指导我们脚踏实地地前行,见仁见智,不管是做人还是做事都是值得我们好好研究和学习借鉴的。

红尘扰攘,岁月倥偬。如果我们用心去做,如高老师所说,我们应该能实现教师的价值所在,那就是——永恒。

擦亮心灯　做学生幸福的守望者

阳信县劳店镇中学　张如意

8月6号～11号,我们阳信县三名工程人选一行百余人,参加了北师大举办的培训班。

短短的 6 天时间，我们像一株株等待浇灌的禾苗，贪婪地吮吸着教育理念的甘露，又像是一棵棵正在成长中的树木，高兴地迎接着园丁的裁剪。几天的培训，我聆听了诸位专家的报告，给我很多的启发与思考。我总结了以下几个关键词，与大家分享。

一、读书

几位专家在总结自己的成长历程中，无一例外地都提到了读书。是读书让他们获得了知识，获得人生的启迪。可以说，专家成长的这一路是书香陪伴的。这该是多么幸福的一件事情。然而，我们往往忽略了这一种幸福，我们更多地是为了消遣才去读书，为了考取一个文凭而去背书，很少为了促进自己的成长而去读书。

其实，读书应该成为教师的长期行为，应是教师最美的行为。我觉得，读书应该是教师区别于其他人的标志。读书能完善专业知识，可以生成专业智慧，可以改变精神状态，可以建立教育信仰。教师离开了读书，会变得知识面狭窄，目光短浅，性情浮躁，思想庸俗，灵气褪色。我始终以为，一个在课堂上驾轻就熟、富有激情、妙语连珠、灵感层出不穷、富有教学智慧的人，虽不一定是一个饱读诗书的人，但也肯定是一个爱好读书的人。读书，让教师视野开阔，让教师可以时常荡涤掉自己思想的杂草，让思想变得高雅而纯净，促进自己的专业成长，坚定自己的职业信仰，获得教育带给自己的乐趣。然而，大多数教师都觉得没有时间阅读。除了上课、备课、批改作业、做学生思想工作、应对学校的各项检查外，基本没有属于自己的时间了，这还不包括在家做家务、应酬的时间。

于是，读书这一属于我们教师的专业行为，对我们来说越来越陌生，我们离书香也越来越远。手不释卷，以书为枕只是明日黄花，马上、厕上、枕上也只是昨天的故事。这不能不说是教师的悲哀。

教师没时间读书，这的确是一个不容回避的问题。教师现在的负担与压力确实挺大的。那么如何解决这一矛盾？

首先，我觉得教师还是要坚定"唯有读书高"的信念。读书虽不能在短期内给你带来立竿见影的效应，但相信积少成多，量变到质变，一定会为你的成长与发展助力。不要将读书看作可有可无，或者是一种负担，要坚信读书就是播种，播下思想的种子，收获的就是智慧的人生。

其次，教师要学会选择，学会取舍。好书泛如烟海，我们不能穷尽天下书，那就要选择一些适合自己的，促进专业发展的书籍读，并且要精读，读烂，内化为自己的知识，不能贪多，走马观花，不求甚解，有害无益。同时，我们要勤做读书笔记，撰写读书心得，将书中的思想、理念与我们的教学实践相结合，总结经验。

最后，说说网络阅读问题。我不反对网络阅读，因为网络阅读信息量大，更新快，适合年轻教师阅读的需要。但是，我个人觉得，网络阅读更适合查询信息，快餐式阅读而没有给我们思考的时间或者心理环境。而读书需要心智合一，即阅读与思索的融合，纸质书的阅读能实现这一点。所以，我觉得网络阅读不能从根本上代替纸质书的阅读。

二、学习

各位专家的成长非一日之功,也非易事。他们都尝尽了挫折,都经历了人生的风雨。苦尽甘来,回味专家们的成长之路,我觉得他们都离不开学习。不断地学习,终身学习,为他们的成长注入了强大的动力。我们的成长,同样需要不断地学习。"学高为师,身正为范",作为教师,不但要有崇高的师德,还要有深厚而扎实的专业知识。"给人一杯水,自己要有一桶水,一缸水是不够的,必须是活水源头。"在知识更新异常迅速、学生个性生命日趋多元的今天,如果只满足于目前的知识,那就如逆水行舟,早晚要被社会所淘汰。学习才能不断充实自己,拓宽知识视野,为自己备课储备丰富的信息,让自己在课堂上灵活运用,才能在学生心目中树立起较高的威信。学习是一个不断积累的过程,在学习中,我们能改变自己的精神气质、修养、习惯、情趣等。而这些同样是教师专业成长的宝贵素养。教师该如何学习?

(1)向书本学习。一方面教师要向书本学习本学科专业知识及拓展性专业知识,提高自己的文化知识底蕴和学科理论水平,建立起既专又博的完整的知识体系。另一方面,教师要认真研读各种教学期刊、研究报告、论著等文献资料,不断了解学科教学及教育的最新动态和前沿知识,丰富自己的教育信息,提高自己的综合文化素养。

(2)向他人学习。一是教师要积极参加教研组等协作团体活动,在参加活动中,在与组内其他成员的互动过程中,获得他人的知识、经验,充实自身的教学知识。二是经常参加各类专家讲座、教学研讨会,开阔视野,增长见识,丰富知识。三是通过参观和教学观摩等方式向他人学习,这种方式对获取那些只可意会、不可言传的教学隐性知识非常重要。四是教师可以通过采访资深的教师、名师、专家学者等相关人员,获取自己所需的知识。

(3)向网络学习。教师应该积极打造自己的网上学习策略,充分利用网络资源。可以建立自己的博客,加入博客群,这样可以不受时间和空间的限制,在网上实现与专家学者以及同行的交流与研讨,通过交流研讨提升自己的专业水平。

(4)向案例学习。每一所学校都积累了大量的典型案例,隐藏着丰富的实践性智慧。教师要通过与其他教师一起对案例进行阅读、分析、讨论,学习在真实的教学情境中获得解决相应的教育教学实际问题的方法和策略,提升自己的实践性智慧。

三、责任

宏志班高金英老师的一句话给我留下了很深刻的印象。这一句话是:"人生的五大幸事是——出生时有一个好父母,上学时有一个好老师,工作时有一个好师傅,成家时有一个好伴侣,年老时有一个好儿女。"

这一席话中,"上学时有一个好老师",尤其让我难忘。人们把自己上学时遇到一位好老师当作自己人生的一大幸事,足见教师这一称谓的分量,也能说明教师使命的光荣与重大。可是,我禁不住要问自己:我凭什么让自己成为别人上学时所遇的幸事?我拿什么给学生幸福?

我们都在呼唤,要为学生一生的幸福奠基,这不只是一个理想,更不能是一句口号。

那么，我们该怎么做？

首先，我们要身正，身正为范。我们是学生模仿的对象。每天的耳濡目染，学生身上总有我们老师的影子。我们对学生的影响是潜移默化的。所以，我们必须要用自身良好的行为、习惯、情趣、思想等去感染学生。我们要努力为学生传达一种公正无私、勇于承担、热爱生活、积极向上、健康阳光、勤学好读、朴素善良等精神气质，在学生心目中树立一种以自己老师为荣的意识。用教师自身的正气与高雅气质凝聚学生的人气，学生就喜欢把教师当成知心朋友，就会始终站在你的立场，愉快地接受你的教导。所谓"亲其师，信其道"就是这个道理。

其次，我们要学高，学高为师。堪为人师的人，必然是学识足以胜任当前工作的人。腹内空空、不着笔墨的人，是无论如何做不得别人老师的。我们要用自己广、博、精的学识吸引学生，让他们觉得我们内心中有开掘不尽的知识宝藏。教师丰富、扎实的学识是一种无法替代的魅力，它能让学生折服。所以，教师要不断地读书学习，在读书中汲取营养，开阔视野，获取信息，在学习中更新知识结构，提升自身业务水平。教师不能做那陈旧的一桶水，而应该自己开掘出一条源源不断的小溪才行。

再次，我们要心静，静能生慧。我们生活在信息时代，不可能对当今的各种社会信息充耳不闻。面对当今光怪陆离的社会现实，我们的心首先要静下来，不能浮躁，不能抱怨，更不能推波助澜。心不静了，我们还能静下心来教书育人吗？心中只想着股票、好车、辅导班时，我们还能给学生幸福吗？

最后，我们要有良好的心态。我们要给学生幸福，自己必须首先要有职业的幸福感。一个不热爱自己工作、消极应付工作、没有生活目标的人，根本做不到给学生以幸福。面对生活中的一些烦心事、不公事、琐碎事以及工作中的压力、不快，我们都要以乐观的心态面对，积极应对，学会释然，合理排解自己的不良情绪，始终把微笑带给学生，让学生感到自己的老师永远是有办法的，而不是简单地惩罚他们。我们要始终给学生传达出这样的信息："老师是幸福的，他也会把这个幸福传递给我们。"我们要学会心理重塑，保持心态平衡。面对种种压力引起的不良情绪，教师不妨来一个积极的心理转换，重新审视自己的挫折、苦恼和焦虑，重视评价外界事物，学会积极地自我调适。学会积极地心理重塑，我们定会保持一颗平和之心，发现全新的自我。我们要为自己准确定位，不要凡事追求完美。记住，你不是救世主，做好本分就行。在这个大千世界里，芸芸众生都只不过是沧海一粟。不论你身处庙堂之高还是脚踏江湖之远，你就是你，永远不要因为自己有所专长或过人之处就自以为了不起。尺有所短，寸有所长，任何人的存在都有自己的人生价值，但千万不能太拿自己当回事，而应该放平自己的心态。

培训虽然结束了，但是我的成长之路还在延伸。这次北京之行，留给我很多的思考与追问，收获是沉甸甸的，肩上的责任也是沉甸甸的。但是，我明确了自己的方向，树立了自己的愿景，我的脚步更加有力。我想借用张思明校长的一句话，与大家共勉：我们要想到没有耕耘就没有收获，也要想到有十分的耕耘未必有十分的收获，但我们要去耕耘，因为人生的季节是不等人的。在今后的工作中，我会一如既往，勤于读书，加强学习，擦亮心灯，做学生幸福的守望者。

带着梦想　扬帆起航

阳信县第二高级中学　刘明

2010年2月，阳信县首批"三名建设培养工程"启动。有幸成为名师培养人选，我激动不已。但面对众多具有丰富教学经验的协作组老师，面对所接触到的全新的教育教学理念，我却越发觉到自己的才疏学浅。于是，我告诫自己：要从起点开始追求，学习再学习，努力再努力。回望走过的历程，有付出，有收获，有坎坷，有欢乐。但无论是成功的喜悦还是受挫的失落都将是我人生道路上成长的积淀。我将怀揣梦想，点燃激情，扬帆起航。下面就我成长道路上的几点感受向在座的各位领导、老师们汇报一下，恳请大家批评指正。

一、专家引领，目标导航

一年来，在教体局和学校的精心安排下，我们有机会聆听了多位专家专题讲座，有山东省临沂十二中王立华老师的《关键一跃》，有东北师范大学邬志辉教授的《智慧型教师的实践品性》，有清华大学客座教授熊华堂老师的《如何以最阳光的心态教书育人》，这让我对教师职业的理解、成为名师的必备品性、如何做到深层次教学等都有了更深层次的理解。专家的理念，引领我走在了通往名师的路上。通过与专家们心灵上零距离的接触，让我接受了大量的反映时代要求的新的教育理论，极大地冲击了我过去一直遵循的传统观念和习惯做法，促使我进行深刻地反思，加速了我教育观念的更新，坚定了我追求名师的信念。

在"三名"办的指导下，我制定了2011年度个人专业成长规划，这在我成长的路上点亮了一盏灯，照亮了一条路，指明了一个方向。我立志要成为一名名师，为此，在规划中我分析了自己的优势和不足，一方面明确了阶段目标，另一方面制定了具体的实施方案，并按照方案一步一个脚印地走下去。

二、多管齐下，博采众长

读书学习是名师成长的关键。教师必须时时刻刻通过自我学习完成"自我更新"状态，教师应是永远的学习者。一年来，我先后读完了陶行知先生《名篇精选（教师篇）》、李镇西老师的《做最好的老师》等多本理论与专业书籍，记录读书笔记，并书写读后感。一个人书读多了，他的思想就会深邃高远，他的精神就会丰盈充实，他的人生就会有滋有味，他的生命就有了华光！

关于博客，我始终觉得与它相见恨晚。"三名"建设群组的建立，我以"赫赫又明"开通了自己的首个博客。它的开通开阔了我的眼界，使我结识了许多真诚的朋友——"鲁安新华""乌江""深海淡水鱼"等一大批有思想的教师，使得我的教学观念发生了"静悄悄的革命"。是的，是"三名"建设群组使我逐渐走出了狭小的天地，给我带来了意想不到的收获！

"三名"协作组的定期交流活动有效地加强了教师间的沟通与学习，活动中教师们畅所欲言,优势互补,从科研走向教学,从理论走向实践,从个人走到集体,无不有效地反映交流者自身的能力和水平,以及与其他教师共同切磋教育教学技艺的激情与收获。

北京"三名"专题培训会议的参与,强力助推了我的专业成长。各位专家的报告高屋建瓴,理念先进,剖析透彻,生动风趣,听后深有感触,受益匪浅。培训期间,与教师们的交流更促进了自己所见所闻的内化,这必将使自己的所学、所悟化作教育教学管理的灵感和智慧,不断融入自身专业发展。

每当心静的时刻,我或是在书桌前认真地钻研教材,设计教学过程;或是认真阅读各类教育教学书籍和杂志,摘录读书笔记;或是登录各教育网站,了解最新教育动态,积极参与网络交流,丰富自己的业务知识。每一次听报告,每一次阅读,每一次网上浏览总能让我从中汲取知识的养分,深化自己的理论知识,让教育理念得到不断更新提高。

三、立足实践,务实求真

课堂是教师自身价值体现的主阵地。课堂蕴涵着生命的资源,课堂是教师与学生共同成长的乐园。著名特级教师顾泠沅老师认为:"真正的名师是在学校里、课堂里摔打出来的。"教育教学艺术深厚与否是教育教学成败的关键,也是名师成长的核心要素。

为了加强自身业务素质,我不断探究洋思中学、青岛即墨28中、衡水中学等名校教学模式,不断创新融入课堂;我观看了成都师范大学陈大伟教授的《有效观课议课》视频,利用课余时间不断从省数学优质课录像中汲取营养,并积极参与学校组织的听评课、说课活动,和大家集思广益,互相交流,将交流所得立足于自己的课堂教学,引用所学理念,模仿名家名师,锤炼自身的教育艺术。经过几次的研讨与磨课,在他们的悉心指导下,我在课堂教学方面趋于成熟。

受到专家们个人成长经历的感召,我已投身于课题研究,县课题"素质教育下师生、生生交流能力的培养"已顺利结题,市课题"素质教育下主体参与性课堂教学模式的构建"已批准立项。课题研究使我对教学本身不断反思,促使我的思想逐步深入。它让我体会的是研究过程的快乐,收获的是精神世界的丰盈。

四、勤于反思,追求卓越

北京之行,我被专家渊博的知识、先进的理念、敬业的精神深深地感染着。专家的人生经历让我体会到成功的背后必定付出艰辛的努力,他们的成长故事、人生态度促使我在成长的路上不断反思。教学不应该是永远重复昨天的故事,而应该以今天为起点不断地超越提升。著名特级教师叶澜说过:"一个教师写一辈子教案不一定成为名师,如果一个教师写三年反思有可能成为名师。"这句话使我终生难忘,使我更懂得了"没有最好,只有更好"的真正含义,学会用更高标准去反思自己的课堂教学,意义深远。其实哪怕是自己最得意的课,冷静反思总会发现不少遗憾之处,只有通过反思发现存在的问题,那么教师的专业水平才有质的提高。孔子尚且"一日三省吾身",作为一名教师,更应该时刻反思自己的工作和成长轨迹:反思每一个学生的成长过程,你看到的将不再是一群学生,而是一个个独一无二的、熠熠生辉的生命;反思每一次讲课、每一次感动、每一个遗憾、每一次困惑……都将让教师的心变得更加丰富;反思教学的每一个环节,教师的教学艺术将不断改进、不断成熟。可以说,时刻反思自己教学的教师,才有可能成为真正的名师。因为教师的思想是在学习中不断丰富,在实践中不断积累,在反思中不断升华。

非常庆幸,我能够成为阳信县首批"三名建设培养工程"名师培养人选中的一员,感谢领导们一如既往的关怀,感谢专家们的悉心点拨,感谢协作组教师的一路同行。但我也深深地知道,成长中的我距离一个真正的名师还相差甚远。"三名建设培养工程"已为我创设了成长的环境,但成长更重要的是取决于自己的心态和作为。前面的路还很长,我将继续拼搏、不断探索,在教育这片天地中辛勤耕耘,用自己的智慧与汗水换来明天的累累硕果!

山东省初中研修骨干指导教师培训开班典礼发言

(2013 年 6 月 18 日·山东体育学院)

阳信县水落坡镇中学　李俊芳

尊敬的各位领导、专家、老师、学员朋友们,上午好!

我是滨州阳信的李俊芳。我为能够成为本次研修的学员而感到幸运,同时能够作为学员代表发言,更感到无比激动和荣幸。

我今天发言的关键词是感谢、决心和期待。

一、感谢

感谢各位领导、专家给我们创造这次开阔视野、丰富阅历、进一步提高教育教学水平、促进专业自主发展的机会。感谢将要给我们进行培训的老师们,你们将要付出知识和汗水!请允许我代表所有学员对你们说一声:谢谢你们,你们辛苦了!

二、决心

今天,我为能结识这么多的优秀教师而高兴,为能与志同道合的朋友们共同成长而欣喜!我们这些学员,在不同的工作单位承担着不同的工作任务。现在,是这次培训让我们走到了一起,是这次培训让我们千里有缘来相识。从今天起,我们的人生征程将会翻开崭新的一页。我们将加倍珍惜这一难得的学习机会,会按时参加培训,沉下心来,集中精力,专心听讲,认真学习,既向专家、老师学习,又要互相学习,力求学得更多、更好。我们在学习的过程中,会紧密结合本人实际,把学习与思考很好地结合起来,用科学的态度分析问题、解决问题,积极探索工作新思路,努力提高自身综合素质和业务技能水平。同时我们会注重理论联系实际,用培训所学指导实践,解决教学中的实际问题;把培训班上形成的学习理念、学习精神、学习作风带回学校,示范、影响、带动身边的同事,共同提高,共同进步。

三、期待

学员朋友们，成长的平台已经为我们搭建，让我们以此为起点出发吧，相信神圣的教育土地上会留下我们深深的脚印。让我们以此为力量借力起飞吧，让日照的蓝天留下我们飞翔的痕迹，把生命中最靓丽的风景定格在我们为教育事业努力的过程里！

最后，我建议让我们把最热烈的掌声献给关心我们教育事业发展的各位领导、专家、老师们！谢谢大家！

山东省初中骨干校长培训班第五期结业典礼发言

（2013 年 9 月 29 日·齐鲁师范学院）

阳信县劳店镇中学　　南林

尊敬的各位领导、专家、老师们、学员朋友们，我来自滨州市阳信县劳店镇中学，学校现为"山东省 1751 改革创新工程项目学校"。作为一名县区和学校代表，我把本次培训视为助推学校发展和自我成长的宝贵机遇，非常渴望，也特别期待。我为能够成为本次研修的学员而感到幸运，同时能够作为学员代表发言，更感到无比激动和荣幸。

首先，请允许我代表全省初中骨干校长培训班第五期全体学员感谢省师资培训中心、省校长培训办公室、齐鲁师范学院的各位领导，感谢你们为我们搭建了本次开阔视野、丰富阅历、提升管理素养的平台；感谢将要给我们进行培训的各位专家和班主任，是你们用辛苦的付出为我们输送成长的给养和动力。请允许我代表所有学员，对你们说一声：谢谢你们，你们辛苦了！

今天，我为能结识这么多的优秀专家、老师而高兴，为能与志同道合的朋友们共同成长而欣喜。我们这些学员，来自不同的区域和岗位，但都承担着共同的任务和使命。今天，是培训让我们走到了一起，是对自身发展与提升的渴望让我们有缘相识，我们的成长历程将会有新的起点，我们的事业征程将会翻开崭新的一页。

我们将加倍珍惜这一难得的学习机会，按时参加培训，遵守培训纪律，积极主动完成学习任务。我们既要向专家、老师请教，更应谦虚互学，携手共进。相信我们在学习过程中，会紧密结合自身实际，能学有所思，积极挖掘新思想，探寻新思路；更能学为所用，力争凭其指导实践，解决问题，把培训班上形成的学习理念、学习精神和学习作风带回学校，以自己的行动示范、影响、带动身边的同事，为学校管理层次提升再创契机。

学习即开阔眼界，提升境界，而学无止境，学校管理更无止境。学员朋友们，成长的平台已经为我们搭建，让我们以此为起点，向我们办学理想出发；让我们以此为力量，向我们的教育梦想迈进！

最后，我建议把最热烈的掌声再次献给关心和支持我们教育事业发展的各位领导、专家和老师们！

祝各位学员朋友学习顺利！谢谢大家！

阳信县"做四有好老师三名人选乡校行"活动典型发言
（2014 年 9～12 月·各乡镇学校）

教育因追求而绚丽　人生因奉献而精彩

阳信县实验小学　文玉燕

尊敬的各位领导、老师们，几年来，我取得了一点小小的成绩，这些成绩有我的努力，但更多地得益于你们的帮助，得益于我团队的协助，我只是最终的受益者。今天，我能坐到这里和大家一起交流，要感谢各位领导、老师给我提供这样宝贵的学习机会。今天我来这里，抱定学习的态度和历练的决心，和大家分享我的成长经历，如果大家听故事的过程中能有一点启发，有一点收获，我将不胜荣幸。

一、我走上教书育人之路——结缘

我与教育结缘要感谢我初中的班主任——劳店中心校的李同军老师。在即将毕业那年，有一天下午，李老师把我叫到办公室，问我初中毕业后想做什么。我当时特别犹豫，因为从来没想过这事。他帮助我分析了我的年龄、学习特点和家庭情况，然后建议我上师范当老师。那时候的我特别崇拜李老师。他教语文，字写得漂亮，语言优美，听他的课就是一种享受，至今我还记得李老师在多媒体教室讲的《孔乙己》一文，非常精彩。李老师对学生非常好。那时候辍学率比较高，李老师经常骑着他的蓝色摩托车去劝学。曾经，因为种种原因吧，爸爸不让我上学，让我去学裁剪，做衣服。我不愿意，就告诉了李老师。他先后三次到我家做说服工作，最终将我从裁剪的路上拉回学校。当时我想，我要是当老师就当我班主任这样的语文老师，那将是多么幸福的事情。自从埋下当老师的这颗种子，我就一门心思去师范。就现在来看，这颗种子生根发芽，开花结果——我已经是一个从教 10 年的幸福的小学语文老师。在此，再次感谢我的班主任。从他的身上我也领悟到了：作为老师，要真心为学生好，为孩子的未来着想，一句话：教孩子 6 年，想孩子 60 年。也许今天你播撒了爱，明天他们的身上就有你的影子，他们的笔下、心里就有你的名字。

这样的结缘让我觉得自己非常幸运，都说人生有三幸：出生时有一对好父母，上学时遇到一名好老师，工作后遇到一位好领导，还要有一个好家庭。在上学时候我就遇到了一位好老师。他让我怀揣教育梦想，踏上教育征程。

二、以怎样的态度上路——信念

我 2005 年 9 月作为省优秀毕业生，享受县里的优惠政策，被分配到实验小学任教。我的很多同学去了其他行业。但是，当踏进实验小学的大门，我给了自己一个定位。我问自己：我是干什么的，做到什么程度？当时我想得很简单：我就是来当老师的，我要当一名合格的、优秀的人民教师。我特别感谢这个定位，因为这让我塌下心来，心无旁骛地做教育。

当然，10 年的时间里，有很多付出、挫折、收获。然而，激励我一直摸爬滚打走下去的是这样的一个信念——一个人成长固然有赖于好的环境,但更重要的是取决于自己的心态和作为。一个人只要务实肯干,就会在现实生存的土壤中找到自己的生长点。从这个意义上说,谁来给自己良好的成长环境?首先是我们自己。

我来自农村,父母是地地道道的农民,我从小跟随父母一起下地劳动。父亲是一个干活儿特别认真又特别较真的人,他曾经很认真地把我拉到现场,教我怎样把一个麦秸垛垛得又大又圆,怎样把一车棒子秸装得有棱有型。我16岁那年,父亲就教我给棉花打药。我会看各种药的兑水比例,曾经一个暑假,晒得黝黑,两个肩膀勒得通红,但是我收获了累累硕果。这让我知道一个亘古不变的道理,只有付出才有收获!在我参加了无数的劳动后,农村那片肥沃的土壤将脚踏实地的精神和一股子倔强的劲头就植入了我的生命,它让我坚信,一个人要自强不息,要奋力拼搏。不管将来在哪个单位,从事哪个行业,只要埋下头来,任劳任怨,就能做出成绩,显示出自己存在的价值。

所以我始终认为,不管来自何方,家在何处,只要肯努力,一定会打造一个属于自己的小小的空间。

所以我又觉得自己很幸运,我出生时候就遇到一对好父母,他们那么舍得让我干活,让我在劳动中锻炼了坚强的意志。

再次说,谁带给自己良好的成长环境?首先是我们自己。只有内力驱动,自己是积极主动的,才能得到别人的帮助。如果像扶不起的阿斗,人家怎么帮你?

就是这样的一个信念一直激励着我不断开辟新的土壤,踏上教育启程之路。

三、我专业成长道路的关键一跃——回顾几个瞬间

当年与我一起分到学校的5个人,只有我一个专科。我有压力,但并没有自卑。多年的班干部经历,让我知道知识或者说学历并不等于能力。我自己肯吃苦,肯努力,一样可以拥有自己的一片天空。

第一个瞬间:第一次参加演讲。学校组织演讲比赛,和我一起来的其他4个老师都没有报名,说是普通话不好。说实话,当时我的普通话确实一般,二级乙等,达不到语文老师的资格。但是,我觉得这是一次机会,当着全体老师的面去展示,多好的机会啊!我就报名了。报了名我还在琢磨呢,确实有讲不好的可能,可是我是新来的,都不认识,我怕谁?人有时候真的需要点初生牛犊不怕虎的精神,需要点阿Q精神。定下这件事,我要尽全力做好,因为这代表年级组参赛。周六周日我没有回家,写演讲稿。一篇1500多字的演讲稿,我修改了将近20遍。改完后在教学楼里面背,特别是晚上,借着微弱的灯光,我站在楼梯阶上,幻想着下面有无数观众,而我把自己想象成董卿或者朱军。楼道有点拢音,那感觉,就像在中央电视台上一样,特别自信。年级组长让我在办公室里背给老师们听。我真想让他们听听,指导一下,但是开始的时候真不好意思,拉不下脸来。后来我把心一横,豁出去了,结果越练脸皮越厚,越练越自信。我告诉年级组长,甭说在办公室里背,就是让我在楼顶上背,我也能做到。演讲那天,我买了新衣服,鞠躬演讲。在台上我就找到了我是董卿的感觉。我获得了一等奖第一名的好成绩。会后我就听老师们打听,那个新来的、演讲最好的老师叫什么?我很高兴。我用自己的辛勤付出,还有初生牛犊不怕虎的精神给老

师们留下了第一印象，为年级组争了光。同样这也为我后来在县里演讲、市里演讲打下了基础。

这次演讲让我知道，一个老师尤其是新老师，要学会厚着脸皮去学习，抓住机遇，硬着头皮去挑战自己。

其实每个年龄段都有他自己的底色。年轻人什么底色？初生牛犊不怕虎，不要怕输，不要怕失败，上天就给了年轻人这样一个特权。朱永新教授也说过："你去做，你就行。你去做，你就有可能成功。不要瞻前顾后，不要犹豫彷徨。"放下架子，放开胆子，甩开膀子，干就行。

第二个瞬间：第一次公开课。学校要听课，我提前准备着，写出教案让老教师看，让他们听我的课，以便更好地迎接学校领导听课。我在宿舍里一遍遍地练，照着镜子练。宿舍的门上、床上、地上到处是我写的板书。我舍友就笑话我说："你至于吗？一节校级课，多大的事儿，你弄得跟上省课一样。"我说："怎么不至于呀，我们当老师有什么大事，又不让你建房子，又不让你造飞机，上课就是大事。即便你觉得上课是小事，那把小事做到极致，也是不简单啊。"舍友嘴一撇说："年轻啊，人家校领导听不听还不一定呢！"我没听舍友的。我想，听不听是领导的事，我无法掌控。但是准备不准备是我的事，我说了算。校领导那次非常准时，去听课了。听课效果不错，赢来领导四个字的评语：值得培养。我高兴了，这是多么有实质的评价。并且几天后学校就派我到滨州学习，时间是一天。当我接到那个外出学习的通知时，那高兴劲儿就甭提了。我就想啊，我也可以去出发，去学习了。你说我一个农村的孩子，我也可以去出差、去学习了，多么光荣的事情啊。这时候我也深切感受到，英语老师写到我毕业留言册上的话：机遇垂青于有准备的人！可能很多人不屑一顾，不就是一天的学习吗，有什么了不起。可当时的我如获至宝，虽然一天，带来的近期回报很少，我的能力也不能在短时间得到很大的提升。但是，我们不能把眼光局限在自己得到了什么，而应该看到"我能够得到这个机遇"的本身价值。因为，我可以像很多优秀老师一样"出发学习了"。后来，教育局组织去学习，我听到了窦桂梅、闫学、王崧舟那些名师的课。从此，我不再为自己上了一个比较好的课而沾沾自喜，我知道什么是真正的好课。我有了新的目标！

说到这里我们来看三个关键词：准备、机遇、环境。面对生活，我们首先要做好的就是良好的心态，不服输的倔强，敢于挑战的胆量，才能触碰到机遇！

第三个瞬间：初尝失败滋味。自从看了名家的好课我就开始蠢蠢欲动，我也能上一节好课那该多好啊！于是我整天激情洋溢地穿梭于班级。我的学生经常说我是连蹦带跳地进教室。那激情，简直没处释放。也许是激情过度，或者是骄傲自满。反正前两次亮相让年轻的我飘飘然起来。2008年我有机会代表全县参加市语文优质课评选，抽到的课的题目是"难忘的启蒙"。说实话，当时我连三维目标是什么都很模糊，觉得目标有什么用，我把课顺下来，目标根据我讲的定就可以。所以，李淑芳老师和高建峰老师跟我说课，我觉得像听天书一样。有时候他们就教训我："你光听，记呀。"我缓过神来，记什么呀？特尴尬、无奈。就这样的状态，我还没忘了做白日梦。参赛前我躺到床上，幻想着，我会上得多么精彩，得到多少掌声。结果，那节课上得一塌糊涂，参赛完，结果出来，连个三等奖的机会都没给我！当时的我，深刻感受到《和平年代》里的一句话：当幻想和现实面对面时，那是相当痛苦。

这次失败给了我沉痛的打击，那一段时间我常常以泪洗面，觉得自己什么也不是了，什么也没有了。不能提及"上课"两个字。见到老师们，我躲着走，不敢与他们的目光相遇。我就觉得自己像一匹孤独的狼一样，躲在一个阴暗的角落独自舔着伤。有一次回家看父亲，他老人家看到我的状态，笑着说，咱农民的孩子哪有经不起失败的，你从小就像盐碱地的红荆条一样，有韧性，有恒劲，再拿出你上学时候敢闯敢拼的劲头来，哪还有过不去的坎。一番话唤醒我不服输的倔强劲头。我就想，是啊，我输得起，同样也爬得起。

上天让你跌入人生低谷，实际上是让你紧贴地面行走，让你有机会蹲下来，才能跳得更高。

反思"我为什么失败了？"——我热情不足吗？我激情不够吗？我迅速调整、反省自己。后来我知道了，一个教师光有激情、热情是不可以，还要学习、要读书，要有理论、要有思想。一个只有激情、热情的人就像一个漂亮的空壳，只有读书、学习才会使你拥有灵魂，让你有思想。

明确了方向，接下来我攀登了书山，阅读了《爱心与教育》《给教师的建议》《教育的理念与信仰》《最吸引学生的课堂切入点》等书籍。我还购买了很多窦桂梅的《为学生生命奠基》《课堂捉虫手记》《课堂深度解析》，还有《叶圣陶教育专辑》《语文其实很简单》《语文名师课堂》等，我天天读，我还为自己做好计划即每周都要听一节录像课。

读书的日子真好，它让我觉得非常充实。心是踏实的，是宁静的，是接地气的。我的自信又慢慢找回来了，无论与人交流还是会上发言，思维很敏捷。哪怕是今天早晨刚读到的，老师们听了都觉得新鲜。能感觉得到自己的成长，这是多么幸福啊。当然读书还让我得到另一个评价：底蕴厚。这对语文老师来说，是多么有价值的评价。

读书的日子我也明白了：进行理论武装是一个教师专业提升的前提，教师也只有读书才能从优秀走向卓越。

再来审视三个词：准备、机遇、环境。生活中我们除了准备不服输的精神还要有充足的知识储备，要读书，要学习。这样才能抓住机遇，找到适合自己的环境。

第四个瞬间：2010年收获季。2010年我迎来第二次语文优质课的机会，我抽到的课的题目是"人物描写一组"。学校老师们都帮我备课、听课。有时候李淑芳老师、高建峰老师陪我备课到晚上12点。7天里，几乎天天如此。当我推着车子走出校园，清冷的大街上只有星星月亮为伴。家不远，但也要10分钟的路程。为了壮胆，我就唱歌，给街上的路灯、树木讲课。当我托着疲惫的身子爬到楼上，却又常常看到满地狼藉。我的老公抱着不到2岁孩子已经睡在沙发上。孩子的腮边满是泪痕，这也是我最心酸、最脆弱的时候。我也曾泪流满面，想到过放弃。但我又一想，不能啊，多少人的心血，多少人为之努力，这已经不是我一个人的事了。再想想，我有多么幸运，我有这么好的团队，无怨无悔地陪伴着我，领导多次批示，不要牵扯我太多，让我好好备课。我有多么好的家庭，孩子的眼泪告诉我，他肯定哭着要妈妈，但是我的家人没有给我打一个电话，他们都在支持我。我怎么能放弃？再说，一个人一定不能半路撂挑子，这也是做人的底线。我咬牙坚持着，也是在这样的坚持中,我明白了,原来一堂课教学目标最重要,它决定着教什么,怎么教。一堂课也只有围绕目标展开,才有理有据,正如王荣生教授所说,"一堂好课最起码的要求,一是教师对自己的教学内容要有意识,即知道自己在教什么,并且知道自己为什么教这些内容;二是一堂课的教学内容要相对集中因而使学生学得相对透彻"。

比赛那天,高建峰老师家里孩子老婆全病了,但他二话没说,陪我一起去邹平比赛。我的课讲得非常精彩,一声"下课"后,台下掌声不断。看来很多事情有精彩的过程,才有精彩的结果。高老师说,这节课上出了我的水平,我的灵气全出来了。我心里明白,要是没有教育局提供的锻炼空间和平台,接触不了那么多学生,要是没有学校团队的力量,那么多的预设,哪里来的灵气。我也心怀感恩,感谢我的团队,感谢学校、教育局的培养。

这次比赛后,我不得不再次审视这三个核心词:准备、机遇、环境。在我们准备好心态、知识后,我们还需要周围良好的环境做后台才能闯出更大的天空。

这一年的优质课我获得一等奖。同学们说我厉害,其实我知道,风雨过后是彩虹,拿诗人艾青的一句名言:"光荣的桂冠从来都是用荆棘编成的。"

当年我参加县"教坛新星"评选,参加滨州市教师业务大赛,参加县语文教学能手评选,参加市语文教学能手评选,月月都要准备课,天天都要学习到深夜,人就像高速旋转的陀螺,停不下来。有人说,你不累吗?说实话,我当时真不累,没时间去累,很充实,夜深人静的晚上,与文本、视频对话,很快乐。别人眼中你是孤独的、寂寞的,但你的精神是愉悦的。

同时我也知道,人的潜能是无限的,当用积极的心态迎接一切,给我多少挫折我就会反弹多少坚强或者倔强。我把所有一切事情当成对我的磨炼,我感到充实,我甚至想像海燕一样呼唤:让暴风雨来得更猛烈点吧。

当然我也取得了不错的成绩:获得滨州市教师业务大赛一等奖;被评为滨州市"语文教学能手";获得阳信县"教坛新星"称号。算起来,这一年我参加市级比赛就是6次。

当所有荣誉证书发下来,学校的老师们都夸奖我,看到他们发自内心的祝福,特别是李淑芳老师,都笑成一朵花了。我特别感动,我得了奖,他们比自己得了奖都高兴。这也给我上了一堂师德课。我觉得这就是一种教育情怀,不怕后来者超越。我就想,我不能做个永远的索取者,高尔基说过,"给"永远比"拿"愉快。我不能光拿,要给予,要奉献。学校给了我那么多,团队给了我那么多,也该是我奉献、回报的时候了。

第五个瞬间:走上管理岗位。2010年9月,我被学校任命为教务副主任。校长告诉我,你的任命是经过校办公会投票决定的。我很兴奋,因为我得到了认可。我有压力,因为我不能辜负大家的期望。岗位的变化带来角色的转变,我要从管好自己走向带领大家。

在领导的指导下,我带领学校老师一起读书,每天晚上2小时,雷打不动,很多老师发表读书论文,获了奖,我真是特别高兴,觉得和自己得奖是一样的。我们获得了县读书活动一等奖。当上台领牌子的时候,我很光荣。学校培养了我这么多年,我也算给学校一点小小回报了。在李淑芳老师的指导下,我组建起了学校的"青蓝工程",优秀教师带领青年教师成长。我当时问:"我当老师还是徒弟呢?"李老师说:"你出徒了,当老师吧。"我就带领我们学校张冬梅老师,我把我自己会的也全教给她,只要她上课、开展一项活动,我立马全力以赴,去帮助。因为曾经我也得到过这样的帮助。活动开展得轰轰烈烈,至今,结对的老师师徒相称,互帮互助。我组织教师参加教师基本功大赛,我们学校获得先进单位。当时县里发奖,电水壶、大电饭煲,那一年正好没抽着我,虽然奖品没有我的,但是我丝毫没有抢功的念头,没有一点嫉妒的感觉。看到老师们领奖品的时候,我发自内心地替他们高兴,自己也感到光荣。

那段时间,每天我是来校最早的一个,也是走得最晚的一个。我知道自己是一个年轻人,没有经验,只有靠勤奋的努力和付出才能赢得老师们的支持和信任,才能胜任这个职务。

第六个瞬间:政教主任的挑战。2012年9月,我又被调到政教处,担任政教主任。这是一个大的挑战,在这个岗位我学到了令我终生受用的东西。它让我知道,一个中层管理者最重要的是执行力。校长交给的事,别推脱,因为校长在交给你的时候就已经掂量好多次了,只有你做是最合适的。

我放低身段,和老师们打成一片,遇到事情能换位思考,学会了沉稳,学会容忍。当有人不满时,自己要反思,对于必须坚持的工作,需要和老师们进一步交流沟通,得到他们的理解和支持。在这个位置上还要学点毛泽东理论,要知道你是谁,你的工作为了谁。如果得不到老师们的支持、理解,即使你的思想是对的,工作的难度也是很大的。

师训科陈辉主任曾说过,优秀的中层干部既要是业务骨干,又要是管理的行家。也许在这个岗位上还有许多难题需要我解决,但是我相信,明天我会比今天做得更好。我已经准备好了迎接一切!

经历就是财富,经历就是成长!

第七个瞬间:研修专家。2011年的远程研修,一下子为我打开了视野,可以说,为我开启了一扇通向外界的大门。当时我既是学校的远程研修组织者又是参与者。作为组织者我要不折不扣地执行上级的要求,制定研修方案,抓好团队建设,勤于沟通。作为参与者,我给自己一种思想:无论什么活动,想学习的人总能学到东西。这样的思想让我有了潜心学习的态度。在这里,我读到了那么多专家的文章,吴忠豪的,沈大安的,贺成金的,他们就像号着我的脉一样,说得那么准确。每次作业我都要反复思考、斟酌。在很多教师都不愿意担任研修组执教者的时候,我捡了一个大便宜,我执教了,这正是理论加实践,绝好的锻炼机会。我发表的《谈教师指令和要求的明确性》被省专家推荐到省资源库,我执教的课例《给予树》获得省一等奖。

2013年4月,我去省里参加远程研修资源开发,得以和沈大安、李家栋等特级教师、教研员在一起学习7天。我学到很多,他们对教学的一丝不苟,对前沿教学观念的把握,对课标准确深入的解读,选择教学内容时候大胆的取舍,薛法根老师的三不教:学生会的不教,能自己学会的不教,怎么教也学不会的也不教。这些都激起我对课堂教学强烈的探索欲望。这正如一句话:现实生活中,你和谁在一起的确很重要,和勤奋的人在一起,你不会懒惰;和积极的人在一起,你不会消沉;与智者同行,你会不同凡响;与高人为伍,你能登上巅峰。这些优秀教师带给我的是观念的转变。

2013年7月,我又被聘请为远程研修省专家,又是7天的紧张工作。专家们善于积累的精神,让我痛恨自己的懒惰。青岛特级教师商德远老师,打开中华语文网让我看,他说:"你看,我发了100多篇文章了。最近又发了一篇文章,这个观点和这位特级教师的不谋而合。"原来,这些优秀教师在做这个,教师可以达到这样的高度。

回校后,我把领悟到的、学到的东西运用到实践,尝试着写了一篇教学设计,现已接到录用通知,发表在《小学教学参考》。然后我又和高建峰老师一起从学生的字词、感知、感悟、质疑等方面进行设计,利用假期建立了6个年级的《乐学手册》,达到以学定教、先学后教的目的。

第八个瞬间:课程意识。2014年3月12日～3月15日去江苏海门学习新教育,我开阔了眼界。我看到了他们的好的做法:营造书香校园;师生共写随笔;聆听窗外声音;培养卓越口才;建设数码社区;构筑理想课堂;推进每月一事;缔造完美教室;研发卓越课程;家校合作共建。其中一个就是研发卓越课程,一个课程就是一段旅程,只有让我们的孩子们经历每个课程的每一次穿越,才能把育人目标与课程目标完全统一在课程实施的过程之中。我与学生这样一本书一本书地读着,一件事一件事地做着,建立自己班级的愿景、班级公约,创建自己的班徽、班歌,组织班级活动、班级节日,创设温馨的班级环境等。用一份行动,一份坚持,像水一样做到教育的细处。

现在我又充满了信心。我就是一个草根研究者,我的优点是紧贴地面行走,有向好的愿望、向更高的教学境界迈进的强烈欲望。只要我坚持去做,一心一意地去做,就能创造奇迹。因为一心一意是最温柔最坚定的力量。

有人说生不逢时是最痛苦的。我太幸运了,生在这样一个好的年代。我可以在网络上打着滚地学习。我们县教育上的环境如此好,为我们创造了"三名"工程、青年教师基本功、读书活动、外出学习、学历提升、远程研修等,我们想干多么好就干多么好,机会到处是,就看我们是不是能意识到这是机会,敢不敢去抓机会。

四、专业成长之路通向何方——反省

反思是一个人的能力。教师是否愿意花时间反思自己的工作,是教师是否具有专业素养的标志。没有最好,只有更好。学海无涯,亦无止境。教师的专业追求、探索、提升都要靠不断地反思。教师要学会在言说和行动中思考,对自己的一言一行不断反思,在反思批判中成长。这应该成为自己需要时时温习的功课。

(1)积极的心态。有人说,积极的人像太阳,照到哪里哪里亮,消极的人像月亮,初一十五不一样。心态决定成败。心理学说过,事情本身并没有改变,改变的是你对它的态度。面对困难,你觉得它是灾难,你可能就被打倒,凋谢;你觉得它是磨砺,你就会绽放、成长。用积极的心态看待一切,会让我们的心胸豁达,路越走越宽。当你遇到困难时,学会改变态度,享受过程,活在当下!

(2)团队精神。我成长的每一步,都要感谢我的团队,我的老师们。他们无所索取,在你需要的时候,陪你到凌晨,毫无怨言地帮你弄好一切,我心怀感恩。我要把这种精神传递,这是一种文化的传承,是一个学校的命脉。年轻教师,当领导说你值得培养的时候,绝不是为了你的谢谢。请你心怀感恩的同时,把团队带起来,接过接力棒。这才叫值得培养。

（3）终身学习。爱读书的教师即使再坏也坏不到哪里去，不读书的教师即使再好也好不到哪里去。当今社会飞速发展，而教育又是先导于社会发展的，教育要为未来社会培养人才。我们必须用发展的眼光看待一切。我们必须靠读书学习提升自己，要像永不干硬的海绵一样不断地吸收和纳取。我们不要为校长读，不要只为学生读，而为我们自己读！只要心静，真正地读书，内化成我们内在的东西，让读书成为我的生活。

（4）以写促思。写作不仅是积累经验的一种方式，更是逼迫自己勤于阅读和思考的强劲动力。不管文笔多么稚嫩，我们要坚持用文字记录自己的教育生活，让忙碌的自己不断与宁静的自己进行对话，让冲动的自己不断接受理智自我的批判，让实践的自己不断接受理论的自我的提升。文字是最美丽的容颜。相信只有活得精彩，我们才能写得精彩！

（5）实干兴邦。成绩的取得没有捷径。一句话：我们要想获得认可，出成绩，"就是实干"。

（6）与时俱进。"天行健，君子以自强不息。"要使教学达到"会当凌绝顶，一览众山小"的境界，我们需要忍受"孤舟蓑笠翁，独钓寒江雪"的寂寞。我们要给自己一些"苦心人，天不负，三千越甲可吞吴"的勇气，给自己一些"有志者，事竟成，百二秦关终属楚"的梦想，给自己一些"不积跬步，无以至千里；不积小流，无以成江河"的坚韧。一步一步走下去，不断增加生命的厚度，这也就是在延伸生命的长度。

亲爱的老师们，让我们勇敢地去追求属于自己的一切，坚持做下去：成功的路上并不拥挤，因为坚持的人并不太多。

怀揣历史，脚踏实地，展望未来！

阳信县"三名"建设工程人选第四次专业成长论坛发言
（2015 年 6 月 15 日）

走进移动环境下的信息化课堂

阳信县劳店镇中心学校　王立新

曾有一篇文章《谁主宰了你的生活》用大量的事实表达着一系列拉锯心灵的现象：你在我隔壁，却每天 QQ 交流；你在我对面，却相互发着微信；好不容易回家看看父母，却坐在父母对面手中玩着手机；辅导孩子学习，更多的是用 IPAD 上网查找……这些在说明着什么？

曾在建筑工地看到项目经理用微信传着工地图片；曾在家乡大棚中看到种植大哥用手机上网比对蔬菜的病情；曾在天桥下看到"垃圾兄弟"用"手机说说"晒着今天的收获；曾在地铁上看到 30% 的人开着平板 OA 系统，50% 的人戴着耳机指动着屏幕……

你，能一个月不带手机、不上网吗？

WiFi 全网络时空覆盖将成为未来社会的发展必然。不管你走在哪里，都会享受到免费的高速网络服务。这种 WiFi 全覆盖使社会信息化迎来"移动时代"。移动通讯、移动办公、移动会议、移动交流、移动互助、移动微购已经成为人们生活不可替代、无法拒绝的方式。昨天还在网上购物的人们，今天不断地拿着手机了解着一个个精彩的商品推送；昨天还在电脑的办公平台上感受信息化的便捷，今天移动终端让每个人随时与生活工作无缝互连。人们的生活已经进入"微移动"时代，社会发展也已经走入网络全覆盖下的移动支持方式。

可我们的教育呢？

教育应该充分借鉴社会信息化的技术手段，来支撑课堂的导学引领。我们不是说课堂运用技术越多越好，也不是说课堂必须要运用先进的技术。课堂毕竟是学生主学、教师导授的知识殿堂。在这个舞台上，学生永远是主体，教师更是知识的授导者、引领者。但是，技术的运用，特别是现代化的"移动技术"，改变的不是授导的方式，而是学习的时空宽度、便捷平台、知识获取与推送方式，以及全时空的互动方式，也就是说让学习随时发生、方便快捷、深度思考。

移动技术让学习无处不在、随时发生；让学生多样化获知、无缝式交流。以智能手机、平板电脑为主流移动载体的科技工具，从翻转课堂的教学使用开始，正在进入学生的学习生活，成为学生自主学习、问题解决、沟通交流、展示点评、创新模拟、设计制作的主要工具。移动载体提供的仅是一个平台而已，重要的是平台内嵌的各种信息软件与工具。是这些工具软件让学习以多样化的方式无处不在、随时发生。今天就让我们看看有哪些方式让移动化学习产生了巨大的魔力。

一、共享网盘的信息共建储存

信息社会最大的问题就是海量信息的筛选和储存。我们常规的便捷式 U 盘一般在 16G 左右，移动硬盘也只在 500G 和 2T 之间，但已经不再便捷。360 网盘给每个用户提供了 10T 以上的无限扩容空间，使信息的存取可以在网络支撑环境下方便快捷。而对于学生的信息化学习来说，每一个班级建设一个公共 360 网盘，可以实现移动化学习下资料的随时存取、共建和全时空使用，使网盘成为学习的 WiFi 空间站。

二、百会维基的共建设计

百会云是一款网络办公平台，包括百会项目、百会维基、百会聊聊、百会会议、百会笔记、百会格格、百会论坛等免费工具。百会维基可以通过网络平台进行教学资源的分享和发布，是一款共享式在线编辑网站系统，可以多人在不同地方进行网页的编辑操作，实现共享共建。当你进入百会维基，首先你要设立属于你的维基账号。形成你的维基平台地址，只需将这个地址传播给需要共享和发布的人群，就可以让他们在这个平台上看到你发布的信息。在拥有了自己的专属平台地址后，下面就是发布信息和传播了。在页面中输入想要传播的内容，可以通过编辑器提供的编辑功能来修改发布内容的展示形式。最后就是共享功能了，在整个平台的设置里，可以设置相关权限的人来掌管这个平台，这样就可以让更多的人参与到平台的管理之中，在自己的圈子里就有了一个专属的信息发布和分享平台。

三、微信的即时交流与展示推送

移动时代的最大的特点是信息的即时性和沟通的随时化。在移动化教学的课堂上，学生与学生之间，教师与教师之间通过 WiFi 下的平板电脑，建立"面对面微信建群"，实现设计的随时展示、问题的即时交流、成果的共建共享。可以通过图片、文字、声音、视频等多种方式进行全班的大屏即时展示交流，使思维碰撞在集中展示下得到深层的实现，促进学生高级思维能力和反省思维能力的不断提高与发展。

四、印象笔记的移动化全网共享

印象笔记是一款支持所有主流平台系统的在线共享式编辑笔记软件，可以实现一处编辑，全平台之间即时同步。同时，印象笔记支持 Web 版和移动网页版，只要能上网的设备均可以在浏览器中打开进行操作。印象笔记支持 QQ 浏览器、鲜果联播、豆果美食、飞信短信客户端等大量第三方协作应用，包括以下几点：记录会议记录，在一处保存所有的会议记录，并保存会议时的白板照片，以供以后调阅；管理名片，用你的手机给名片拍张快照，就可以方便地保存和查找；制作购物清单，使用复选框创建清单，可以让生活和工作更有条理；规划下一次旅行，截取网页、地图和路线，拍摄风光、声音、小吃，你旅行中的所见所闻；策划和管理项目，在印象笔记中收集项目资料，制订项目计划，并用印象笔记共享笔记本管理团队项目计划；记录课堂笔记，上课用手机或者电脑记录课堂笔记，并拍下课堂演示内容，甚至用音频记录上课教师所讲内容，一个重点也不忘。印象笔记的共享编辑文件包括视频、文字笔记、附件、拍照、群聊、提醒。

五、平板电脑的大屏互联

现代化的移动课堂需要具备三大基础要件。一是师生的移动终端，包括手机、平板、学习机等；二是一体机展屏或带 WiFi 功能的多媒体；三是强大的 WiFi 环境。这三者构成了移动化学习的基本要件。除了这三项硬件之外，还需要三项基本软件。一是移动终端内置的自主导学系统；二是教师的微课设计能力和信息化工具使用能力；三是无缝化信息资源构建框架。通过移动终端（这里主要指平板电脑）实现与大屏的互联和终端间的网络互连，以及平台展示与通讯。这里给大家介绍的是苹果平板与大屏的互连方法。打开 ITOOLS 后，软件同步升级，在展屏电脑上安装百变遥控，然后打开。这样平板电脑就可以与 WiFi 环境下的一体机大屏实现屏幕共享和随时化交流、沟通与展示，同时实现信息收集与处理，以及快速便捷合作学习与任务探索。

六、移动终端的五大信息功能

在无缝 WiFi 的信息环境中，移动终端具有三大特性和五大功能。三大特性：一是随时化学习。移动终端的便捷性可以使学习随时发生；二是随地化学习；三是多样化工具支撑。移动终端内置的诸多 APP 和通讯沟通方式，使共同体之间、学生与导师之间实现多方交流与探讨。五大功能：一是信息随时收集，学生可以借助 WiFi 网络随时上网收集和查找各个方面的信息资料;二是网络化合作学习,学生可以通过网络平台对信息资料在共享共建式平台上实现合作交流、分析研判;三是多平台设计,通过平板的诸多 APP,可以对不同学科的学习任务进行自主性或合作式设计,实现探究过程的虚拟现实化和实验模拟化;四是多种网络平台的共享交流,可以通过微信群、QQ 群、导学平台展区、平板直连等方式实现多样化成果交流、问题研讨;五是成果发布。

七、框架导学的自主化学习

以翻转课堂为主导的信息化学习,改变了学习的时空限制和传统程式。翻转的目的就是使学习由授导练习式转向自学探究式。问题的解决方式也由习题验证式问题转向知识探究性和困惑解决性问题。这就需要建立一套引领高级思维发展的学习导学框架。这种框架的基本结构是:目标情境—目标提炼—任务设定—任务导学—检测评价—生活运用与研讨反省—回顾与反思总结。教师在这个过程中的角色是导学的设计师、学习的导演、探索的导游。整个过程,学生是所有活动的主体。这种学习需要借助完整的移动化学习配置。如果环境不允许,也可以利用手机或单个教师教学平板,搭建移动化导学框架。利用教师平板实现多维化展示、交流。

八、教学 APP 让学习快乐无限

学习就是一种快乐的行为。只有快乐才会让求知的心灵自由飞翔,才会释放学习的内隐激情与力量。随着移动学习的发展,诸多教学 APP 不断免费上线,使学习充满着快乐和惊喜。

(1)网易公开课是网易推出的以哈佛、牛津、耶鲁、剑桥等"全球名校视频公开课项目",汇聚了海量的名校课程,精品视频可供用户下载,用户可以在本地随时观看感兴趣的课程视频。其收藏同步功能还可以满足用户在不同设备上观看的需求。对于兴趣广泛、求知欲强烈的用户是不错的选择。

(2)解析几何 APP。Quick Graph 是一款功能十分强大的绘图软件,用户只需要输入函数就能得到相应 2D 或 3D 图像。在这款应用中,可以非常直观地看到这些函数是如何在坐标系中展现的。当然,这款应用对于在解析几何中挣扎的学生无疑是非常有帮助的。

(3)猿题库。这是一款智能做题软件,目前已经完成对初中和高中六个年级的全面覆盖,并针对高三学生提供了总复习模式,覆盖全国各省近六年高考真题和近四年模拟题,另外还匹配了各省考试大纲和命题方向,可按考区、学科、知识点自主选择真题或模拟题练习。对于备战高考的学子们,这款软件是个不错的学习助手。

(4)易呗 VOA 慢速英语听力:提高听力不是事。易呗 VOA 慢速英语听力是一款英语阅读类的学习应用,用户可通过该应用提供的时事新闻、健康、教育、农业、技术、经济等多方面的英文内容来提高自己的英语听力水平,同时该应用还提供丰富的 VOA 词、一套完整的学习系统等,可帮助用户了解自己对学习内容的掌握程度,并将已学和未学的内容清晰分类。

教育已经迎来全网移动时代,以"移动学习"为代表的新型学习方式将给知识传播带来划时代的变革。但是,这只是一种传播方式的变革。是否能真正引领知识传播与发展,关键要看教师在这一过程中的教育激情与角色定位,也就是教师的幸福度。只有幸福了,教师才会甘于奉献和付出,才会源自内心地积极探索、追求极致。如何培育教师的职业幸福,构建教师自我的职业梦想,将决定和影响着知识的有效传播和发展,决定着孩子的健全成长和品格培养。幸福,来自对生命存在意义的本源定位,需要有完整清晰的自我生命价值观。这种生命价值构建成教育信仰,教育信仰引领形成教育梦想,教育梦想实现教学追求与探索方向,最后由追求与探索形成课堂力量,从而实现课堂教学—学生培养—教育研究—职业规划—教育梦想—教育信仰—生命价值观的递进式生命追求梯度,这就是教育人的幸福承载路径。

高速发展的教育信息化和移动学习更加需要这种梯度式的生命价值观与幸福追求,使教育在积极、完整、唤醒、求本、奉献的生命状态下构建与发展。

写作 让我始终保持成长的姿态

阳信县劳店镇中学 张如意

与大家分享两个故事:一个是我自己的,一个是我读到的。

一、第一个故事

一天的周末,我清理了储藏室的一些生活垃圾,卖给了一个收废品的。偌大的一堆,收购废品的人竟然只给了我5块钱!我没有计较价格的高低,反而觉得很快乐。通过这件事,我获得了以下两点启示。

第一点启示:人,要及时清理自己身边的垃圾,而清理自己情绪的垃圾,则更重要。花费一点时间,它可以为你带来好的心情。

第二点启示:不是所有的东西都是越存越有价值。一个人,尤其是教师,如果不及时更新自己的知识,提升自身的素养,也有成为废品的可能!

二、第二个故事

有一天,寺院的僧人要雕刻一尊佛像供教徒们膜拜,在一番精挑细选之后,看重了两块质地优良、色泽光润、具有灵性的大石头交给雕刻师雕刻。

雕刻师先拿起其中一块石头用锉刀打磨起来,没想到这块石头痛苦地说:"痛死我了,你快住手吧!我不想让你刻了。"

雕刻师耐心劝说道:"你再忍一下,再过两个星期就好了。如果你能忍得下来,就将成为万人膜拜的佛像。"

石头拼命地喊叫:"我只想好好地做一块石头,从来没有想过要成为佛像。你放了我吧,我真的特别痛!"

雕刻师只好把它放下,拿起另一块石头说:"我现在要雕刻你了,你怕不怕痛?"这块石头知道自己将被雕刻成佛像,坚定地说:"不怕!"

雕刻师一锤一锤地敲打,一刀一刀地雕刻,这块石头始终咬紧牙。两个星期后这块石头被雕刻成了非常庄严的佛像,每天都有成千上万的信男信女顶礼膜拜、献花供果、烧香奉茶。

无法忍受雕刻之痛的前一块石头被打碎铺在了地上,成为人们的垫脚石,寒暑易节,承受着万人践踏和风吹雨打,实在痛苦不堪。有一天它终于忍受不住了,就对佛像抱怨说:"为什么人们总是天天踩着我来跪拜你?我们不是一样的吗?凭什么?"

佛像笑着说:"咱们原先都是一样的,只是加工程序不一样罢了。你只挨了四刀,我可是挨了千刀万剐呀!"

碎石沉默无语了。

相信大家都读过这个故事,也给了我们很多的启示。

这个故事给我的启示也有如下两点。

(1)成长必须要经历一些疼痛。因为成长就是一个否定旧我、发现新我的过程,每一次成长都是一次重生。而重生,都有破茧成蝶一样的疼痛。

(2)起点一样,终点不一样,这源于不同的选择,源于不同的行走方式。选择了安逸,选择了悠闲,我们距离梦想只会越来越远。

三、成长

这两个故事,都关联着同样的主题:成长。一个始终保持成长姿态的教师,才会永葆他的价值,才会享受到被人欣赏、被人尊重的快乐。

那么,关于教师的专业成长,该如何定义?

曾经的我,对于教师的成长,没有科学的认知。我曾简单地有这样的理解:成长=证书。

总觉得评价一个教师是不是成长了,就看他最终获得了多少证书。带着这种功利性的认知,我以参加各种评选活动为乐趣。有过所谓的成功,当然我也经历了无数次的失败。后来,我慢慢悟出:证书只能是一项活动的评价,对教师某一项技能的验证,不能全部代表教师的成长。一个教师的成长应该体现在有高尚的师德,有扎实的学识,有高远的追求,有成熟的心智。一个教师如果没有了在师德基础上的师能、师魂,即使获得再多的证书,也是没有意义的!我现在对成长的定义是这样的:真正的成长,是一次仰望星空、脚踏实地的旅行。要有明确的目标,规划好自己的成长路径,更重要的是付出行动,脚踏实地地走下去。成长,就是一条为自己承担起更多责任的旅程。为学生负责,为学校负责,为自己负责。正如那句歌词:我不能随波浮沉,只为那些期待眼神!

我的成长之路,其实很简单。作为一个正在路上跋涉的我来说,也没有什么经验。我的成长之路,就是写作之路。写作,让我看到更远处的风景。

我为什么要写作?最初我的想法很简单:弥补我的短板!我个人性格所致,不善于表达,不善于课堂教学。这怎么办?那就写作吧!我找到了自己的最近成长区在哪里了,那就是用写作的方式,促进个人的成长。因此,借此机会我也给教师一点建议:一定要找准自己的最近成长区。不要想着齐头并进发展自己，平均用力有时会让你走得更慢！找准优势，找到一个切入点，你会拥有势如破竹的力量。

对我们教师而言，写作内容主要包括两个方面，论文写作和随笔写作。前者比较规范，比较严谨；后者比较自由。

我先说说论文写作。

论文写作应该成为教师的必修课。然而现在教师大多不愿写论文，甚至不愿读论文！总觉得论文写作是专家教授的事，距离自己遥远。这是一种错误的认识。一个教师把自己的教学心得体会变成文字，就是好论文。教师写论文的过程，其实就是自我反思与提升的过程。一个不会写论文的教师，他的教学生活就不完整。我始终相信这样一句话：一个不会写论文的教师，他的课堂再好，也好不到哪里去；一个会写论文的教师，他的课堂再差，也差不到哪里去。这句话体现出论文对于提升教师的素养至关重要！就语文界而言，王君、王开东等名师，他们的成名可能是通过课堂比赛，但论文写作却真正成就了他们，让他们走得更远。

那么论文怎么写？

论文从教材中来。教材是我们每天接触最多的信息源，更是我们写作论文的信息源。教师要善于从研究教材中发现论文写作的灵感。

分享给大家我的一次写作经历。我在研究朱自清先生的经典名篇《背影》中发现，"终于"这个词先后出现了4次！对于非常讲究言辞的散文大家来说，这是一件值得探究的事情。于是，我就围绕着这一词语，细读文本，终于有了一点体会。最后写成文章《"终于"终于父爱》，此文发表于全国中文核心期刊《语文教学通讯》2014年1月刊。

由此可以得知，老老实实、认认真真地研究教材，我们就能在看似普通的教材里面，看到不一样的风景。

论文从课堂中来。课堂是教师生命的道场，是体现教师价值的阵地。教师应该在课堂上获得论文写作的素材。

分享给大家两篇写作案例。在我的一次观课中，一位语文教师执教《云南的歌会》一课，讲得没有一点语文味。这位老师只是简单地展示了几种歌会形式，分析了它们各自的特点，乍一看，上成了自然科普类的课堂。这引发了我的思索：课堂为何缺少语文味？我们需要一种什么样的文本解读？经过一番思索，我完成了一篇关于如何解读文本的论文——《我们需要一种什么样的文本解读》，此文发表于《语文知识》2014年12期。

这次写作经历给我的启示是，观摩他人课堂，用自己的视角思索，就会捕捉到论文写作的素材。

第二个写作案例与我自己的课堂有关。一次我上一节作文指导课，作文训练的主题是"写写你的心情"，主要是让学生在情境中抒写自己的内心体验。我给学生创设了三个情境。学生初写，然后在我的指导下进行改写，最终完成一篇不错的作文。课后，我根据自己的课堂教学经历，完成了一篇论文《在情境中体验，在体验中成文》，此文发表于《语文知识》2015年第3期。

这次写作经历给我的启示是反刍自己的课堂，很容易发现问题，而问题就是最好的论题。

论文在阅读中来。阅读是教师心灵的再造。在阅读中,教师与文字对话,丰富自己的认知,加深自己对某些问题的理解。在阅读中,教师可以获得由此及彼的见解,而这份见解,往往就是好的论文素材。

分享我的另一个写作案例。我是全国中文核心期刊《中学语文教学参考》的忠实读者。每一期的刊物我都认真阅读,尤其是一些观点新颖、见解独到的文章,我都多次阅读,并做了自己的批注。这个过程,也是让我站在文字上看得更远、思考更深的过程。一次,在一期的关于记叙文写作教学专题中,我读到了一篇文章,给我触动很大。于是,根据自己平时记叙文写作教学的尝试,我进行了总结梳理,也完成了一篇专题文章。当时正在暑假,完成初稿后,发给主编。主编建议我扩展成为两篇文章。几经修改,两篇文章终于在2014年第10期,同时刊发。

这次写作经历给我的启发是阅读是最有效的汲取。当一个教师觉得教学陷入了困顿,思想陷入了迷惘,成长进入了高原期,那就阅读吧!

接下来,我说说随笔写作。相对于论文写作,随笔则显得自由了很多。我们在工作、生活中的所想所悟,都可写成随笔。论文是理性的,随笔是感性的。如果说论文让教师的思维变得深刻,那么随笔写作则可以让教师的情感变得细腻而丰富。随笔写作,就像一杯清茶,可以沁人心脾,使人唇齿留香。随笔写作无所谓好坏,它追寻的是一种自然的状态。所以,只要我们对生活有一颗敏感的心,将生活中的所见化作文字,就是好的随笔。随笔之随,是随意,是随性,但不是随便。

在随笔写作上,我倡导教师尤其是语文教师,一定要成为使用微信的高手。我建议大家利用好微信这个工具。很多教师对待微信只是阅读、转发、扩散,却没有让微信语言素养、思想功能发挥出来。微信是很好的锤炼文字、表达思想的工具。

我在写作中获得了什么?单从物质层面上,我获得了一张张的汇款单,稿费并不丰厚,无法改变我个人的财政状况。但是从精神层面上,我却成了一个"富翁":写作中的磨砺,投寄后的等待,发表后的喜悦,让我的教育生活变得不再枯燥;在写作中,我可以冷静地思索教育教学,从而远离了浮躁,收获了心灵的宁静;在写作中,我让瞬时迸发的小灵感,燃成了智慧的火焰,让我更加充满自信。

四、几点随想

(1)任何时候,都要保持阳光的心境。分享一个案例:埃及金字塔被誉为是世界奇迹。在人们的意识中,金字塔是古埃及奴隶们建造的,是奴隶们用血汗乃至生命换来的。金字塔的建造史,就是奴隶们的苦难史。然而,这种说法被叫塔·布克的钟表匠粉碎。他断言:金字塔的建造者,不会是奴隶,应该是一批欢快的自由人。这一说法后来被证实是正确的。埃及国家博物馆馆长多玛斯对这位钟表匠产生了极大的兴趣,他想知道此人是凭什么做出这个结论的。为了弄清这个问题,他开始搜集研究有关塔·布克的资料。终于,他发现布克是从钟表的制造过程中推知这个结果的。塔·布克原是法国一名天主教信徒,因反对罗马教廷的教规,被捕入狱。由于他是一位钟表大师,入狱后,他被安排制作钟表。在那个失去自由的地方,他发现无论监狱方采取什么高压手段,都不能使他们制作出日误差小于 1/10 秒的钟表。可是入狱前的情形却不是这样的,那时他们在自己的作坊里,能使表的误差率小于 1/100 秒。

为什么会出现这种情况呢?起初,塔·布克把它归结为工作时的环境。后来,他们越狱逃往日内瓦,才发现影响钟表精确度的真正原因不是外在环境,而是钟表制作者的心情。

多玛斯馆长在塔·布克留下的文字中发现了这样一段话:一个钟表匠在不满和愤懑中,要想十分圆满地完成 1200 道工序,是不可能的;在对抗和憎恨中,要精准地锉磨出 254 个钟表零件,更难于上天。金字塔这么旷世浩大的工程,构造得那么精巧,各个环节被衔接得天衣无缝,其建造者必定是一批怀有虔诚之心的自由人。难以想象,一群充满对抗思想和懈怠行为的人,能让金字塔的巨石之间连一张薄薄的刀片都插不进去!

这个案例给我们如下的启发:要把一件事情做好,必须要保持阳光的心境!很难想象,一个有着消极思想、被动执行的人,能高效率、高质量地完成一件事情。教师的成长应是一段快乐的旅程,没有阳光的心境,永远不会走到春暖花开的地方。

(2)拜几名专家为老师,指点可以让你走得更快。在我的成长道路上,我很幸运,遇到了几位专家级的恩师。他们经常给我以提醒与帮助。梁明书主编、常白如编辑,在论文写作上都给了我很多帮助;余映潮老师、王君老师也在课文解读上给了我很多的指点。这是一份鼓励,更是一份前行的动力!

(3)没有完美的个人,只有完美的团队。教师的成长,一定要依靠团队的力量。优秀的团队,可以让我们走得更远。因此,大家有机会参加一些学术教研活动,一定要勤于学习、请教,善于发现同行者的优点,与智者交流,与名家同行,本身就是一种成长。

(4)帮助别人,成长自己。为别人做一点事情,不是吃亏,而是另一种获得。给别人力所能及的帮助,你会赢得尊重、肯定、信任。在论文写作方面,我可能仅比其他教师早走了一步,所以,我愿意为他们在这方面做一点点事情。几位语文教师将论文发给我之后,我仔细地阅读,并根据刊物不同栏目的文章风格,提提修改建议,有时我也帮助他们修改。陆陆续续,有多位教师的文章也发表在核心期刊上了。当看到他们露出喜悦的笑容,听到他们的道谢声,我也非常幸福。我在想,其实我不是在帮助他们,而是在帮助自己。在帮助他们修改文章的过程中,我也成长了自己。

学无止境,教师的成长也无尽头。所以,教师的成长永远在路上,我愿意用成长的姿势,欣赏一路的无限风光。向前走,遇见更好的自己!

在班级管理中共同成长

阳信县第一实验学校 张子春

在班主任工作领域,我和大家一样,仅仅处于摸索阶段,是一个探索者。下面我将自己的一些肤浅的思考汇报给大家,愿我们在班级管理中共同成长。我主要从三个方面向大家汇报。

一、其实我想更懂你，不是为了抓紧你

2010年9月，我给一群七八岁的小孩子当班主任。此前，我一直和六年级以上的孩子打交道，管理这样小的孩子，还是生平头一回。我发现小孩子不难管，声音高一点，他们立即鸦雀无声，但是，吓唬一次，管住的时间并不长。他们用天真烂漫破坏着学校里的有关规则。他们爱告状，他们爱打闹，他们爱在地上打滚，他们也爱哭哭啼啼……也不能老用吓唬的办法啊，老吓唬孩子，这不应该是我们教师应该干的事儿。要是每天让孩子怀着恐惧，哭着闹着不来上学，这绝对是犯罪。俄国教育家乌申斯基说："如果教师想从各方面教育人，那么他应从各方面首先了解人。"我就开始猛补教育小学生的一些方法，什么"小眼睛，看黑板"，什么"一二三，坐端正"，什么"一拳一尺一寸"，什么儿歌教育法、童谣教育法，什么游戏教育法、表演教育法，一起上阵。李希贵有一次注意到入住的宾馆的浴缸里，放着一只塑料小黄鸭。一打听，小黄鸭是为那些带着小孩子入住酒店的家长准备的。当成人要给孩子洗澡的时候，这只在浴池里游荡的小黄鸭，就会把那些不愿意洗澡的孩子吸引进浴池。对孩子而言，他是在玩小黄鸭；而对于家长而言，他是在给孩子洗澡。教育也要这样，把学习变成游戏。我们在低年级教学的教师，比如语文教师吧，在课堂上都非常注重创设情境，什么闯关、魔幻城堡探险、旅游、生字宝宝迷路等，我们的班级管理也可以如此。比如"看看谁的小手白"，老对孩子这样说很枯燥很乏味，我给孩子们设置了"苍蝇喜欢谁的手"的游戏：让孩子们排成一个圈，闭上眼睛，把手举起来。一个孩子举着一只卡纸剪成的苍蝇，发现谁的小手不干净，就黏着他不动。然后他发布号令："一二三，睁眼看！"有苍蝇的孩子就要被开除出圈子，除非他把手脚弄干净才能回到游戏中，否则只能靠边站。大伙谁都不愿靠边站，所以洗手很有积极性。

班主任要想因材施教，就必须了解班级里的每一位学生。这里所说的了解，除了了解学生的姓名、性别、年龄、家庭住址，还要了解学生的家长职业、文化程度、家庭结构、学生在家庭的排行和地位，以及学生个人成长经历，如有无与成长密切相关、继续产生深刻影响的事。除此之外，还要了解学生的作息和生活习惯；在家里的劳动习惯；餐饮状况和习惯；零用钱及其用途；每个人的兴趣爱好或特长，如喜欢看哪类书刊、影视节目；喜欢参加什么活动，课余喜欢干什么；气质类型状况，如趋向何种性格类型。另外，学生在家里最听谁的话，家长对孩子最关心的是什么，家长对孩子教育的态度和方法，孩子对家长的关心和对家庭教育的态度，学生与近邻及亲戚的关系情况，最尊重的教师及尊重的原因，学生最喜欢参加的学习和班级活动及其原因，学生最要好的朋友及友谊建立的基础，学生愿意对谁诉说秘密，崇敬哪些人及其原因，社会上的朋友及其结交的方式等也需要了解。为了能记得住，我在平时班主任工作中制作了学生个案研究记录表。当然，我们记忆力好的教师也可以熟记于心，没必要非得形之于书面。每当碰到一个"问题学生"，我都会使用一种策略，就像演员拿到一个剧本一样，我要演绎这个角色。我要分析他，分析他的家庭背景，分析他的成长经历，分析他的思维逻辑，试着站到他的角度思考问题。一旦真的"入戏"了，我就理解他了，甚至，我还会很佩服他：这个孩子真坚强，换了我，也许早就崩溃了！然

后我再想：假如我是这个孩子的话，我的老师对我说什么我才会接受，才会改变自己。这样我就会找到正确的方法。

二、善于讲理勤沟通，勤练交流基本功

有专家说：一个出色的班主任，应该是一个善于和学生讲道理的教师。我们做班主任的自己说不出道理来，就不能够有效地教育学生。

曾经，我教的班的学生参与了打架，总共涉及10余名同学。我只找到了其中一个参与者到办公室，想通过提问和谈话，达到三个目的：首先，弄清楚参与打架的学生还有谁；其次，弄清楚打架的原因和经过；再次，让这个学生承认错误，改正错误。要放在我刚干班主任那时候，我会这样问。我说："快说，昨晚打架的同学，都有谁？"学生一般就说："我不知道。"我说："你去了，怎么能不知道谁打架呢？"学生回答："我没看到。"我说："那你因为什么打的架？"学生回答："我没打架，我是过去劝架的。"我说："你甭不说实话，我要听别的同学说你参加了打架，就让你回家反省。"学生回答："行，回家就回家。"我的这种莽撞的提问方式，导致与学生的谈话陷入僵局。学生绝不会说，因为他担心一旦开口，会让别人觉得是他出卖了同学。同时，他也担心自己受到处分，所以死活不认账，企图蒙混过关。我经过冷静思考，吸取教训，迅速另找了一位参与的同学（必须迅速，要不然，集体串供，麻烦更多）。这次是这样问的，我说："听说昨晚咱班的同学和别的班的同学打架了，有这回事吗？"学生回答："有。"我接着说："今天一大早，德育处就把我叫去，让我把事情查个水落石出。这件事我如果不一查到底，就无法和学校交代，你说呢？"学生不作声。我说："不过，我要是知道了事情的来龙去脉，就能替咱们班的同学在学校多说几句好话，让咱班同学尽可能不受处分。"学生回答："哦。"我接着说："其实，打架也都没受伤，是吗？"学生回答："是。"我说："那问题不大，错了就改，还是好学生，对吧？"学生回答："是。"我说："打架这件事已经发生了，已经无法挽回了，但现在可以在态度上积极承认错误，争取做个知错就改的好同学，对吧？"学生回答："是。"我说："这件事你觉得是同学们自己和学校说比较好，还是先告诉我，我再告诉学校比较好？"学生回答："老师，您告诉学校比较好。"我说："关于事情的经过，是你告诉我，还是在纸上写出来。"学生回答："我在纸上写出来。"我说："现在还能不能记住都有谁参加了打架？"学生回答："能。"我说："你们要从这件事中吸取教训啊，可不能这么冲动了。"学生回答："嗯。谢谢老师。"

我带的班曾有过这样一个学生，他给人的初步印象是懒惰且不爱学习，调皮还经常惹是生非。刚开学不久的一次作业他就做得特别糟糕。我批阅之后要他重做，他置之不理，我问他为什么，他回答得骄横异常："不做，怎么样？"那样子真让人生气，但我努力压住了心火，严肃地对他说："好，你敢对老师说真话，我很佩服你的勇气。至于今天的作业，你自己考虑吧！"与其和他发生他所预期的唇枪舌剑，不如让他自己先做做思想斗争。令我没想到的是，中午，他拿着重新做了一遍的作业来找我了。我微笑着对他说："想通了？我现在更欣赏你的这种个性！"他腼腆地笑了。还有一次中午，班长急匆匆跑来告诉我，该生又在教室里欺负一个女同学，无缘无故掀翻了她的课桌，将女同学的书本、文具撒了一地。我去了，发现许多围观的同学愤愤不平，要他给别人收拾好，并道歉。可他还在耍赖顶嘴，

对我也视若无睹。我极力克制着内心的冲动，和同学们一起俯身搬起课桌，理好书本文具。同学们都默默地看着我，等着我做出处理，我却什么话也没说就走了。可当我前脚刚进办公室，他却跟着来了，低着头站在我办公桌旁，似乎在等候着法官的宣判。我严肃地说："你能够自己主动到办公室来，说明你心中有老师，谢谢你对老师的信赖。这样的行动本身已经证明你知错了，你是在悔过。我很欣赏你这种敢作敢当的气魄。你可以走了！"他有些惊愕地望着我。我又语重心长地说："你已经认错了，今后也一定不会再错了，我还有必要批评你么？"他这才说了声："谢谢老师！"下午第一节课后，班长告诉我，他向那个女同学道歉了。经过几次"冷处理"，他改掉了身上许多原来的坏毛病，在全班同学们的心目中，重塑了一个全新的自我。

我们在管理班级过程中要不断升级讲理的方法，可以解决很多班级问题，通过问题教育学生、影响学生、改变学生。

三、勤读多写不能停，做个杂家育学生

"活到老、学到老"，终身学习的理念越来越深入人心。作为一名一线班主任，天天都和各种类型的学生打交道，需要多方面的知识。特别是随着教龄的增长，与学生年龄差距拉大，如果不主动去读书，原有的知识迅速老化，作为班主任就难以适应新生代的学生。班主任应该读哪些书呢？我认为，因为学生多多，他们喜欢的书籍多多，班主任只能多多地读书，喜欢的要读，专业的要读，杂七杂八的也要读。我是学中文出身，古代文学、现代文学、当代文学、武侠言情等书籍都早有涉猎，加入"三名"后，因教体局引路读专业书籍，读了不少好书：李镇西的《做最好的班主任》、魏书生的《班主任工作漫谈》、王晓春的《问题学生诊疗》这算是基础书目；万玮的《班主任兵法》，以兵法治班更适合男教师读；李迪的《做学生欢迎的班主任》，面对的是职专院校的学生，对我们职专教师有启发；陈宇的《你能做最好的班主任》主要涉及高中学生；雷夫•艾斯奎斯的《第五十六号教室的奇迹》让我看到了大洋彼岸怎样开展教育。我在班里，特别是发现所教的学生在读的书，一般也要读一读，争取和学生有更多的共同语言，及时了解学生的思想动向。有的放矢、言之有物才更容易让学生信服，信息对称才更有说服力。"共读一本书，就是创造并拥有共同的语言与密码。"比如《木偶奇遇记》《吹牛大王历险记》《洋葱头历险记》《夏洛的网》《查理九世》等，与学生平时闲聊时说一说，久而久之，班里的学习风气越来越浓郁。比吃比穿比谁的书包好看的风气烟消云散，追逐打闹的同学少了，静心读书的同学多了。苏霍姆林斯基说："要天天看书，终生以书籍为友，这是一天也不断流的潺潺小溪，它充实着思想的江河。"军人喜爱武器，驾驶员喜爱汽车，孩子喜爱玩具，爱好读书应该是教师的职业素养和习惯！

叶澜教授说："一个教师写一辈子教案难以成为名师，但如果写三年反思则有可能成为名师。"美国著名学者波斯纳认为：教师成长＝经验＋反思，教育反思是教师成长过程中一个重要的、有效的方式，能够引导教师对自己的教育行为进行反省和追问，从而不断地提升自己的教育理念，提高自己的专业水平，修炼自己的教育智慧。魏书生、李镇西、张万祥、万玮、李迪、钟杰、郑学志、陈宇等人都有100万字以上的反思书稿。在这些榜样面前，

我们除了行动哪里还有其他话可说。

最后，我借用一则寓言和大家共勉，说同是两根竹子，一支被做成了笛子，一支被做成了晾衣竿。晾衣竿不服气地问笛子："我们都是同一片山上的竹子，凭什么我天天日晒雨淋，不值一文，而你却价值千金呢？"笛子说："因为你只挨了一刀，而我却经历了千刀万剐，精雕细刻。"人生也是如此，经得起打磨，耐得起寂寞，扛得起责任，肩负起使命，人生才会有价值！"我们要想到没有耕耘就没有收获，也要想到有十分的耕耘未必有十分的收获，但我们要去耕耘，因为人生的季节是不等人的。""起点低不可怕，水平低不可怕，学历低不可怕，重重困难不可怕，屡屡挫折不可怕，只要追求的大旗高扬，我们一定能创造教育生命的辉煌。"愿我们在班级管理中共同成长！

过一种幸福完整的教育生活

阳信县实验小学　文玉燕

2014年3月我参加新教育实验，今天就实验的做法及感悟向各位领导以及同仁做简要汇报。

一、新教育·印象

（一）"浪漫"的教育

1. 新教育发起人：朱永新

他坚持两个原则：第一不用行政身份和资源；第二不占用工作时间。14年来，他自己的定位是不用政府的资源和党派的资源来做新教育和民间教改。

2. 新教育成功保险公司

这是新教育刚刚起步的时候，朱永新教授成立的成功保险公司：金额不限，保期10年，条件是每日三省吾身，理赔以一赔百。

（二）"疯狂"的教育

从2002年起，新教育实验开始在全国推广，目前已有25个省区市50个实验区的2246所学校加入新教育实验学校行列。我们滨州就是其中一个实验区。

《人民日报》《解放日报》《光明日报》《中国青年报》《人民教育》《中国教育报》及中央电视台、中国教育电视台等50多家媒体对新教育实验进行了深度的报道。

14年的历程，席卷中国，走向国外。从发展速度来说不得不说是一个"疯狂"的教育。

（三）"学术"教育

1. 科学的团队

研究中心研究阅读书目、理想课堂、儿童课程等，在试验区实践。反复反思，总结成功经验,然后在实验区推广。他有一个科学严谨的团队。

2.扎实的行走

新教育每年都举办年会,每一届年会都是一年旅程的总结,是智慧的结晶,是行动的庆典。

二、新教育·内涵

新教育内涵:三大课程(儿童课程、教师课程、理想课程),十大行动,达到过一种幸福完整的教育生活。

朱永新说:"新教育应该说是一种传承,是过去好的思想、好的理念、好的方法在当代新的实践、新的传承。"新教育实验不是抛弃,推翻以前的东西,而是继承和弘扬。新教育吸纳人类文明精华,尤其是教育哲学精华的基础上,再次重建以儒道为根基和核心的教育哲学,使教育变革和思考深深扎根于传统的土壤中,成为传统的继承者和弘扬者。

以"专业阅读+专业写作+专业发展共同体"为核心的教师课程,加深职业认同感,体验教育幸福感,其目标是要促进教师的专业成长。如新教育网络师范学院,就是一个以教师专业发展为起点的项目。他们认为,教师是首位的,任何好的教育成败取决于站在讲台上的这个人。这个人幸福,学生就幸福;这个人成长,学生就成长。

以"晨诵—午读—暮省"为核心的儿童课程,力求恢复儿童生活的幸福完整。

以有效教学为基础,发掘知识魅力为核心,追求知识、生活、生命共鸣为最高境界的理想课堂,力图进行有效的教研,给课堂以有效的框架支撑。

加上十大行动实现新教育的四大改变:改变教师的行走方式,改变学生的生存状态,改变教育的科研范式,改变学校的发展模式。

其实,我自己认为新教育是一枚鸡蛋,核心是过一种幸福完整的教育生活,生活是其本质,让师生过一种优雅的、高质量的生活。

鸡蛋从外面打开是食物,从里面打开是生命。而新教育是从里面打开的。无论教师还是学生的生活都是通过课程、阅读从内部唤醒生命。

也许我的认识还很肤浅,但是我知道,新教育被写进历史的不是理论而是故事,故事需要我们亲身去实践,需要我们亲身去行动。行动就有收获。

三、新教育实验·行动

(一)一个名称带来一种文化

1.班徽班名

我的班级又名阳光班,这个名字是经过公开投票确定的。班徽是学生肖艺展设计的,经全班推选确定。太阳中间的"六"代表六班;六用绿色象征同学们朝气蓬勃;太阳中的红色代表激情;黄色代表光明磊落;四道光芒代表学生各有春秋;画面共有七色,是彩虹的色彩,代表童年是多彩的。也许这个班徽不是最美但是它在同学们心中已经生根,是教室的文化。

2. 文化内涵

自从有了这个班徽，孩子们设计东西时自觉不自觉地就设计上了太阳，自觉不自觉地就把东西剪成圆形的。圆润，光滑。班内的植物经历了起死回生的过程，孩子们格外珍惜，天天把它们搬出去晒太阳。我也把讲台让出来摆上书，建成阳光书吧，让孩子们从书中汲取阳光。

3. 让生命自由绽放

新教育呵护每一个生命，让每一个生命都能最美的绽放。我们班级根据学生的情趣自由组合成了 11 个馆。每个馆有计划，有措施，有展现。

孩子们没有羞涩，没有嬉皮笑脸，而是把他们的活动馆看成他们的生活、他们的共同事业。活动馆内的人则是一个共同体。

4. 海报

每个具有独特生命特征的孩子走进了不同的教室，也就相当于过上了不一样的生活。而孩子的生命价值是否得以展现，生命是否丰盈，则取决于站在教室内的那个"你"。

走进新教育，和孩子们以不一样的方式相处，我说不出自己到底哪里成长了，但是我变得快乐了，我的心变得柔软了，我热爱这个并不完美的教室，喜欢侍弄花弄草，从孩子们调皮的行为中我看到可爱了。我敢大胆放手地让他们做事情，不是因为勇敢，而是因为我相信他们。慢慢地，我觉得自己曾经倒背的手放下了，并把手伸出去和孩子们放到一起，说相信这个团队。

孩子们的生命，就如同无数不同的种子，经由我们的守护，经由我们的浇灌，经由我们的守候，在一间叫教室的花园里，而最终将亭亭地开放于岁月的深处，世界的面前。我正为之努力。

（二）一种行动一次蝴蝶振翅

新教育说："一个人的精神发育史就是他的阅读史，一个民族的精神境界取决于这个民族的阅读水平，一个没有阅读的学校永远不可能有真正的教育。"

如果你想用最快的方式走进孩子的心里，那么阅读吧。阅读不一定要提高阅读能力和写作水平，而是为了滋养生命，为孩子铺展广阔的智力背景。让阅读成为孩子的生活方式。

1. 师生共读

毋庸置疑，我是提倡孩子读书的。但是我总是站得很直，腰弯不下来和孩子们一起研究一本童书。可以说，从教 10 年，我从来没有对一本童书认真地剖析思考过。每次读书交流我与孩子们无非是说说感动的地方，抓住语句交流人物形象，只此而已。这导致我的孩子们在阅读的时候基本是浅层次的。

而生活的内化源于深度阅读。魏智渊老师的一则微博也说："童年及少年时代的阅读深度，将决定一个人一生的思维质量。"这一时期的浅阅读，将导致终生几乎丧失了深度思维的机会。丰富性与深刻性当然相辅相成，但深刻性更为重要。

我决定和孩子们进行一本童书阅读——《德国一群老鼠的童话》。

我先和孩子们做了导读课,观察封面、封底,猜故事,续编结尾等激发学生的兴趣。

然后我根据每一章节出导读题,一般导读题先根据内容来,然后引导深入思考。

最后上主题探讨课。《德国一群老鼠的童话》这本书的主题上升为:最终拯救德国,拯救世界的,不是威利巴尔德这样的领袖,而是像莉莉一样的阅读者。

2. 自我专业阅读

说实话,从教 10 年,很多时候自己也是很迷茫的。我想,拯救自己的也是阅读。

读什么?魏智渊老师编写的《教师阅读地图》对我帮助很大。这本书由三部分组成:本体性知识(即学科专业知识,约占 50%)、教育学心理学以及职业知识(约占 30%)、人文及科学背景知识(约占 20%)。这三部分不是彼此孤立,而是相互支撑,有共同的知识背景和价值观。

我离专业阅读甚远,但是我要先读起来。说实话,一开始真的觉得读专业书籍很枯燥,可以说是啃读。读不懂,更读不动。但是慢慢地你觉得钻研这样的书籍也是蛮有趣味的。例如,郭初阳的《一个独立教师的语文之旅》,我看到了一个语文教师可以这样大胆地去核查语文课本的真伪,他对于文本的解读可以这样客观,深入、大胆。他在第五章"宿简邀诗伴"中说:"既然现状不如人意,那么索性自己来动手创造。一旦你采取了行动,那些心造的幻影就消失了,你就在事实上踏入了另一个空间,感受到一种自由的氛围。"我喜欢这样的直接、大胆、开拓的精神。读这样的书籍,你能感觉到成长,你在这样的书籍中遭遇一个伟大的个性。读了这样的书籍,你再看杂志上心灵鸡汤这类的文章,会感觉索然无味。

新教育实验强调应该关注"根本书籍"。一开始什么是"根本书籍"我也不知道。"根本书籍"即奠定教师精神及学术根基、影响和形成其专业思维方式的经典书籍。成为一个教师的"根本书籍"意味着,教师能够深刻地理解这本书,而这本书也成为他思考教育教学问题以及阅读根本书籍的原点。构成一个教师思考原点的典型书籍的高度,往往会影响到这个教师的学术高度。

我一度缺乏对"根本书籍"的阅读,只是关注一些教学设计、课堂实录。但是我在慢慢找寻。一本《教学的勇气》切中命脉。开始的阅读可以说是啃读,我一度读不下去。但是反复地读,反复地与自己的教学实践对接,我发现这是一本让我发生改变的书籍。在这里我找到了什么是自身认同与完整;找到了一个教师的教育心灵;找到了怎样学习于共同体中,共事切磋;找到了怎样心怀希望地教学,知道了好的教学绝对不能降低为技术。说也奇怪,当找到了"根本书籍",我不再不自觉地被时代风尚所影响,不再漂浮在词语之中而缺乏根基。相反,我过得很坚定。

在阅读方法上,新教育实验主张知性阅读。一开始什么是知性阅读我也不知道。这是一种带有咀嚼性质的研读,是指阅读者通过对书籍的聆听、梳理、批判、选择,在反复对话中,将书籍中有价值的东西吸纳、内化到阅读者的结构之中,从而使原有结构得到丰富、优化或者重建的过程。

当然我还没有达到知性阅读。这当然是一个漫长的过程,但对于一个视终身学习为习惯的新教育教师来说,重要的是始终在攀登的途中,而不是很快找一个低矮的山丘然后安顿此生。我决定就此开始。

3. 亲子共读

专业阅读也改变着我的教育观念,更确切地说,它惠及了我的家庭。在邂逅新教育后,我在新教育论坛上建立了主题帖"妈咪宝贝过暑假"。我不间断地记录自己孩子的故事,并且有意识地给他拍照,记录他的点点滴滴。更令人欣喜的是,我把绘本、有声故事、儿歌等这样的美好事物拉到了他的面前,让他喜欢上了书籍。他每天晚上要听故事,每天晚上愿意看绘本,每周六愿意去书店。我们读了《不一样的卡梅拉》《可爱的鼠小弟》《长袜子皮皮》《大林和小林》《小猪稀里呼噜》。

我们还做了这样伟大的事情:他每天画,画完他说一个故事,我给他写下来。这就是读写绘。不在于他画得好不好,关键是他画了一个故事。

新教育不是让人舍家撇业,不是让人起早贪黑,不跟常人一样。新教育的教师首先是一个正常的教师,过正常的生活,只是心敏感了,柔软了,看到了以前忽略的东西。这诸多的改变、收获,让我从此相信了幸福。

四、新教育实验·羞涩的花

在这条路上我也有额外的收获,或者说开出了一些羞涩的花瓣,还不成熟。比如2014年4月,我成为新教育冬季种子教师,并于12月份升级为春季种子教师。2014年10月,我在全体新教育教师帮助下在滨州做了《新教育儿童课程通识培训》的报告。2014年12月,阳信县新教育工作会议在我校举行,我校进行了新教育叙事展演,我做了《执着前行,做一朵幸福的小花》报告。2014年12月我被评为滨州市新教育榜样教师。2015年2月我校被评为阳信县新教育优秀学校。

当然,万里长征,我刚刚开始第一步,无限的发展空间在等待我。我会在不断地探索中,遇见未知的自己。但我要告诉自己,当选定后剩下的就是自己的态度。

我相信一棵树会摇动另一棵,我相信一朵云会推动另一朵云。走在新教育的路上我并不孤单,我不断遇到志趣相投的人。我感谢遇到这些人,他们让我学会像树一样站立,沉默缓慢地生长,用自己的行走刻写岁月;我感谢遇到这些人,他们让我拥有一颗不甘平庸、不安分的心,永远学会去挑战不可能,去追求卓越,开出一朵属于自己的花,为自己,为世界。

面向阳光,心向美好!

庆祝2015年教师节滨州市乡村教师座谈会发言

坚守信仰 忠于使命 追求卓越的教育人生

(2015年9月8日·滨州)

阳信县劳店镇中学 王立新

尊敬的各位领导、老师们,大家下午好!

我是来自阳信县劳店镇中学的一名普通农村教师,自1999年毕业,一直坚守在农村学校的讲坛上,致力于农村孩子的教育教学和未来人才培育事业。我怀抱着"对教育无限痴爱"的生命热情,践行着一名农村教师对国家教育事业的奉献誓言,将"努力打造让学生幸福与感动的课堂,成就每一位学生的杰出与优秀"作为自己的教育追求。在省市县各级领导的关怀支持下,在阳信县教体局领导的培育指导下,让我——一名农村教师幸福地行走在追求教育梦想、坚守教育信仰、实现生命价值的路上。

感谢各级领导给我提供的一次次学习与成长的机会,让我在学习中拥有了实现梦想的力量。感谢县局领导对我各种学习活动的关心和支持,让我不断在教育服务和学习中扩大着教育的视野,提高着自己的综合素养。

因为对教育的热爱,因为对学生未来的责任和坚守,我在16年的教学中从课堂改革、学生管理、技术探索、教育服务、身边带动等方面不断地践行着自己的教育警言:累,才感觉自己在活着;因为爱,所以心甘情愿。

一、致力于课堂教学改革,让精彩的课堂引领学生的成长

自2001年以来我开发了"生活学习法""5TS商业教学模式""青春的飞扬、快乐IT教学法""综合实践1153教学模式""项目学习""HBM幸福感动教育""移动化学习"等8种教学模式,用前沿科学的科研成果积极引领课堂教学改革,促进学生全面发展。

二、关爱学生成长,让每一个学生都心灵触动

学生每天保持积极的情绪和快乐的心态是有效学习的保障。为了及时地了解学生心理,掌握学生情绪,我在2008年自费学习了国家二级心理咨询师课程。同年我开发了"中国青少年'点亮人生'成长规划问卷系统",创建了"心灵问知情为疗法"。基于对学生心理的关爱,经学校领导批准,我组建了"星光闪烁"学习认知训练营,把各班最后一名学生集中起来,每天一节课,进行了为期一年的认知辅导与行为训练;使每一位"暂后生"拥有了优秀的孝爱品格,拥有了自信、清晰的职业规划,拥有了对社会的责任和担当以及对未来的憧憬和向往,同时学习了多种生活实践技能。

三、致力于信息化教学探索,让课堂拥有"超@"的力量

在网络和移动生活支撑的时代,2013年我开发"中国在明天未来教育导学系统",创建基于信息化环境的学生、家长、学校、课堂四位一体的自主学习环境。同年开发了信息技术"项目化学习"课程体系,引领学生在项目支持下完成生活化合作式自主学习。

四、探索让学生感动与幸福的教学方式,打造幸福感动教育

教育传授的不仅是知识,更重要的是"人的发展"。在人的发展中,只有不断地感受着幸福与感动,才会发自内心地去自我改变,去成长。人幸福了,才会爱上学习,才会拥有无穷追求知识的力量;人感动了,才会触动心灵、触痛认知,才会发自内心地自我追求、求索反思。2014年我开发了"HBM幸福感动教学法",让学生在幸福中学习,在感动中转变与提升。

五、积极推进著作成果出版转化，使更多学生得到发展

在县教体局领导的支持下，我主编出版了四本《综合实践活动》教材；参加了山东省《综合实践活动》七、八、九年级教材编写。在国家省市刊物发表论文多篇。通过科研，有力推进了综合实践活动的有效实施与开展，促进了学生能力的全面提升与发展。

六、教育志愿服务，让生命得以锤炼与升华

在省市县各级领导的关爱支持下，我积极参加省市县各项教育活动。自 2012～2015 年连续 4 年 6 次被山东省教育厅聘为"山东省中小学教师远程研修课程专家"参加高中初中小学三个学段的专家驻会指导工作。

2011～2015 年 19 次被山东省项目办聘为"山东省中小学骨干教师高研班助学专家和班主任"，参加高中初中小学三个学段助学指导工作。

2014～2015 年被中央电教馆和国家教育行政学院多次聘为"国培专家"，在 5 省进行国培授课工作。作为滨州市名师班的班长，我在市县名师班发起了"教育闪光点工程"，引领全市全县更多的优秀教师明晰教育梦想，形成独特的教育思想，为教育奉献坚守每一分闪光。

2014 年，在阳信县教体局领导的关怀支持下，我积极参加阳信县教体局组织的"优秀教师送教下乡活动"，在多个乡镇做个人成长报告，积极引领了教师对教育的追求和热爱。

七、服务全镇教育，引领全体教师全面发展

为了引领全镇教师师德修养和执教能力发展，我作为劳店镇教师成长办公室主任，制定并组织了"劳店镇 2014～2015 教师专业发展修炼提升工程"，包括读书工程、反思工程、新教师培育工程、新媒体技术推广工程、草根教育家工程、教育闪光点工程。

读书工程。要求全镇教师集中读书，并且把每周三最后两节课定为全镇教师的集中读书日。

反思工程。要求全镇教育干部每天都要写反思日志，对工作进行反思提升。目前我们已经编印出两本反思日志合集和 50 本个人教育反思集。

新教师培育工程。我们组建了培训团队，对新教师从师德、课堂、学生管理、幸福生活、心理关爱等方面进行了为期一年的培训。

新媒体技术推广工程。我组建了新媒体技术中心，对全镇教师进行了为期 4 天的学科教学技术培训工作，极大提升了教师的信息化水平。

草根教育家工程。我从全镇遴选 5 名对教育特别热爱的教师组成草根教育家团队，培养优秀师魂人物，打造精彩课堂，带动其他人成长。

教育闪光点工程。我作为滨州市名师班的班长，组织滨州市名师和全镇市县名师、教学能手、学科带头人积极打造特色课堂，形成独特教育理论，提炼形成个人教育思想，使自己在教育的殿堂上有独特的闪光。

八、致力于"一对一互助行动",形成对身边教师的有效影响和带动

在执着追求教育的路上,我努力引领身边的教师一起学习成长。在我的带领和影响下,经领导批准,我们组织成立了"综合实践课程团队""草根教育家工程团队""信息技术开发中心""教育闪光点工程"和"项目学习团队"。"一对一帮带""青蓝工程""同伴结对"和各种团队的不同活动,引领教师开始了在移动化学习、项目学习、课堂教学、学生管理、综合实践课程开发、名优师打造、教师专业成长等方面的探索与努力,使更多有梦想的教育人在中国梦的指引下一起飞翔,向卓越迈进。

一路辛苦一路歌,我心里非常忐忑地收获着一个个硕果。2014 年获得"全国模范教师"称号,2014 年被滨州市委宣传部确定为"滨州市重大宣传典型",2014 年获得"山东省基础教育教学成果三等奖",2015 年被评为"阳信县突出贡献专业技术人才";2014 年获得"滨州市综合实践教学能手"称号,"滨州市优质课一等奖";2012 ~ 2015 年连续 4 年6 次被山东省教育厅聘为"山东省中小学教师远程研修课程专家";2014 被国家教育行政学院聘为"国家教育行政学院培训专家";2013 年被评为"滨州市名校长名教师名班主任"工程培养人选;2012 年被评为"滨州市学术技术带头人培养人选"。

我心中怀抱深深的感恩,感谢市、县教育局领导对我的关爱和支持;感谢我身边的学友和同事对我的帮助和指导;感谢我生命中的每一个人给了我爱和力量;感谢我的爸爸妈妈给了我健康的身体和对生命的热爱与向往。最后,还是用我自己的教育警言结束本次汇报:"我可以不优秀,但我在追求教育梦想的路上会一直全力以赴着。因为爱,所以心甘情愿。"

谢谢大家!

管理经验

山东省"十二五课题研究中期成果研讨会"典型发言

让孩子幸福地、有意义地成长

（2012 年 5 月 2 日·烟台蓬莱）

阳信县信城街道中心小学　张海珍

尊敬的各位领导、专家、老师们，大家好！首先感谢领导给予我与大家共同学习和交流的机会。我来自鸭梨之乡——滨州市阳信县。我发言的主题是"让孩子幸福地、有意义地成长"，不足之处敬请批评指正。

如果说幸福是一种体验，一种感觉，一种信仰，那么儿童的幸福在哪里？教师的幸福又在哪里呢？

我曾经读过著名主持人白岩松写的一部书《幸福了吗》。他说："一个人和一个时代的成长与困惑。这个人，也是你。"虽然他的职业与教师相差甚远，但是却和我们思考着同样的命题：我们以及我们的学生幸福了吗？

全国幸福教育联盟的创始人高峰校长撰写了一本专著《幸福在心》，他在序言中说，40 多年前，马丁·路德·金的《我有一个梦想》是建设一个种族共融的美国；而我的梦想很小、很小，只是梦想着在中国的土地上，建设一个小小的充溢着幸福的理想学校。

2011 年 9 月 1 日，是全国中小学开学的日子，在《开学第一课》节目现场，颁布了《中国少年儿童幸福成长宣言》。胡锦涛主席强调，让每个孩子都拥有幸福的童年。因为幸福的童年是每个人一生幸福的源泉。

乌申斯基说，教育的主要目的在于使学生获得幸福，不能为任何不相干的利益而牺牲这种幸福。斯霞老师的"童心母爱"成为幸福一生的核心内容。陶行知先生的"捧着一颗心来，不带半根草去"阐释了一代先师的幸福教育情怀。

看古今中外，行内行外，教育即生活，教育的终极目标是过一种幸福、有意义的生活。而当今模式众多，我们又如何立足实际，遵循规律，创办一所幸福的学校呢？

经过为期 3 个月的调研，我们列出了学校发展的 60 条优势和 30 条突出问题，从而确立了"新学校行动计划"，即打造一所让人感到美好并受人尊敬的学校，让每一个孩子都能幸福地、有意义地成长。

一、传承历史，开创未来——形成学校特色文化体系

2001 年，我校提出"以爱育爱、和谐发展"的办学理念，提出以教师用"爱满天下"的博大胸怀培育学生"爱的行动"，促使学校师生共生、共融的和谐发展文化模式。在此理念的指导下，我校从教育教学质量落后的学校，发展成为师资优秀、教学成绩全县领先的学校，转变了家长对学校的看法。家长信任学校，愿意把孩子送到学校学习、生活。学校从原先的几个班发展到 20 多个班的规模，教师队伍建设取得了全县瞩目的成绩，现任教师中 80％的教师获得了市、县教学能手和学科带头人的称号，我校成为真正的师资力量雄厚

的学校。2007年,由台湾台塑集团王永庆先生投资修建了明德教学楼,明德文化同时也入驻我校。明德文化的理念核心"德慧泉"成为学校德育教育理念的重要组成部分。我们还通过建立明德文化研究工作室,与课程理念接轨,课堂上提升智力与培养慧性同发展等思路,有效地落实了明德文化理念,同时也促进了学校德育文化的生成和演进。2010年至今,学校在10年发展的基础上,总结发展成果,遵循幸福是人发展的终极目标,而要想拥有幸福人生,必须从儿童开始,培养一生受用的良好习惯,才能拥有幸福人生。因此,经过反复的推敲和实践,我们建立了学校文化特色定位,即"爱·德慧·幸福——以爱为源,提升智力,培养慧性,收获幸福"。即学校从爱出发,使学生经历求知、求慧的过程,获得幸福的体验,从而幸福一生。

有了明晰的学校文化定位,我校致力于从课程建设和课题研究等方面打造一所令人感到美好并受人尊敬的学校,取得了可喜的成果。

二、打造有影响力的课程,构建学校新型课程体系

课程是学校发展的载体,每一位师生都要立足于课程建设和实施,才能够获得有效发展。近几年来,通过对《基础教育课程改革实施纲要》的学习和研究,结合学校实际,我们确立了课程建设与实施目标——打造有影响力的课程,构建学校新型课程体系。

目前,我们把课程进行有效整合和分类,依据课程对象和课程性质把课程设置为以下三部分。

(一)打造师本课程

从教师发展的角度设置行政科普课程和业务研训课程,利用每周一、三、五的专题校本研训时间对教师进行行政科普培训,组织业务研讨、快乐大教研、名师论坛、专家讲座、感动校园评选等活动,以师本课程备课本的形式呈现教师发展的历程。通过5年的实践,我校师本课程的建立和发展取得了明显的成效。教师心态平和、幸福指数高,业务水平全县一流,成就了学生的同时也成就了自己,同时成就了学校优质发展的品牌!

(二)打造生本课程

我们通过对课程意图、标准和发展理念的把握和理解,在实施三级课程的同时,对三级课程进行了建设和发展。比如国家课程校本化建设,把品德课程与德育课程相结合,有效地利用了学校资源,丰富了品德课程建设的内容。地方课程特色化,我们根据地域优势选取了非物质文化遗产类地方课程内容进行开发和学习,比如"传统文化"课程中关于吕剧、京韵大鼓、毛竹板等课程的设计与当地的艺术家的授课结合,既落实了课程纲要,又传承和推广了国家宝贵的文化遗产,获得了两全其美的效果。针对学生兴趣,学校设置80多个门类的校本选修课程,每周四下午两节课集中实施教学。总之,学校立足生本课程理念,落实了学生的主体地位,使学生在学校里真正享受尊重,享受学习,享受幸福,享受有意义的生活。

(三)打造幸福课程

从2011年新学期起,学校遵循坚持把各项工作纳入课程管理的整体工作思路,以课

程实施来开展各项工作。为此,学校德育处特开设了"幸福课程",并制定了"幸福课程"实施纲要,旨在为学生开辟幸福航道。学校在学期初都要举行"幸福课程"——明确开学目标与课程载体的关系,思想和认识层面达到和谐统一,保证课程实施效果。每周德育教育例会研究、少先队工作、班主任工作、"学校—科室—级部—班级"四位一体化"爱·德慧·幸福"特色文化体系的创建以及家委会工作、安全工作、体卫艺工作等具体的重点工作来推进"幸福课程"的落实。

学校开设的德育"幸福课程"具体包括礼仪素养课程、健体审美课程、快乐成长课程三大部分。礼仪素养课程包括入校课程、升旗仪式(爱国礼仪)课程、典礼课程、校园午餐课程、路队课程、离校课程。健体审美课程包括两操与特色体育活动课程、卫生劳动课程、游戏课程、课外活动课程。快乐成长课程包括晨会课程、班队会课程(两课)、广播系统课程、少先队活动课程、全员育人导师制课程、家务活课程、节庆日课程。该课程实施以"以人为本"为基本原则,以"班级幸福课程"计划实施为实践,以评价激励为手段,以形成优秀特色班级管理模式、学校特色德育模式为目标,以养成学生良好日常规范行为、提高学生思想道德素质为终极目标,从而实现"以培养良好基本行为规范,塑造文明、健康、快乐、积极向上的新时代优秀少年"的目标。"幸福课程"的实施真正实现了学校"教书+育人"工作的有机结合,并推动了学校课题"以'校长为首,品德课程为主'构建全员育人导师制"的德育工作实效性研究,真正落实了变"教书"为"教人"的大德育思想。

三、新课堂行动研究,让学生幸福地、有意义地成长

改革的深处是课堂。为了提高课堂效率,让新理念在课堂上"生成流动",我校自2011年始,在学校课堂教学改革10年发展的基础上,提出新的目标——新课堂行动。

行动目标是以班级为主体,建立班级实验田,以"实验田"为核心,进行课堂教学改革行动,努力提高课堂教学质量,培养阳光、灵性、智慧、幸福的学生,促使教师创建幸福的教学之路。

行动内容如下。

(1)新课堂模式建构与操作——品德与生活(社会)课堂"三段五步"模式。

(2)新课堂30个实验点解析与操作。为使各位教师在课堂教学改革中的研究有所侧重,通过"个人申报—有效组合—审批办理"等环节,创建了30个实验点。

(3)"毛虫与蝴蝶儿童阶梯阅读实验"。"毛虫与蝴蝶儿童阶梯阅读实验"是朱永新教授新教育实验的一个实验点,全国许多知名学校已大力开展实验,我校先后组织20余位教师去淄博金茵小学向齐鲁名师常丽华老师学习。回校后我们建立了实验班,通过专家引领、实践探索,最终形成成熟的新型课堂教学模式,推进了学校新课堂行动研究。

通过一年多的实践,课堂上教师不再是一味地灌输,而是用与学生共成长的眼光创造灵感,智慧的火花不时地被教师点燃;学生大胆表达,自主发展的习惯逐渐养成,课堂上始终洋溢着幸福和尊重,孕育着爱的力量和和谐的美!

总之,学校围绕课题研究开展了学校管理与发展全方位的改革和探索,从文化建设、课程研发与实施到新课堂行动研究,不但使课题研究工作有了新的突破,还全面推动了学

校可持续发展。

再次感谢省教研室总课题组的领导、专家和教师的悉心指导,在今后的课题研究与优质学校目标建设的道路上,我们将继续努力,勇往直前!

山东省普通中小学"1751"改革创新工程第二片区现场会典型发言
教师专业成长 学校可持续发展的不竭动力

(2012 年 6 月 15 日·济南长清)

阳信县劳店镇中心学校 张雪峰

各位专家、领导,老师们,大家好!今天,我们齐聚长清,举行"山东省 1751 第二片区现场会",共商学校发展大计。今天我汇报的题目是"教师专业成长,学校可持续发展的不竭动力"。

教师是教育事业的第一资源,教师的成长走向决定学校发展的走向,教师能走多远,学校就能走多远。当前,我们各级各类学校,都无一例外地关注教师的专业成长,提升教师队伍整体素养。近年来,劳店镇中心学校坚持"弘扬师德,提升教师素养;注重养成,培养学生习惯;聚焦课堂,提高教育质量;依托课程,提升学校品牌"的办学思路,学校一家人凝心聚力、奋发作为,把教师专业成长作为学校可持续发展的不竭动力,走出了一条适合镇情、校情的师资队伍建设之路,我现在将有关情况汇报如下。

一、强化师德建设,营造良好校风

师德建设是办学的基石。师德建设跟不上,学校的发展无从谈起。

(1)加强师德学习。一个人的大脑,积极的东西不去占领,消极的成分就会乘虚而入。多年来,我们劳店镇各学校积极向教师推荐书籍、文章、感人视频资料,净化教师心灵,升华从教情感,让教师的思想时常沐浴在高尚师德的春风中,荡涤庸俗思想,从而坚定其职业信念。

(2)形成校本师德制度规范。我们各学校结合本校的实际,制定了《教师公约》《教师和谐宣言》《教师誓言》等一系列规范教师言行的校本制度规范,其目的是约束教师的不规范行为,使教师从被约束到逐渐形成习惯,激励教师的工作激情。

(3)教师励志教育。每周"校长寄语"、每天"校长飞信",已经成为我们的一个习惯。我们通过这样的方式对教师进行耳濡目染的做人、做事及励志教育,而且更重要的是帮助校长与教师架设起了互励共勉和心灵沟通的桥梁。

(4)开展职业道德教育活动。师德实践是我们长期以来形成的风尚。我们定期开展师德演讲比赛、"我的教育教学格言"和"我的优点"征集、国旗下师德演讲及各类教职工文体活动,抓住时机,激励教师的工作情感,以活动为载体呼唤教师的高尚师德,激发教师的工作激情,营造宽松、民主的工作氛围,建设积极向上、团结和谐的教师精神文化。教师切身感受到了为人师的光荣,体悟到了职业的幸福。

(5)发挥领导班子的示范带动作用。中心校树立了"管理即服务"的观念,力求整个班子真抓实干、率先垂范、团结高效。王志刚校长的敬业,孙景伟、王宝亮、李建峰三位主任的兢兢业业、雷厉风行,为劳店教育树立了旗帜,在这样优秀的业务领导的带领下,学校到处涌现出一种积极向上的正气。

(6)优化教师工作生活环境。学校积极争取上级资金支持更换了学校变压器,彻底改建了食堂餐厅,改善了教师的生活质量;投资安装了电子屏幕、校园广播,为劳店中学、解家小学更换了品牌办公桌椅,大大优化了教师的办公环境,为教师干事创业提供了物质支撑。

二、加强学习与反思,促进专业成长

(1)倡导教师读书。学校启动了智慧读书行动,引领教师与书籍为伴,与经典为伍,与大师对话。我们认为,学习、读书是给教师最大的福利,在教师中大力倡导读书活动。我们明确了阅读要求:一要多读教育理论专著和教育期刊,提升教育理论修养,指导教育教学行为;二要多读经典著作,改变人生态度,提升精神境界。我们开放阅读视角:每年订阅几十种教育专业刊物、各学科的专业期刊以及人生励志的书籍。随着读书行动的深入展开,学校提出了"读教结合,读研结合"的学习策略,把读书、教学、教研融为一体,引导教师学习理论,研究方法,优化课堂,解决教学问题。同时,为了增强实效性,要求教师养成"不动笔墨不读书"的习惯,及时摘记和撰写感悟,做到读思结合,同时开展读书演讲比赛、读书交流会来督促读书质量,保证读书效果。有付出必有回报,在全县中小学教师读书比赛中,劳店中学、小学团体成绩均名列全县前茅。

(2)倡导做反思型教师。写一辈子教案,成不了名师;经常反思的教师,才有可能成为名师。教学反思的本质是一种理论与实践之间的对话,用反思来改善实践的效益,用实践来提高反思的质量。我们倡导教师做反思型教师,在备课时用好前瞻性反思,在教学过程中多用过程性反思,教学后多运用、多进行回顾性反思,以不断提高自己的总结和评价能力。同时要求教师善于将自己在实践中获得的真知灼见和宝贵经验,写成论文、案例和"教学日记"。另外,本学期以来中心校实行"学校荐文"制度,每周轮流由一学校在全镇推荐一篇好的文章或案例,督促教师"三省吾身、三省吾课堂、三省吾学生之成长"。

(3)倡导教师写教育博客。为了搭建反思交流平台,激发教师自主发展的情感,自2010年5月开始,全镇教师在教育门户网站——中国教育人博客,建立了学校教师的博客群,这是我镇教师专业成长的一个很重要的举措。教师在上面发表博文,学习名家名师的教学经验与思想,交流心得,实现资源共享。劳店中学张如意老师两次被评为"博客之星",共有200余篇博文被推荐或设为精华文章,成为我们劳店镇乃至全县博客建设的优秀代表。为保证博客建设的质量,整个过程我们有检查、有评价、有反馈。博客建设,已经成为我们镇教师成长的最优化平台。

三、落实教师培训,强化专业引领

(1)实施"青蓝"工程,壮大骨干教师队伍。丰富的教学经验具有传承性,开展师带徒结队活动,一方面有利于提高骨干教师的成就感,激发其工作热情;另一方面有利于缩短新教师成长周期,在最短时间内得到提高。各校充分利用本土资源,发挥骨干教师作用。通过"名师讲坛"等形式,有针对性地让校内名优教师谈经验体会,做专题讲座、上观摩课,发挥本校名师、教学能手、学科带头人的带动作用,使教师升华教育理念,梳理工作思路,感悟教育内涵,增强进取意识。

(2)扎实进行远程研修。对中小学远程研修工作,我们高度重视,制定了翔实的研修方案与制度,并抓好各层面的落实,倡导教师珍惜机会,自我提升,做一名幸福的教师。学校每天把研修督查情况汇总形成简报,有表扬,有评价,有要求,有建议。劳店中学连续两年教师暑期研修排名位居全市前20名。2011年小学教师研修,劳店镇学员优秀率超过30%。今年2月,劳店镇中心学校被评为"滨州市师资培训先进单位"。

(3)外出挂职,丰厚教师的专业底蕴。一个人能走多远,要看他与谁同行;一个人有多优秀,要看他受谁指点。为了让学校的教师有更多的学习机会,我们依托山东省"1751"改革创新工程项目学校的背景,先后选派了50余人次远赴青岛实验初中、济南胜利大街小学挂职培训一周。培训教师采取"一对一"帮扶模式,通过观摩课堂教学、参加教研活动等方式,促进自身专业素养的提升。参加培训的教师珍惜机遇、心系责任、不辱使命,白天学习、听课、评课,晚上总结整理学习日志,当晚由带队领导审阅、评价、反馈、修改后汇集成简报,发回镇各校平台,第二天各校打印发到各教研组,形成了全镇关注挂职学习、了解外面世界的无形网络。与此同时,在省市县举办的优质课评选中,我们也积极选派教师参加观摩活动,让我们的教师走近名师,丰盈自己的教育人生。

(4)开展同课异构,聚焦课堂教学。中学、中心小学分别与青岛实验初中、济南胜利大街小学以及县域内兄弟学校开展了灵活多样的同课异构、结对或联片教研活动,两校同上一节课,不同的设计,不同的风格,课堂论剑,精彩纷呈。活动中彼此交流,取长补短,真正达到了联片教研、资源共享、合作双赢、共同提高的目的。目前中学、中心小学分别初步形成了"自主、互助、开放""五课型三环节全自主"的课堂教学范式,并在邻县教研室推广学习。

(5)强化教师基本功训练。2011年以来,我们以县教师基本功大赛为载体,掀起了大练基本功的高潮。各学校开展了丰富多彩的活动,制订了切实可行的训练计划,出台了评价标准,开展了粉笔字"天天写·日日展"、钢笔字"天天练·周周交"、毛笔字"天天练·周周评"活动。活动力求实效,有奖励,有鞭策,让提高基本功水平成为教师的一种自觉意识。

(6)发挥本县"三名"的引领作用。我镇有县"三名"建设工程人选现有7人,目前来看,每位工程人选都认真履行了人选职责,在学校的课堂教学、帮扶互助、教育科研等方面发挥了带头作用。各校对人选充分信任,大胆使用,给他们的成长提供了广阔的空间。先后开展了名师讲座、教学示范等活动,教学相长,既培植了新生的教学骨干,壮大了名师队伍,也极大促进了人选的自身成长。

各位专家、领导、老师们,学校的发展靠教师。劳店镇中心学校将借力"1751"改革创新工程这个平台,全方位提升教师素养,聚焦课程与课堂,努力提升教育质量,竭尽全力办人民满意的教育。

滨州市中小学教学工作会议典型发言

聚焦内涵发展　绽放生命激情

（2013 年 4 月 12 日·滨州）

阳信县商店镇中学　齐爱军

各位校长、主任,大家上午好。

商店中学是一所农村寄宿制初级中学,近几年,学校通过借鉴先进学校的成功经验,结合本校发展实际,不断创新管理机制,聚焦内涵提升,学校管理取得了一定的成绩。回想这几年我们学校一班人做了什么? 其实就是思考并探索着教育的本质到底是什么。

我们基于"为师生未来幸福奠基"的办学理念,通过理念引领、自主激励、立足课堂和根植课程来建构并演绎着"绽放生命激情"的学校内涵发展。

一、没有幸福的教师就没有幸福的学生（教师篇）

常言说:"一个学校,没有幸福的教师就没有幸福的学生,没有教师的幸福成长就没有学生的幸福成长。"我校以提升教师的生命质量作为教师队伍建设的价值取向。以人为本,尊重教师,发展教师,成就教师,用"幸福指数"为学校管理把脉。

1. 心中有教师,尊重教师

学校不仅把教师看作会上课的匠人,而是以教师的身份去面对教师、接近教师,走进教师心灵。为了便于交流,我们全体教师建有飞信群。每个教师生日的时候,早上上班第一时间就会收到校长室发的飞信:"××老师,校长代表全校师生祝你生日快乐!"之后,校长办公室会给该教师送去一杯芳香飘溢的热茶。一份内心的感动,会让人激情荡漾;没有健康的身体,没有温馨的家庭,也就不会有教师在学校高效率的工作。学校倡导健康第一,给每位教师创造锻炼身体的机会,课间跑步、跳绳、打乒乓球等。过去推门听课是一种常规"时髦",现在改为"预约听课",提前一天通知上课教师。因为和谐的工作环境不是"管"出来的,而是"培育"出来的。正是这种温馨的氛围,使教师更有了一种生命的激情。

2. 发展教师,给教师"保养"的机会

（1）教师将外出学习培训机会当作一种福利。学校注重教师外出培训学习。除上级安排的外出学习外,我校每学期都要自行派出教师 70 ～ 80 人次到外校学习。派出的教师先后到聊城杜郎口中学、莱芜口镇中学、德州庆云二中、淄博临淄实验中学等学校观摩学习。学习之后学校组织"深度学习",即让教师把外出观摩学习中的适用经验与本校工作

做好有效"嫁接",生成新的经验和做法,改善教育教学过程,提高质量和品性,使教师真正获得"他山之石,可以攻玉"的效果,享受"学习福利",提升职业素养。

（2）让读书成为教师最好的"养颜品"。每学期学校都给每位教师购买一本像《你在为谁工作》《高效课堂解密》《走进新课程》这样的书籍,供教师学习。假期学校向教师推荐书目学习,开学后开展读书竞赛。平时利用校长荐文、年级组教师荐文的形式供教师交流学习。每位教师每学期都要写一定数量的理论学习笔记,每月每位教师上交一篇教育随笔或反思案例,学校统一评比,并将优秀随笔或案例发表在校刊上和教育博客上,互动交流,共同提高。从而以书"养颜",让教师"永远年轻"。

（3）自主积分、自我实现。学校制定了"自主积分、自我实现"的《商店镇中学教师考核办法》。各科室、各年级组、各教研组和各位教师按照细则的要求,根据上级部门工作的部署,积极发挥自身的优势,参与各种比赛活动,主动实现自我,创造佳绩。为保证教师在良性竞争的环境下工作,我们还实行教研组捆绑式评价,相关教师的教学教研成果,按一定比例的考核分加到教研组其他教师身上,这些措施极大地调动了全体教师互帮互助和积极投身科研的积极性。仅仅3年时间,我校打破了没有国家级课题研究的历史,现有国家级课题研究结题3项,正在申报研究1项,省级课题研究结题3项;获市县级业务称号的教师有9人;参加市县级教师各类技能比赛获奖达60余人次。

3. 成就教师,让教师获得生命绽放的动力

一是我校成立以市县教学能手、学科带头人为基础,以"绽放课堂生命激情"为核心理念的"草根课堂教学研究"工作室;二是从在教学教研上能起"领头雁"作用的业务骨干中选取教师成立了以肖文强老师为主的"名教师"工作室;三是对本校部分教育教学经验丰富的教师的教学反思和教学案例等集结印刷;四是运行充满生命情感的每月"教师业务论坛",教师在论坛上可以碰撞思想,张扬个性。

二、激励奋进自主参与,创设德育场景（学生篇）

学校因谁而美丽?学生。学校的每一天,都要美好地留在学生的心灵深处;学校的每一天,呈现的都是唤醒学生求知意识、生命意识、责任意识的教育场景。

（1）每学期开学,我们学校都要为全校教师做以"学校因我而精彩"为主题的激励讲话,从历史积淀信心、现实赋予使命、未来充满激情三个方面来阐释"绽放生命激情"的学校内涵。学校给全校学生赠送以"学校因我而美丽"为主题内容的激励卡。各种主题活动都在演绎一种教育哲学,真正让学校的办学理念融汇成师生激扬向上的精神。

（2）学校成立"校长顾问团",其成员全是学生。每年级组通过竞聘选取2人成为校长顾问,一月一周期。校长顾问"挂牌"上岗,他们从学生的视角观察校园的方方面面,比如餐厅伙食质量和价格情况,作业量多少,等等。校长顾问有权、有机会与校长、级部主任、教师进行对话,提出建议和要求。我们还会召开学生毕业典礼,给每届毕业的学生赠送一本毕业典册,上面记载着每一个学生在校三年中最精彩的闪光成长足迹。这些都可能会成为众多学生终生难忘的成长记忆。

（3）狠抓养成教育，强化学生的习惯养成。在学工处的指导下，学生自主管委会建立了一套学生养成教育电子档案管理系统。每个学生的养成教育基础分为100分，在日常考核量化中如果有学生低于60分，就必须进入养成教育培训班学习。一是学习《商店镇中学学生日常行为规范》《商店镇中学文明礼仪常识》等有关知识；二是视情况必须为学校学生或校园做一件有益的事。一般培训期1到2周，如果培训合格，养成教育基础分就回归100分，如果不合格，学生就继续培训直到合格为止。养成教育培训班的创建，不但强化了学生的行为习惯养成，而且让学生懂得了如何做人、如何做事。

三、教模解放学生，社团成就特长（课改篇）

学校不能去寻找适合教育的学生，只能去探索适合学生的教育。

1. 立足课堂，还原学生，迸发课堂生命活力

我们都知道，对教学最本质的寻觅与探索，永远是关注课堂、研究课堂。离开了对课堂本质的探寻，教学也就成了纯粹的知识传递，谈不上所有教学功能的实现。

我校成型了"一体三步X环"的课堂教学模式："一体"是预习提纲与导学案成为一体——预学案，"三步"是学、导、测，"X环"是依据学科特点和教师个人风格灵活的设计教学环节。其教学主要以课前自主预习为基础，以课堂上小组互助、教师点拨为核心，以当堂检测为准则，实现学生自主学习、合作学习、快乐学习，在自主中学会独立思考，在合作中学会倾听、学会尊重、学会共享，在快乐中享受成功。

2. 根植课程，成型社团，共筑师生成长乐园

（1）我校自2010年就成立了校本课程研发部，本着张扬学生个性、发展学生特长的原则，结合本校实际和当地可利用的社会资源，现已建立了富有本校特色的校本课程和社团，如"剪纸""书法""绘画""舞蹈""球队""雕刻""编织""十字绣""新绿文学社"和"诗词诵读团"十大社团。

（2）社团以本校教师个人专长辅导，统一时间安排（每周下午课外活动时间），采用有主题的大单元综合实践活动来开发，利用"套餐自选、走班运作、学分管理"来实施，定期进行成果展示和评估。这既张扬了学生的个性培养了特长，又丰实了教师的兴趣生活。我校以县教学能手丁雪莲为主研发的成语操和校园舞这一"阳光大课间"活动荣获全市比赛初中组第一名的佳绩。学生诗词诵读获市一等奖，2012年学校篮球队代表我县参加了滨州市篮球比赛获得第三名。

（3）学校充分利用区域优势，把商店职教苗圃基地、瑞鑫集团、商店镇传统草编等固定为学生社会实践基地，为学生闲暇时间开展综合实践活动提供便利。学生在实践中获取知识，从实践中培养能力、开拓思维，获得很多的感受，健全了人格，促进了人生观、价值观的形成。

教育是一种氛围，绽放生命激情是形成教育氛围的一条流淌的长河，是校园精神的凝聚与传承。我们会选择尊重生命、理解生命、绽放生命的方式，和孩子们一起走向生命的大美、至美、完美！用一生的执着去圆这个梦！

最后，教育的本质，在于引领学生在生命的不断探索中寻求生长点，为学生生命的成长、价值的提升提供一个有意义的空间。所以，我们的追求，是生命之花的绽放！谢谢大家！

山东省普通中小学"1751"改革创新工程第二片区研讨会演讲稿

倾情打造尊重教育　让教师与学生共精彩

（2014年6月24日·滨州阳信）

阳信县劳店镇中心小学　田国军

一、尊重教育的提出

在实施"1751"工程前，"尊重"一直是学校管理思想的主流，起初我校"尊重"管理的含义主要是体现在学校领导对教师工作的尊重。多年来，校长这一重要的管理思想得到了广大教师的认可，学校管理也更加规范，教师的工作积极性也得到了充分调动，并逐渐形成了学校管理的一个特色，因此我们多次在全县校长论坛和学校观摩等活动中做典型发言。学校参与"1751"改革创新工程以来，经过省课程中心专家对学校管理的诊断引导，我们在原来"尊重"管理理念的基础上，把尊重上升为学校的核心办学理念，并把打造尊重教育作为学校办学的出发点和归宿点。为了更加丰富"尊重教育"的内涵，学校组织教师和学生开展了以"尊重是什么"的大讨论，大家从不同的角度，重新认识了"尊重"的意义和价值。

1. 尊重教育即尊重教育规律，尊重人的成长规律，尊重师生的人格人性的教育

尊重教育的核心是以人为本，目的是通过尊重规律、尊重师生、尊重个性而达到"夯实基础，激发潜能，培育个性"的教育要求。

2. 尊重教育目标

尊重教育目标在于：营造和谐、奋发向上的校园文化，培育一支受人尊重，又尊重学生的教师队伍，培养学生尊重的意识和能力，即尊重自己、尊重他人、尊重知识、尊重生命、尊重社会。

3. 尊重教育对学校的教育管理的具体要求

（1）教师：必须最大限度地去理解学生、宽容学生、相信学生、善待学生。尊重规律，改进教法，提高效能。劳店中心小学的教师应当成为学会尊重学生人格、具有较高教学能力的优秀教师。

（2）学生：必须学会自尊、自信、自立、自强，在尊重生命、尊重自己、尊重教育、尊重知识、尊重父母、尊重师长、尊重同学、尊重发展的学习过程中学会做人，学会学习。

（3）学校管理：必须以人为本（尊重学生，尊重教师，互尊人格），以目标管理为导向，以制度管理为准绳，以情感管理为动力，以激励机制为手段，以自我评价为调节，以和谐校园为根基。注重过程，尊重规律，追求师生的充分发展，形成团结、进取、民主、和谐的校园文化。

二、打造尊重教育，我们在行动

（一）打造懂得尊重的教师团队，树立教师第一的思想

学校要切实实施尊重教育，必须要有一批尊重型教师。教师把尊重学生放在第一位，尊重学生的人格、尊重学生的个性发展、尊重学生的兴趣爱好等。这就需要学校把教师的发展放在第一位。只有教师不断加强学习，切实提高自己的思想道德素质和教学专业水平，才能保证学生的良好发展。

1. 尊重型的管理，让教师在学校感到家的温馨

学校管理需要制度的规范，但更离不开人文关怀，尊重是学校管理的基础。

第一，校长飞信。每个工作日的早上，校长都要通过飞信向学校教师发一条信息，或生活工作的提醒，或读书学习的感悟感言，或工作生活的反思体会。几句简单的话语传递的是对教师的关心与问候，传递的是学校的温情与温馨。

校长飞信选录：

（1）天冷了，老师们穿暖些，天气再冷，我们的心永远是热的，我们的学校永远是温暖的！

（2）班级管理更要注意细节，天天提醒自己的学生：书，读了没有，该怎样读；字，写了没有，该怎样写；室内的卫生，是否真正时时有人管，时时保持清洁，敬请班主任关注！

（3）静下心来做教育，克服浮躁，着眼长远。因为你是中心小学的教师，所以你更优秀，你也正在努力让自己更优秀！

第二，寻找校园最美身影，弘扬正能量，促学校内涵发展。

一次意外的发现，启发我们要寻找校园最美的身影。那是2011年的一个春天，正值春暖花开，校园里有不少的蜜蜂。课间孩子们在校园内游戏，突然一个孩子大声地哭了起来。听到孩子的哭声，王志华老师快速走出办公室，来到孩子跟前。原来孩子被蜜蜂蜇着额头了。王志华老师先是安慰孩子，然后轻轻地把蜂针拔了出来，接着又从自己的办公桌内找来风油精轻轻地涂在孩子的伤口上。"志华老师弯着腰，边安慰孩子边轻轻地给孩子擦拭额头"这一画面在那一刻让人感觉是那么温馨，又是那么美丽。我想，这种美丽，不正是我们校园所不可缺少的吗？其实我们的校园并不缺少美，缺少的是发现美的眼睛，如果大家都能主动地去寻找美，发现美，并弘扬美，我们的校园就会充溢着美，校园就会成为师生温馨的家园、乐园，这不正是我们要努力打造的理想校园吗？这不正是我们学校尊重教育要追寻的境界吗？

受上述事件的启发，我们决定把寻找校园中最美身影纳入学校的一日常规管理，形成学校的德育课程，引导教师和学生发现美、学习美并积极成为美的创造者。以下是我们一日常规中部分最美身影。

镜头一：2013年11月7日校园最美身影。早上李丽莉、周洪伟、孙海燕老师早早到校在教室辅导孩子们诵读英语、语文篇目，教室里发出的琅琅读书声，给路过的教师、学生带来一种催人上进的信心。四年级一、二、三班的学生校服穿着和红领巾佩戴、书籍摆放最整齐。

镜头二：2013年11月4日校园最美身影。早晨天气有些冷，王永新、劳秀玲、孙海燕、王元胜、张俊香、苏丽、王春霞早早来到学校指导学生诵读。当天执勤的已近50岁的司景霞老师、恪尽职守地给每位教师做出了榜样。学生行走入队已有成行、成列的意识，如三年级一班、二年级二班的学生在校园里走动开始成队成行。低年级二年级二班、一年级二班学生边行进边诵读《弟子规》，声音洪亮，气势可嘉，值得表扬。

像这样的例子还有很多，一所学校要发展，师生的积极性是关键。我们欣喜地看到，当师生们看到自己的善意行为得到肯定和赞美时，更好的效应产生了，学校里的正能量正在一点点汇集。

当我们欣喜于这些最美身影的时候，也坚信，劳店中心小学的每一位教师在自己的岗位上都可成为一道独特的风景，留下最美的身影。只要全体师生执着地坚守心底那份对教育的热忱，总有一天，每位师生都会成为我们这个校园里最美的身影。

学校的管理者要继续去寻找、去发现那些乐观的、奋斗的、博爱的、创新的、担当的身影，并一起为这些高尚的言行加油喝彩，让我们的校园也因这些"最美"而更加温馨与幸福。

第三，感动校园年度人物评选。

我的主持词——

2013年已离我们而去，但2013年留给我们的感动却仍在继续。过去的一年，在尊重教育的理念下，我们一家人精诚团结，我们不断地超越，不断地进取，每一位教师的身上都续写出一个个感人的故事。今天我们举行这个简朴（没有华丽的舞台、绚丽的鲜花、震耳的礼炮）而又隆重（高涨的热情、澎湃的心情、热烈的掌声）的仪式，就是带领我们全体师生，一起回忆我们中心小学所有教师带给我们的感动。回忆2013年，展望2014年，相信我们这个优秀的团队，用我们的爱心、用我们的热情、用我们的真诚会续写新的感动、新的辉煌，会续写出劳店中心小学更加精彩的篇章。

几位教师的颁奖词——

司景霞：她是教学一线的一位老兵，在平凡的工作岗位上恪尽职守、孜孜以求。三尺讲台，她近30年的执着坚守，课堂中，她精彩的语言、扎实的基本功，让年轻教师羡慕不已。她每天不顾自己的身体不适坚守在一线，对于工作的那份执着，对于工作的忘我境界更是年轻一代应该学习的。

张俊香：她是语文学科的带头人，风趣幽默，性格爽朗。哪里有她，哪里就会有笑声。在她的引领下，学生让一个个方块字散发迷人的魅力，将词句篇章做成一道道色香味俱全的文学佳肴。多年的班主任工作中，她用心铸就爱，用爱赢得了学生的心。

……

这样的活动凝聚的是全校教师的心，鼓起的是追求发展的动力。

2. 积极为教师开辟学习的空间, 打造学习型教师团队

学校在"尊重教育"理念的支撑下, 立足学校实际, 打造"学习型、反思型"的教师专业群。我们的具体做法如下。

（1）创办"教师讲坛"教研阵地。每周三下午放学时间学校组织讲坛活动, 或聘请县内的名师, 或本校的骨干教师, 针对教师职业道德、学科教学、案例反思、课题研究、人生感悟等方面进行交流、培训, 营造了浓厚的学术氛围。

（2）外出学习求实效。学校积极主动派教师外出学习, 教师外出前明确任务, 回校后及时总结、汇报, 学校进行全校二次培训, 保证了教师外出学习的高质量、高效益。2011年学校两批去济南胜利大街小学挂职学习的教师, 自发编制了《我们的胜利之旅》学习感言集, 得到了省课程中心专家认可与好评。当前, 学校教师, 已把写教学日志当成了每天的必修课, 一篇篇教学反思, 一个个教育故事, 记录着每一位教师的成长经历。

（3）开通"教育人博客"交流平台, 让思想在碰撞中升华。自2010年4月以来, 学校指导全体教师注册了"中国教育人博客", 引领大家写教育教学反思、教育故事, 与博友交流学习。为保证实效, 学校定期检查运行情况, 每学期进行"博客之星"评选, 将教师的优秀博文装订成册。一年的尝试, 教师收获很多, 感慨很多, 人文素养、教育情怀不断提升。

（4）校长荐文, 读书交流, 让读书成为教师的习惯。发现好的文章、案例等, 校长都会打印发至每位教师, 每个假期向教师推荐适合广大教师阅读的书籍, 并让教师写出读后感悟并通过读书交流会的形式相互交流学习心得, 以便于相互学习共同提高。

（5）成立名师工作室, 为年轻教师成长铺路引航。我校现有省级优秀教师一人, 市级教学能手一人, 县级教学能手、学科带头人7人, 学校充分发挥"骨干教师"引领作用, 实施"名师塑造"工程, 通过引领, 使广大青年教师迅速成长起来。刚刚踏上工作岗位的青年教师有激情但没有经验, 创新意识不够, 不管是参加乡里的优质课评选还是参加县里的优质课评选, 不敢报名参加。如何让青年教师迅速成长起来呢？我校确立"骨干带头, 积极指导, 找准基点, 实现成功"的帮扶思路, 用骨干教师的成功案例让他们懂得"付出不一定有回报, 但不付出一定没有回报", 使他们懂得"经历也是一种幸福, 因为你经历的比别人多, 所以你距离成功的彼岸的机会就大"。

在实行"名师塑造"的基础上, 通过"个性课堂鉴定""骨干教师开放日""骨干引领课""青年基本功展示""课题培训"（学校现有省级课题一项, 县级课题两项）等丰富多彩的活动, 激发教师的潜能, 让更多的教师成长起来。

（二）构建尊重课堂, 充分展示学生的精彩

传统的课堂, 往往教师是课堂的主角, 教师主宰着整个课堂, 学生消极地被动地参与, 这样的课堂教师讲得累, 学生学得累, 而且课堂效率低, 并容易造成学生厌学的现象。劳店镇中心小学打造尊重的课堂, 要求教师眼里始终有学生, 目标的设定要尊重学生的认知基础, 方法的选择要尊重学生的兴趣爱好, 知识的生成要尊重学生的思维判断。基于此我们提出了"12345"尊重课堂的具体要求: "一种理念"就是"尊重"; "双向成长"就是课堂中, 师生实现双向成长, 课堂既要发展学生, 也要成就教师; "三大特点"就是学生学习方式要体现新课程倡导的"自主、合作、探究"三大特点;"四种境界"就是课堂教学努力追求"开放、互动、生成、高效"四种境界;"五大目标"就是课堂教学最终实现学生"基础扎实、思维开放、潜能激发、阳光自信、健康成长"五大目标;尊重的课堂能最大限度地调动每一个学生主动参与学习的积极性,实现教教材到教课程的美丽转身,彰显"我的课堂我做主"的理念。

围绕"12345"的尊重课堂理念,学校在教师备课和课堂模式建构方面进行了以下探索和尝试。

1. "五课型·三环节·一自主"的"531"语文课堂教学模式

"五课型",就是语文教学把单元作为一个整体,按以下五种课型进行课堂教学,这五种课型为单元导读课、示范引领课、自主自学课、拓展延伸课、汇报展示课。

"三环节"是指以上五种课型的基本操作的过程都要经历"课前的准备预热、课上的读悟演练、课后的拓展延伸"三个环节。

"一自主",是五种课型的核心操作理念,更是打造尊重课堂的根本,问题由学生自主提出、文本由学生自主解读、方法由学生自主选择、作业由学生自主设计选择等。在自主的前提下,学生的主动性、积极性、创造性得到了极大的提升,这才是高效教学的有力保证。

2. 模式构建下的个性化课堂

在确立了语文、数学课堂基本模式的基础上,根据学校尊重教育的理念,学校要求教师"不唯模式",积极倡导模式构建下的个性化课堂,以"访问课""邀请课""周听课""外出学习汇报课"等多种形式的听评课活动努力提升教师的课堂驾驭能力。

通过近两年来的探索,我校课堂教学有了明显的转变,教师的教学理念、教学方式以及学生的课堂习惯都发生了很大的变化,尊重教育理念引领下的个性化课堂正在逐步形成。举例如下。

劳志鲁老师的"小组互助教学",结合小学青岛版教材的特点,在确立了学习小组,明确运行机制的基础上,按照"小组自主互助学习"课堂教学模式,其基本流程设置如下:情境引入,提出问题;独立思考,小组讨论;展示交流,点拨提升;巩固练习,组内互助;课堂总结,达标测试。以上五个环节,要求教师处处发扬民主,尊重学生的发问、鼓励学生对同学、教师、教材进行质疑,教师要学会当观众,学生要学会当裁判,教师是出现疑惑时的引导员,而不是下定论的法官。

刘静老师的"体验式作文教学",遵循"体验—情境再现—表达畅谈(指导方法)—动笔写作—及时修改"的基本流程,凸显"在写作教学中注重培养学生观察、思考、表达和创作的能力"等新课标要求。

更为重要的是教师要关注写作方法的渗透,个性化的表达和思考。关注情境的创设,唤醒孩子写作的欲望,为学生的自主写作提供有利条件和广阔的空间。

周洪伟老师的"快乐英语课堂"。以兴趣为基点,以活动为主线,尊重学生的个性发展,设计多个活动,使学生在活动中体验英语的乐趣,在活动中得到口语的表达训练,切实提高学生的英语素养。

（三）开设尊重课程，促进学生全面发展

校本课程开发理念：尊重学生所需，基于学生生活，张扬学生个性，提升学生素养，给学生一个幸福的童年！

根据学校课程开发理念，遵循学校打造尊重教育的基本思路"尊规重律、尊礼重德、尊知重能"，学校相继开发"律己、明德、尚能、追梦"为主题的系列尊重课程，最终实现让学生"成人，成才，成功"的"三成"目标。

律己——我是小学生啦（入校课程）、一日课程、双十习惯、母校情未了（离校课程）。这一系列课程，让学生养成自尊、自觉、自律成为习惯，这是成人的基础。

明德——文明与礼仪、魅力阳信人、家乡四季、节日风俗、心灵有约。这一系列课程，重在塑造学生良好的品质，提升学生的修养，这是学生成人的保障。

尚能——播音与主持、小巧手、翰墨飘香、劳动最美、春之声、大美语文、数学与智慧、校园吉尼斯。这一系列的课程，丰富了学生的技能培养，为孩子的成功插上理想的翅膀！

追梦——我爱发明、我爱健身、快乐小百灵、生命赞歌。这一系列的课程，让孩子们体验成功的快乐，感受梦想的力量，让自己的梦想与伟大的中国梦联系在一起。

多元化的课程研发实践促进了学生全面发展，落实了立德树人的教育根本任务，形成了学校发展的优质品牌！

（四）积淀尊重文化，促进学校内涵发展

学校在尊重理念下，打造尊重的教师团队，构建尊重的课堂，开设尊重的课程，倡导尊重的管理，这一过程让我们认识到：尊重是制度，尊重是行为，尊重是品格，更为主要的是尊重形成学校的文化，这是我们打造尊重教育的最高追求。为此，我们研究实施学校尊重文化"三步走"策略。

第一步，依托学生习惯养成教育，重点抓学生的行为文化和校园环境文化。

第二步，依托尊重课堂模式创建与教师团队建设，重点抓教师的行为文化和学校管理文化。

第三步，在环境文化、行为文化的基础上最终形成学校的精神文化。

当前学校尊重文化建设还只是体现在环境文化、行为文化的初级阶段。"尊规重律、尊礼重德、尊知重能"，尊重文化的建设思路刚刚展开，这主要体现在我们的外显文化与课程文化方面。尊重文化的愿景是和谐：校园人际关系的和谐，自然环境的和谐，人文环境的和谐，走在校园内感受到环境的和谐优美，师生的阳光文明，学校是校园、家园更是乐园。"努力打造尊重教育，切实促进学校的内涵发展"是我们借力"1751"改革创新工程最终的目标追求。

三、"1751"活动回顾与展望

回顾劳店中心小学与"1751"工程相伴的这三年多的时间，有辛苦、有付出，但更有感

动与收获：感动于省课程中心张晓峰书记等为学校发展出谋划策，常常会星夜兼程，不顾疲劳；感动于济南胜利大街小学王念强校长与他的教师团队无私地给予学校教师课堂教学、课程开发、学生管理等方面全方位的引领与指导；感动于第二片区每一所小学，给我们提供的一次又一次的相互学习共同交流的机会。"1751"活动虽已经历了三年多了，但我们学校创新与发展才刚刚起步。经历"1751"改革创新工程的历练，吸收借鉴我们第二片区九所联盟学校的先进治校经验，相信我们的学校一定会距离人民满意的优质学校越来越近。让我们共同期待着所有的"1751"工程项目学校都有一个美好的未来！

滨州市职业教育工作会议典型发言材料

抢抓机遇　真抓实干
努力创办山东省规范化中等职业学校

（2016 年 4 月 1 日·滨州）

阳信县职业中专　朱洪彬

近年来，学校紧紧抓住创建"省规范化中职校"这一有利时机，加强内部管理，加快基础能力建设，强力推进教育教学改革，全面提升办学水平，努力增强职业教育的吸引力，学校影响力得到明显提升。

一、项目建设稳步推进，建设成效逐步显现

1. 各级领导高度重视

建设项目实施以来，有关领导多次到校视察，调度项目建设情况，针对配套资金、事业编制、土地指标等难题，多次调度，解决实际困难。截至目前，政府拨付县级财政配套资金已到位 2800 余万元；核定事业编制 205 人；划拨体育场建设用地 68 亩；2015 年在教育费附加足额拨付的情况下，又拨付县财政预算资金 344 万，用于办公和设备购置。

2. 管理水平明显提升

项目实施以来，学校研究制定或修订了《专业技术职务推荐办法》《教科研奖励办法》《限时办结制度》《财务管理制度》《技能竞赛奖励办法》《学生全方位跟踪管理制度》等 28 项规章制度。

学校根据实际情况，针对教师举办了"执行力与学校发展""教师专业成长""分享我的教育故事"等专题报告会；开展了"教学常规管理活动月""听评课""优秀教案展评""一对一结对培养"等活动；一年多来，我亲自带队到淄博职业学院、鲁中中等专业学校、寿光职教中心、临沭职业中专、垦利职业中专、牟平职业中专、烟台理工学校等 17 所兄弟院校考察学习。活动的开展提升了教师的职教理论水平、课程实施水平、教学管理水平和课堂教学水平。

我校充分发挥护校队、学生会、各类社团的积极作用,实行 24 小时无缝隙自主管理制度;安排了宿舍、校门口、餐厅、教学楼、运动场等地方的值班,确保只要有学生的地方就有教师和学生干部值班。学校还施行入学检查和放学护送制度,每周返校时都有值班教师对学生携带物品进行统一检查;放学时,在校门口等地点安排教师护送,防止意外事件的发生。同时,学校举办了"优秀传统文化教育"和"法制教育"报告会,开展了"学生常规管理""讲文明、树新风礼貌教育"两个活动月,使学生的组织纪律和精神风貌深受家长、领导和社会好评。

3. 在校生规模稳步增长

在校生由 2013 年的不足 2000 人增加到 2015 年的 3252 人。2015 年,学校与淄博职业学院合作的机械加工技术专业、与潍坊职业学院合作的化学工艺专业"三二"连读高等职业教育准予招生,提升了办学层次。按在校生数计算,学校 9 个专业均已达到规范化或示范性标准。

4. 师资水平明显提高

近三年,新增专任教师 20 人,专任教师达 113 人;专业教师数与专任教师数之比为 62%;双师型教师比例达 74.3%。

近两年,7 人被命名为市、县教学能手;3 人入选阳信县"三名工程"培养人选;市优质课比赛获三等奖以上 19 个;省级课题立项 4 个,国家级子课题结题 1 个,省级课题结题 2 个;参加全国中职学校"创新杯"教师信息化教学设计和说课大赛获一等奖 3 个、二等奖 1 个;参加市微课比赛获一等奖 2 个、二等奖 4 个、三等奖 4 个,参加省赛获三等奖 2 个;参加市信息化教学大赛获二等奖 2 个。

5. 办学条件日趋完善

近两年学校新增校舍面积 17994 平方米,总建筑面积已达 60624 平方米,学生人均面积 21.7 平方米。实训设备已完成投资 1429.326 万元,实训设备总值达到 2165.4 万元。新增教师用计算机 33 台,学生用计算机 380 台,所有教学场所均配备多媒体设备。新增篮球场 3 个,排球场 1 个,羽毛球场 4 个,乒乓球场 10 个,标准运动场馆正在准备招标,预计 9 月投入使用。

6. 专业与课程建设取得阶段成果

建立了政府、行业、企业、研究机构和学校共同参与的"专业建设指导委员会",制定了本学校的专业教学实施方案。2015 年 10 月,化工专业被评为全市职业院校服务产业重点专业。2016 年 3 月化工专业又被确定为省品牌专业建设项目,李猛老师参编的计算机教材出版发行。

7. 校企合作成效显著

我校与联想集团合作举办了班主任、中层干部和教师教学法培训班,通过培训,队伍的敬业精神、团队凝聚力、班级管理水平明显提升。

2015 年 9 月,与联想集团合作的计算机专业"联想专班"正式开班。班级学生经过半年的学习,技能考核全部合格,他们已全部由联想集团安置就业。

学校与上海通用五菱、柳州五菱、青岛鼎佳电子签订了订单培养协议,对有关现代学徒制试点的问题已与滨阳燃化和京阳化工积极洽谈。

8. 教育教学硕果累累

2015 年,我校教师参加省技能大赛,获二等奖 1 个、三等奖 2 个。我校教师参加山东省职业院校化工设备维修和生产技术技能竞赛均获团体一等奖,个人一等奖 5 个,生产技术竞赛囊括了个人前三名。

2015 年春季高考再创佳绩,化工类本科上线率 100%;护理类本科上线率 36%,是省平均本科上线率的 7 倍。

我校教师参加滨州市微电影比赛获一等奖 2 个、三等奖 2 个。刘玉辉同志参加班主任技能大赛获市一等奖、省三等奖。我校教师近两年参加市创业计划书大赛获二等奖 3 个。

9. 学校声誉显著提升

2014 年 2 月 19 日,原副省长孙绍骋同志到校调研,对学校工作给予高度评价;教师节期间,我校被命名为"全市教育系统先进集体""市级平安校园";在 2014 年度事业单位绩效考核中我校荣获 A 级单位。2015 年 5 月 28 日,省政府督查室调研员李士伟一行三人莅临我校检查指导工作,对学校围绕市场办职教、立足校情县情谋发展的做法给予了高度评价。2015 年我校被评为"法制学校创建"市级先进单位和"市级平安校园"。

二、2016 年工作及措施

1. 学习会议精神,把握正确办学方向

通过组织教师深入学习党的十八届五中全会等精神,学校牢固树立创新、协调、绿色、开放、共享的发展理念,着力提高人才培养质量,弘扬劳动光荣、技能宝贵、创造伟大的时代风尚,营造人人皆可成才、人人尽展其才的良好环境。学校牢牢把握服务发展、促进就业的办学方向,坚持产教融合、校企合作,坚持工学结合、知行合一,努力让每个学生都有人生出彩的机会。

2. 创建规范学校,不断提升办学水平

学校按照省规范化学校创建年度计划,进一步明确任务,落实责任,深化改革,净化环境,改善办学条件,完成规范化学校建设年度目标,提升办学水平。学校强化内部管理和内涵建设,进一步提高学校知名度,争取以优异成绩通过项目终期验收。

一是学校多渠道筹措资金,科学施工,倒排工期,确保 9 月底前高标准、高质量完成标准体育场项目建设任务。

二是学校根据规范化学校建设要求,做好图书室、智慧课堂、数字校园建设项目的招投标工作。

三是加强课程体系建设,推进专业设置和专业课程与职业标准相衔接,形成对接紧密、特色鲜明的课程体系。

四是完善现代学校制度。学校建立企业技术人员与骨干教师相互兼职制度,与行业企业共建实验实训平台、技能大师工作室等,现已与一位机械类国赛裁判签订合同成立了

工作室。

五是学校积极开展现代学徒制试点。

3. 调结构扩规模，促进学校健康发展

学校科学合理设置专业，健全专业随产业发展动态调整机制，重点提升面向现代农业、现代制造业、现代服务业、战略性新兴产业和社会管理、生态文明建设等领域的人才培养能力，加大招生宣传力度，春季招生500人（已超额完成），秋季招生700人，全年完成1200人的招生任务，在校生超过3500人。

4. 优化队伍结构，提高教师整体水平

一是加大师德考核力度，把立足本职、爱岗敬业、乐于奉献、勤奋工作、团结协作、和谐共事、关爱学生、做学生的楷模和良师益友等作为师德教育主要内容，贯穿于教学全过程。

二是科学制定专业兼职教师聘用方案，按照有关规定自主聘请兼职教师。完善企业工程技术人员、高技能人才到学校担任专兼职教师制度，提高"双师型"教师比例。通过国培、省培、企业挂职等形式加大教师培养培训力度，建设一支结构合理、专兼结合的"双师型"教师队伍。计划今年暑假所有专业教师用约一个半月时间到企业挂职，现已与联想集团、京博集团、鼎佳电子等7家企业确定好培训计划。

三是实施科研兴校战略，进一步加大教科研工作力度，营造良好的教科研氛围。通过系列教科研活动，全面提升教师水平。

5. 加强教学管理，全面提高教学质量

加强实践教学力度，强化专业技能训练；加强升学班教学管理，科学制订复习计划，争取学生高考有新突破。学生参加各类专业技能证书考试合格率达90%以上，就业率95%以上，对口就业率85%以上。

一是教师牢固树立以提高质量为核心的教育发展观，将社会主义核心价值观贯穿教育教学全过程。强化教学、学习、实训相融合的教育教学活动。修订和完善《教育教学工作考核细则》，优化过程，关注细节，努力实现规范化、精细化、科学化。

二是教师积极推进教学方式的改变。教师探索和推广适合专业课程的模块教学法、项目教学法和适合文化课教学的问题情境教学法、案例教学法、分层教学法等教学方法，努力提高课堂教学的质量和效益。

三是学校加大实践技能教学比例，强化实践教学方式的工作过程导向，建立以能力为核心的学生评价模式，强化学生职业技能和实践能力的培养。学校积极推进学历证书和职业资格证书"双证书"制度。

四是积极备战技能大赛，学校已充分利用校技能大赛选拔出了16个小项的参赛队员，召开了动员大会，各校长包项目，明确分工、责任到人。学校重新出台激励办法，使大赛成绩与职称推报、评优选先、提拔重用相结合，充分调动了教师的积极性。同时要求所有训练必须充分利用大师工作室请进来、走出去，4月10日前后，烟台、淄博、临沂的7所学校将派出参赛队到我校进行机械加工项目PK赛，学校将充分利用本次机会向兄弟学校学习。

五是学校积极筹办全市职业学校技能大赛、优质课比赛和山东省职业院校化工生产

技术技能大赛。教育厅等六部门已出台文件,中、高职化工生产技术技能大赛于10月在我校举行。

6. 坚持以人为本,提升德育工作水平

一是学校遵循"先成人,后成才"的德育工作原则,以全国文明风采大赛、歌咏比赛、演讲比赛等丰富多彩的文体活动为载体,加强学生的政治思想教育,逐步达到"人人成才,多样化成才"的育人目标。

二是学校紧紧抓住爱国主义教育和"中职生日常行为规范"养成教育这两条主线,努力实现让学生"学会学习、学会生活、学会创业、学会做人"的培养目标。

三是学校创新学生德育活动形式。结合重大活动,学校广泛开展丰富多彩的主题教育活动,通过德育课、德育影片展播、主题班会、报告会、德育专题讲座等形式,对学生进行中华传统美德教育和职业素养培养。大力开展学生喜闻乐见的校园活动,丰富学生课间生活,组织学生积极参加社会实践和志愿者活动。

四是学校加强班主任工作培训和考核,认真抓好班主任队伍的学习提高,搞好班主任工作总结、研讨与评比。

五是加强校园文化建设。校园文化建设坚持以美化、优化校园环境为重点,以构建文明和谐校园为目标,以丰富多彩、积极向上的校园文化活动为载体,积极创建学生发展、教师发展、学校发展的人文环境,努力打造书香校园。学校充分利用微信平台、校园广播站、校报等媒体,加强对学生的社会主义核心价值观教育,让学生思想在校园文化熏陶中得到净化,在各类实践活动中得到默化,在军训活动中得到升华。

山东省中小学教师网络研修管理员培训班典型发言

精心组织全员研修　助推教师专业发展

（2016 年 5 月 18 日·济南）

阳信县教体局师训办　黄春燕

自 2008 年以来,在省市主管部门的指导下,我县精心组织每一年的教师远程研修,把教师远程研修作为推动全县教师专业成长的一条重要途径。自 2012 年 4 个学段教师全部参加省全员远程研修以来,我县连续 3 年荣获山东省先进组织单位荣誉称号,在研修中成长出"国家教育行政学院远程培训首席专家"王立新老师。在刚刚结束的 2015 年"一师一优课""一课一名师"评选中,我县有 5 位教师荣获部级优课,占全市获奖教师人数的 35.7%。我县的重点做法如下。

一、领导重视,强势发动

每年的教师全员远程研修,我们都根据省市总体部署,在充分调研基础上,结合我县实际,精心研究制定阳信县中小学教师年度全员远程研修实施方案。学校每年都根据全省统一安排的时间,隆重召开上年度年研修总结表彰暨中小学教师全员远程研修启动大会,县教师研修工作领导小组成员,各乡镇(街道)中心学校、中小学校长,指导教师、研修组长及各单位职能工作组负责人参加会议。首先对上年度研修中涌现出的先进乡镇、学校、研修组和先进个人进行表彰,重点是对全县4个学段教师参加全省全员远程研修工作进行统筹安排部署,局长王玉军亲自进行动员讲话并提出具体要求,教育广大教师通过研修更新教育观念,破解教学疑难,提高技术手段,推进专业成长,引领广大教师走上开展教育研究、享受教育幸福的专业发展道路。

二、明确责任,强化管理

一是明确责任。高中教师远程研修以年级组和教研组为组织单位,年级分管校长为第一责任人,研修组长为第二责任人。初中教师远程研修以学校为组织单位,校长为第一责任人。小学及幼儿园教师远程研修以乡镇(街道)、县直学校为组织单位,中心(县直)学校校长为第一责任人,并建立了定点小学校长为第二责任人、研修组长为直接责任人的工作机制。各参训单位都成立了以第一责任人为组长,教学、电教、后勤等处室参与的研修工作领导小组,组织管理组、网络服务组、新闻宣传组、后勤保障组4个职能机构。

二是强化过程管理。集中研修期间,全县制定统一的作息时间表,各研修点严格请销假,按时考勤,学员按时参训、文明守纪。分散研修期间,将教师日常教学工作与远程研修相统一,与校本教研、备课相结合。将集中观看视频、集体讨论、作业案例、课例打磨等环节的时间安排在学校每周的业务学习时间,确保每一位教师有充裕的时间完成研修任务。

三是严肃工作纪律。教体局先后发出通知,要求管理人员认真履行职责,参训学员遵守研修纪律,作业、发表及评论务必原创,对抄袭作业、粘贴评论等现象,一经发现,严肃处理。

三、精心指导,分类推进

精心选配由教研员、市级教学能手、学科带头人等骨干担任市县专家组成员、指导教师。无论是集中还是分散研修阶段他们都以身作则,把握好学习者、管理者、指导者三位一体的角色定位。他们全程在岗,公平、公正地对待每一位学员;以高度的责任感对没有提前登录、提交任务的学员及时督促提醒;及时点评、批改、推荐学员作业,发起话题,组织本班学员认真研讨交流、编发班级简报,按照指导教师考核标准,圆满完成远程研修的指导工作。

县中小学教师全员远程研修项目办公室坚持以人为本、服务至上,在省市项目办的领导下,从网上报名、信息录入、指导教师、研修组长选拔与培训等方面为教师研修提供周到的服务。县项目办每年都精心编印研修指导刊物《生命与使命同行》(暑期全员研修特辑),内容包括领导讲话、实施方案、表彰通报、数据公布、经验分享、研修指南等,既有效地进行了工作总结,同时也成为研修工作极具特色价值的范本。

四、重视督导,构建机制

各批次教师研修期间,由副局长牵头成立的三个县巡视督导组不定期到各研修学校进行巡视,查看各单位研修的组织情况,督查指导教师和研修组长的工作,检查督导参训教师的研修情况。

县教体局十分重视构建研修的奖惩机制,把研修结果纳入年度对乡镇(街道)、学校年度督导评估范围,并对教师个人实行"一票否决制",规定不参加研修或研修学分达不到要求的,不能选派参加市级以上的面对面培训,不能参与名师、教学能手、学科带头人等评优树先活动,不能晋升职称等。县教体局给研修优秀者优先提供高一级的培训机会,优先培养。

五、强化宣传,营造氛围

在研修过程中我们强化宣传报道工作,宣传小组随时跟踪报道。项目办负责学习情况通报,集中研修期间每天一期,分散研修期间每月一期,每年研修通报 60 余篇,既公布数据,通报差距,也指出亮点,表扬先进。近几年以来,我县先后在山东省教师研修网《市县集萃》栏目和《今日快报》《研修快报》等栏目刊发新闻报道达几十余篇。

六、研修搭台,发展唱戏

自实施教师全员远程研修以来,全县教师的师德修养有新境界,工作实践有新业绩,教育研究有新突破,综合素质有新提升。一批功底扎实、师德高尚、业绩突出的青年教师脱颖而出。青年教师王立新继荣膺"中国教师研修网 2012 年度人物"后,先后被聘为省中小学远程研修助学专家、国家教育行政学院远程培训首席专家,应中央电教馆邀请,两次担任全国信息技术应用能力提升工程培训班班主任,并先后到吉林、河南、浙江十几个省区讲学,2014 年 9 月荣获"全国模范教师"称号。青年教师文玉燕、李俊芳作为省聘专家参加了研修指导和资源开发,工作成效受到省师资培训中心领导好评。青年教师张如意,一年多时间在《中学语文教学参考》等全国核心期刊发表教学论文 12 篇,被中学语文教育学会评为"百佳语文教师",两次被中国教育在线推荐为"博客之星"。

教师专业成长无尽头,研修永远在路上。我们将根据省教育厅安排部署,以内涵发展为主线,以提高师德素养和业务能力为核心,精心组织好今后的教师全员研修,为促进教育事业在更高起点上的科学发展做出新的更大的贡献。谢谢大家!

新教育国际高峰论坛典型发言

奏响新生命教育的美妙乐章

(2016 年 11 月 20 日·浙江温州)

阳信县实验小学　宋秋红

教育是心与心的触摸和碰撞,是心灵的深刻交流,要想培养个性鲜明、思维独立、敢于质疑、具有创新精神的人,只有达到高度的默契,才会产生良好的效果。而这种心灵之间的高度默契不是瞬间爆发的,而是在潜移默化之中一点一滴地慢慢浸润、感化而成的。未来,我们不止一次地去设想过这样的情景——一群群健康快乐的、洋溢着幸福与满足的孩子们在魅力无穷的学校里静静地思考、慢慢地学习、洒脱地实践、灿烂地成长……

为什么会有这种想法呢?因为纵观当前我国高端产品供给不足的现状,归根结底是当前的教育模式难以培养出拥有全新思维的人才。因为目睹当代学校教育与家庭教育的急功近利,目睹孩子们被动式的以灌输为主的学习方式,大多数目光深远的教育者都不禁扼腕叹息!古人云:"亡羊补牢,为时未晚。"越是早意识到事态的严重,越是能早一点采取补救的措施。拯救中国教育,培养新型人才,创办新型的未来学校已经是如箭在弦、迫在眉睫!

教育的重要载体是学校。未来的学校该是什么样的呢?在其现代化设施所具有的快速、便捷、省时省力、环保生态的基础上,该怎样去指挥好这个庞大的交响乐团,让其奏出新生命教育的美妙乐章呢?我想,那就是让教育慢下来、让孩子们的学校生活慢下来,将育人的每个环节做成最优美的音符,将学校的各种育人方案用最合适的乐器弹奏,将每位担负育人任务的教师培养成不仅具有高超的育人技艺,而且心怀教育理想、爱生如子的世界一流的演奏家。

一、未来学校需要生活化的慢教育

未来学校的教育服务将不再是整齐划一的、而是有选择性的、弹性的、适应个性发展的。因为现代化设施可以用互联网解决很多劳心费力的问题,但是却容易忽略孩子生活本身所需要的知识内化、自主思考、举一反三的能力。所以,未来学校的校园要像孩子们期望的那样五颜六色,可以像城堡,像飞船,也可以像图书馆、博物馆,像商城、咖啡馆、电影院……在如此富于想象色彩的学校里,其教育一定不能急于求成,一定要"慢工出细活",将教育生活本身做成一曲曲美妙的"音乐",努力使每一种教育方式做得美妙且富有色彩、多元且符合实际需要。

比如,一个班上30个学生,大家的经验不一样,学习进度不同,从网络上获取资源的方式也不一样:有的学生可能需要静下来听,静下来写;有的学生需要分组讨论;有的学生想展示、答辩、演讲。那么为了各取所需,未来课堂就可以设计成多种形式并列行进的模式,这样便可以实现让学生的这些不同需求能够在同一时间内得到满足。

为什么将未来学校说得这样诗意呢?这种理想化的设想有没有实现的可能呢?我想:一切皆有可能!但是有人就开始质疑了:在科技迅猛发展的未来,在将高科技凝聚于校园建设的未来,学校的一切教育生活和教育形式不是应该随之变得更加高效、更加快捷吗?你怎么还会去追求"慢教育"呢?

我想,设施现代化更需要遵从生活方式的原始化。著名作家冰心小时候所接受的教育就是一种非常生活化的慢教育。她经常跟随爸爸在筑于半山腰的屋子的走廊上眺望大海,每次都被辽阔而深邃的大海所感动。她觉得父亲的胸襟就像大海一样宽阔、坦荡,做人也应该那样。这时,宽容、坦荡的为人理念就这样潜移默化至童年冰心的心灵之中。大家说,既然这种慢教育能在看海中发生如此美妙的质的变化,那么为什么我们不去设想将互联网的仿真视频墙应用于未来的教室,让孩子们能很轻松地通过视频墙所切换出的与大海同样的仿真效果,来接受海文化的熏陶呢?

海文化的熏陶能够在未来学校实现的话,那么未来人才所需要的其他方面如故事力、共情力是不是都能够在慢下来的学校生活中自得其乐地形成呢?当然这里的"慢"绝不是效能低下,而是让心与心能在积淀中扎根、萌芽、交汇,继而自然而然地形成好奇心与想象力、灵活性与适应力、批判性思考与解决问题的能力、跨界合作与以身作则的领导力、有效的口头与书面沟通能力、评估与分析信息的能力以及主动进取与开创的精神与魄力……这种种能力、项项魄力,皆是错综复杂的、多维度的,不可分割,更不可急于求成。所以,我主张未来学校需要生活化的慢教育。

二、未来学校的教育要耐得住寂寞

现在的学校从管理层到教师还是脱离不了"荣誉"至上的枷锁。为了这些金光闪闪的"荣誉",每个教育者都迫不及待地希望孩子掌握所谓有用的一切知识,取得更高的成绩、拿到更多的奖励。为了这些金光闪闪的"荣誉",很多教育者来不及教会孩子思考,而是努力让孩子记住所有问题的现成、可靠的答案;为了这些金光闪闪的"荣誉"获得,很多教育者不想让孩子去尝试错误、体会失败,而是处处提防孩子的"出轨"……但是,孩子的成长需要时间,他们的各种能力都是慢慢培养出来的。也就是说,教育者千万不要急于把自己迫切的、获得教育"荣誉"的理想强加在还没有成熟的孩子身上。所以,未来学校的教育还是要耐得住寂寞,要淡化这种刻板的"荣誉""证书"的评价方式,还教育一个真性情,让师生共同成长的痕迹以更生态绿色的方式呈现在学校、班级以及个体的互联网成长簿里。互联网成长薄里面有画面、有文字、有视频、有故事……它们就像人生旅途中的协奏曲,悠扬、难忘、意味深长……

三、未来学校的教育要动静相宜

在教室里、校车上、校园里,孩子未来的生活姿势一定不再是以坐为主。移动设备所提倡的几种移动学习模式会让孩子们拥有动静相宜的学校生活。不管是碎片式学习、情境感知式学习,还是基于电子书包的课堂互动式学习、游戏化学习、虚拟学习,都会让孩子们的生活动静相宜。在这里为什么提到游戏化学习呢,因为尽管游戏有很多负面作用,但是它可以使学习更有趣,使学生在做中学,提高学生的问题解决能力、创造能力等高阶能力,也可以培养健康的情感态度价值观。只要你拥有了解决目前电子游戏所附带的各种弊端的办法,游戏学习将会是未来学校学习方式的主流。在这种学习方式中,孩子们再也不用一坐一节课了,他们或进入虚拟的空间去探险、去寻宝;或选择静下来听听音乐、展开想象;或进行各种实验、搜集需要的信息;或听听朗诵、写写文字……总之,我的愿望不是梦!在未来学校实现动静相宜的教育生活的愿望更不是梦!

在这里我为什么多次提到要虚拟学习呢?因为虚拟教育环境拥有传统教育环境所不可替代的许多优点,如可以开展一些比较危险的实验和比较昂贵或很难开展的实验,像人体解剖、火场逃生……在虚拟的教育环境里,我们便不会受环境、实验器材的制约,能够比较轻松地达到教育的目的。通过互联网共享可以减少教育资源的浪费,还可以自由地增加和减少控制因素,使学习者更专注于需要掌握的内容。

除了移动、游戏化和虚拟学习以外,实际上还有很多学习方式,比如社会化学习、探究性学习等,目的都是利用各种信息技术和传统技术,创设富有吸引力的学习环境,真正以学生为中心,激发学生的学习动机,培养情感态度价值观,切实实现让学习方式动静相宜的理想教育模式。

四、未来学校的教育要实现流程再造

到底怎样实现流程再造呢?我认为要包括以下几个方面:教师角色再造、课程模式再造、组织机构再造和管理方式再造。

教师角色再造,指的是在信息技术支持下,教师角色可能更加多元化、职业化和专业化,比如依托 MOOC 课程建立教师团队,团队内部各位教师分工合作,有主讲教师、助教、教学设计专家、美工等;课程模式再造指的是利用信息技术可以开出以前开不好的课或者开不出来的课程,甚至借助翻转课堂,实现学习模式创新;组织机构再造指的是应用信息技术的发展重新打造学校的各个机构和工作流程,比如推行走班制,取消班主任;管理方式再造指的是采用基于大数据的学习分析技术,用数据说话而不是仅仅用经验说话。

当然,对于未来学校建设来说,最重要的或许还是我们的"人才培养目标的再造"。我们需要好好思考一下,究竟要培养什么样的学生,究竟什么样的学生才是最成功的学生。我认为,所谓成功的学生,就是根据每位孩子的天赋,根据他的兴趣,把他培养成热爱生活、热爱社会、热爱祖国的有用人才。只有让每个孩子都成为成功的学生,我们的未来学校才能真正建设成为孩子的成长乐园。

五、未来学校的教育是自组织的

未来学校的形态应该是一个自组织的智慧学习环境,什么叫"自组织"呢?我认为,就是指学生和家长完全可以制定个性化的学习课程和教育服务,完全可以根据学生的能力与特征制订自己的学习计划、学习节奏与学习步调。因为"互联网+教育"的跨界衍生了全新的线上线下融合的教学服务业态,提供虚实结合的跨界教育服务,实现线上线下融合的双重教育服务供给,便带来了全新特征的育人空间及大量传统教育无法提供的新形态教育服务,例如,自动批改、人工智能解题、社交化学习、在线辅导、在线答疑等。比如学生通过网上听特级教师讲课,跟特级教师的助教沟通,便可以实现特级教师资源的共享,这可能比你在学校听老师讲的效果更好。所以线上线下融合的教育服务便可以穿越组织形式的边界,提供穿越组织边界的新形态的教育,实现虚实融合,实现社会教育资源的流动。

六、结束语:理想中的未来学校

当前,未来学校的模式正在大家的期许中渐渐由模糊变得清晰。从形态上看,新技术将得到广泛运用,校舍建筑更智能,更生态,课堂由30个人的班级走向31个学习者的会议

室;课程将实现电子化、虚拟化、MOOC 化、精品化;学生的年级界限将模糊化,学生可以越来越多地选择弹性课程和个性化课程。混合学习将成为学生学习的主流形态。未来学校的美、舒适、快捷、多方位、多层次会成为教师和学生钟爱的理由。在这里,教师热爱自己的学校,或许能够如同音乐人醉心于自己的舞台;种花人醉心于自己花圃。在这里,学生喜爱自己的学校,或许能如同小蝌蚪畅游于温暖的河道,小兔跳跃于鲜绿的草坪。我们相信:只要大家努力的劲头是十足的、踏实的、坚韧的……我相信"未来的明亮之处"一定会有各式各样的学校在等着我们、等着我们的子孙后代!

论文课题教学设计

基于 ICT 环境下教师专业发展的实践与探索

——以阳信县劳店镇教师专业发展为例

阳信县劳店镇中学　王立新

摘　要　本文分析了制约教师信息化发展的矛盾与原因,以阳信县劳店镇教师专业发展培养基地为研究对象,探索了在 ICT 环境下教师专业发展的策略和途径,以及教师专业发展的"3458 培养构想",拓展了教师专业发展的空间,增加了教师专业发展的形式,丰富了教师专业发展的内容,使教师专业发展在信息技术与通信技术高度整合前提下,有了飞速的改变和提高。

关键词　ICT;教师;专业发展

一、教师信息化概述

《国家中长期教育改革和发展规划纲要(2010～2020 年)》明确提出,完善培养培训体系制度,做好培养培训规划,对教师实行每五年一周期的全员培训。教育部将制度完善、项目引领和改革试点作为工作重点,推动各地开展五年一周期不少于 360 学时的教师全员培训。教师的专业发展关系着教育发展的质量,教师培训任重而道远。ICT 是信息、通信和技术三个英文单词的词头组合(Information Communication Technology)。它是信息技术与通信技术相融合而形成的一个新的概念和新的技术领域。信息社会的到来和 ICT 的发展,为教师的专业发展开拓了更广阔的舞台和空间,同时也给受训教师提出了挑战。如何在飞速发展的 ICT 时代构建科学、多维、自主互动的教师研学平台,关系到教师的能力发展与教育未来。这就要求我们用高端前卫的眼光和虚心研学的精神,进行科学筹划、分阶段启动、层层推进的"ICT 教育培训工程"。

二、教师信息化调研

根据对全省教师信息化水平调研,结合近五年来山东省实施的中小学教育技术中级培训情况。我们对全省教师的信息化技术水平与地方信息化环境建设进行了初步分析。结果显示,全省初级中学和高级中学基本实现了班班通,大多数小学实现了宽带接入和多媒体教学系统。在农村中小学,45 岁以下的教师能够掌握基本的多媒体操作技术和信息化教学,45 岁以上的教师多媒体使用率较低,信息化教育设计能力急需提高。这就出现了信息化环境建设与教师技术能力、信息化教学不同步的矛盾。

三、信息化发展与教师专业成长不同步矛盾的原因

随着社会经济的发展,国家财政对教育的投入日益加大,2011 年教育部印发《教育信息化十年发展规划(2011～2020 年)》,山东省印发了《山东省教育信息化推进计划》。这就促进了全省教育信息化工程的快速发展。校园网、电子白板、广播系统、交互平台很快

进入了全省校园。可是信息化环境的建设无法使教师的信息化运用能力得到同速度的提高,教师的信息化教育技术能力培训被提上日程。地方校本化教师信息教育技术培训的滞后是出现这一矛盾的第一原因。同时,现今教师缺少科学的自我发展规划,没有建立自主发展的教育职业梦想,形成了教师在教学工作中"被工作""被学习""被规划""被设计"的常态局面,没有形成由职业梦想引领下的自我发展内驱力,从而使教师技能没有跟上信息化发展的速度与水平。其次,面对教育系统的各级培训,教师关注更多的是"合格了吗?"而不是"研修课程学会了吗?运用了吗?"教师研修没有形成积极实用化的学习态度,教师的研修心态出现了偏差,这使教师在国培、省培的舞台面前错失自我发展与提升的机会。最后一个原因是,教师的专业发展和研修培训没有进入职称评价体系,没有形成科学的评估机制,使研修行为只能靠自觉引领。

四、矛盾解决策略

鉴于以上原因的分析,我们在阳信县劳店镇中心校设立了"基于信息化的教师专业发展课题基地",研究内容是劳店镇八处中小学 300 名一线教师的专业培养与发展。为此,阳信县劳店镇中心校专门成立了"教师专业发展办公室"和"教师培训工作室",从全镇省市县骨干教师、学科带头人、教学能手、远程研修指导教师中遴选了五名教师建立"劳店镇教师专业发展培训团队"。同时教师培训办公室制定了"劳店镇教师专业发展五年规划",对教师专业发展提出了"3458 培养构想",即教师培训分三个阶段、四步策略、五类培训、八个指标。

五、理论支持

依据皮亚杰的认知建构主义理论和维特罗克的生成学习理论,"3458 培养构想"认为学习是一个意义建构的过程,是一个通过新旧经验的相互作用而形成、丰富和调整自己认知结构的过程。学习包括对学习实质的理解和学习生成过程模式两个方面的内容。由此,我们设定了分阶段学习建构培训和通过网络环境让学员在学习中进行新知识的自我生成,实现教师专业发展与培训设计发展的双推进。

六、ICT 环境下教师专业发展方案

(一)"3458 培养构想"的三个阶段

第一阶段是 ICT 培训平台与课程资源建设阶段。这一阶段要搭建起基于 ICT 技术的多功能培训平台,同时借助国家培训工程建设地方教师培训资源库,制订教师分层次培养计划和考核评价策略。在平台建设方面,我们架设了专用城域网服务器,利用 Discuz 技术建设了教师培训平台,在平台上面架设了 YY 山东研训堂教育培训频道,开设了培训服务QQ 群和全镇教师专业发展博客群。

第二阶段是分层次常态专业发展培训阶段。在这一阶段我们将进行分层次常态化培训。第一层次是全镇教师常态化学习研修,我们利用教师培训网,每二周上线上门课程,课程设置有导学问题和教学应用思考,并配有讨论区。这种培训主要通过培训通知下发

各单位,由教师自主选时学习。考核的方式是利用"教师专业发展论坛"根据各单位值班表,由值班单位负责组织全镇论坛开设。论坛采取现场与YY频道相结合的方式进行。第二层次是教师课改团队培训,我们从全镇中小学遴选优秀年轻教师建立"教育信息化团队""项目学习团队"和"学科课改团队"。这部分教师有严格的培训计划和研究任务,同时学习较大容量的课程内容。这是教师培训重点培养的部分。第三层次是培训者培训团队,也就是我们的教师培训办公室人员培训,这是地方高层培训。培训课程根据国培办公室培训课程设置选用。培养结果运用于全镇各级各种培训活动的组织与管理中。

第三阶段是常态化培训与高端科研研究规划。在常态化培训步入正常轨道以后,我们将组织优秀骨干教师进行专题化深层科研研究,打造诸多教育专题的课堂化研究微视频。

(二)"3458 培养构想"的四步策略

四步策略是指全体教师的自主选学论坛策略、优秀骨干教师分课题培养策略、培训者培养策略、高端教学科研建设策略。自主选学论坛策略是针对全体教师进行常态化培训设置的,没有特别严格的考核要求,主要考虑大家的工作量较大,年龄差距大。这种培训以自选自学为主,以论坛讲学方式进行成果鉴定和考核。优秀骨干教师分课题培养策略主要针对年轻的优秀教师。这部分教师有积极的进取精神,要求上进。当然也需要帮助教师首先建立自己的职业梦想,让自己有一定的追求,然后根据当今国内外较成熟的技术运用和课改模式建立不同的课题小组,进行专题化合作研究。培训者培养策略是为建立教师培训机构的地区方策划实施对培训者的多样化培训研究与实施,使培训者有能力进行培训策划、课程设计、培训组织、课程讲授等。高端教学科研建设策略是针对具有职业研究梦想与需求的教师,分课题分专题进行某一方面的深层研究与课堂实施,最后形成系统化深层研究视频。

(三)"3458 培养构想"的五类培训

五类培训是指信息技术培训、教育理论与教育问题解决策略培训、新课标与新课改研究培训、学科教学模式培训、课堂组织与实施策略培训。信息技术培训主要是为全体教师提供最先进的教学软件、技术软件、网络平台和网络资源等方面的培训,为教师提供信息化能力发展与提高的资料支持与平台管理。教育理念与教育问题解决策略培训是对教师进行国家和各级教育行政部门的教育纲领文件和最新教育文件的学习与解读,以及课堂教学中出现的各种教育问题的解决策略,为全体教师提供方向引领和扫除课堂教学中的各种障碍。新课标培训是针对各学科教师进行课程标准的学习与解读,使大家掌握课程设置的精髓与灵魂。学科教学模式培训是整理全国有名的各种教学模式和各学科教学策略,进行不同层次的讲解和解读,给教师教学提供科学的流程范例。课堂组织与实施策略培训是针对课堂教学管理进行的方法与技术培训。以上课程均选自国内外著名学校的教学著作,然后针对本地教学实际进行选用。

(四)"3458 培养构想"的八个指标

八个指标是指在教师专业发展过程中,需要教师必须关注和实现的八种能力的发展与提高。一是教育职业梦想与规划,二是个性化的学科教学模式,三是对课标的深层解读和教材的深度解析,四是比较先进的信息化教育技术能力,五是某一教育专题的深层研究,六是学生研究案例故事,七是课堂教学记事集,八是 200 教育反思。在这八个指标的评估过程中,还要时刻让教师了解国内外教育发展现状,掌握最新的学生培养动态和教育发展方向。

七、平台创设与培训实践

按照"3458 培养构想"的平台设计,我们架设了"劳店镇中心校教师培训网"。本网站基于 Discuz 2.5 技术和微信公众平台等多种技术手段,实现了多元培训与主导培训的有效结合。教师培训网站为教师专业发展提供平台支持和资源投放,包括培训通知、培训资源、在线活动、名师工作室、读书工程、教学反思与晒课、教育闪光点工程、培训成果展示、活动成长厅、幸福教育编辑部等版块。培训网站的内容设计从课堂问题研究入手,经过课堂教学、模式研读、教学法探索、教学艺术、多彩课堂,到教师专业发展的教育思想凝聚,采取了阶段培育、层推成长的递进模式,使一名教师经过 5 ～ 10 年专业学习,迅速从新教师成长为拥有丰富教学经验和驾驭水平的优秀骨干教师。特别是在教师专业发展的骨干教师培训设计中,我们推动了追溯、发现、挖掘个人教育思想的教育闪光点工程。所谓教育闪光点工程是指基于个人对教育的研究和课堂的经验设计,反思、沉淀自己多年以来的原创式教育灵感和教育实践性设想,从而挖掘出真正属于自己的教育思想。教育闪光点承载着教育人的梦想、灵感和教育追求,在教育过程中实现着用思想引领教育梦想的实施路径,即用思想的力量来引领教育。

随着信息化的发展和阳信县"名校长、名班主任、名教师培养工程"的深入推进,阳信县教体局在全县批准了五个名师工作室,其中包括"王立新名师工作室"。为了实现教师专业发展的即时推送和互动,在阳信县教育体育局和劳店镇中心校的支持下,"王立新名师工作室"创建了实体工作室,同时开通了王立新工作室微信公众号(wanglixin-office)。以移动化的方式为全县教师推送专业成长资源和最新研究成果,包括工作室的五年规划、2015 年度科研规划、六大科研项目、读书工程名著推荐、研究成果展示、专业成长经历等内容,从不同的方面宣传我县在教师专业发展方面取得的优秀成果,推送优质教育资源给更多的教师,引领全县教师的专业发展。

在移动化教学到来的今天,移动办公、移动学习、移动交流、移动教研、移动推送已经成为新型的工作方式和学习方式。为了使教师在移动化环境下实现课堂的多点观察、分布交流,劳店镇中心校在中央电化教育馆的指导下,编制了"一课五磨二环境"移动化课例研究与教师课堂能力培训模式。其基本操作流程如下。

项目启动前,项目组要准备两个培训教程、一个项目方案、一个项目流程执行图和一个项目过程评价表。这两个培训教程是教师移动教学技术培训教程(利用培训时间线进行技术节点的线性突破培训)、学生移动化学习技术使用教程(利用培训时间线进行技术节点的线性突破培训)。

第一部分：常态课研磨。

第一步，精选课题，设计教案。

第二步，第一次教案研磨。

第三步，常态课教学呈现。

第二部分：移动课研磨。

第四步，第二次课例研磨。

第五步，信息化技术移动环境培训会。

第六步，第三次课例研磨。专家课例研讨会结束后，学科组进行基于移动环境下的教学案例分步骤化三次设计。

第七步，第四次课例研磨。专家组分步对课例进行设计打磨后，授课团队按照修改建议进行分步分工修改。

第八步，移动化教学课堂。授课教师根据专家研磨建议和学科组分步式打磨，形成了移动环境下的自主导学教学设计，根据移动化环境下的教学设计进行第二次授课。

第三部分：华丽转身总结。

第九步，第五次课例研讨及总结会。会议由专家组组长主持。第九步分为七个步骤：一是由授课教师进行说课，主要阐述在二次转变过程中的感受和收获，以及对未来课堂的期待；二是由听课教师代表谈活动感受；三是由专家组对第二次课堂观察数据进行解读；四是由专家组进行活动总结，提出希望和建议；五是由省级项目办领导总结讲话；六是活动合影；七是返程。

第十步，活动总结发布。

八、培训效果

通过一年多的培训，我们实现了全镇8名新上岗教师的角色转变，将一名新上岗教师转变成一名熟悉教育教学理论、掌握现代化新媒体教育技术、拥有自主教学风格与特色的合格教师。在全镇"新媒体技术培训"中，我们通过微课程、Camtasia、PPT2013、电子白板的"讲师型技能培训"，在全镇培养了8名优秀新媒体教育技术讲师、20名新媒体技术学校骨干，并对全镇各学校236名教师进行了第一轮巡回培训。我镇建立了一支优秀的"新媒体技术团队"和一系列专用新媒体培训课程，形成了我镇教师培训优质资源库，有力地推进了我镇教育信息化的发展。

九、小结

"3458培养构想"得到了阳信县劳店镇中心校和各中小学校领导的大力支持。中心校领导亲自批示为培养方案提供一切可能的支持，来推进我镇教师专业发展和自身的成长。方案自启动以来的6个月时间里，已经基本完成了第一阶段的工作。中心校购买了专用服务器，搭建了基于ICT技术的多功能培训平台，创建了基于国家教师培训资源、市三名培训资源和县三名工程培训资源多方学科与技术资源库,架设了 YY 山东研训堂教育培训频道,开设了培训服务 QQ 群和全镇教师专业发展博客群。同时,方案启动了三个项目,一是新教师培训项目;二是新媒体技术培训项目;三是综合实践团队的课程培训。新教师培训项目制定了新教师八个阶段的修炼模式,现在已经即将完成第三阶段"课堂与视频双磨课"的特色与教学模式探索。全镇新教师全部开通了成长教育人博客,每天坚持写教学反思日志,每周学习一篇优秀文章,每月参加一次协作组教学研讨活动,实现了理论学习与实践能力提升的双向同步成长。在新媒体技术培训项目中,我们通过办公平台转化了教育部中国移动项目的 50 多个在线 YY 授课课程,以引领教师掌握最新的教育技术动向。同时,进行了全镇骨干教师新媒体说明会和技术培训会。在综合实践团队的课堂培训项目中,利用本地的"综合实践 1153 教学法"和课程资源体系对全镇教师进行了二次专题课程实施培训,使大家明确了综合实践课程的操作步骤、课程性质和实施策略。在今年山东省教育厅举办的全省基础教育教学成果评选中,我们的"综合实践 1153 教学法"获得三等奖。

在方案实施过程中,也遇到了一些问题,其一是各培训项目的指导教师团队很难遴选,难以形成强大的指导团队;其二是教师自身还有正常的授课工作,在时间安排方面有时很难协调;其三是培训工作从组织与授课由我一人全程负责,有时感觉忙不过来。

（原文发表于《齐鲁师范学院学报》2016 年 3 月刊）

语文教师　当精于汉字

阳信县劳店镇中学　张如意

中华汉字,源远流长。遥想当年,祖先结绳记事,后镌刻于木石、甲骨,看似笨拙,实则首开汉字书写之先河。后经金、大小篆,尝尽岁月淘漉风雨洗礼,自成华夏一体。中华汉字,形奇而神佳,横平竖直奇骏,点撇勾捺洒脱,无不身形典雅高贵,仪态万方。中华汉字,不拘一格,楷则棱角分明,行则行云流水,草则笔走游龙,百态千姿,美轮美奂。中华汉字,意蕴丰厚精深。或象形或会意,字成意在,方正端庄似大家闺秀,娟秀灵动似小家碧玉,一字皆有乾坤。

一花一世界,一字一天堂。笔在手中,字如其人。从汉字书写,即可见人之性情。字写之规矩,着力均匀,则其为人必严谨中正;字写之随性,飘若浮云,则其为人必洒脱不羁;字写之纷乱,如无根之草,其为人必拖沓轻浮。此言虽有失偏颇,但书写如影随形,确关乎人之性格。

为师者,当作汉字书写之师。一笔一画,当设计精当,结构搭配当排列匀称。然现状却非如此。许多教师书写随意,毫无章法,随心所欲,状如野草纵横,形似虫豸游走,却自以为美,令人汗颜!近朱者赤,近墨者黑。师之书写,于众生焉,天长日久,潜移默化,自受其熏染。如师之书写已成方圆,则生之书写必有规范。反之,则与之俱毁矣。

有师反驳曰:现电脑科技,一键操作,孰亲自书写之?吾不认同。无论科技如何强大,电脑永无法取代人脑,键盘永无法取代朱笔。软件再先进,亦无法与手书并论。手书汉字,力透纸背,墨香长存,汉字才有了灵动与情味。练一手好字,如修一身本领,舞台即为白纸一张,工具即为秃笔一支,信手拈来,挥洒自如,臻于无人之境,不受外界影响之一毫。电脑则永无法企及!

有师或曰:吾底子薄,书写基础差,恐难有建树。吾却以为,汉字之书写,无天才之说,皆勤学苦练所得。练得千层纸,用尽万斗墨,书法自然成。汉字研习,有法可依,且法不一,但务求踏实。从基础做起,偏旁部首,务须认真演练,如达·芬奇画蛋,日久天长,可绘传世之名画。汉字训练,常写笔画简单,终能得羲之之神韵。若耐不住寂寞,熬不了辛劳,企图一蹴而就,一字成名,则适得其反,一切成枉然。

吾以为,与读书一样,书写亦为师之代表。先生者,读书、习字必不可少。闲暇之余,铺纸与同事对坐,屏气凝神,写一页小楷,习半张行草,相互指点启发,评头论足,以字论道,以字会友,实乃人生之雅事!茶余饭后,执笔一显身手,即可消食,亦可修身,旁若无人,自得其乐。一旁鲜花吐艳,字迹跃然纸上,无论骄阳三伏,还是隆冬三九,吾置身春天矣。

中华汉字,汇集先人智慧,彰显国人精神,乃中华文化之根。巍巍中华,泱泱大国,以汉字为脐带,凝结炎黄子孙。吾辈为龙之传人,华夏子民,当以汉字为荣耀,以写好汉字为己任。在书写中修身养性、达人达己。写方方正正汉字,做堂堂正正中国人!

(原文发表于《中学语文教学参考》2014年第4期)

情味·情怀·情商　散文教学三重境

阳信县劳店镇中学　张如意

散文是很常见的文学样式。散文之"散",在于其选材多样、丰富,语言自由、活泼,情感复杂、独特。散文教学作为语文阅读教学中重要的组成部分,一直承载着丰富学生阅读体验、提升学生语文素养的任务。散文教学教什么?怎么教?带着这个疑惑,笔者有幸参加了2013年12月7~8日在山东莱芜举办的第一届"语参杯"全国语文同课异构教学研讨会。本次研讨会的主题就是"散文教学教什么,怎么教"。通过观摩6位语文教师的课堂,笔者对于这一问题的认识逐渐深入。笔者以为,散文教学,内容丰富,方法不一,但必要关注情味、情怀、情商,此散文教学三重境,也依次体现了语本、文本、生本的思想。

在咬文嚼字中探究文章情味。"咬文嚼字"是基于语文学科本位而言。学语文就是学语言。语言是工具。散文作为一种主观性较强的文学样式,其语言自然也被赋予了极强的感情色彩。而这些充满感情色彩的语言,就是我们探究文章情味的切入点。研讨会上,很多教师的课堂都注重了对语言的赏析。戴雪老师在引领学生探究学习"老王"给"杨绛"先生送"香油鸡蛋"这一情境段落时,启发学生抓住文章中富有表现力的词语,进行细细品味。学生探究到了"棺材里倒出来的"中的"倒"字、"镶嵌"一词。教师为了更好地让学生感知到这些字词的表现力,将其一一换成了"爬""倚",并启发学生鉴别表达效果发生的变化。通过这样的方式,学生在咬文嚼字中,对文中"老王"病入膏肓、形体枯槁的样子就感受得更加深刻,从而更能体会到"老王"将自己视若最珍贵的、带有遗产意味的"香油鸡蛋"，留给自己视若"亲人"的杨绛先生，这份情感是多么的珍贵！再如于立国老师在《端午的鸭蛋》教学时，引导学生品味"吱——黄油就冒出来了"一句。有的学生围绕"吱"这一拟声词，探究出这个字让读者如见其状，如闻其香，如听其声；有的学生则说"冒"这个词极言"高邮鸭蛋""油多"大有喷涌而出、油花四溅的架势。通过这样的咬文嚼字，学生获得的不仅是对"高邮鸭蛋"特点的认知，更是对作者寄予在文字里面情味的深刻感受。王君老师曾说过："体悟语言和灵活应用语言都得从咬文嚼字中来。不'咬'不'嚼'，语言的味道就出不来，语文的魅力也出不来。"在咬文嚼字中，我们的学生才能品味出语言文字本身的情致，才能探究出文字背后的情味。散文教学只有用丰富多彩的方式，进行咬文嚼字的活动，散文教学才会氤氲着浓浓的语文味儿，这是语文最纯正的味道。当然，需要注意的是，咬文嚼字不是零敲碎打的语言分解，而是基于教师"主问题"或者教学"主情境"上的语言鉴赏活动。例如，王君老师在教学《老王》时，就攥紧了"活命"一词，让学生读"进"文章，读"尽"文字，咬文嚼字，体会到"老王"的生存状态。咬文嚼字，体现了教师自身文本细读的能力。

在情境再造中感悟作者情怀。散文必言情。散文作为抒情性很强的文体，承载着作者真挚的情怀。透过《老王》，我们看到了杨绛先生对"老王"迟来的"愧怍"；阅读《端午的鸭蛋》，我们体会到汪曾祺先生对"家乡鸭蛋"的情有独钟，对家乡的热爱。在散文教学中，教师大都将视角投向文中的人或物，而对于作者的情怀却少有问津。这就往往导致很多教师在解读文章情感时，费力地分析了文中人物身上体现的情感，与作者所要表达的本真的情感相去甚远，真是费力不讨好。笔者认为，只有关注作者的情怀，将自己化身为文中的某一个人物，与作者面对面地交流，才能更全面更深刻地把握文章的情感基调。而对于作者情怀的感悟，情景再造不失为一种好办法。王君老师在教学《老王》时，让学生化身为"老王"，以第一人称的方式，讲述自己的故事。哎，新中国成立后，蹬三轮的都组织起来，那时候"我"脑袋慢，晚了一步，就进不去了。哎，人老了，没用了；"我"的哥哥死了多年了，两个侄儿没出息。哎，"我"没有别的亲人了——这些基于文本的情景再造，学生需要对人物自身以及作者落笔时的感情都要有一个全面的认知与拿捏，这期间加入了学生自己对文本、对作者情感的理解，直指作者的内心情怀。廖俊艳老师在《老王》教学时，也设计了这样的一个环节：演读老王的孤苦。"后来我在坐着老王的车和他闲聊的时候，问起那里是不是他的家。他说，住那儿多年了。"根据这句话，教师引导学生说一句话：对我来说，家是多么遥不可及的地方！_____；天地这么大，哪儿才是我的家呀？细究一下，这个语言训练，是让学生站在老王的角度，更深切地感受老王的孤苦无依，处境凄凉。通过角色换位，学生对作者的悲悯情怀也就体会得更为深刻了。这里的"演"，其实也是情境再造。

在有效质疑中提升学生情商。散文是作者情感的产物。作者情感的独立性、独创性，必然决定了散文教学没有终极，同样也意味着我们对于散文的解读也只能是见仁见智。也正因为如此，散文教学才可以让我们引领学生去个性解读，去质疑文本。例如，《老王》一文中老王话语不多，教师要有文字的敏感度，引领学生体悟到在老王的只言片语、看似答非所问的回答中透露出的孤苦与不幸。例如，重病中的老王送杨绛先生鸡蛋时，文中"我"问："老王，这么新鲜的大鸡蛋，都给我们吃？"他只说："我不吃。"为什么他不这样回答：

"对,给你们吃的。"作者看似不经意随笔一写,是给我们一个怎样的情感暗示?还有文中"我"问老王家在哪儿时,他也没有正面回答而是说:"住这多年了。"老王为何答非所问?这些地方,如果我们都能引导学生进行有效质疑,就能漫溯到文本深处。最关键的是,学生有了质疑的过程,能开掘出作品的深层次内容,打开作者的精神世界,汲取到作品中蕴含的精神、思想营养——对社会弱者的同情,对卑微阶层的悲悯,以善良体察善良。再如《端午的鸭蛋》一文中,有学生质疑:作者对袁子才的《随园食单》并不喜欢,但为何却对里面的"腌蛋"一条却记得如此清晰?学生自我质疑后,结合上下文,慢慢悟出:因为这条食单沾了家乡咸鸭蛋的光!这体现了作者对家乡的念念不忘。这一处质疑关照的是学生对家乡的情感。无论家乡贫瘠还是富有,我们都应毫无理由地热爱它!王君老师曾说过:"让语文人格促进学生生命人格的发展。"我们的散文教学,最终给予学生的,不能仅是阅读技法的娴熟,更应该是学生情商的增加。情商对于学生而言,就是人格的逐步完善,个性心理的成熟。所以,我们要鼓励学生深入文本,更要鼓励学生对文本的质疑,在这个思维过程中,实现人格的自我建构与完满。

散文教学是学生与文本、读者与作者、教师与学生多情互动的过程。关注散文的情感,关注课堂的情感,我们的散文教学一定会景色宜人,情感醉人。

（原文发表于《中学语文教学参考》2014年1-2月合刊）

细致描写　让叙事类作文更精彩

阳信县劳店镇中学　张如意

当下,学生叙事类作文存在这样的写作现状:要素齐全,但人物简单;事件明确,但叙述枯干。具体表现为记流水账,叙述无轻重主次,像交代"案情"一样没滋没味。同时,叙述时把自己置身事件外,文字呆板,使得文章枯燥无味,缺乏吸引力。笔者认为,把事件叙述得生动,描写必不可少,描写能让文字充满光彩。很多学生忽视这一点,写作时只想着把事件过程一五一十地用自己的陈述性语言呈现出来,而对与事件有关的人物、环境等要素缺乏细腻的刻画与描写。例如,下面一个写作片段。

春节最有趣的,莫过于我和弟弟放烟花了。

我和弟弟往返了好几趟,把老爸买的烟花搬到了空旷的大街上。老爸让我点燃烟花。接到任务的我高兴万分。我点燃了烟花引信,随着一声声清脆的声响,烟花拔地而起,霎时间,五彩斑斓的烟花点亮了夜空。

看着美丽的烟花,我们一家人欢呼起来。

放烟花,真有趣!

这段文字中心事件非常明确,就是我和弟弟放烟花。但这段文字读来并不能吸引人。原因就在于文章只有简单叙事,而没有细致描写,只能给读者一个表层的印象,而无法通过文字给读者一个画面感。怎么才能让叙事类作文生动起来呢?

首先,人物描写细节化。叙事类作文中,人物是必不可少的元素。人物刻画是否成功,对于叙事能否出彩有着至关重要的影响。以上的写作片断中,对于人物的描写就很粗糙,人物在事件中没有个性的展示,缺少光彩,叙事自然很干涩。请看下面教师的引导。

师:在这段文字中的哪些地方,可以加入一个什么样的描写,更能体现放烟花的有趣,以至于让我念念不忘?

生1:在"我"和"弟弟"搬烟花时,可以加入一个动作描写。可以用"抱""一溜小跑""擦汗""倾斜着身子"等一些表现动作的词语或句子,表现我和弟弟对放烟花的期待之情,虽然累,但内心无比喜悦。

生2:也可以加入一个"我"和"弟弟"的神态描写。用"涨红了脸""眯着眼笑""笑得合不拢嘴"等词句表现我们哥俩当时兴奋的神情。

生3:还可以在"我"点燃烟花时,加入一个动作以及心理描写。用"猫着腰""捂着耳朵""小心翼翼""手一直颤抖"等词句表现"我"当时的紧张与兴奋。

生4:在一家人观赏烟花时,可以加入一家人的对话。赞叹烟花的美丽漂亮,也可以是相互的祝福或者是家人对新年的美好祝愿等。

经过教师的引导,学生对人物就有了较为细致的描写,动作的、神态的、心理的等。这些都是学生根据当时的场景,加入了自己丰富的想象而实现的对人物的再塑造。添加了这些描写的效果就是人物有了个性的语言、动作与心理,人物给读者留下的印象就不再是一个个孤零零的文字符号,人物的表现更具体了,更形象了,事件表现更充分了,从而让读者有了人物就在自己身边、自己也在现场的感觉。

其次,环境描写契合化。在叙事类作文中,不仅有人物的描写,更应该有与事件相契合的环境描写。这样的描写,可以为事件的发生及推进营造一个好的氛围,设置一个适合的铺垫,让情景与人物自然融合。例如,在上面的写作片断中,我们可以在事件开始前,加入一个这样的环境描写:"那晚的夜空,月色迷人,星星婆娑,风中荡漾着年夜饭甜美的香气。"也可以在文末加入这样的描写:"远处望去,各色的烟花在天空中灿烂地绽放,与星星斗艳。那是人们美好的新年祝福,在心中盛开。"这两处环境描写,以美丽的夜景、年夜饭的香浓、烟花的灿烂与事件中人物燃放烟花的喜悦心情契合在一起,毫无缝隙的衬托,增加了人物活动的场景感,使得叙事更富有生活气息。需要注意的是,环境描写不要让"景物"摄入太多,以免干扰读者视线。就选择与事件、与当时场景有直接关系的环境,不要面面俱到,更不要画蛇添足。

最后,情节描述波澜化。在叙事类写作中,学生还容易走入的误区就是:叙事就是写人,只要把人物描写好了就行了,而对于事件本身的情节发展过程降低了要求。基本上就是按照事情的起因、经过、结果这样的节奏不声不响地走下来,整个情节没有一点波澜,没有一点曲线,叙事就不吸引人了。因此,叙事类作文要吸引读者眼球,在情节描写上,要力忌平,力求曲。请看下面教师的引导。

师:同学们,一些质量比较低劣的影视作品,我们一看开头,就能预测到结局。这是因为剧情太没有悬念了。我们对这样的没有曲折的剧情往往缺乏观赏兴趣。请同学们思考在以上写作片断中,我们在情节方面,可以设置一些什么样的出乎读者意料的镜头呢?

生1:可以设置一个在"我"和"弟弟"搬烟花时,"弟弟"因为年幼,搬运吃力,不小心摔倒的镜头。"弟弟"与大地进行了亲密接触,疼得咧着嘴不断呻吟,还不停地念叨着"保护好我的烟花",那憨态可掬的样子逗得一家人哈哈大笑。这个情节,让"弟弟"浓墨重彩了一把,他的言行增添了当时全家人快乐的气氛。

生2:可以设置一个在燃放烟花之前,在由谁燃放上发生分歧的镜头。"我"和"弟弟"都争抢着燃放,互不相让。经过爸爸从中调合,最终由"我"担当大任。这个情节,更能够突出"我"对烟花的喜爱,对于本次来之不易的燃放机会倍加珍惜。

生3:可以设置一个在燃放过程中,由于"我"过分紧张与兴奋,不能顺利点燃的镜头。在"我"小心翼翼靠近引信的时候,"弟弟"恶作剧,在远处大呼"响了",惊得"我"转身就跑,险些跌倒。"弟弟"乐得连连雀跃,仿佛报了不能燃放烟火的"一箭之仇",家人也开心地笑着。这个镜头,也是为了让情节有一些波澜,同时也突出情节的喜感。

经过教师的启发引导,学生对原文的情节进行了合理的想象,并在此基础上进行了恰当的再设计。这样的再设计,让情节出现了一些合理的意外,有了一些情理之中的曲折,让情节有了一定的跳跃感,避免了平铺直叙,从而给人以新奇感,增加了文字的可读性与趣味性。

当然,让叙事精彩,是选材、描述、语言运用等各方面因素的相互支撑与完美配合,并不简单是人物描写、情节描述的一味堆砌。我们要引领学生从描写方面入手,让人物鲜活一点,让情节曲折一点,让学生成为会讲故事的人。

(原文发表于《中学语文教学参考》2015年第6期)

固本求源抓实质

——例谈新《课标》下小学数学思想方法教学

阳信县教研室　张秀男

《课标》修订稿在课程目标中把"双基"改变为"四基",提出"要使学生获得适应社会生活和进一步发展所必需的数学的基础知识、基本技能、基本思想、基本活动经验"。严格地说,数学思想是指人们对数学理论和内容的本质的认识,数学方法是数学思想的具体化形式,实际上两者的本质是相同的,差别只是站在不同的角度看问题,所以通称为"数学思想方法"。小学数学中的思想方法主要包括分类、推理、归纳、联想、类比、验证、转化(化归)、数形结合、对应等。

前段时间,看了特级教师张齐华上的《交换律》一课,对照自己的教学,尤其是在数学课上如何进行思想方法的教学进行了一些思考,在此与大家共享。以期对我们今后的思想方法的教学起到借鉴作用。

一、片断一

课前谈话

师:知道张老师是哪个学校的吗?

生:南京市北京东路小学。

师:对,但我有一个朋友,有一天,他非说我调到北京去工作了。他说他在网上看到的。他说明明看到我在北京市南京东路小学。原来,他把北京和南京两个词调换了。大家说,可以调换吗?

生:不能。

师:看来啊,生活中,有些时候词语顺序是不能任意调换的。

出示:"我最喜欢骑马""小明正在钓鱼"能调换吗?

师:25,这个数中的5和2可以调换吗?

师:$\frac{3}{4}$和$\frac{4}{3}$中的3和4呢?

师:不光是生活当中,数学上有时候也不能随便换。

思考:本来这节课的教学内容是两个数交换位置和或积不变的规律。但老师在课前却设计了这样一个交换后结果变化的活动。为什么呢? 我认为老师就是要让学生在这节数学学习后体会到随着认识的深入和知识的增加,原有的结论是有可能发生变化的。在教学中欲扬先抑,体会生活中、数学中的相对性和绝对性,确定性和不确定性,思维的单向性和双向性思想,甚至可以体会到世间万物都是不断发展变化的。

二、片断二

师:在数学上有没有什么时候换了之后是相等的呢? 今天这节课我们就一起来探讨数学中的规律。

师:正式的探讨规律前,先做几道口算题,请你悄悄地把答案告诉你的同桌!

依次出示三组六道口算题:

$7＋8,8＋7,19＋5,5＋19,21＋36,36＋21$。

同桌交换答案后,师提问:聪明的孩子会思考,你发现了什么?

明确:三组算式,交换加数的位置,结果不变。

思考:我们平时的教学中,往往到这里就意味着探究活动的结束。由此得出加法交换律可以说太自然了。我们甚至还理直气壮地说,学生经历了观察、比较、归纳过程,交换律是学生自主探索得到的,这节课落实了新课标理念。但这种观点是正确的吗? 有多大的局限性呢? 学生的体验深刻吗? 继续看下面的内容。

三、片断三

师:这样的例子你还能找到一些吗?

生举例……

师:那么我们是不是可以认为"任意任意两数相加,交换它们的位置,和都不变?"

生1:不变。

生2:变。

师:举手表态。

师：现在有两种观点，谁对谁错，怎么办？

生：用事实证明。

师：光这几个例子够吗？

生：不够。

师：还得……还得再举一些这样的例子。你打算怎么举？

师明确方法：像老师板书的方式一样，交换加数位置，比较结果。并强调，举自己的例子。如果相等，也像黑板上一样用等号连接起来。

生自己举例后交流如下内容。

生1：1＋2＝2＋1等四个例子。

生2：3＋4＝4＋3等三个例子。

生3：5＋2＝2＋5等五个例子。

师：每个同学都举了三五个，全班就有200多个了，同学们说有这么多例子了，能说明这个结论能成立吗？

生：能。

思考："光这几个例子够吗？"老师一句话把问题引向了深入。归纳推理分为完全归纳和不完全归纳，虽然我们不可能把所有的例子都举出来，但一个或三个例子能说明什么呢？老师把这三个例子仅仅当成了激发深入思维的导线而已，仅仅作为引发学生猜想，开展进一步的活动去验证的开端而已。用什么办法呢？这里是学生都能想到的：枚举法。我们在此类问题的教学中都应该思考，观察、比较、提炼、归纳应该建立在怎样的基石之上，是简单的速战速决呢，还是追求举例的丰富呢？换言之，在"简洁"和"丰富"之间，谁才是"举例验证猜想"时应该遵循的基本规则？这里我们似乎找到了答案。全班举了200多个例子来证明。继续看下面内容。

四、片断四

师展示两生结果。

师：有两名同学举的例子一个多，一个少，但老师可能更欣赏哪一个呢？为什么？

① 1＋2＝2＋1，2＋3＝3＋2，1＋4＝4＋1等10个例子。

② 7＋8＝8＋7，12＋35＝35＋12，246＋138＝138＋246。

生纷纷赞同②。

师：我们举的例子仅仅多就够了吗，还要注意什么，②的例子全面在什么地方？

交流：……

师：还有一个同学举了不同的例子。

生：3/5＋4/5，1/6＋4/6。

师：有必要举这样的例子吗？今后学了小数或者其他数后还可以举什么例子验证？

交流明确：应该用各类数举例，才更全面。

思考："举的例子仅仅多就够了吗？"一语中的，多不意味着全。在这一环节中，给学生充足的时间交流，在交流中体会归纳推理的操作精髓所在。在举例时仅仅简单重复是远远不够的,怎么办?通过分类举例,才能真正体现例子的丰富性。"有必要举这样的例子吗?今后学了小数或者其他数后还可以举什么例子验证?"交流活动使学生深深体会到了分类思想的重要性,体会到了例子的多元化、特殊性恰恰是结论准确和完整的前提,体会到要用发展的眼光看数学、学数学。

五、片断五

在归纳出加法交换律的含义后。

师:这个结论得来不易,所以不能轻易地"放过"它。请大家进一步展开联想。比如,现在是任意两个数相加——(老师在"加"字上加重并延长),和不变。

生1:任意两个数相减。

生2:任意两个数相乘、任意两个数相除。

师出示:任意两个数相减,交换两数的位置,差变吗?相乘,相除呢?

学生开始七嘴八舌地说出自己的想法。

师:是凭直觉立即就下结论心里踏实呢,还是用刚才的方法去验证再下结论更踏实呢?

同桌合作举例验证……

思考:"请大家进一步展开联想。比如,现在是任意两个数相加……那么……"简单的一句话,却开启了学生类比推理的闸门。类比思想是指依据两类数学对象的相似性,有可能将已知的一类数学对象的性质迁移到另一类数学对象上去的思想。刚刚得到的"加法交换律"是终点吗?当然不是。它又成了新思维的触点,引导学生更自然、自觉地把刚刚尝试过的研究方法用到更深、更广范围去验证新的猜想,学生也再一次走上了"猜想—验证—结论"的研究之路。

六、反思

我们上一节课,谈到最多的大概就是"怎么教"的问题,但这节课的整体设计与我们的想法可能没有什么区别,也是遵循"猜想—验证—结论"的路子,但在细节处理上却大不同:我们往往认为的验证结束,在张老师的课堂上却仅仅是验证的开始;我们看到了观察、枚举、比较、类比、联想等多种思想方法的综合应用;另外,把加法交换律和乘法交换律整合在一起教学,我们看到了"猜想—实验—验证"的研究思路的自然延续;整课中,我们还看到了学生对"变与不变"的辩证关系的深刻体会。对比自己的教学,我深深地感到了自己对归纳推理认识的肤浅、对数学思想方法教学认识的肤浅。

进而思考,我们的数学教学,从表面来看有四大领域的内容,倡导运用这样那样的模式,倡导体现新的教学理念。但最终应该教给学生什么?学生应该学会什么呢?是一个一个或独立或联系的知识点吗?是机械重复的计算、解题吗?学生离开学校后会留下些什么?什么才是他们终身受用的东西?

日本著名数学家、数学教育家米山国藏曾说过这样一段话:"学生在学校学的数学知识,毕业后若没什么机会去用,很快就忘掉了。然而,不管他们将来从事什么工作,深深铭刻在心中的数学精神,数学的思维方法,研究方法、推理方法和看问题的着眼点,却能使他们终身受益。"

由此我想,当前的数学教学需要站在一个大的前提下重新审视,那就是《课标》中谈到的"数学教育"。作为一名小学数学教师,要能透过表面的知识和技能的教学和训练,牢牢抓住数学的本质——数学思想。要教知识,培技能,更要渗透提炼数学的思想和方法。如果教学的本质把握不准,怎么教都是徒劳的。这一点,也正如张齐华老师所讲——"教什么比怎么教更重要"。这一点最值得反思。

比如本课中,把加法交换律和乘法交换律整合在一起教学,教师教的是什么?除了交换律知识,给我们印象更深刻的是学生会体验感受到"变与不变"的辩证关系,"猜想—实验—验证"的研究思路,枚举、观察、比较、类比、联想等数学思想方法。

小学数学知识比较浅显,但蕴含着丰富的数学思想方法,要处理好数学知识教学和思想方法渗透之间的关系。教师首要的任务是加强对课标和教材的研究,自身先要领悟和把握教材表面下所蕴含的数学思想方法,要教的远不止看似极其简单的几个数字和几个字母。

例如,一年级刚入学,认数、数数(图1)(青岛版数学一年级上册教科书),我们需要教的是什么,只是简单的认数、数数吗?由一辆坦克——一个点子——数字1;两枚火箭——两个点子——数字2……在图——圆点——数字之间建立了一一对应的关系,这不正是"对应"思想方法的体现吗?正是由于对应关系的存在,才建立起了数与物的联系,才正式地在学习活动中开始培养学生的数感,因此要教的还有对应思想的渗透。

再如,教学"比较多少"(图2)(青岛版数学一年级上册教科书),用圆片代表小朋友来摆,省去了让小朋友来站一站再比较的麻烦,这可以说是最简单的符号化的思想方法。怎么比?一个对一个,体现了一一对应的思想方法,进而使学生初步建立起"同样多""多""少"等数学概念。

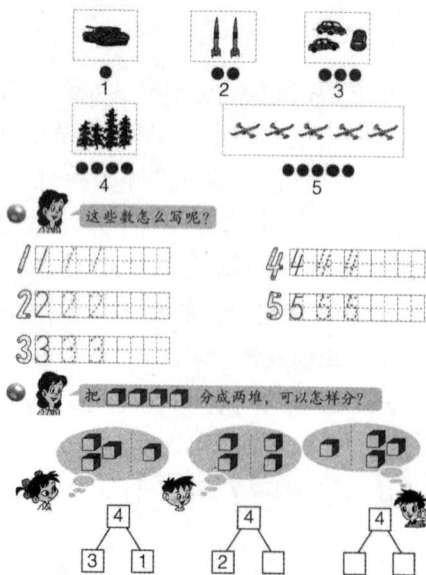

图1　5以内数的认识

图2　比较多少

(原文发表于《小学数学教育》2013年12月)

数学课上思想方法的教学都源于教师对数学本质的深刻理解和对学习活动的精心设计。作为一名小学数学教师，自己必须要加强学习，努力要提高自己的数学素养，让数学课堂成为数学思想、方法和精神生长的土壤。

理念落实新常态　创新演绎新精彩

阳信县研究室　张秀男

2014 年 12 月 8 ～ 12 日，山东省小学数学优质课展评活动（第一组）在鲁北小城滨州市隆重举行。来自齐鲁大地的近 500 名小学数学教师代表、教研员、参评教师齐聚山东名校——滨州授田英才学园，共同观摩和学习。本次展评活动旨在展示《数学课程标准（2011 年版）》正式颁布、基础教育课程改革进入新阶段以来我省小学数学课堂教学取得的新成果，促进全省小学数学教师的专业成长。

活动中，来自全省 8 个地级市的 32 名选手展示了自己和团队的最新教学成果，教学内容涵盖 1 ～ 6 年级的四大领域 26 个课题。不负众望，参评选手各具风格，课堂教学异彩纷呈，亮点不断。32 节课传统与创新并举，从理念支撑、目标定位、内容选择、过程设计、课堂生成等侧面比较充分地体现了《课标》的精神和要求，改革的难点开始取得突破。带给与会代表深刻的印象和感受：新课程理念的理解和落实开始步入"新常态"，"创新"不断给课程改革注入新活力，成就了精彩的课堂教学。

一、传统优势得以传承和发扬

针对《数课程标准》从"实验稿"到"2011 版"的修订，郑毓信教授曾经谈道："我们应该关注课程修订了什么，但更要关注课程坚持了什么。"这句话对本轮整个课程改革来讲也同样适用。扎实教学、重视算理算法、尊重学生已有基础和经验、重视变式练习等传统的优势做法都应该坚持不懈去做好。

1. 尊重学生认知规律和已有知识经验是一切教学设计的出发点

我们都知道，学生每一堂新课的学习都不是零起点的，因此教学一定要以学生已有的知识经验为基础进行设计，尊重认知规律，才能实现有效的教学。简要地说就是要"心中有学生"。

烟台市的慕振亮老师执教"圆的认识"一课。用"古今车轮图"引入教学，提出"车轮为什么设计成圆的"，后让学生交流以前画圆的经历，之后独立用圆规画一个圆。展示中有些画不圆，大家一起来交流画不圆的原因所在：一是圆规两脚间的距离变化了，二是一脚的针尖位置变了。弄清原因后第二次再画就好很多了。然后，慕老师又提出"怎样在操场上画一个大圆"的问题引发大家的思考和交流，在明确画法后对两种方法做了比较分析，弄清了画圆的关键所在，大家在画圆中对圆心和半径有了深刻的认识。再一次画圆，弄清了"定点、定长"的问题、半径直径的关系问题……以前的教学中大都是把画圆的方法放在认识圆心、半径、直径后进行，而这节课恰恰相反。细细想来，这不正是以学生已有经验为出发点进行教学的吗?如果做一次课前调查就会知道学生大都有用圆规画圆的经历,教师不应该回避,这应该就是教学的起点。慕老师正是以此为起点,在画圆中认识圆,学生学得轻松又深刻。

青岛胶州市的安霞老师执教《三位数除以一位数》一课。用"寿光蔬菜博览会"的情境引入教学。提出"平均每个葡萄园产葡萄多少吨",列出算式"132÷4"并说说为什么用除法计算后,让学生分组探究"到底等于多少呢",安老师给各组提供了小棒。在接下来的展示中,一组学生先用小棒板贴做了精彩的展示,把1个100拆开,与3个10合成13个10再分,分后再把剩下的1个10再拆开与2个1合成12个1再分。这样学生通过两次"拆—合—分"的操作得到了答案,也弄清了算理。之后又一组学生同样清楚明白地展示了"竖式计算"的方法,又弄清了算法,水到渠成。整个探究、展示活动有序,算理和算法的分析、理解到位,这些固然与教师较高的组织调控能力有关,但更重要的还是教师能够充分相信学生,因为之前学生已经有用小棒进行操作明理的丰富的经验,也有用竖式计算两位数除以一位数的基础,相信学生在教师的恰当引导下有可以实现迁移的能力。正是由于以上的正确认识才成就了自主探究的成功。

2. 活动开展扎实有效是永恒不变的追求

教学活动的开展可以是朴素的,也可以是惊艳的;可以是传统的,也可以是创新的,但扎实有效应该是我们追求的第一要务。

东营市的金红老师执教《周长的认识》一课。课的开始教师就组织学生用电线"变出"自己想要的图形,同时还给学生提供了连接电线两端的小软管。教师展示后,引导学生分成了封闭和不封闭的两类。"它们大小、形状都不同为什么放在一起?"通过交流,明确了"一周——封闭图形"的概念,之后让学生在纸上描出来。再把不封闭的图形想办法变成封闭的图形(用小软管连接),并把变好的描出来,说一说"是怎么描的,从哪里开始,到哪儿结束?""怎样才能正好描一周既不漏下,又不重复呢?"最后把描出的图形进行比较,弄清楚都是一周,但长度可以是不同的。至此,周长的意义已经呼之欲出了。整个活动通过"围一围—分一分—连一连—描一描—说一说"等活动对周长的意义有了深刻的认识。

威海市的陈雪原老师执教《求一个数是另一个数的几倍》一课。在练习中,教师设计了3道判断题(如图1),判断红花数是黄花数的3倍。判断过程中教师抓住关键问题——"怎么知道是(不是)两倍的?"在做第三题时,学生判断后重新用圈一圈的方法去弄清错误原因所在。之后陈老师抛出了新问题:想办法改正过来。学生找到了把黄花添1朵和把两份红花各去1朵的方法。通过变式练习和充分交流,学生对倍的意义有了更深的体会,那就是"不管朵数怎样变化,只要把黄花朵数看成一份,红花里有两个几,它就是黄花数的2倍。"由此看,有效的练习和反馈是一节好课不可或缺的重要组成。

| 题1 | 题2 | 题3 |

图1 判断红花是黄花的几倍

二、新课程理念落实步入"新常态"

应该说，课改走过了十几年的历程，今天的课堂对新课程理念的理解和把握更加深刻，落实在教学活动中也更加到位，已经从浮躁回归了理性。从整个展评活动可以发现，新课程理念的落实已经步入了"新常态"，整体水平有了较大提高。

1. 在活动中经历概念的生成过程

《课标》指出，数学教学是数学活动的教学，是学生观察、猜测、实验、操作、独立思考、合作交流的过程。本次活动，上课教师都能设计、开展丰富的数学活动，在有序的数学活动中，引领学生经历问题研究、知识获得、概念生成的过程，有效落实过程性目标。

泰安市的胡磊磊老师执教的"面积和面积单位"一课，在揭示了面积的概念后，引出了比较两个四边形面积大小的问题。通过观察，解决了差异较大的图形面积大小的比较问题，通过重叠，解决了某条边长相同的图形面积比较的问题。最后重点研究面积相近的长方形和正方形的面积大小问题，这一活动教师放到了小组内研究解决，并提供了小圆片、小正方形纸片、大一点的正方形纸片供探究所用。学生经过探究，顺利解决了问题。然后教师引导学生比较分析，发现用正方形纸片去铺的方法更科学，从而解决了面积单位的产生和统一的必要性问题。整个活动，教师引领学生经历了"思考（问题解决策略）—观察—操作（重叠、密铺）—比较—概念形成"的过程，学生有独立思考，有合作交流，真正经历了面积单位的产生、统一的全过程，积累了活动经验，形成了新的认知。

青岛市的李文敏老师执教的《用数对确定位置》一课，出示"训练方队"的情境，让学生描述小强的位置，由于学生描述的五花八门不易弄清，他们体会到了统一描述方式的重要性，这样，李老师引出了数学语言"行"与"列"，当学生用"行"与"列"再来描述小强的位置，体会到规范语言带来的便捷之后，李老师又抛出了新问题：还能更简单吗？试一试。尝试的结果也充分显示了学生的聪明才智。通过比较、选择、辨析，学生认识了数对，体会到了用数对表示位置的优势所在。李老师进而提出了"为什么要加'（　）'""为什么叫'数对'"的问题，深化了学生对数对的认识。

2. 在活动中感悟数学思想

新"两基"中的"基本数学思想"无疑是近几年来最热门的概念了。上位的数学思想有抽象、分类、归纳、演绎、模型等，下位的有一一对应、转化、函数等。感悟数学思想的重要性无须多言，本次展评活动都能有意识地围绕教学内容和课程目标渗透数学思想，把数学思想的教学真正落到了实处。

蓬莱市的高景晓老师执教"三角形的面积"一课。课的开始创设了在长方形草坪中设计一个最大三角形花坛的情境。针对设计的三种方案分类后，先解决直角三角形的面积问题（图2），由于可以直观发现直角三角形面积是长方形面积的一半，学生很容易地把两个完全相同的直角三角形转化成了等底等高的长方形，进而算出了它的面积，并弄清了二者各部分间的关系。接下来研究长方形中的钝角三角形和锐角三角形的面积问题（图3、图4），通过画出的三角形的高，相当于把长方形分成了面积和形状分别相等的两组三角形,又可直观发现三角形面积是长方形的一半,通过长方形的长(底)×宽(高)÷2就可算出三角形的面积了。本课的设计与常规教学不同,创新性十足,但转化思想的渗透同样体现得淋漓尽致。

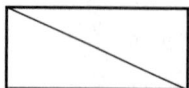

图2　直角三角形的面积问题　　图3　钝角三角形的面积问题　　图4　锐角三角形的面积问题

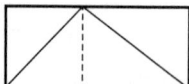

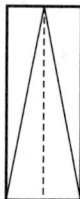

其他的"用连乘解决问题""求一个数是另一个数的几倍""重叠问题""植树问题""找次品"等课都指向了模型思想;而"三角形的面积""组合图形的面积""三角形的内角和"等无一不较好地渗透了转化思想。

3. 在活动中迁移学习方法

我们常说"授人以鱼不如授人以渔",这个"渔"当然就是学习方法了。知识是无限的,但学习知识的方法是有限的,可以说,掌握学习方法远比掌握知识点重要得多。因此,数学教学中教会学生掌握一定的学习方法尤为重要。

聊城市的王秀双老师执教《植树问题》一课。王老师提出"20米路,每隔5米栽一棵,需要栽多少棵?"后引领学生独立画一画并上台用学具摆一摆。通过不同学生的展示发现了问题——有三种情况,区别在两端,分别是两端都栽、两端都不栽、只栽一端,进而引出了研究棵树与间隔数的问题。"先解决两端都栽的问题吧",王老师引领学生经历了"大胆猜想—独立验证(画一画)—总结—思考解释(再画,建立间隔与棵树的一一对应)—计算"的过程。之后教师引领大家对整个研究过程进行了回顾梳理,"接下来利用刚才的研究方法自己去解决'两端都不栽''只栽一端'的问题吧"。后面的活动中学生把刚刚获得的方法迁移类推到新问题中去,自行研究,顺利解决。

4. 上出浓浓"数学味"的数学课

曾几何时,为了创设情境而创设情境,数学课失去了数学味。本次展评活动有赖于执教教师和研课团队对教学内容的深入研究与孜孜追求,教学设计能够直指问题的核心,为一些看似平常的课提升了境界,凸显了数学的魅力,上出了浓浓的数学味,不时给大家带来惊喜。

聊城市的孙桂英老师执教"2、5倍数的特征"一课。当学生通过对百数表的研究得出2的倍数的特征之后,研究并没有到此为止,教师提出了新问题:为什么只看个位上的数字就可判断是否是2的倍数,而不必去管十位上的数字是几呢?从而引发了大家深深的思考。之后以34为例,利用小棒分一分,弄清了不管十位上是几,每个十都是2的倍数,几十也都是2的倍数,所以就不用看十位了,进而类推到百位、千位等。学生不止通过观察、比较得出了结论,更弄清了问题的本质所在,思维得以提升。

烟台市的杜钦坤老师执教《三角形的内角和》一课。杜老师引导学生探索用"算一算"的方法求出三角尺的内角和、用"先量再算"的方法求出三角形的内角和,再用"折、撕、拼"的方法转化为平角验证内角和是180°。虽然已经有了结论,杜老师还是抛出了新问题:"为什么不管三角形如何变化,它的内角和都是180°呢?"杜老师用课件展示了直角三角形两个锐角一个变大、一个变小的过程,直至一个锐角接近90°,另一个接近0°;并用同样的方法展示了锐角三角形中一个角逐渐变大接近180°,而另外两个角接近0°的状况,极限思想润物无声地得以渗透。之后杜老师又介绍了帕斯卡的证明方法,开阔了学生的视野,展现了浓浓的数学味。

三、"创新"演绎课堂新精彩

精彩的生成始终离不开创新的支撑。本次展评活动既有集中的创新,又有一个个"金点子"不断涌现,为课堂注入了新的活力。

1. 回顾、梳理、反思——"回头看"

新课程倡导学生及时对所学内容进行回顾与反思,落实到一节课中就是要引领学生回顾整理整节课的收获,但一直以来大都停留在"谈谈你有什么收获"上。纵观本次展评活动,大部分课在最后的小结阶段可以说是"不约而同"地进行了相似的创新,对学习的过程及数学思想、学习方法的感悟进行回顾和梳理,给人以耳目一新的感受。以下是烟台市的庄晓静老师执教的《长方体的认识》一课的树形回顾反思和青岛市安霞老师的《三位数除以一位数》的回顾整理(图5)。

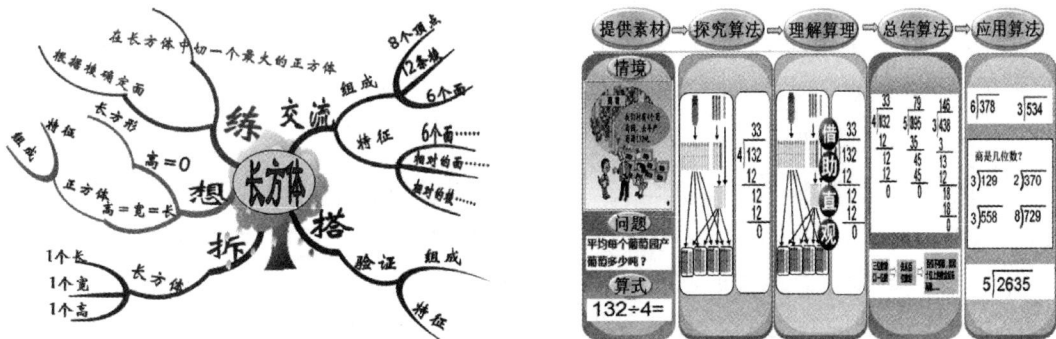

图 5　回顾整理

透过回顾反思的变化,数学思想方法的渗透、活动经验的积累既潜移默化、润物无声,又可感可见,在课堂的各个环节真正得以落实。相信久而久之,学生的思维品质会不断得到提升,这不正是课改所追求的吗?

2. 精彩不断——"金点子"

聊城市的宁美红老师执教《100以内数的认识》可谓创意无限,引来大家的惊叹和齐声喝彩。宁老师先是让学生数出20颗珠子倒入杯中,随后端出盛有很多珠子的杯子,让学生观察、估计有多少。到底有多少呢?当台下的老师们纳闷怎样快速数出准确数时,宁老师取出了一个带有 10×10 个圆孔的盘子,刚好 100 个,引得大家一片赞叹声。随后再倒回原来的杯中再比一比,学生会发现 100 比 20 多得多。之后学生继续利用圆孔盘玩抓珠子游戏,随便抓一把,放在盘子上,先估,再摆,最后数,在摆与数的过程中逐渐发现有序摆的优势,学会了数数,并弄清了两位数的组成,真是学得轻松又扎实……

精彩继续,从 62 开始数数,边数,宁老师边变魔术般把整捆和单根的小棒粘在了黑板上。每数够整 10 根就卷起来成为一捆,最后把 10 捆卷成了一大捆。整个过程在黑板上完成,边粘边捆边数,直观有效。教师的创意不由得令台下的老师暗暗叫好。

像这样的创意"金点子"在其他课中也不时地跳出来,让观课的老师眼前一亮,真的可以说是创意无限,精彩无限!

3. 先学后教、微视频——"新尝试"

"先学后教""微课程"可以说是近两年来的热门话题了。本次展评活动中,有三位教师做了新的尝试,为大家提供了研讨的机会,对其有了新的认识。菏泽市的张青老师执教《百分数的意义和读写法》一课。基于学情的分析和教学内容的特点,张老师采用了"先学后教"的模式。青岛市的李文敏老师在执教《用数对确定位置》一课中用"微视频"教学了列和行确定方法的内容。菏泽市的董晓玲老师执教"找次品"中对最优方案的教学也采用了"微视频"进行讲解。

四、未雨绸缪再踏新征程

课堂展示结束后,山东省教研室小学数学教研员徐云鸿老师做了深刻的大会总结。徐老师用三句话谈了整体感受:回归常态,整体水平提高;有创新,有些课令人眼前一亮;有的课认真品一品,味道不一般,火候把握得好。之后,徐老师从四个方面针对本次活动中新的变化和动向以及今后工作改进的着力点做了高屋建瓴的指引。

1. 关于"回头看"

课的结尾出现这种变化是可喜的。"回头看"的目的有二,一是培养学生的元认知能力,二是落实"课标"中有关"四能"的要求,亦是梳理基本思想和积累基本活动经验的有效途径。这个出发点是正确的,但在设计之初应该明确这样的梳理和反思能够对学生发挥什么作用,避免成为教师的"回头看",而应该是基于学生的反思去梳理,真正成为学生的"回头看"。

2. 关于"活动要求"与"温馨提示"

针对当前课上普遍出现的"活动要求"与"温馨提示"问题,徐老师指出:应该让学生独立思考,或在独立思考的基础上进行设计。方法、材料不应是教师告诉的,而应是学生自己找寻的;方案、方法、步骤应是处在学生的角度经过对现实需求的思考而制定出来的。不能因为怕学生摔跤与走弯路或者因为教师的所谓"好心"而剥夺学生思考的机会和空间。提倡基于单元的研究,找准几个点,放手让学生充分探究来实现培养、提高学生研究能力的目的。

3. 关于教学设计

徐老师谈到，一切要基于学生出发进行教学设计，以学生的已知、以学生的已有经验为出发点；教学一定要符合规律，包括数学知识的内在规律和学生的认知规律。创新的同时要多思考、多追问：此处学生真的不会吗，真的不会讲、不会问吗？

4. 关于微课与翻转课堂

针对当前大热的微课与翻转课堂，徐老师指出，对待新生事物要冷静思考，避免头脑发热，全面考量，合理开放应用，不要被技术绑架。

课堂教学的展示和徐老师的总结令与会者收获满满，也引起了大家深深地思考，更多的是给了大家以启示，启示今后的教学应该做什么，怎么做，相信会令小学数学教学更好地走在课改的路上！

（原文发表于《小学数学教育》2015年第6期）

例谈课堂教育机智

阳信县第一实验学校　李淑敏

"机智"一词在词典中的解释为"脑筋灵活，能够随机应变"。教育机智则是教师在教育、教学过程中的一种特殊定向能力，是指教师对学生活动的敏感性，能根据学生新的特别是意外的情况，迅速而正确地做出判断，随机应变地及时采取恰当而有效的教育措施解决问题的能力，是教师良好的综合素质和修养的外在表现，是教师娴熟运用综合教育手段的能力。想起"教育机智"一词，源于看的一篇文章《让教学错误成为有效的教学资源》中记录的故事。

在一堂《怎样加速溶解》的科学课上，一位教师给学生们做了一个演示实验：搅拌加速溶解。教师在两只大小相同的烧杯里加了等量等温的水后，同时将两块大小相同的肥皂块投入烧杯里。不知什么原因，这两块大小相同的肥皂块竟然没有同步落到烧杯里。这一状况被眼尖的同学发现了。一个大胆的学生马上举手发言："老师两块肥皂没有同时落水。"听课教师立刻向这位同学投去了赞许的目光，同时也用期待的眼神注视着这位教师，迫切地想知道这位教师是如何对待这一教学错误的。大家都期待着这一错误能为课堂增色。只见这位教师不在乎地看了看这个学生，慢条斯理地反问道："就这零点几秒，零点几秒会影响实验结果吗？"听了他的一席话，其他同学立刻迎合老师，异口同声地说："不会。"那个爱观察、爱动脑的同学立刻像泄了气的皮球，脸涨得红红的，头埋得低低的，仿佛自己是在吹毛求疵。

看到这儿，我不禁心生感叹：这位教师漫不经心的反问句"就这零点几秒，零点几秒会影响实验结果吗？"把学生勇于指出错误的思维的火花瞬间给浇灭了；把学生实事求是，一丝不苟的科学态度转眼给扼杀了。我禁不住想问："这位老师，你的教育机智何在呀？"

教师除了具备高尚的师德，还得具备高深的知识底蕴，同时高超的教育机智也必不可少。现在很多教师经常说,课堂要精心预设,同时还要准确、机智、灵活地选择、把握和利用课堂生成。怎样才能将生成利用好呢?笔者认为教师的教育机智起着举足轻重的作用。

下面这则故事则是发生在我身边的故事。

一位教师在讲解《长方形和正方形的特征》一节课时,当学生借助各种学具探究完长方形的特征并汇报完毕后,教师让学生找生活中是长方形形状的物体。学生的学习热情特别高涨,纷纷举例。这时教师还适时根据学生的回答出现的不严谨现象提出温馨的建议:"数学是一门严谨的学科,希望同学们在回答问题时要叙述准确,如黑板的面的形状是长方形而不能说黑板是长方形。"教师这一有价值的引领给学生起了很好的示范作用,在下面的回答中学生的叙述都非常准确:"数学课本的封面的形状是长方形,玻璃面的形状是长方形,镜框的形状是长方形……"学生在回答时教师的评价语言应及时并准确。当有的学生在说到镜框的形状是长方形的时候,教师请同学们做出评价,几乎全班同学都同意,这时一位观察特别仔细的同学把他的小手高高地举了起来,大声地说:"老师,我不同意,你看镜框的一个角上出来一块儿,那它的形状就不是长方形了。"教师显然是被这位同学的"意外发现"给镇住了,一时间竟然回不过神来。等了一会儿,这位教师磕磕巴巴地说:"你是说这点纸呀!这点纸我们就忽略不计了。"(教室里的镜框是装课程表、时间表等材料用的,这个教室里的镜框里面放的时间表斜了,从镜框的一边出来一点)在这过后,这位同学再也没有举手回答问题。

执教这节课的数学教师是一位年轻且教学理念比较新的教师,她在课堂上尊重学生的主体地位,教师的主导作用也能适时发挥,注意加强数学与实际生活的联系,从生活实际中抽象出数学知识,然后再用学到的数学知识应用到生活中去,同时还注重多元的评价。整节课多数学生处在积极的状态中学习。但我感觉美中不足的还是教育机智的欠缺。老师那一句"你是说这点纸呀!这点纸我们就忽略不计了"。无疑将孩子那种严谨的实事求是的宝贵习惯不经意间给扼杀了,将学生雪亮的数学眼光顷刻间给蒙蔽起来了,也将学生积极的学习热情之火瞬间给浇灭了,所以才导致他再也不愿意回答问题。

小学数学教师崇拜的教育专家、小学数学教育界的精英又是怎样把握课堂教育机智的呢?当探究完新知后,在解决实际应用"春游租车"的问题时,教师是如下这样处理的。

问题描述:350个同学要外出参观,有7辆车,每辆车56个座位,估一估,够不够坐?

学生解决方法简析:

方法1: $7 \times 56 \approx 350$(个)　　 350 个 $= 350$ 个　　够坐

$$50 \downarrow$$

方法2: $7 \times 56 \approx 420$(个)　　 420 个 > 350 个　　够坐

$$\downarrow$$
$$60$$

师:在这样的问题情境中,你们认为此时此刻往大估好一点还是往小估好一点?我们来看看学生的回答。

生1:往小估都够了,往大估就更别说了。

师：往大估行吗？

生2：原来没有4个座位，万一来多了，有可能不够了。

生3：往小估比较"好"。

生4：往小估比较"重要"。

生5：往小估比较"保险"。

教师接着顺势强调说道："这种思想很重要，谢谢你，亲爱的'保险同学'。"（引来全班同学特别是生5会意而又甜美的笑声）

全班学生基本达成一致共识，而这时只有一位小男生仍然坚定地坚持自己的观点——"不够"，而且说话的声音特别大。这时教师笑着对这位同学说："你总是那么与众不同。"（在讲估算产生的必要性时就是他坚持精确计算）

"来吧，谈谈理由。"教师走到他跟前，耐心地等着他说明。

"我把56算成50，350÷50正好等于7，但是我是把它估小了点。"

教师接着问："估小了多少个座位？"

"估小了6个座位。"

"1辆车50个座位，7辆车呢？"教师接着问。

"7辆车42个座位。"（同学们都笑这位同学，以为是他把50×7算成42了，其实这位同学心里想的是7辆车估小了42个座位，他没太听清教师的问题，思维仍停留在估小了多少个座位上）

这时，教师善意地用胳膊碰了一下这位同学，又问道："1辆车多少个座位，7辆车呢？"这位同学马上说："350个座位。"

教师仍然心平气和地说："接着说，这里有多少位同学？"

"350位。350个座位，350位同学，正好够，但是我是小估了6……还是不够。"

在教师的步步追问下，这位同学仍然认为不够，引来了全班同学两次哄笑声，但这位同学仍然没有"气馁"继续"辩论"……最后这位同学说的"我把56看成同学了，把350看成坐的座位了"真正道明了错误认识的原因。而这位教师最后送给这位同学的一句话是"这叫眼误"。

上面这个故事片段发生在吴正宪老师执教的《估算》一节课上。吴正宪老师，人们熟悉的一位数学专家，在她的课堂上总是充满着激情、幽默和睿智。

正是由于吴老师笑着说的"你总是那么与众不同"保护了学生敢于大胆发表自己意见的执着、也正是由于教师的"步步追问"使得这位同学心服口服，更是由于教师的"这叫眼误"的评价不但维护了学生的自尊心，而且使得这位同学的学习积极性更加高涨。吴老师高超的教育机智使得她所说的"学生乐学、爱学、善学、会学，这是教师最大的成功和快乐"这句话在她的课堂上成为现实。

作为教师，怎样才能使"智慧的化身"灵活并能够随机应变呢？这的确是一门很深的学问，也给新时代的教师提出了更高更严的要求。教师的事业是培养人的事业，是为学生的终身发展奠基，在落实课改精神，全面推进素质化教育的今天，教师该如何应用教育机智，搞好教育教学工作，是值得每一位教师思考并实践的话题。我想：教育机智不是单纯的技能和技巧,也不是与生俱来的禀赋,更不是虚情假意的作秀,它是一种充满教学智慧,具有较高层次的教学艺术,是教师综合素质的反映,是教师个性品质、教育理论素养、教育实践经验等多种因素熔铸的合金。教师只有不断地在实践中学习、摸索、思考、积淀,不断地充实自己、提高自身的综合素质,才会使这种教学素质越来越强。

俄国教育家乌申斯基说:"不论教育者是怎样地研究教育理论,如果他没有教育机智,他不可能成为一个优秀的教育实践者。"

现代心理学认为,教学过程是教师和学生共同参与的一个十分复杂的动态过程,受教师、学生、环境诸因素的影响,总处于不断变化之中。因此,课堂教学充满着各种变化和突发事件。教师要自如地驾驭课堂这个复杂多变的动态系统,顺利地完成教学任务,就必须掌握教育机智。

让我们在实践中不断学习,在学习中不断实践,促使自己的教育机智不断提高。

（原文发表于《小学数学》2010 年第 12 辑）

"三步"助学生写出颁奖词的精彩

阳信县劳店镇中学　李建元

央视一年一度的"感动中国人物"评选,最让人难忘的是那蕴涵浓浓深情、言简意赅、字字珠玑的颁奖词,它能让我们快速走近人物心灵,感悟其独特人格魅力,它向社会传递着真善美,传递着正能量。在日常学习生活中,学生们也有佩服、感动的人,我们也可以为他们写颁奖词,并创造时机宣读给他们,不也是会创造出一样的精彩、一样的震撼效应吗?

一、指导颁奖词写作,要让学生学会从大处落笔,简单勾勒人物重要事迹

指导学生撰写颁奖词,要让学生明确与写记叙文的区别。它不需要详细地交代人物事迹的来龙去脉或者细枝末节,而是像国画的写意一样,注重表现神态和作者情趣的抒发,要抓住人物最令人敬佩的事迹,从大处着手,用最经济的笔墨勾勒出来。

师:学过《伟大的悲剧》,我们被这些悲情英雄们感动,如果给他们撰写颁奖词,该怎么写呢?

生 1:先弄清人物的事迹。例如,发现挪威国旗心情沮丧。

生 2:带回书信替阿蒙森作证。

生 3:遭遇暴风雪队员失踪、死亡。

生 4:静候死神地来临。

师:这么多事迹,该怎样筛选呢?

生 5:我选的是"替人做证,显示绅士风度"。

生 6:我选的是"为事业献身,他们是英国乃至人类的骄傲"。

师:对,要筛选出人物的主要事迹,谁来展示一下你的颁奖词?

生7：他们替人作证是悲壮的，也是绅士的；他们有着坚毅、执着、为事业而献身的英雄气概；他们有着强烈的集体主义精神和无私的爱；他们从容对待死亡，让世人感动；他们不仅是英国的骄傲，也是人类的骄傲。他们就是英国五位极地探险家——斯科特、鲍尔斯、威尔逊、奥茨、埃文斯。

教师指导颁奖词写作，首先熟悉文章主要内容，吃透文章主旨，高屋建瓴，整体把握文章。教师只有站在总体的高度，才能更好地帮助学生了解人物所遭遇的挫折：斯科特一行五人落后于挪威人阿蒙森一个月到达南极点，却又不得不把阿蒙森写的信带给挪威国王；了解人物所面临的困难：寒冷、冰冻、飞雪、风暴、食物的匮乏、燃料的消耗殆尽等；了解事情的前因后果：一行五人全部长眠于茫茫的冰雪中；了解作者、编者的意图：认识自然，挑战人类自我，实现生命价值，给后人以精神鼓舞。

其次，教师梳理故事情节，选取最能体现人物精神的事件，简单勾勒。整体把握准文章，做到"胸中有丘壑"后，教师还需要帮助学生从细处着手，按时间顺序，梳理故事情节，选取典型事件。从以上可以看出《伟大的悲剧》一文写了四件事，细细品读，"替人作证"和"从容对待死亡"这两件事，最能体现斯科特一行人诚信的绅士风度、团结无私以及献身科学的精神，最能体现"认识自然，挑战人类自我，实现生命价值，给后人以精神鼓舞"的写作意图，可以作为主要事迹简单勾勒，至于其他具体细节，可以不涉及，从而使颁奖词显得气势宏大，撼人心魄。

二、指导颁奖词写作，要让学生充分挖掘人物精神内核，提升思想高度

了解人物事迹后，教师要指导学生从中发现人物的闪光点，提升人物的思想高度，感受其独特的人格魅力。如果说概括人物主要事迹是写实的话，那么挖掘精神内核就是写虚，写颁奖词要做到有实有虚，虚实结合。

学过沈石溪的《斑羚飞渡》，学生们被镰刀头羊的壮举所震撼、所感动。如何表达这种感动，我鼓励学生们给镰刀头羊写颁奖词，可怎么提炼镰刀头羊的精神内核？大家觉得有点无从下手。

师：通览全文，作者沈石溪一共写了镰刀头羊的三次"咩咩"声，尝试着把它翻译成人语看看？

生1：第四段，在前有悬崖，后有追兵的绝境中，镰刀头羊的叫声是说："到了如此境地，我也无能为力，只能听天由命了。"

师：这是镰刀头羊……

生1：绝望的呐喊。

生2：第七段，当灰黑色的母斑羚被追懵，想跳下悬崖一了百了时，镰刀头羊的叫声是说："站住，不要胡来，我有逃生的办法啦。"

师：镰刀头羊有什么高招？

生2：在这生命攸关的时刻，镰刀头羊没有停止对生的渴望，而是调动自己的智慧，想出了奇招——用老年斑羚给年轻斑羚做垫脚石，用牺牲一半、保留一半的方式来求得种族的延续。

生3:第八段,羚羊分成两拨后,年老的斑羚比年轻的斑羚少了十来只,无法实现一对一接力跳跃,这时镰刀头羊的叫声是说:"为了我们种族的延续,只能牺牲我们这群年龄大的斑羚,保存这些年轻的斑羚,不怕死的跟我来!"

师:这是一种什么精神?

生3:身先士卒,率先垂范。

生4:机智勇敢,团结合作。

生5:自我牺牲、视死如归的大无畏精神。

师:理清了镰刀头羊的事迹,吃透了其精神内核,我们可不可以写颁奖词了?

生6:是你,在伤心崖导演了一幕生命的接力,让种族有了延续;是你,放下领导者的架子,身先士卒,主动做生命的踏板;还是你,在落单的时候,不惧猎人的淫威,毅然走向绚丽的彩虹,走出了你的无畏和高尚,走出了你血染的风采。

在吃透了文章主旨,把握准了人物事迹的前提下,教师要挖掘人物精神内核,需帮助学生找一个切入点,寻一个抓手,让学生有据可依,有章可循。熟读沈石溪的《斑羚飞渡》,学生会很快发现镰刀头羊的三次"咩咩"声很有特点,如果把它翻译成人语,学生们会从中解读到镰刀头羊的精神内核。细读这三次叫声,学生们不难品出:这叫声里有绝望的呐喊;有临危不乱,善于决断的胆识和智慧;更有勇做踏板、身先士卒、自我牺牲的团队精神。教师提炼出了精神内核,再指导学生辅以"伤心崖导演生命接力""勇做踏板""毅然走向死亡"等主要事迹,一篇生动感人的颁奖词就顺利出炉了。

三、颁奖词的语言要言简意赅,生动形象,读起来朗朗上口

指导颁奖词写作,要让学生明确颁奖词篇幅短小,语言生动形象,且高度浓缩,往往是字字珠玑,意蕴丰富。

1. 化用名句

写作时,教师可以指导学生引用或化用诗词、文言名句,这不仅能够增强颁奖词的感染力,而且读来朗朗上口,给人以美的享受。学生们想给九年级组长刘老师写颁奖词,可苦于语言乏味,不够生动形象,我趁机进行了引导。

师:请同学们谈谈刘老师的感人之处。

生1:他平时不大说话,很安静,不看重名利。

师:这和课文中的哪个人物有共同点?

生1:《五柳先生传》中的五柳先生。

师:能否借用或化用里面的句子来写刘老师?

生1:能,就用"娴静少言,不慕荣利"吧。

生2:刘老师还喜欢练习书法。

师:怎么表述?

生2:陶渊明是"常著文章自娱",刘老师就是"常练书法自娱"。

生3:刘老师对我们谆谆教导,循循善诱,我就化用"润物细无声"这句诗来表达吧。

师:写成颁奖词就是……

生4:娴静少言,不慕荣利,虽无经天纬地之才,却懂得教育就是付出的道理,所以我们看到的是他默默耕耘的身影;常练书法自娱,更以服务其他教师为乐,他知道多做一点,别人会更方便一点,所以,他成了其他教师的"公仆";润物无声,大爱无言,他是学生们的良师,更是益友,他用温润如玉的性情,兢兢业业地恪守着"为人师表"的箴言。

要让颁奖词的语言言简意赅,生动形象,教师可以让学生借助一些手段,寻找一些方法来进行训练,比方说借助引用或化用古诗词里面的语句来写颁奖词。九年级组长刘建华老师,喜欢练字,博学多才,平时不善言谈,默默奉献,大家看在眼里,记在心里。他对学生细心、耐心又有爱心,要求学生做到的,他自己先做到,深受学生们的喜爱。刘老师的这些优点和陶渊明《五柳先生传》中的"五柳先生"颇为相似,我就积极引导学生引用或化用的名句进行颁奖词创作。"娴静少言""不慕荣利"写出了刘老师不善言谈、淡泊名利的品质;"常练书法自娱"更是化用了陶渊明的"常著文章自娱",写出了刘老师喜好书法、自娱自乐、高雅的生活情趣;"润物无声"化用了"润物细无声"的诗句,把刘老师循循善诱、潜移默化、春风化雨般的育人方式描绘出来。引用或化用名句,不仅使语言生动鲜活,意蕴丰富,更增强了颁奖词的感染力。

2. 锤炼修辞

写颁奖词时,教师指导学生注重锤炼比喻、比拟、夸张、排比、对偶、反复、设问、对比等修辞手法,来提升语言的表达效果,增强语言的感染力。同学们想给2014年滨州市"快乐汉字书写"冠军劳素雅写颁奖词,苦于语言表达不到位,写出的和心里想的相距甚远,我进行了如下引导。

师:快乐汉字书写考验选手什么?

生1:对语言文字的识记、感悟能力。

生2:阅读能力。

生3:造字法的掌握程度。

师:汉字是语言的载体,传承的是文明,书写的是才情和实力。

生4:劳素雅同学,一个乡镇中学生,力挫许多城市孩子,杀进山东省前18名,是一个传奇,更是我们的骄傲。

师:如一朵……大家用比喻的修辞试试。

生5:如一朵朴素淡雅的茉莉花。

师:写成颁奖词就是……

生6:点横竖撇捺,书写博大精深,传承华夏文明。竞赛场上,你用才情和实力,书写着对汉字的执着和快乐,也书写出了乡镇农村孩子的传奇。你就像一朵朴素淡雅的茉莉花,在齐鲁大地散发出淡淡的清香。

要让颁奖词的语言言简意赅,生动形象,教师还可以帮助学生恰当运用修辞来进行训练。在山东省2014年"快乐汉字书写"海选中,八年级劳素雅同学以绝对优势夺得滨州市个人冠军,杀进山东省前18名,并帮助学校夺得市团体冠军。这种霸气,这种震撼效应,极大地激发了学生们的自豪感和自信心。怎么表达我们的佩服、自豪之情呢?可以借助修辞。"你就像一朵朴素淡雅的茉莉花,在齐鲁大地散发出淡淡的清香"一句,运用了比喻的修辞方法,生动形象地写出了劳素雅同学的朴素淡雅和才华横溢,增强了颁奖词的感染力和影响力。

此外,指导颁奖词写作,还要学生注意运用灵活多变的句式。撰写时注意长短句结合,整散句结合,这样可以使语言错落有致,有节奏的变化和韵律的变化,使语言表达更加生动形象,使颁奖词更富魅力。

指导学生撰写颁奖词,不仅要注重大处落笔,简单勾勒人物重要事迹;挖掘精神内核,提升思想高度;语言言简意赅,读起来朗朗上口等写作方法上的"三步"走;还要注重从写作内容上进行选择,颁奖的对象可以是教材中的人物,可以是现实生活中的教师、学生、父母等,还可以是让学生感动的任何事物。但不论什么样的颁奖词,都要讴歌真善美,弘扬时代主旋律,内容上要字斟句酌,形式上要相得益彰,情感上要感人至深,要让人们从颁奖词中,受到语言的震撼,得到灵魂的洗礼、精神的升华。教学中,尝试运用这种形式吧,不一样的颁奖词,定会颁出一样的感动,一样的震撼,一样的精彩。

(原文发表于《中学语文教学参考》2014年第9期)

真水无香　大道至简

阳信县城街道中心小学　杨国芹

2011年4月26日,教务主任告诉我将有机会去聆听于永正老师的课。得知这一消息后我天天期盼着。4月28日,我终于一睹了大师的风采:他是教育之路上的一个行者,他的脸上带着微笑,心中充满阳光,行囊中为教育准备好了一切——宽厚的胸襟、扎实的教风,迷人的书香……他如大山一般的敦厚,小溪一样的活泼,泥土一样的朴实。

一、镜头"蹲下写"

在这次观摩研讨会上,于老师执教了一节习作课,题为"学习写人物对话"。当时舞台上的黑板非常矮,于是为了让学生看清板书,70周岁的于老师就努力地蹲下身子,高高地举起胳膊,一笔一画地书写着,花白的头发在黑板的下方晃动着,板书是那样的潇洒漂亮,那一刻我屏息凝视,眼睛湿润了……他没有考虑到自己的年龄,没有顾及自己的姿势,考虑到的只有学生。他就这样悄悄地蹲下,给孩子们做好每一个字写法的示范;他就这样悄悄地蹲下,把书写乃至学习的态度悄悄地传递给了学生;他就这样悄悄地蹲下,把为师之道——一切为了学生,也在无形中传递给了我们。

二、镜头"一起演"

课上于老师根据学生的认知规律,先是通过案例,教会学生写对话时先要分段,然后注意把提示语写明白。把这最重要的两点帮孩子们弄明白后,他就创设情境让孩子们自己练习写对话。于老师出示了如下的资料。

小猴子:妈妈,我想吃三个桃子。

猴妈妈：一天吃三个，够不够？

小猴子：不够，不够！太少，太少！

猴妈妈：三天吃九个，够不够？

小猴子：够了，够了，谢谢妈妈！

接下来于老师为了激发学生的写作兴趣，引导孩子们写好对话，他和一个学生分角色表演：一个演猴妈妈，一个演小猴子。那个和蔼可亲的老顽童，不仅落落大方地做猴子的经典动作"抓耳挠腮"，还十分入戏地用孙悟空版的腔调跟"猴妈妈"交流。他的一言一行感染了"猴妈妈"，于是"猴妈妈"也演得惟妙惟肖，在场的其他学生犹如看电视剧般地入情入境。于老师和学生互换角色演完后，全场哄然爆发雷鸣般的掌声。我的掌声中包含着惊叹、折服和些许的自责。于老师为了能让孩子们学会、好学，他忘记了一切，他眼中只有他的课堂和他的学生。如此地谦逊平易，如此地忘我投入，怎能不让人折服？我又怎能不自责：我是一名小学语文教师，曾几何时我又为爱教育、爱语文、爱学生而真正地蹲下过身子、放下过架子？

三、镜头"双手递"

当学生自己进行习作训练时，于老师深入学生其间，关注每一个孩子的学习情况，随时拿起孩子们的作业本认真地看，边看边跟学生交流：字书写得是否正确，标点用得是否恰当，语句是否通顺……他都会一一做指导，当每看完一个同学的作业本后，他都会双手把作业本递给学生。他就这样认认真真地递，把落落大方、彬彬有礼的做人态度递给了学生；就这样认认真真地递，把让人一生受用的财富递给了学生，递给了在座的我、我们……

整个课堂上他关注真问题，研究真行为，没有优美音乐的播放，没有华丽课件的展示，整堂课就两页幻灯片，而且课件背景均为白色，就这么简简单单。没有澎湃的激情，没有迷人的诗意，话语间只是带着一颗心，带着一种情，带着自己的文化积淀及生活阅历，把他所理解的只是话家常般地娓娓道来，句句很实在、很具体、很有效。他就像土地一样朴实、自然、宽厚，他在举手投足间带给世人的是一种人文的熏陶：真水无香，大道至简！

（原文发表于《小学语文教学》2011 年 11 月）

打造初中化学高效课堂的策略

阳信县洋湖乡中学　王洪建

初中化学教学对学生的化学学习起着启蒙作用，它影响着学生化学学习兴趣和习惯的养成。因此，加强初中化学课堂教学研究和打造高效化学课堂意义重大。那么如何在有限的课时内提升化学课堂教学的效率呢？这需要教师在教学实践中加强研究。

一、构建和谐师生关系，营造良好的学习氛围

"21 世纪的教育应全面发展人的潜能，教师与学生应该'互相尊重，互相理解'，建立

新型的师生关系对我们化学课堂教学必不可少。和谐的师生关系更是提高课堂效率、提高教学质量的必要保障。"和谐的师生关系直接影响着学生的学习兴趣与学习主动性，教师要转变教学理念，以平等的姿态对待学生，成为学生学习的引导者、促进者、学习伙伴等。只有这样，才能拉近师生距离，激发学生课堂学习的兴趣与主动性；学生才能够自由地参与课堂学习，使思维始终处于活跃状态，与教师产生有效的教学互动，提高化学课堂效率。

此外，教师也要善于营造良好的课堂气氛，使学生能够始终沉浸在化学学习中。教师要学会创设良好的学习情境，以情境感染学生、熏陶学生，紧紧抓住学生的学习注意力；要学会尊重学生，每个人都渴望获得尊重，学生更是如此。教师要积极肯定学生在化学学习过程中的表现，不要轻易否定学生的学习成果。即使学生的学习出现了偏差，教师也要注意评价的语言，这样才能调动学生的学习积极性，保持良好的课堂气氛与紧密的师生互动，确保课堂的高效。

二、精心设计实验教学，激发学生的学习兴趣

"化学是一门以实验为基础的自然学科，实验教学使学生通过探究学习获取知识的重要手段，是提高教学效率的有效途径。"初中化学课堂的高效性与实验教学的高效性密切相关。目前，不少化学教师只重视化学理论教学，淡化或忽视了化学实验教学，在一定程度上影响了学生的化学学习兴趣与动手实践能力的培养。因此，要加强实验教学。

教师要敢于放手让学生去实验。初中生已经具有了较强的动手能力，教师不能让学生一直作为实验的观察者，看教师"表演"，这样会削弱他们的主动参与意识。教师要敢于放手，让学生动手，培养学生的实践操作能力，让他们在实验的过程中增强对化学知识的理解。当然，教师要充分准备好实验教学，尤其是学生实验过程中的注意事项，确保学生实验的安全性；教师要注意设计好实验教学的梯度。目前，初中化学实验教学主要停留在演示实验层面，教师要根据教学内容、教学进度和学生化学实验动手能力等情况不断提升实验教学，尝试探究性实验，通过探究实验进一步提高学生的动手能力，培养学生发现问题、解决问题的能力以及合作学习的意识等。

三、创造性地运用教材，优化教学内容

教材是教学的蓝本，教材的编排具有普遍的共性，但缺乏个性。目前，大多数教师对于教材的处理尚处于"教教材"的层面，不能根据学情灵活地"用教材教"。教师要学会根据教学目标与学生的学习情况对教材进行再开发，更好地发挥教材的作用。

根据学情灵活运用教材。不同学校、班级学生的学习能力与接受水平不尽相同，如果一味地按照教材的内容与编排体系而不顾学生实际实施，教学的效果显然是不会理想的。教师要根据学情创造性地运用教材，突出教学的重难点，优化教学内容。对于重难点的内容要重点突破，形成知识链，教师以"问题"为线，编织新的教材体系。这样的处理方法以"问题"为着力点，易于激发学生思维；根据学生生活灵活运用教材，使教材更贴近学生生活。化学学科源自生活，又服务于生活，只有将化学教学与学生的生活密切联系起来，才能有效激发学生的学习兴趣。如教材中的实验部分，教师可以根据学生的生活实际开发家庭实验，这样不仅能够使学生更清楚地了解化学就在我们身边，它与生活密切相关，也

有利于学生进行实验操作,更好地接受知识、理解知识;对于教材中较为抽象的内容,教师要善于创设生活化的教学情境,引导学生进入情境,也可以引用生活化的例子,帮助学生理解知识,并且运用教材所学知识解决生活中的实际问题,这样的教学才是高效的。

四、采用多元教学方法,提升化学课堂魅力

教学方法对提升初中化学教学效率的作用是毋庸置疑的。"这就要求教师在充分理解教材的情况下,不但要贯彻新课改的课程标准,更要探索出一套更为人性化的、与时俱进的创新性的教学方法。"在长期的教学实践中,教师形成了丰富的教学方法,如情境教学法、问题引领法、媒体辅助教学法、生活教学法、合作探究法等,教师要根据教学内容与学生实际选择合适的教学方法。教学方法得当,有助于激发学生化学学习的兴趣,要有助于提升化学课堂的魅力,使学生愿意去学,并且在愉快的情境中获得知识,提生化学素养。

胸中藏丘壑　笔下生锦绣

阳信县第一实验学校　魏艳玲

当前,许多初中学生写作水平不尽人意,言之无物,语言干涩,老腔老调,套用抄袭,令语文老师叫苦不迭。究其原因,有心理方面的,学生觉得作文课无趣,写作文就是负担,从而对作文心生厌烦,直至抵触;有生活阅历短浅方面的,初中生的生活模式基本固化,生活枯燥,没有属于自己生活的空间,经历与体验少,自然写不出丰富多彩的东西,甚至无话可说;有写作方法方面的,他们没有在写作中形成自己的经验,获得的只是一些零碎的写作知识,不懂得如何写才能文质兼美。

新课标明确指出:"写作应鼓励学生自由地表达,有个性地表达,有创意地表达,尽可能减少对写作的束缚,为学生提供广阔的写作空间。"在这一理念的精神指引下,我有以下几个具体的做法和大家共享。

一、生活大舞台——处处是素材

(1)走进学校、家庭,展示自我。"生活是作文的源泉",要想解决作文难的问题,就必须深入生活,培养学生捕捉生活中材料的自觉性,并在此基础上培养善于捕捉生活中鲜活镜头的能力。让学生做生活的有心人,体验每天的喜怒哀乐,捕捉生活中的闪光点,并及时记录真切感受,不断丰富内心世界,从而思考生活,为更好地表达生活而进行写作创造。

为了让学生有话写,我充分挖掘学校生活素材,给学生提供写作的参照。在学校艺术节、读书节、运动会等开战前,我常常会给孩子们提一些建议。比如,艺术节中我们要善于观察精彩节目中人物的表情、动作,并尝试用自己的语言表述这些镜头;读书节重点观察参与者所读的内容、读的效果及给自己的体会,主要写一下读书内容带给自己的思考;运动会我们要学会重点抓住某一个激烈的比赛,训练写一个片段。这样给孩子们创造机会,

鼓励孩子们留心观察身边同学,鼓励孩子们多与同学交谈。我借助孩子们建立的班级 QQ 群,及时和孩子们进行交流;利用校讯通和学生家长共建督促管理学生的平台。和家长交流的目的是引导学生多看书读报、看电视,如果可能的话,让家长帮助我们监督孩子们做一些社会观察,从不同的角度去关心社会,了解社会的变化。这样,拓宽学生视野,积累生活素材,写作起来自然言之有物,为解决“没话写”的难题创造条件。学生展示自我的机会也就多了起来,积累的素材也就有了一些。

(2)与自然同行,丰富自我。孟子曰:“我善养吾浩然之气。”这是一种宁静之气,它充塞于天地之间,浑然一体,浩瀚无垠,无边无际,就像与白居易踏青于钱塘湖畔,领略“几处早莺争暖树,谁家新燕啄春泥”的初春美景;就像和范仲淹一起登临体会岳阳楼,感受“先天下之忧而忧,后天下之乐而乐”的博大胸襟;就像穿越时空驻足于杜甫的茅屋前,体会“安得广厦千万间,大庇天下寒士俱欢颜”的高尚情怀。与自然对话,这样我们不仅会感到身心愉悦,而且会丰富精神世界。这种同行,自然而然会和大自然融为一体。自我的情感也就丰富了,奇思妙想也就产生了。人总会在最广袤的大自然中领略无限风情,感受大自然为我们缔造的最美风景。

(3)与社会交流,超越自我。我们要写出有浩然之气的文章,不能蜷缩在自我的世界坐井观天,闭门造车,而应关注人生,关注社会。如李白写下“飞流直下三千尺,疑是银河落九天”,若不是和自然交流,怎写下如此浪漫的诗篇;如毛泽东欣然提笔“北国风光,千里冰封,万里雪飘”,若不是走进大自然,吸浩然之气,又怎会写下如此大气磅礴之作。注重与周围人的交往和交流,就会有具有强烈的社会责任感。走进社会大舞台,我们就不会过于沉迷在自己的世界里,就能展示更加丰富的自我。

二、焦点访谈上——我秀我精彩

我所说的焦点访谈,就是在阅读文本中想办法,以读导写。让孩子写文章随笔,或者叫作篇花、只言片语等。每节课都找准一个焦点,让学生写出自己的真实体会,和文章的作者进行思想上的碰撞交流。例如,我在执教《罗布泊,消逝的仙湖》时,因这是一篇贯注了作者强烈思想感情的佳作,所以,我制作了精美的多媒体课件。绿洲,仙湖,这就组成了过去的罗布泊;沙漠,神秘,这乃现在的罗布泊。罗布泊,由美丽的仙湖变成恐怖的险湖,这又是谁造成的呢?接着我展示了几个图片:有绿洲、仙湖、沙漠,有流着眼泪的胡杨……接着让学生带着对图片的理解大声跳读课文,在检查学生朗读的时候,我觉得学生读得声情并茂。这节课的焦点就在课堂最后拓展环节,我让学生以“假如我是罗布泊最后一条小溪”写一段话,最后组织学生进行访谈。这样的上课形式,既水到渠成地锻炼了学生的文笔,又积累了素材。这种训练必须持之以恒,不可荒废。

所以,我们语文教师要在写作指导时,巧妙地打开学生的思路,要抓住一些好的文章,捕捉学生闪现出来的想象的火花,激发学生作文的浓厚兴趣,给学生的写作插上联想和想象的翅膀,变厌写为乐写。久而久之,学生积累了素材,就有了源头活水。写作自然是水到渠成之事。

三、与经典同行——实话实说

所谓经典，就是文学大家的作品。在初中阶段，学生的涉猎范围还不是那么广泛。虽然大师们的智慧无法复制，但只要我们引导孩子们接触文学大师的作品，就像和大师面对面交流一样，这份濡染的作用是潜移默化的。

我引导孩子们读大师们留下的经典著作、传记作品，所谓"书读百遍，其义自见"。有很多作品，学生理解起来也是很困难的，并不喜欢对于那些富于哲理的文章。所以，这项工作一开始做起来并不是那么顺利。于是，我们就召开好书推介会、读书汇报会。学生展示的形式多姿多彩，可以是故事演讲比赛，教师负责购置奖品；可以是课本剧，教师负责拍摄；可以是名家作品诵读，而教师来找评委。

当学生有了表现的欲望，教师就应当成为一名积极的引领者，引领学生敞开心扉，让汨汨的清泉喷涌而出；引领学生展开双翅，让飞扬的思绪尽情翱翔。这个舞台，能让孩子与大师亲近，经典浸润了孩子的人生。孩子们的素材积累越来越多，思想就会越来越深邃。

四、最美声音——我来了

俗话说"打铁必须自身硬"，在平时的言传身教中，我喜欢把自己各方面的才能在最适合的机会展示给学生，让他们体会到语文带给到我的魅力，进而对语文教师产生尊重与崇拜之情。我会在课前，即兴给学生创作一首诗歌，让学生感受到现代诗歌言语传情的魅力；我会在课堂即将结束时，对文章进行有理有据而又妙语连珠的评点，让学生感受到文字的神奇；在指导学生写作文时，我会坚持下水引路，并有文章见诸报端，学生就会在效仿中进步。所以，凡是要求学生写的作文，我都坚持与学生同题写作，平等研讨，共同修改。作文课上最美的声音就是我们读作文的美轮美奂的声音。

《庄子•渔父》中说："不精不诚，不能感人。"意思是说真实的感情才能感动人，让我们语文教师不懈努力，鼓励学生积极参与生活，体验人生，关注社会热点，激发写作欲望，引导学生表达真情实感，帮助孩子们"胸中藏丘壑"，鼓励孩子们"我以我手写我心"，笔下方能生锦绣！

（原文发表于《中学语文教学参考》2016 年第 4 期）

数系的扩充和复数的概念

阳信县第一中学　杨萍

一、整体设计

（一）教学目标

知识与技能：学生能理解复数的基本概念以及复数相等的充要条件。

过程与方法：学生能在问题情境中了解数系的扩充过程，体会引入复数的必要性和合理性。

情感、态度、价值观：教师让学生感受人类理性思维的作用以及数与现实世界的联系，进一步培养学生严谨的思维习惯和总结概括的能力。

（二）教学重、难点

重点：数系扩充的过程，复数的相关概念。

难点：数系扩充的必要性和合理性。

二、教学过程设计

（一）设计问题，创设情境

设计一段微课视频，微课内容如下。

1. 分别介绍自然数、负数、分数、无理数的产生过程

$$\xrightarrow{\text{表示相反意义的量}} \text{自然数（正整数和零）}$$

$$\xrightarrow[\text{（负整数）}]{\text{表示相反意义的量}} \text{整数}$$

$$\xrightarrow[\text{（分数）}]{\text{测量、分配中的等分}} \text{有理数}$$

$$\xrightarrow[\text{（无理数）}]{\text{度量的需要}} \text{实数}$$

2. 数集间的关系

图 1　数系扩充图

（二）信息交流，揭示规律

在数学中，我们主要研究数的运算以及用数的运算解决问题，那么从一个数集中任取两个数，经过加、减、乘、除、乘方、开方六种运算，所得的结果是否仍然属于原数集？

表 1　运算封闭性表

数集　　运算	加法	减法	乘法	除法	乘方	开方
自然数集	是	否	是	否	是	否
整数集	是	是	是	否	是	否
有理数集	是	是	是	是	是	否
实数集	是	是	是	是	是	否

设计如下三个问题。

问题1:有哪些运算是对于任何集合都成立的?

问题2:数系的每一次扩充,解决了怎样的运算问题,引入了什么新数?

问题3:在实数范围内,还有什么运算问题没有解决?

设计意图:回顾数系的扩充过程及设计的三个问题,使学生感受和发现数系扩充的规律,激发起学生对引入新数的兴趣,同时为后面复数代数形式的探究奠定了理论基础。

教学活动:学生分组交流上述三个问题,形成共识,教师适时点拨,板书。

问题1:有哪些运算是对于任何集合都成立的?(加法、乘法)

问题2:数系的每一次扩充,解决了怎样的运算问题,引入了什么新数?

板书:
$$N \xrightarrow[x=-1]{x+3=2} Z \xrightarrow[x=\frac{1}{2}]{2x=1} Q \xrightarrow[\sqrt{2}]{x^2=2} R$$

问题3:在实数范围内,还有什么运算问题没有解决?(负数开偶次方的问题)

$$N \xrightarrow[x=-1]{x+3=2} Z \xrightarrow[x=\frac{1}{2}]{2x=1} Q \xrightarrow[\sqrt{2}]{x^2=2} R \xrightarrow{x^2=-1}$$

课件展示:

为了解决负数开平方问题,数学家大胆引入一个新数 i,把 i 叫作虚数单位,并且规定:

(1)$i^2 = -1$。

(2)实数可以与 i 进行加法和乘法运算,并且原有的加法与乘法的运算律(包括交换律、结合律和分配律)仍然成立。

教师在黑板上画图2。

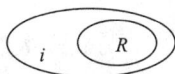

图2 实数到复数的扩充图

问题4:在新的数集中除了 i,还有其他的数吗?

教学活动:让学生找出一些新数,并填在图2,然后让学生解释:

(1)为什么说你写的这个数在该数集中?

(2)为什么不写在数集 R 内呢?

(3)这些数具有什么样的共同特征呢?

设计意图:放手让学生探究,解放学生的思维,调动学生的潜能,激发学生的热情,使"复数的代数形式"的出现达到"水到渠成"的效果,同时培养学生严谨的思维习惯和总结概括的能力。

定义:把形如 $a+bi(a,b \in R)$ 的数叫作复数,这一表示形式叫作复数的代数形式,通常用字母 z 表示,即 $z=a+bi(a,b \in R)$,其中 a 叫作复数的实部,b 叫作复数的虚部,i 叫作虚数单位。全体复数所成的集合 C 叫作复数集。

课堂练习:下列各数哪些是复数?如果是复数,请说明它们的实部与虚部。

$$1 - \sqrt{3}i \qquad \frac{1}{7}i \qquad 1 + \sqrt{3}$$
$$5i - 8 \qquad (1 - \pi)i \qquad 0$$

设计意图:促进学生对复数代数形式的理解,同时引申出新的知识点——虚数、纯虚数等概念,并给出代数的分类。

$$复数\ a + bi (a, b \in R) \begin{cases} 实数(b = 0) \\ 虚数(b \neq 0) \end{cases} \quad (当 a = 0 时为纯虚数)$$

师:到现在为止,我们对于复数有了一种较为清晰的认识,可是数学家对于复数的探究却经历了几百年的努力,请看大屏幕(图3)。

复数的发展史

虚数这种假设,是需要勇气的,人们在当时是无法接受的,认为它是想象的,不存在的,但这丝毫不影响数学家对虚数单位的假设研究。第一次认真讨论这种数的是文艺复兴时期意大利有名的数学"怪杰"卡丹,他是1545年开始讨论这种数的。当时复数被他称作"诡辩量"。几乎过了100年,笛卡尔才给这种"虚幻之数"取了一个名字——虚数。但是又过了140年,欧拉还是说这种数只是存在于"幻想之中",并用 i(imaginary 即虚幻的缩写)来表示它的单位。后来德国数学家高斯给出了复数的定义,但他们仍感到这种数有点虚无缥缈,尽管他们也感到它的作用。1830年,高斯给出了复数的几何解释,使复数有了立足之地,人们才最终承认了复数。到今天复数已成为现代科技中普遍运用的数学工具之一。

图3 复数的发展史

设计意图:渗透数学文化教学,使学生明确复数的由来。

(三)运用规律,解决问题

例1,实数取什么值时,复数是(1)实数;(2)虚数;(3)纯虚数。

解:

(1)当 $m^2 - 1 = 0$,即 $m = \pm 1$ 时,复数 z 是实数。

(2)当 $m^2 - 1 \neq 0$,即 $m \neq \pm 1$ 时,复数 z 是虚数。

(3)当 $\begin{cases} m^2 + m - 2 = 0 \\ m^2 - 1 \neq 0 \end{cases}$,即 $m = -2$ 时,复数 z 是纯虚数。

选三名同学上讲台板演,然后由学生进行点评,师生共同把解题格式规范化。

设计意图:结合实例,促进学生对复数概念的理解,促进学生对复数实质的理解,促进学生养成良好的学习和反思习惯。

(四)变练演编,深化提高

例2,实数 m 取什么值时,复数 $z = m^2 + m - 2 + (m^2 - 1)i$ 是(1)实数0; (2)虚

数 $4 + 3i$。

先由学生独立做出解答，然后教师提问。

问题 1：（1）小题的答案是什么？（$m = 1$）

请同学们尝试一下，当 m 取其他的值时，复数 z 能否为 0？（不能）

问题 2：（2）小题的答案是什么？（$m = 2$）

请同学们尝试一下，当 m 取其他的值时，复数 z 能否为 $3 + 4i$？（不能）

问题 3：下面请同学们告诉老师，你们是怎样求出这两个值的？

（1）由 $\begin{cases} m^2 + m - 2 = 0 \\ m^2 - 1 = 0 \end{cases}$ 得 $m = 1$。

（2）由 $\begin{cases} m^2 + m - 2 = 4 \\ m^2 - 1 = 3 \end{cases}$ 得 $m = 2$。

（或实部与实部相等，虚部与虚部相等）

问题 4：在复数集 $C = \{a + bi \, (a, b \in R)\}$ 中任取两个数 $a + bi, c + di (a, b, c, d \in R)$，你认为应该怎样定义这两个复数相等？

（$a + bi$ 与 $c + di$ 相等的充要条件是 $a = c$ 且 $b = d$。）

师：由此可见，任何一个复数 $z = a + bi$，都可以由一个有序实数对 (a, b) 唯一确定。

设计意图：由特殊到一般，将本节教学推向高潮，同时为下节内容做好铺垫。

（五）反思小结，观点提炼

通过这节课的学习，你有哪些收获？

设计意图：引导学生进行反思，对知识进行整理，培养学生的总结概括能力、语言表达能力和反思的习惯。

结束语：在今天的课堂上，同学们找出了一些新数，并且总结出了复数的代数形式，这些源于同学们对数系扩充规律的研究，希望同学们继续保持这种良好的品质——善于研究，善于总结。

三、板书设计

3.1.1　数系的扩充和复数的概念

一、数系的扩充：

$$N \xrightarrow[x = -1]{x + 3 = 2} Z \xrightarrow[x = \frac{1}{2}]{2x = 1} Q \xrightarrow[\sqrt{2}]{x^2 = 2} R \xrightarrow[i]{x^2 = -1} C$$

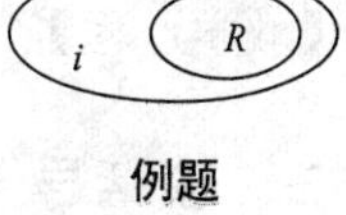

二、复数的代数形式：$z = a + bi \, (a, b \in R)$

三、复数的相等：$a + bi = c + di \Leftrightarrow \begin{cases} a = c \\ b = d \end{cases}$

$$(a, b, c, d \in R)$$

（右上角：i　R　例题）

图 4　板书设计表

四、教学反思

（1）渗透数学文化。"当数学文化的魅力真正渗透教材、到达课堂、融入教学时，教学就会更加平易近人，数学教学就会通过文化层面让学生进一步理解数学、喜欢数学、热爱数学。"教师通过自然数的由来、负数的由来、分数的由来、无理数的由来和复数的发展史等资料，以及数学家不懈努力的历程使学生看到一种不断创新的精神、一种持之以恒的力量、一种严谨的思维方法。

（2）教师给学生搭建一个良好的平台，设计合理的问题串，让他们探究数系扩充的规律，激发学生引入新数的必要性；仍然通过对数系扩充规律的认识，让学生自己构造新数，发现复数代数形式的合理性，在整个过程中，使学生享受到数学的严谨美。

（原设计于2014年在全国"一师一优课，一课一名师"评选活动中获部级优课）

《图形的平移》教学设计

阳信县水落坡镇中心小学　刘树信

【教学目标】

（1）教师让学生掌握在方格图上数出图形平移的格数的方法，学会用数学语言描述图形的平移现象，提高学生的观察能力和动手操作能力，发展学生的空间观念。

（2）通过学生仔细观察、动手操作教师让学生感知平移，合作探究图形在方格图上平移的方法，尝试用平移的方法设计简单的图案。

（3）教师在教学中渗透热爱生活、爱护环境的教育；使学生感受数学与生活的密切联系，学习数学的兴趣得到激发。

【教学重点】

掌握在方格图上数出图形平移的格数的方法，学会用数学语言描述图形的平移现象。

【教学难点】

用平移的方法设计简单的图案。

【教学准备】

课件、作业纸。

【教学过程】

一、谈话导入

（1）师：上课之前，先请同学们欣赏几幅美丽的图画（课件出示"别墅图"）。

（2）学生欣赏，教师引导。这些房子漂亮吗？可是它们却建在了不该建的地方，将被拆除，变成一堆堆碎砖烂瓦，多可惜啊！但如果不拆，你有更好的解决方案吗？（师引导：如果把这些房子搬到地震灾区，送给那些无家可归的人该多好啊！）

（3）指名汇报，教师评价。同学们的想法都很好，可你们见过搬家把房子"搬走"的吗？你见过"会走路"的房子吗？

（4）播放视频——上海音乐厅平移。

（5）师：不知大家注意到没有，在这篇报道中有一个关键词——平移（板书课题），这节课我们就来学习平移的有关知识。

设计意图：教师让学生感受学习平移的现实意义，激发学生的学习兴趣，渗透思想教育。

二、学习平移"三要素"，感受生活中的平移现象

（1）师：下面请同学们讨论一下，把上海音乐厅平移到指定位置什么地方不能出错？

（2）学生交流汇报。

（3）师小结板书：方向、距离、不变形。

（4）让学生谈一谈生活中还见过哪些平移现象。

设计意图：教师归纳平移"三要素"，为后续学习做好铺垫，谈生活中的平移现象，进一步感知平移。

三、探究新知

（一）蚂蚁搬家——学习使用"沿什么方向平移了几格"描述图形的平移

（1）师谈话过渡：同学们都见过蚂蚁搬家吗？快下雨了，两只小蚂蚁也想把家搬到安全的地方去，我们去看一看。（课件出示，演示蚂蚁搬家）

（2）可在搬家的路上，两只小蚂蚁却发生了争吵，走在前面的黄蚂蚁认为自己走的路多，而走在后面的黑蚂蚁却认为它走的路多。请同学们评评理，看一看两只小蚂蚁谁走的路多呢？（课件出示）

（3）课件出示"学习提示"，学生按要求自学。

（4）小组讨论，拿出 1 号纸数一数。

（5）汇报展示，在课件上书写。

（6）师：现在我们再看一看房子是如何平移的，在学生汇报后追问：你是怎么知道的？

（7）请选取不同观察点的学生上台展示。

（8）师小结，因为平移时，图形的形状、大小等不变，所以图形上各个点平移的方向和距离都是相同的，所以，我们在判断一个图形平移了几格时，只要观察一个点就可以了。（板书：众点相同，抓住一点）

设计意图：创设"蚂蚁搬家"情境，突破"图形上各个点平移的方向和距离都是相同的"的教学重难点。

（二）教你一招（"移"花接木），学习抓关键点

（1）同学们学得真不错，下面老师再教你们一个"移花接木"的绝招，想不想学？（课件出示）

（2）这朵花多美啊！真想把它摘回家。（课件演示摘花）

（3）这样做好不好,对不对？我也知道错了,想把花放回去,可怎么办呢？平移几格？看哪个点更好呢？同学们拿出 2 号作业纸,小组讨论一下。

（4）汇报平移,师生共数。

（5）小结:抓住重要的关键点。

设计意图:一是教师教授"抓关键点"数平移格数的方法,二是渗透爱护花草树木的思想教育。

四、过关训练,巩固练习

过渡:老师的绝招你们都学会了吗？下面就考考你,看谁能闯过下面两道关,同学们有信心吗？

（一）第一关:学海"移"舟

（1）独立思考。

（2）借助 3 号作业纸,小组讨论交流。

（3）汇报板书,说明是怎样观察的。

（二）第二关:"移灯"大师

第一关被同学们轻易攻破,下面加大难度,需要连续平移 2 次,看谁能做一位"移灯"大师。

（1）独立思考。

（2）借助 4 号作业纸,小组讨论交流。

（3）汇报板书,说明是怎样观察的。

（三）拼图游戏

（1）同学们学得真不错,下面我们玩个拼图游戏休息一下。谁能将右面打乱了的小猫图重新平移拼好？

（2）指名拼图,其他同学要仔细观察,并想一想还有没有其他的方法。

（3）再次拼图,并说一说是怎样平移的。

设计意图:分层训练,层层递进,巩固学习成果。

五、学习用平移的方法设计图案

（一）魔术大师

（1）下面我们再来认识一位魔术大师,你猜他是谁？

（2）孙悟空厉害吧,他拔一根毫毛就能吹出猴万个,比刘谦可厉害多了！不过现在他只吹出了 1 个,我们帮帮他,完成这幅图画。（课件出示）

（3）老师演示。

（二）我是魔术师

（1）同学们想不想也成为一位魔术大师,利用平移来设计出美丽的图案呀? 下面的两幅图就是用平移的方法做成的,我们来看看!

（2）学生设计,作品展示。

设计意图:学以致用,让学生由帮孙悟空完成半成品"万猴图"到运用平移知识独立设计图案,感受数学与生活的联系。

六、课堂总结,学习评价,共圆梦想

好了,下课时间就要到了,这节课同学们学得很用心,而且能团结合作,齐心合力,共同学习,只要我们万众一心,就一定能实现自己的梦想,实现我们伟大的中国梦!（魔术笔书写"梦"）最后祝同学们,也祝在座的各位老师心想事成,梦想成真! 谢谢大家!

设计意图:教师对学生进行学习评价,思想教育。

七、板书设计

$$平移\begin{cases}平移 \\ 距离 \\ 不变形\end{cases}$$

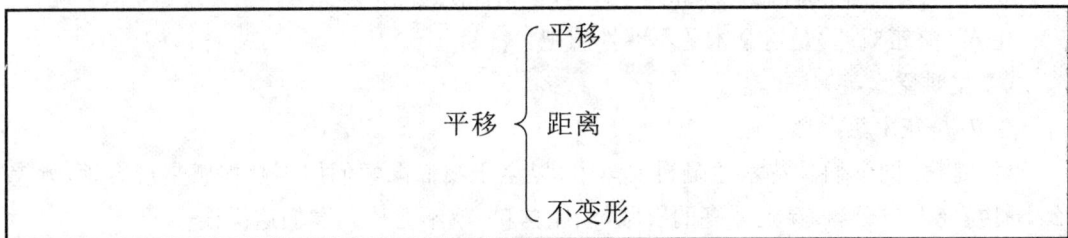

图5　板书设计举例

（原设计于 2014 年,在全国"一师一优课,一课一名师"评选活动中获部级优课）

多元解读　倾心对话

阳信县第一实验学校　魏艳玲

朱光潜在一篇论陶渊明的文章里,对陶诗"历览千载书,时时见遗烈"进行了这样的阐释与发挥:读书就是"打破现在的界限而游心于千载",以发现"可'尚友'的古人",借"遗烈"的英魂使自己"感发兴起"。他认为,读书的过程也是一个"物我的回响交流"的过程。阅读就是学生与教师、与同学、与文本、与教材的编写者之间的交流以及思维的碰撞,阅读对话过程就是多维对话、多元解读、个性绽放的过程。

很久以来,语文教师在阅读教学方面陷入了误区:误区之一是听任教参摆布,没有对文本形成自我的理解建构;误区之二是一味地鼓励学生求新、求异,无视文本自身蕴含的价值取向。这些误区,直接造成了阅读教学乏善可陈,高耗低效。

如何在阅读中激活学生的思维,实现对文本的多元解读呢?笔者结合自己在暑期研修及学校听评课中的教学案例,谈一下自己的体会。

思考:要想让学生阅读对话过程中多元解读文本、彰显个性的风采,前提就是要求教师尊重学生的主体地位,最大限度地尊重学生的主体感受,注重课堂提问的有效性,建构文本多元解读平台。

一、案例呈现

师:同学们,花木兰是一个英雄形象,请同学们根据刚才我们对课文的分析,简要地评价一下木兰这一人物形象。

(学生思索,动笔)

生1:我从"愿为市鞍马,从此替爷征"读出了她的孝顺。

生2:我从"愿驰千里足,送儿还故乡"读出了她的不图名利。

生3:我从"万里赴戎机,关山度若飞"中读出了她的武功高强。

生4:我从"当窗理云鬓,对镜贴花黄"中读出了她的女儿情态。

(可是,就在我们水到渠成,要为花木兰写颁奖词的时候,有一学生抛出了异议)

生5:我有一个问题不懂。就算她有智慧,参军打仗这么多年怎么没被发现是个女生呢?"

生6:(略带戏谑)是这个木兰不够性感吧。

(学生哄堂大笑)

生7:是花木兰太黑了吧。

师:是啊,同学们。花木兰晒得太黑了,以至于我们同学们用不够性感来形容她,她怎么不打扮一下自己啊,穿上漂亮的衣服,涂脂抹粉,就不会让同学们这样误会了。

生8:老师,我觉得诗中这样说"万里赴戎机,关山度若飞"除了写出花木兰的矫健英姿外,还可以看出花木兰根本没有工夫去打扮。

生9:"将军百战死,壮士十年归。"战争那么激烈,敌我双方瞬息就死伤无数,鲜血四溅,烟熏火燎,谁有心思去仔细看战友长得啥模样啊!

师:这位同学分析得很有道理。在环境如此恶劣,战争如此激烈的情形下,没有人会有闲心去看对方的长相如何的。木兰从军多年未被同行将士发现是女儿身,除了能体现时局的紧张、战争的激烈之外,也更能体现出木兰的聪慧机智。那么,就请同学们按照自己对木兰的理解,写一则颁奖词吧!

生10:一张军帖,把你从温暖的家带到了茫茫塞外。替父从军,你用柔弱的肩膀扛起男子的责任;奋勇杀敌,你用满腔的热血印证了巾帼不让须眉;淡泊名利,你用归乡的背影换来美丽女儿身。你的故事是一支英雄的赞歌!

生11:你身披铠甲,替父从军,驰骋疆场,勇往直前,战功赫赫却淡泊名利。古往今来,你创造了中华民族的奇迹,你才是女中豪杰,天之骄女!

二、片段解析

阅读对话过程是阅读个体的感悟和体验建构的过程,是一种再创造,它带有强烈的个性特征。以上教学片断，至少给了我以下启示。

（1）尊重作者原创意愿，与文本真诚对话。《木兰辞》这篇文章放在人教版七年级下册第二单元。此单元的几篇文章都反映了同样的主题：爱国。所以，我们在分析"木兰"这一人物时，不要忽略了这一个大前提。当学生在解读人物出现了偏差或者提出了一些让我们始料未及的说法，教师千万不要用一句"用不着去多想"重挫学生的个性，用一声"坐下"去伤害学生学习积极性和自尊心，用一顿训斥的冷水浇灭了学生探索的火花。而应该及时将学生的思维之流引到对课文本身的理解上，用课文中的相关文字来印证学生说法的合理性或谬点在何处。上面的片段中，教师针对学生提出的"木兰不够性感"一说，及时地引入课文中的语句，让学生体会到当时战争的激烈，将士们浴血奋战，以武功论英雄，以杀敌为荣耀，根本无暇顾及长相。由此得出作者的写作本意是热情赞美木兰的英雄行为与优秀品质的，这是课文的写作重点，也是我们学习时需要深入挖掘的。尊重了作者原创意愿，才能做到与文本的真诚对话，才不会出现偏离甚至是南辕北辙的情况。

（2）在多元解读、多维对话中教师要注意引导学生具有正确的价值取向。教学片断中当学生产生了"木兰不够性感""木兰太黑"这样的说法时，如果任由学生自由发挥，并以其为"个性解读""创新理解"时，我们很显然违背了编者在"爱国主义诗篇"的编排意图。因此，教师通过多元解读、个性对话来让学生具备正确的价值取向，才能熏陶感染学生，提高学生的品德修养和审美情趣，使他们逐步形成良好的个性和健全的人格。如某位教师执教寓言《白兔和月亮》时，有位学生认为"白兔得月后，有了无穷的得失之患，是因为它独自拥有了月亮。因此，我们有什么东西也不能独自专有，应与朋友共享"，还举了例子，如金钱、爱情等。这引起了全班同学哄堂大笑。这时该教师马上因势利导："世上有很多东西可以与他人共享的，如友情、欢乐、书籍、自己劳动成果等，但也有个例是不能与他人分享的，特别是爱情等。爱情不同于友情，它是自私的，等同学们长大后便会体验到。"教师寥寥数语，让学生懂得了爱情与友情的不同，避免了学生陷入误区。再比如说，我们不能把《愚公移山》里的愚公当成不会审时度势、因循守旧、无经济头脑、没有效率观念的蠢人等。

（3）让合作讨论成为对话的助推器。文本总是存在着某些"空白"和"不确定性"，这往往是课堂上资源生成的地方，也是体现师生文本解读深度的标志。教学片断中学生之所以提出了自己的看法，就是因为他发现了文本中存在的"空白"。面对这样的情形，教师要搭建起学生与文本、学生与学生之间对话的桥梁，让学生围绕"空白点"展开讨论，用文章中的语句丰富对课文的解读，运用联想推理、填补课文的"空白"，从而实现有效的对话。

在教学中，我们应努力引导学生把自己的认识和体验原汁原味地表现出来。课堂上，教师要善于创设宽松的条件，多一些发现，少一些拘束；多一些欣赏，少一些否定，使学生不断地凸现自我，敢于进行多元解读，让语文学习充盈着乐趣，让学生的素养得到全方位发展。

（原文发表于《中学语文教学参考》2015年1-2期）

231

《触摸春天》教学设计

阳信县实验小学　　文玉燕

【设计意图】

（1）教学内容的选择凸显语文本体性。吴忠豪教授曾经把语文课程的教学内容大致划分成两个大类：一类是语文本体性教学内容，一类是非本体性教学内容。他指出，语文作为一门以培养学生运用语言文字能力为主要目标的综合性实践性课程，教师理所当然地应该以语文知识、方法和语文技能即本体性教学内容为目标展开教学。本节课教学内容的选择就是依据课程标准，教学文本和学生学情选择语文本体性内容。教学内容的选择要突破以思想内容分析为主要教学内容的做法。

（2）教学策略充分体现以学定教。本节课从教学策略的运用方面力争体现以学生学习为主，充分尊重学生的学习兴趣和需求，了解学生的现实发展水平，以预习卡为基础，充分预设，做好知识、方法的储备，想好对策，让学生敢于放手去实践，真正成为语文学习的主人。教学策略要突破以教师为主、以预先的教学设计牵着学生学习的做法。

（3）教学流程依据学生认知规律进行设计。本节课每环节的教学流程设计按照学生的认知规律"认识—实践—总结"的流程进行设计，着眼于学生语文素养的提升。教学流程要突破以思想内容分析为主线的"初读—精读—总结"的流程设计。

【教学目标】

（1）学生能认识本课学习的7个生字词，掌握左窄右宽的字的书写规律，正确、美观地书写"瞬"。

（2）学生能以串联各要素"捕捉主要人物，提取主要事件，填充时间，地点"的方法概括课文主要内容。

（3）学生能联系上文、生活积累理解含义深刻的句子，感受作者对生活的热爱，对生命的珍惜。

（4）学生能正确、流利地朗读课文，有感情地朗读描写"抓蝴蝶、放蝴蝶"的语句，并且背诵。

【教学重、难点】

学生能联系上文、生活积累理解含义深刻的句子；理解最后一句话。

【教学准备】

预习单、课件。

【教学流程】

一、导入揭题，实践交流

1. 实践交流

生：（课前观察春天）交流观察发现并感受春天的生机、美丽。

师：我们可以通过眼睛看到春天的美丽，感受生命的旺盛。那对于一个盲童，她又是怎样触摸春天,感受生命的美丽呢?一起走进《触摸春天》。

2.个性阅读

谁来读读课题,谁还有不同的读法?(鼓励个性化朗读,了解学生对课题的理解)

二、预习反馈,识字写字

1.相互提醒,学生读

课件:小径　流畅　弧线　飞翔　权利　缤纷　一瞬间

清香袅袅　磕磕绊绊　几乎　悄然　划过　曲线

(1)你觉得哪些词需要提醒大家?学生互相提醒,大家跟读;

(2)重点指导"弧"的声调,"缤"为前鼻音。

2.先观后写,找规律

(1)观察本课要求写的字,你发现了什么?(都是左窄右宽的字)

(2)预设:书写难点"瞬"。

对策包括以下几方面。

① 写正确:学生自主提醒"瞬"字易错点,并交流识记办法。

② 写端正:投影出示预习单"瞬",请"瞬"字写得漂亮的同学介绍自己的方法。师相机指导找规律——左窄右宽,左收右放,写紧凑,感受汉字的协调美,指出关键笔画,并范写。

③ 生练写"瞬"字。

④ 实物投影展示评价。

⑤ 互评自评,再次练写。

三、整体感知,概括内容

1.出声思考

根据预习单填写,再读课文,说说课文讲了件什么事,理顺语言。

2.习得方法

学生交流,教师随机指导。

预设1:内容完整,简练。

预设2:内容不完整,笼统。

预设3:内容烦琐,面面俱到。

对策1:内容概括好的学生,说说自己概括内容的方法。

对策2:内容概括不好的,教师做如下指导。

① 文中出现的主要人物是谁?

② 主要事件是什么?

③ 填充上时间、地点。(教师板书各要素)

④ 串联各要素:人物、事件,时间、地点概括课文主要内容。

⑤ 学生自由练习。教师指名汇报。

师小结：像这种短小精悍的散文,可以用要素法"捕捉主要人物,提取主要事件,填充时间,地点"来概括主要内容。

四、习得方法,体会句子

1. 了解含义深刻的句子

师:本单元的训练重点是体会含义较深的词句,你们认为什么样的句子是含义深刻的句子?

生:自由谈。(含着作者的深层意思、言尽而意未尽、比较难理解等)

2. 画出含义深刻的句子

学生读课文,画出自己认为含义深刻的句子,小组交流。

全班交流,梳理含义深刻的句子。

3. 联系上下文和生活经验理解句子

例句:安静的手指悄然合拢,竟然拢住了那只蝴蝶,真是一个奇迹! 睁着眼睛的蝴蝶被这个盲女孩神奇的灵性抓住了。

预设 1:表达准确,理解深刻。

预设 2:学生说不出,表达不清。

预设 3:说不准,理解浅层次。

……

对策 1:请理解到位的同学分享方法。

对策 2:教给如下方法。

① 你认为哪些词含义深刻? (预设:神奇的灵性)(缩小范围,聚焦难点)

② 联系上下文,哪些地方你感觉到安静具有神奇的灵性? 学生默读课文,画出相关句子。

③ 全班交流,读句子。联系生活经验,说说自己抓蝴蝶的经历。

④ 师:安静喜欢在这里流连,喜欢这里的花香、空气、阳光的味道……你觉得安静神奇的灵性来源于什么?

(对花的热爱,对生活的热爱,对生命的热爱等)

师提升:只要有一颗热爱生活、热爱生命的心,就会用自己的方式触摸到春天,触摸到生命的脉搏。

⑤ 师总结:运用联系上下文、生活经验这样的方法,可以理解含义较深的句子。运用这种方法理解其他含义较深的句子。

难点:谁都有生活的权利,谁都可以创造一个属于自己的缤纷世界。

预设:能理解。

预设:理解浅层次。

对策 1:理解好的学生分享方法。

对策2:

① 调用生活积累,讲一讲读过的名人故事,如海伦凯乐、张海迪等,看到的《牵手观音》等。

② 出示:_____都有生活的权利,_____都可以创造一个属于自己的缤纷世界。

学生换词,如我们、大家、每个人等。

③ 个性化阅读。

五、美读散文,积累语言

1. 出示抓蝴蝶、放蝴蝶的文字

预设:读得有感情,说说自己的方法。

预设:读不出味道。

对策1:品词。

举例:安静的手指悄然合拢,竟然拢住了……神奇的灵性抓住了。

引导:去掉"悄然"行不行?把"拢"字换成"抓"行不行?

学生讨论。(去掉和换掉感受不到对生命的呵护,联系实际,做做动作,感受悄然合拢的感觉)

学生练习读。读出对生命的呵护,读出惊喜的味道。

对策2:创景。

将文字变成"小诗"排列,播放音乐,创设情景,感受春天的美丽,对生命的热爱,有节奏、有韵味地读文。

2. 在朗读的基础上积累、背诵

六、回顾梳理,自主作业

学完了这篇课文,你想给自己布置什么作业?

预设1:自己触摸春天。

提示:带上笔记本,将灵感和发现随时记录。

预设2:写生字。

提示:按照书写规律,写正确、美观。

预设3 拓展阅读。

提示:推荐《假如给我三天光明》,运用联系上下文和生活积累的方法理解含义深刻的句子……

教学反思:

本节课的教学比较好地体现了课前的设计意图,完成了教学目标。

从教学内容的选择看,通过课堂效果观察和课后检测,学生的字词书写能力(规律的把握)、内容概括能力(简练、清楚的表达)、朗读能力(感情运用恰当),联系上文,借助生活积累理解含义深刻的句子的能力都得以提升。由此可见实现了语文教学的主要任务——语文能力的提升。

从实践过程来看,学生在课堂上用大量的时间进行了语言实践活动,这是语文实践能力提升最重要的途径,也是学生成为语文学习主体的重要体现。而且从预习卡,到课堂实践,再到课后检测,非常明显地体现了学生由不会到会的过程。

从教学策略的选择来看,学生本节课多采用自主、合作、探究的学习方式。教师在教学过程中为学生搭建了学习平台,放手让学生去实践,整个学习过程中学生们探究、协商、交流,互相提醒、分享、展示、学习,参与面广,参与热情高。另外,教师在学习方法上也进行了指导,及时与学生进行学习经验的总结和迁移运用。这样,激发了学生的学习潜能,促进了学生积极主动的学习,真正实现了以学定教。

(原文发表于《小学教学参考》2014年4月第2期)

滨州市教育科学"十二五"规划重点课题
(编号:BJK12511-ZD-06)结题报告

经济欠发达县域教育均衡发展政策研究

阳信县教育体育局　黄春燕

社会公平是社会主义和谐社会的必然要求。中国是一个人口大国,更是一个教育大国。曾经有人这样戏言:中国学校的上课铃声一响,有些国家所有的人都要进教室。以此比喻中国的学生数已经超过了某些国家的总人口数。因此,中国民族的振兴、社会的进步离不开教育,教育公平才是社会公平的重要基础,是人生公平的起点。教育均衡发展问题不仅是国内外学者讨论的热点问题,也是我国建设和谐社会的关键问题。

我国教育均衡发展在经济欠发达地区与经济发达地区存在相当大的差距。经济欠发达地区和经济发达地区实施教育均衡发展往往各自具有不同的特点和问题,也有自身的发展策略。教育均衡发展问题更是经济欠发达地区亟待解决的难题。但就目前来看,我国对于经济欠发达县域教育均衡发展问题的研究成果还是比较匮乏的。我们这一课题的研究,力求通过分析经济欠发达县域义务教育发展不均衡的状况以及造成县域义务教育发展不均衡的症结,总结出经济欠发达县域在义务教育均衡发展方面存在的问题,通过具体的案例分析研究促进经济欠发达县域义务教育城乡均衡发展的具体策略,提出关于经济欠发达县域教育均衡发展的新的策略与方法。我们的研究初步形成了一定的研究成果,取得了一定的成绩,但我们也清楚地知道,我们的研究程度和水平还远远不够,我们的研究仍不够成熟、不够全面,甚至可能存在一定的错误。因此,衷心地希望我们的研究能够得到各位专家和学者的批评和指正。同时,也希望在大家的批评和建议中,我们的研究成果能够为我国经济欠发达县域义务教育均衡发展提供一定的借鉴价值。

摘　要　"经济欠发达县域教育均衡发展政策研究"是滨州市教育科学"十二五"

规划重点课题,于 2011 年 10 正式立项。该课题由阳信县教育体育局承担,课题组成员由教体局人事、教师教育、后勤服务中心、财务、基础教育等方面的负责人员以及乡镇学校校长、县直学校一线教师、农村学校一线教师等不同层面的人员共同参与完成。该课题组全体研究人员在《国家中长期教育改革和发展规划纲要(2010～2020)》和教育部颁布的《关于贯彻落实科学发展观进一步推进义务教育均衡发展的意见》《关于进一步推进义务教育均衡发展的若干意见》等的指导下,把研究的重点放在义务教育(小学和初级中学)城乡均衡发展政策研究方面,充分借鉴国内外县域义务教育均衡发展的经验,以经济欠发达县域义务教育实践为背景,研究了经济欠发达县域城乡义务教育不均衡的现状、制约县域城乡义务教育均衡发展的因素以及面临的困难,重点是初步构建了促进县域城乡义务教育均衡发展的策略,并进行了实践验证,为经济欠发达县域义务教育均衡发展提供示范,为全国经济欠发达县域推进义务教育均衡发展提供理论的支撑和实践的依据。

关键词 经济欠发达县域;义务教育;均衡发展

引　言

一、问题的提出

教育是民族振兴、社会进步的基石,教育公平是社会公平的重要基础,是人生公平的起点。教育公平问题一直是世界各国高度关注并致力于解决的问题,有些发达国家已经积累了成功的经验,我国在促进教育公平政策方面也迈出了很大的步伐。2005 年 5 月 25 日,教育部颁布实施了《关于进一步推进义务教育均衡发展的若干意见》,指明了义务教育均衡发展的方向,开辟了义务教育均衡发展的新纪元。2006 年 6 月 29 日,新修订的《中华人民共和国义务教育法》指出,国务院和县级以上地方人民政府应当合理配置教育资源,缩小学校之间办学条件的差距,促进学校均衡发展,为义务教育均衡发展提供了坚实的法律基础。同年 10 月 19 日,党的十六届六中全会通过了《中共中央关于构建社会主义和谐社会若干重大问题的决定》,指出:坚持教育优先发展,促进教育公平;坚持公共教育资源向农村、中西部地区、贫困地区、边疆地区、民族地区倾斜,逐步缩小城乡、区域教育发展差距,推动公共教育协调发展。这一切都为义务教育均衡发展提供了坚实的政策基础。

但从现实来看,我国教育均衡发展在经济不发达地区与经济发达地区存在有相当大的差距。教育均衡发展问题不仅是国内外学者讨论的热点问题,也是我国建设和谐社会的关键问题,更是经济欠发达地区亟待解决的难题。近年来,我国把教育公平又提到了前所未有的高度。2007 年 10 月 15 日,党的十七大报告提出,教育公平是社会公平的重要基础。2009 年 4 月 22 日,教育部颁布的《关于当前加强中小学管理规范办学行为的指导意见》指出:"各地要进一步加大推进义务教育均衡发展的力度。"2010 年 1 月 19 日,教育部制定的《关于贯彻落实科学发展观进一步推进义务教育均衡发展的意见》再次强调,按照《义务教育法》要求,将推进均衡发展作为义务教育改革与发展的重要任务;明确提出,力争在 2012 年实现区域内义务教育初步均衡,到 2020 年实现区域内义务教育基本均衡。2010 年 7 月 29 日,国务院发布的《国家中长期教育改革和发展规划纲要(2010～2020)》

把形成惠及全民的公平教育列为五大战略目标之一；强调指出，均衡发展是义务教育的战略性任务。2011年11月3日山东省人民政府办公厅印发了《关于推进县域义务教育均衡发展的意见》，对推进县域义务教育均衡发展提出了具体的实施意见。由此看出，促进教育均衡发展仍是我国今后几年甚至十几年教育工作的重点任务。

促进义务教育均衡发展首先要以区域推进为重点，率先在县（区）域内实现城乡均衡发展，逐步在更大范围内推进。解决好县域内，尤其是经济欠发达县域内教育均衡发展问题是实现我国教育均衡发展的关键所在。

阳信县隶属山东省滨州市，属传统农业县，工业基础薄弱，属山东省30个重点帮扶的欠发达县之一，在全国具有一定的代表性，其在推进教育均衡发展方面的实践值得去总结研讨，促进教育进一步均衡发展的策略值得去探索研究。基于此，2009年12月，课题组主持人在滨州市教学研究室周新奎科长的建议下，在曲阜师范大学教育科学管理学院党委书记王万民副教授的指导下，把课题"经济欠发达县域义务教育均衡发展问题研究——以阳信县为例"作为硕士学习阶段研究课题进行了两年的研究，并取得了部分研究成果。为进一步规范课题的研究，接受更高层次的指导，提高该课题研究的程度和水平，2011年9月，结合我市"十二五"规划课题指南，我们申报了滨州市教育科学"十二五"规划课题"经济欠发达县域教育均衡发展政策研究"。2011年10月，该课题被滨州市教育科学规划办公室批准为滨州市教育科学"十二五"规划重点课题，正式立项研究。

二、课题的界定

县域教育均衡发展，是指县区内根据当地经济社会发展的实际情况，树立教育均衡发展的理念，在县域范围内实现城乡之间学校在办学条件和师资建设上的相对均衡，确保县域内的教育均衡、协调、高质量发展，确保不同的受教育群体在受教育权利、条件和结果等方面达到相对均衡。县域教育均衡发展研究的层面是一个县内城乡之间、各乡镇之间以及学校之间的均衡发展，县域教育均衡发展政策研究的是一个县域内促进教育均衡发展的相关政策、措施等方面的研究。

三、研究目的与意义

（一）研究目的

本课题通过研究阳信县义务教育均衡发展的现状，分析制约经济欠发达县域义务教育均衡发展的因素，在专家、学者研究成果的基础上，结合阳信县的教育实践，提出促进经济欠发达县域义务教育均衡发展的具体策略，为阳信县的教育发展提供参考，也为全国经济欠发达县域义务教育均衡发展提供借鉴的依据。

（二）研究意义

1. 理论意义

教育均衡既是一个教育问题，也是一个社会问题。推进义务教育均衡发展在经济发达地区与经济欠发达地区遇到的困难不一样,实施的策略也有着巨大的差异。近几年来,尽管这方面的研究成果比较多,但以经济欠发达县域为代表开展个案研究并能够在该地区起到指导作用的研究成果很少。本课题以阳信县教育为研究对象,旨在从理论上突破经济欠发达地区推进教育均衡发展的困境,丰富教育均衡发展研究的理论成果,为加快推进经济欠发达县域义务教育均衡发展提供理论支撑。

2. 实践意义

通过总结阳信县推进义务教育均衡发展的实践经验,推广其有效的做法,为经济欠发达县域义务教育均衡发展提供示范;同时,找出其存在的不足并提出改进的方面与策略,指导阳信县进一步推进教育均衡向纵深发展,为全国经济欠发达县域推进义务教育均衡发展提供实践依据。

四、国内外研究现状与预期突破

(一)国内外研究现状

教育均衡发展问题自 20 世纪 90 年代始引起我国学术界的关注,研究成果颇丰。笔者以"义务教育均衡发展"为检索项,跨库检索精确匹配,1990 年 1 月至 2011 年 8 月,共检索到文献 1344 篇。其中,99.9%的研究成果出现在 2002 年以后。

1994 年,苌景州最早提出"义务教育均衡发展"这一概念。但真正对义务教育均衡发展开始研究和探讨的标志,应是 2002 年 3 月《人民教育》发表的《为了每一个孩子的幸福成长——山东省寿光市教育均衡发展透视》。2002 年 4 月,《人民教育》发表了顾明远、李连宁等教育专家的《纵论基础教育新的发展观》访谈。从此,"教育均衡发展"问题引起广大教育工作者的普遍关注。

就目前收集的文献资料来看,国内关于教育均衡发展的研究主要集中在教育均衡发展内涵的界定、教育均衡发展必要性研究、教育均衡发展阶段研究、教育均衡发展策略研究等几方面的内容。

1. 教育均衡发展内涵的界定

关于这方面的学术论文很多,对于教育均衡发展内涵的界定是仁者见仁、智者见智。一种观点认为,教育均衡发展是教育和其他领域之间的宏观上的均衡发展,是"社会问题",是"人权问题",是"教育所培养的劳动力在总量和结构上与经济、社会发展需求达到相对的均衡";另一种观点认为,教育均衡发展是教育领域内部纵向结构之间的各级各类教育均衡发展问题,"就是要合理配置教育资源,办好每一所学校,教好每一个学生";第三种观点认为,教育均衡发展是教育系统内部横向各要素之间的均衡发展问题,是区域之间、区域内部学校之间、学校内部群体之间,包括学校内部课程教学资源配置、教育结果、教育评价的均衡发展。

梳理以上几种观点,第一种观点把教育均衡发展定位在社会公平的体现、构建和谐社会的重要内容的高度,提出了保证人权平等的问题,从宏观层面指出了教育均衡发展的外延，定位比较高，是站在国家层面提出的观点，是教育均衡发展力求实现的最理想目标，但过于概括，对于某个县域来说，操作层面的指导价值不够。第二种观点比第一种观点具体，教育均衡发展就是"办好每一所学校，教好每一个学生"，但仍不够明确。第三种观点尽管也不尽完美，但从区域层面来说，操作性更强一些，更具有现实的指导价值。绝大部分学者认同第三种观点，我们课题组也认同第三种观点。

2. 教育均衡发展必要性研究

对于教育均衡发展的必要性，学术界有两种观点，一种观点认为中国教育还不到均衡发展的阶段，中国仍属于发展中国家，在资金不足的情况下，把钱撒了"芝麻盐"，还不如"集中优势"发展几所重点校，适合中国国情的政策仍应是"效率优先，兼顾公平"，并片面地以韩国、日本推行的"平准化"政策作为证明自己观点的论据。第二种观点认为均衡发展已是"急迫任务"。

以顾明远为代表的大部分学者都是第二种观点的支持者。顾明远提出，"教育均衡发展是教育平等问题，是人权问题"。当时的教育部部长指出，义务教育是教育改革与发展的重中之重，均衡发展是义务教育的重中之重。推进义务教育均衡发展是中央工程、是法治工程、是公平工程，也是民生工程。国务委员刘延东提出，推进义务教育均衡发展，既是我国教育发展的阶段性特点，也是我国教育改革和发展的制度性、方向性要求。教育部原副部长王湛认为，均衡发展既是教育的本质要求，也是现代教育的本质要求，更是我们社会主义制度的必然要求，同时也是现代社会发展的必然要求。我们课题组也认同第二种观点，中国的教育已经到了必须均衡发展阶段。

3. 教育均衡发展指标研究

关于教育均衡发展指标的研究比较晚，这方面的学术成果也较少。2003年，杨东平、周金燕从监测教育公平的角度提出了建立我国教育公平的评价指标。最早"成型的"教育均衡发展指标研究，应是2006年翟博在《教育研究》上发表的《教育均衡发展：理论、指标及测算方法》一文。他认为，教育均衡发展可以分三个方面进行测算：受教育机会、教育资源配置、教育均衡的结果，并且设计了一个包括52个指标的指标体系。翟博的指标体系比较全面，但测算起来难度比较大。彭世华、谭日辉等学者认为，可以利用8个指标从4个方面进行测算。吴开俊、黄家泉认为，可以利用5个指标从教育数量和教育质量2个方面进行测算，这种指标测算方法虽然比较便捷，但不能全面反映出教育均衡的整体情况，也没有形成完整的指标体系。直到2008年，姚继军对翟博的测算指标进行了筛选和补充，形成了包含26个测算指标的教育均衡发展指标体系。同年，鲍传友、西胜男从两个维度上构建了义务教育公平指标体系，即两个维度三级指标体系：一是纵向维度，包括起点公平、过程公平和结果公平；二是横向维度，包括区域公平、城乡公平、校际公平、性别公平和阶层公平。每项指标分为三级。同时，根据义务教育的需要和问题对不同指标赋予了不同的权重，根据教育基尼系数公式计算出不同指标的公平程度。这是目前检索到的两篇比较科学合理的测算指标体系。

4.教育均衡发展策略研究

关于教育均衡发展策略的研究成果比较多。综合来看大体分为四类。第一类是宏观层面教育均衡发展的对策,强调强化政府责任,加强政府间财政转移支付力度;建章立制,确保教育均衡发展的法律地位;增进区域内教育资源的共享;对处境不利的弱势群体和弱势地区采取补偿措施;创新教育制度;建立完善的教育保障体系。第二类是区域内不同教育阶段和不同学校教育均衡发展的策略,主张处理好义务教育与非义务教育的关系、公办教育与民办教育的关系;推进中小学标准化建设,合理配置资源,实现规范化办学;推进学制改革,实行完全中学初、高中脱钩,建设"九年一贯制学校";改革小学升初中、初中升高中的招生方式;规范高中建设,扩大优质高中资源的供给能力;加强教师队伍建设,建立起人才培养与流动的优化机制,实行校长和骨干教师的定期相互轮岗制度;推进薄弱学校改造工程。第三类是对薄弱学校或弱势群体教育均衡发展的策略。如政策倾斜、资金倾斜、结对帮扶等。第四类是教育资源均衡发展的策略。加大教育投入,优化资源配置;提高农村教师的待遇和素质,缩小城乡学校师资水平的差距;实行教师"定期流动制度";实行教师"农村定期服务制度"和城乡学校之间"教师对等交换制度";把教师职务"评聘分离制度"与"定编设岗制度"结合实施,促进城区教师向农村流动。

综观几年来国内的研究成果,关于义务教育均衡发展的理论研究非常丰富,但多是以全国或省作为分析单元的宏观方面的研究,关于区域尤其是针对经济欠发达县域教育均衡发展方面的研究还比较少。到目前为止,笔者检索到的文献只有两篇涉及经济欠发达县域教育发展问题。2006年,彭世华、谭日辉以湖南省慈利县为例提出了三条促进经济欠发达县域义务教育均衡发展的建议,很不具体,借鉴价值不大;2007年,韩健、宋令维在《贫困地区农村义务教育的现状及对策》一文中仅分析了贫困地区农村义务教育的发展现状及发展的对策,但没有涉及均衡发展的问题。目前,国内关于经济欠发达县域教育均衡发展方面的研究几乎是空白。

国外关于教育均衡发展的研究比国内要早,英美在20世纪30～60年代就已经开始研究教育均衡发展问题,科尔曼、罗尔斯等学者的观点至今仍有很大的影响。国外研究教育均衡发展的文献也比较多,科尔曼在1966年发表的《教育机会均等的研究报告》是研究当代教育机会均等的最重要的成果,成为探讨教育均衡发展的理论根基,后来对教育均衡发展的研究就是基于科尔曼对"教育机会均等"的研究结果。

(二)预期突破

该课题的研究拟以前人对于教育均衡发展的研究成果为基础,以经济欠发达县域义务教育实践为背景,运用教育学、哲学、社会学、经济学等多学科理论,分析经济欠发达县域义务教育发展不均衡的状况以及造成县域义务教育发展不均衡的症结,力求通过本课题的研究,总结出经济欠发达县域在义务教育均衡发展方面存在的问题,结合阳信县的实践做法研究促进经济欠发达县域义务教育城乡均衡发展的具体策略。在实践的针对性和理论的系统性上是以前的研究涉猎较少的,这也是本课题拟突破之处。

五、研究的依据

（1）国家教育方针、《中华人民共和国义务教育法》《中共中央国务院关于深化教育改革全面推进素质教育的决定》《国务院关于基础教育改革与发展的决定》《国家中长期教育改革和发展规划纲要》《关于进一步推进义务教育均衡发展的若干意见》《关于贯彻落实科学发展观进一步推进义务教育均衡发展的意见》、胡锦涛在中国共产党第十七次全国代表大会上报告中关于教育问题的论述等，是我们开展研究工作的重要依据。

（2）哲学、社会学、经济学、教育学等理论是课题研究的理论基础。哲学的认识论和方法论，发展与辩证的观点，统一性与多样性相统一、客观性与主观性相统一的观点、辩证法、唯物论等，是研究和认识问题的哲学基础。教育学的科学发展观、教育平等思想、教育民主化思想、教育公平思想是重要的教育学理论指导。

（3）国内外先进的经验是课题研究的理论指导。英国、美国、日本、法国等发达国家的经验做法为课题的研究提供了理论和实践的指导。

研究内容、思路、方法与过程

一、研究内容

研究教育均衡发展的相关理论问题，寻求促进县域义务教育均衡发展的理论依据。

分析阳信县教育发展不均衡的状况以及造成县域教育发展不均衡的症结，探讨经济欠发达县域义务教育均衡发展过程中存在的问题。

结合阳信县教育均衡发展的实践和做法，研究促进经济欠发达县域义务教育均衡发展的策略。

二、研究思路

该课题的研究思路：首先对相关文献进行综述和分析，寻求促进县域义务教育均衡发展的理论与经验依据；其次，分析阳信县教育发展不均衡的现状、存在的问题，探讨制约经济欠发达县域义务教育均衡发展的因素；再次，研究该县近年来促进教育均衡发展的实践和做法；最后，结合该县的实践，研究和提出促进经济欠发达县域义务教育均衡发展的策略建议。

三、研究方法

（1）文献资料法。本课题主要的研究方法。研究国内外相关的代表性成果，通过互联网查阅国内外相关文献、资料等，通过对文献资料的研究获得相应的文献支持。

（2）调查法。本课题针对阳信县教育均衡发展的做法和现状进行调查。调查对象主要是阳信县教育局财务科、人事科、教研室、教师教育科、办公室等相关科室和有关学校，获得相关应然性的数据，掌握第一手资料。笔者通过参与政策的制定、落实与督查，深入学校调查了解，掌握政策落实的效果，获得真实可靠的数据与信息。

（3）个案研究。本课题选取阳信县作为研究样本,对经济欠发达县域教育均衡发展的现状进行调查研究,提出对策建议。

四、研究过程

本课题研究周期为 2 年,即 2011 年 9 月至 2013 年 9 月。

第一阶段:课题基础研究阶段(2011 年 9 月至 2011 年 12 月)。

检索资料,填写《滨州市教育科学"十二五"规划课题申报、评审书》。(2011 年 11 月)

第二阶段:课题集中研究阶段(2011 年 12 月至 2012 年 9 月)。

具体实施课题研究,确定理论依据、研究程序、保障措施。

（1）初步实施阶段(2011 年 12 月至 2012 年 6 月)。

撰写开题报告,参加市、县业务部门组织的立项、课题论证会,构建基础框架,着手研究工作。(2011 年 12 月至 2012 年 2 月)

结合课题组成员特长,制定实施方案,制订分阶段研究计划。(2011 年 12 月至 2012 年 2 月)

召开总结会议,部署下一步的工作。(2012 年 6 月)

（2）深入研究阶段(2012 年 7 月至 2012 年 9 月)。

修订完善实施方案;实践运用,深入调查,积累经验;整理总结,初步完成研究,形成研究报告及有关成果雏形。

第三阶段:课题深入研究和完善阶段(2012 年 9 月至 2013 年 5 月)。

完成课题,进一步修正、完善形成研究报告申请鉴定。

五、研究的情况

该课题自被批准立项起,按照市规划办和县教科室的要求,依据课题实施方案,组织和开展了以下几个方面的工作。

（1）成立了课题研究领导小组,组建课题研究团队。成立了由阳信县教育体育局党委书记、局长王玉军同志任组长,阳信县教育体育局副局长、教研室主任、教科室主任、师训科科长等任副组长的课题领导小组。组建了由中学高级教师、教学能手、学科带头人、名校长、教体局各科室负责人、乡镇一线教师、县直一线教师组成的研究团队。

（2）对课题进一步修订完善。邀请县教体局两任局长、副局长、教研室和教科室全体同志对课题的开题报告、研究方案等进行指导,对研究思路、研究的问题进行了讨论,对研究课题进行了完善修改。

（3）组织参加开题报告会。2012 年 3 月 1 日下午,课题组主持人参加了县教科室组织的课题开题报告会。县评议组专家对课题研究计划提出修改要求及研究意见,对课题开展研究提出指导建议。2012 年 3 月 11 日,课题组召开开题会议,传达县评议组的意见和建议,学习课题实施方案,部署课题的研究计划和分工安排等工作。

（4）召开阶段总结交流会。交流调研及研究工作情况,研讨阶段研究成果,找出问题,校正研究方向。

（5）课题研究与日常工作并轨进行。2012年1月教育部印发了《县域义务教育均衡发展督导评估暂行办法》的通知（教督〔2012〕3号），2013年山东省人民政府办公厅印发了《山东省县域义务教育均衡发展督导评估实施办法的通知》（鲁政办发〔2013〕8号），山东省人民政府教育督导室印发《关于做好县域义务教育均衡发展督导评估工作有关事项的通知》（鲁教督〔2013〕2号）等，县督导室针对做好县域义务教育均衡发展开展工作，我们课题研究工作与督导室日常工作相互结合，进行实践研究。

（6）组织召开课题总结交流会。研究报告提请县教科室专家，课题组领导小组组长、副组长，县领导审阅，接受专家的指点，吸收领导实践性的建议。通过报告会报告课题主要研究成果，丰富研究资料，进一步修改研究报告。

主要研究成果

一、县域教育均衡发展基本理论

（一）教育和义务教育

1. 教育

教育是一个非常宽泛的概念，除了作名词外，还常常作动词用。这里是对作为名词的教育的界定。《现代汉语规范词典》中的解释是指以影响人的身心发展为直接目的的社会活动；主要指学校对学生进行培养的过程。教育有广义、狭义之分，广义的教育为有意识的、以影响人的身心发展为直接目标的社会活动，它包括学校教育以及学校以外的机构性的和非机构性的教育活动。用杜威先生的话说，教育是继续经验的改造（Continuous reconstruction of experience）。狭义的教育专指学校教育。与其他教育活动相比较，学校教育活动更为专门化，具有鲜明的系统性、目的性与组织性。概括地说，学校教育是由专职人员和专门机构承担，有制度保证的、有目的、有系统、有组织的，以影响入学者身心发展为直接目标的社会活动。一般分为学前教育、小学教育、普通初中教育、中等职业教育、高中教育、高等教育、成人教育等。

2. 义务教育

义务教育是国家统一实施的所有适龄儿童、少年必须接受的教育，是国家必须予以保障的公益性事业。义务教育具有公益性、普及性、强制性等基本特征。所谓公益性，又叫免费性，就是明确规定不收学费、杂费，是国家必须予以保障的公益性事业。国家建立义务教育经费保障机制，保证义务教育制度实施，对家庭经济困难的适龄儿童、少年免费提供教科书并补助寄宿生生活费。普及性是指凡具有中华人民共和国国籍的适龄儿童、少年，不分性别、民族、种族、家庭财产状况、宗教信仰等，依法享有平等接受义务教育的权利，并履行接受义务教育的义务。强制性，又叫义务性，指凡年满6周岁的儿童，其父母或者其他法定监护人应当送其入学接受并完成义务教育。《中华人民共和国义务教育法》明确指出，让适龄儿童、少年接受义务教育是学校、家长和社会的法律义务与责任。我国实行九年义务教育制度,义务教育在我国特指小学和普通初中阶段的教育。

义务教育与职业教育、高等教育等其他教育形式有着本质的不同。首先,义务教育是个体生存和发展的基础教育形式。它在很大程度上决定着一个人在其他教育阶段的发展水平,进而决定其参与社会竞争的能力。其次,义务教育是一个国家经济发展和民族复兴的基础,承担着为国家培养人才和提高国民素质的基本任务。一个国家、一个民族的发展水平很大程度上取决于他的义务教育普及水平。1970年联合国社会发展研究所公布的“社会发展的内容和衡量标准”,把中小学入学人数总和看作衡量一国经济和社会发展水平的一项重要指标。美国、日本和韩国的经济、社会发展的经验,也雄辩地证明了发达的义务教育在国家振兴中发挥了巨大作用。再次,义务教育是一种准公共物品,是国家立法规定的每个公民平等享有的一项基本权利。因此,义务教育应该面向全体社会成员,而非社会的一部分人群、特定的阶层或特定的利益团体。

(二)教育发展和教育均衡发展

1. 发展、教育发展

“发展”在《现代汉语词典》中的解释是事物由小到大、由简单到复杂、由低级到高级的变化。最初,人们对发展的认识和理解主要是经济的发展,随着时代的进步和社会的变革,狭隘的经济发展观逐步被一种新的多元的人文发展观所取代,多元的人文发展观强调经济、政治、文化等各个领域的协调发展。人文发展观包含了三个方面的基本价值:第一,满足基本需要的能力;第二,维持和增进人的自尊;第三,自由。

教育发展,是教育事业(包括教育理论、教育水平、教育机构、教育资源、师资队伍等)进步和拓展的程度。具体来讲,是指整个教育系统在实现教育现代化和民主化的过程中,在总体上从低级形态到高级形态的不断生成、变化和更新的过程。教育发展不仅体现在数量的增加,而且具有质的含义与变化,具有明确和积极的价值判断。

2. 均衡发展、教育均衡发展

“均衡”在《现代汉语词典》中的解释是均匀平衡,是对事物发展状态的一种描述,它主要是指影响事物发展的诸要素的力量大致相当。均衡最初是物理学中的名词,是指当一个物体同时受到方向相反的两个外力的作用,这两种力量恰好相等时,该物体由于受力相等而处于静止的状态,这种状态就是均衡。这一概念最早由马歇尔引入经济学中。

均衡发展,在一般的意义上来说,是对事实状态的一种描述。从价值上说,它体现了一种追求平等和公平的思想;从政策学的视角来看,它是一种资源配置的原则。均衡发展的概念所表达的是追求公平的思想,它具有永恒的价值,是人类为之奋斗的永恒目标。但是,在现实生活中,公平的思想并不总是得到尊重,尤其在具体政策中,公平并不一贯像政策制定者宣传的那样,总是成为主要价值取向。“均衡发展是一个相对的、动态的和历史的概念,它会随着社会经济文化的发展而变化。”

教育均衡,是经济学中均衡一词的移植和发展。教育均衡发展既指义务教育在规模数量上整体的平衡合理,也包括区域之间、校际之间在设施设备、教育管理和教学质量水平的基本平衡。均衡发展体现的是民主和公平的发展,是在合理配置资源基础上的发展。从价值上看,均衡发展是一种教育理想,是追求教育平等;从政策实践看,均衡发展是实现教育平等的调节手段。从社会看,指教育所培养的劳动力在总量和结构上,是否与经济、社会的发展需求达到相对的均衡;从学校看,指区域间、城乡间、学校间以及各类教育间教育资源配置是否均衡;从个体看,均衡发展指受教育者的权利和机会的均等,指学生能否在德智体美劳等方面全面发展。笔者认为,教育均衡发展同教育的内涵一样,也有广义和狭义之分,广义的教育均衡发展是指教育平等,维护人格均等、人权公平,追求社会的全面和谐健康发展。狭义的教育均衡发展是指通过采取各种措施,让不同地区的不同的学生群体享受均衡的教育机会、教育资源、教育过程以及教育结果。本论文所涉及的主要是狭义的教育均衡发展。

(三)义务教育均衡发展和县域义务教育均衡发展

1. 义务教育均衡发展

义务教育均衡发展是一个多层次的概念,是指在一个行政区域内,在义务教育的硬件投入方面,实现国家投入的相对均衡,并在此基础上实现办学条件的标准化、均衡化。它包含了区域间义务教育均衡发展、学校间均衡发展和个体间均衡发展。区域间均衡发展是指地区间和城乡间义务教育发展水平的大致均衡,主要包括义务教育的普及程度、学校的布局、义务教育的总体质量等,是宏观层次的均衡。学校间均衡发展是指一定区域内学校之间在办学条件和教育教学质量上的大体均衡。个体均衡是指个体可以接受大致相同的义务教育,不因所处的环境不同而接受不同的义务教育;同时它还被赋予个体全面发展的含义,也就是说,通过义务教育使受教育者的各种素质得到大致均衡的发展。个体均衡发展是义务教育均衡发展所追求的终极目的,而区域和学校均衡发展则是实现个体均衡发展的条件和途径。

根据教育均衡的内涵、形式以及义务教育均衡所面临的特殊矛盾,义务教育均衡发展的指标体系可分以下三个层次。

(1)硬件的均衡(校舍条件及教学设施等物质条件的均衡)。测量指标包括生均预算内教育经费、生均公用经费、生均校舍建筑面积、仪器设备达标率、图书资料达标率、文体器材达标率等。

(2)软件的均衡(师资和管理的均衡)。测量指标包括教师专业化水平、教师学历合格率、教师职称结构比例、教师年龄结构比例、教师培训机会、班师比等。

(3)生源的均衡(要为每一位学生提供优质教育)。测量指标包括学生的入学率、辍学率、升学率、学生学业成绩、学生的计算机能力水平、学生健康水平等。义务教育均衡发展多采用的测算方法是教育基尼系数和洛伦兹曲线。

2. 县域义务教育均衡发展

所谓县域义务教育均衡发展,是指县区内根据当地经济社会发展的实际情况,树立义务教育均衡发展的理念,在县域范围内实现城乡之间义务教育学校在办学条件和师资建设上的相对均衡,确保县域内的义务教育均衡、协调、高质量发展,确保不同的受教育群体在受教育权利、条件和结果等方面达到相对均衡。县域义务教育均衡发展研究的层面是一个县内城乡之间、各乡镇之间以及学校之间的均衡发展。

县域内义务教育均衡发展的核心和重点问题,主要体现在城乡之间不同学校之间办学条件和师资配备以及不同群体之间受教育机会和条件等方面的差异。本文主要是以城乡之间的义务教育均衡发展作为主要研究重点。

县域内义务教育均衡发展的最基本表现是城乡中小学在经费投入、校舍建设、办学条件、设施配备、师资队伍建设等方面都按照统一标准进行,在同一县域内实现学校建设的标准化、师资力量的均衡化以及教育质量的优质化。

二、阳信县义务教育均衡发展遇到的困难

阳信县是一个传统的农业县,属省重点帮扶的经济欠发达县。2004 年,全县小学有118 所,完全小学 79 所,教学点 39 处,在校生 27636 人;其中,分布在农村的小学有 117 所,在校生 25640 人。全县初中有 17 所,在校生 20804 人;其中,分布在农村的初中 16 所,在校生 19187 人。由于长期的经济基础落后,县、乡财政困难,阳信县在 2005 年推进义务教育均衡发展之前面临着重重困难。

(一)阳信县义务教育均衡发展遇到的困难

1.教育经费投入严重不足

2004 年,阳信县教育经费总投入 8536.4 万元,预算内教育经费支出 5142.7 万元,预算内教育经费支出占地方财政总支出的 28.55%,预算内教育经费支出占地方财政总支出的比例 2004 年比 2003 年增长 0.46%(省标准为 5%)。预算内生均教育事业费小学55.68 元,初中 37.52 元,百分比 2004 年比 2003 年为负增长。在滨州市 7 个县区中,阳信县教育经费总投入量与预算内教育经费支出总量均排名第七位,预算内生均教育事业费(小学、初中)均排名第六位。(见表 1)其中,在全县教育经费总投入量中,投入县直学校教育经费总量是 3748.1 万元,占全县教育经费总投入量 43.91%;投入地处城区的阳信镇学校教育经费总量是 923 万元,占全县教育经费总投入量 10.81%。而投入地处农村的 8 个乡镇学校教育经费总量是 3865.3 万元,占全县教育经费总投入量 45.28%。(见表 2)

2004 年,阳信县农村小学生均公用经费为 141.07 元,比省定标准(240 元)低了 98.93元;农村初中生均公用经费为 193.2 元,比省定标准(340 元)低了 146.8 元。而县直小学生均公用经费为 544.36 元,比省定标准(300 元)高了 244.36 元;县直初中生均公用经费为 512.06 元,比省定标准(440 元)高了 72.06 元。(见表 3、表 4)从表中还可以看出,地处城区的阳信镇小学和初中生均公用经费与省定标准的差额也要远远低于或少于地处农村乡镇的小学和初中生均公用经费与省定标准的差额。

我们通过数字比较可以发现,2004 年,阳信县教育经费不但投入不足,而且城乡教育经费投入的差别也很大。

表1 2004年滨州市七县区教育经费投入情况统计表（滨州市人民政府督导室，2004年）

县区	A1 教育总投入			A2 预算内教育经费支出占地方财务总支出比例			A3 人均预算内教育事业费（元）		A4 预算内生均公用经费								A5 中小学教师人均月工资（元）	
									小学				初中					
									农村		城市		农村		城市			
	2004年投入（万元）	2004年人口（万人）	2004年人均（元）	2004年支出（万元）	2004年比例（%）	2004年比2003年增减比例（%）	小学	初中	2004年比例（%）	2004年比2003年增减比例（%）	2004年比例（%）	2004年比2003年增减比例（%）	2004年比例（%）	2004年比2003年增减比例（%）	2004年比例（%）	2004年比2003年增减比例（%）	农村	城市
滨城区	17495.5	62.2	300	11177	24.28	-5.98	92.2	59.99	32.82	28.63	119	115.11	46.97	28.39	95	94.81	1299.57	1372.2
惠民县	8767.4	62.2	140	5812.6	24.58	3.51	49.76	30.16	4.66	2.56	5.46	0.96	1.4	-0.38	12.41	12.41	795.5	971.18
阳信县	8536.4	43.4	200	5142.7	28.55	0.46	55.68	37.52	4.84	-12.07	33	-5	9.59	-29.49	43	-24	658	993
无棣县	9456.4	43.7	220	6264	15.6	-4.19	63.47	44.53	35.79	34.84	149.98	95.94	42.85	41.98	71.29	-15.16	832.33	1087.51
沾化县	10290.1	33.3	270	7824.5	22.45	0.31	79.58	47.6	35.1	29.13	0	0	13.55	-6.19	0	-83.98	1038.34	1364.94
博兴县	15784.4	47.4	330	9124.9	19.95	-3.64	87.39	62.57	28.83	27.99	62	-7.31	52.56	44.85	111.07	78.64	1227.78	1259.78
邹平县	30706.9	70.2	340	20928.5	23.16	0.36	95.87	83.61	61.4	25.06	117.61	-246.49	88.53	58.31	167.55	-77.95	1567.58	1516.59

表2 2004年阳信县教育经费总投入增长情况（阳信县教育局督导室，2004年）

单位	2004年教育经费总投入（万元）	2003年教育经费总投入（万元）	2004年比2003年	
			增加（万元）	增长（%）
全县（总计）	8536.4	7298.1	1238.3	16.97
县直学校	3748.1	2538	1210.1	47.68
阳信镇	923	871	52	5.97
流坡坞镇	382.4	384.3	−1.9	−0.49
温店镇	372.6	306.5	66.1	21.57
洋湖乡	515.6	485.7	29.9	6.16
翟王镇	458.7	461.9	−3.2	−0.69
河流镇	571.8	592.5	−20.7	−3.49
商店镇	686.9	745	−58.1	−7.8
水落坡乡	536	494	42	8.5
劳店乡	341.3	419.2	−77.9	−18.58

表3 2004年阳信县农村小学、初中生均公用经费情况（阳信县教育局督导室，2004年）

乡镇	农村小学					农村初中				
	平均学生数（人）	公用经费总额（万元）	生均公用经费（元）	比省定最低定额增减（元）	生均公用经费基本标准（元）	平均学生数（人）	公用经费总额（万元）	生均公用经费（元）	比省定最低定额增减（元）	生均公用经费基本标准（元）
合计	25640	361.7	141.07	−98.93	240	19187	370.7	193.2	−146.8	340
阳信镇	3555	80.1	225.32	−14.68	240	3263	108.1	331.29	−8.71	340
流坡坞镇	2300	12.5	54.35	−185.65	240	2331	16.5	70.79	−269.21	340
温店镇	2357	25	106.07	−133.93	240	1031	20.9	202.72	−137.28	340
洋湖乡	3416	51.1	149.59	−90.41	240	2510	13.2	52.59	−287.41	340
翟王镇	2274	4.8	21.11	−218.89	240	1531	42.5	277.6	−62.4	340
河流镇	2456	77.3	314.74	74.74	240	1985	50.1	252.39	−87.61	340
商店镇	2913	26.3	90.28	−149.72	240	2486	55.1	221.64	−118.36	340
水落坡乡	3411	44	128.99	−111.01	240	2360	28.1	119.07	−220.93	340
劳店乡	2958	40.6	137.25	−102.75	240	1690	36.2	214.2	−125.8	340

表4 2004年阳信县城市小学、初中生均公用经费情况（阳信县教育局督导室，2004年）

县直学校	小学					初中				
	平均学生数（人）	公用经费总额（万元）	生均公用经费（元）	比省定最低定额增减（元）	生均公用经费基本标准（元）	平均学生数（人）	公用经费总额（万元）	生均公用经费（元）	比省定最低定额增减（元）	生均公用经费基本标准（元）
合计	1995	108.6	544.36	244.36	300	1617	82.8	512.06	72.06	440
实验小学	1996	108.6	544.09	244.09	300					
实验中学						1617	82.8	512.06	72.06	440

2. 农村学校办学条件差

2004 年,全县城乡中小学有 135 所(完全小学 79 所、教学点 39 处、初中 17 所),其中分布在农村的中小学有 133 所。农村学校大部分校舍为 20 世纪 90 年代初实现"两基"时所建,标准较低,老化严重。其中,农村危楼、危房面积达 28436 平方米,占教学用房 6.6%。全县有 134 所中小学没有配足课桌凳,有 43001 名学生自带课桌凳,自带课桌凳的比例达 89%。(见表 5)另从校园总面积、校舍建筑面积、校园绿化面积、体育用地等指标来看,县直学校均优于乡镇农村学校。(见表 6)

表5　2004年阳信县中小学课桌凳配置情况(阳信县教育局督导室,2004年)

单位	自带课桌凳学校数及学生数				
	完全小学数(所)	教学点数(所)	学生数(人)	初中校数(所)	学生数(人)
合计	79	39	25093	17	17908
县直学校	1	0	2115	1	1421
阳信镇	9	3	3204	2	2929
流坡坞镇	8	2	1961	2	1577
温店镇	10	2	2252	1	1431
洋湖乡	8	5	3248	2	1800
翟王镇	6	3	2630	1	1636
河流镇	8	4	1273	2	1410
商店镇	10	5	2300	2	1711
水落坡乡	11	12	3249	2	2110
劳店乡	8	3	2861	2	1883

表6　阳信县中小学办学规模情况比较(阳信县教育局计财科,2004年)

	县直小学	乡镇中心	农村小学	县直中学	乡镇中学
平均校园面积(m²)	23135.5	13539.43	9362.04	44603.93	21109.5
平均绿化面积(m²)	4443	3147.71	1910.49	8633.53	6243
平均校舍总建筑面积(m²)	5344.5	3187.9	1307.29	8359.22	4953
平均建筑用地(m²)	5496.5	4823.14	3381.58	12521.33	7804
平均体育用地(m²)	10309.5	6414.86	4488.91	21554.87	4422
平均绿化用地(m²)	7329.5	5031.43	1672.39	10527.73	8883.5
平均绿化用地率(m²)	0.43	0.29	0.18	0.5	0.22

阳信县农村中小学规模小,学校办公、教学设备配备标准低且数量少。至 2004 年底,全县仅有 4 所学校实验教学仪器配备达到一类标准,其中初中达到一类标准的仅占

11.8%；音体美器材达到一类标准的比例不足 5%。信息技术教育装备整体水平偏低。全县微机只有 1741 台，小学、初中师机比分别为 13：1 和 11：1，生机比分别为 38：1 和 29：1。小学、初中生均图书分别为 5 册和 9 册。而乡镇学校标准更低，乡镇小学和初中师机比分别为 18：1 和 22：1，生机比分别为 48：1 和 37：1。（见表 7）农村定点小学和教学点除了教师用的教参、学生用的课本、老式的教学挂图以外，没有其他的教育资源。

表 7　2004 年度阳信县中小学信息化基本情况统计表（阳信县教育局电教站，2004 年）

学校类别	学校总数(所)	学生用计算机配备情况			教师用计算机配备情况			设备配备情况					资金投入(万元)		"校校通"学校数(所)		"校校通"学校数(所)	"班班多媒体"学校数(所)
		总人数(人)	总量(台)	生机比(名/台)	在编人数(人)	总量(台)	师机比(名/台)	多媒体教师(间)	计算机网络教室(间)	卫星教学收视系统(套)	建成独立校园网学校数(所)	资源库(G)	硬件	软件	宽带	拨号		
小学合计(含教学点)	118	27636	735	38	2215	174	13	9	56	0	14	0	122.4	21.8	0	1	0	0
县直小学	1	1996	200	10	122	60	2	1	18	0	1	0	49	10.7	0	1	0	0
乡镇小学(含教学点)	117	25640	535	48	2093	114	18	8	38	0	13	0	73.4	11.1	0	0	0	0
初中合计	17	20804	723	29	1176	109	11	47	20	0	8	0	153	7.6	1	1	0	0
县直初中	1	1617	200	8	118	60	2	6	9	0	1	0	72.5	3.2	1	1	0	0
乡镇初中	16	19187	523	37	1058	49	22	41	11	0	7	0	80.5	4.4	0	0	0	0

　　从办学条件来看，阳信县城、乡学校差距较大，即便是乡镇之间、学校之间办学条件也不平衡。由于学校规模小、处数多、条件差、布局零星，不仅浪费教育资源（教学设施设备、师资）、加大教育成本，而且也不便于教育、教学的管理，学校教育质量低下，出现大量的薄弱学校。

　　3. 农村教师待遇偏低

　　阳信县中小学教师整体平均工资偏低，2004 年人均 825.5 元。从表 1 可以明显看出，在滨州市七县区中，阳信县中小学教师人均月工资是最低的。其中，农村中小学教师人均月工资 658 元，与邹平县农村中小学教师人均月工资相差 909.58 元；城市中小学教师人均月工资 993 元,与邹平县城市中小学教师人均月工资相差 523.59 元。

2004 年前,政府实行"分层管理,分级办学"的管理体制,县、乡财政分离。阳信县也存在城乡教师同工不同酬现象。从表1、表8看出,在滨州市七县区中,阳信县城乡教师工资之间的差距是最大的,县直中小学教师比农村中小学教师人均月工资多 335 元,比工资最低的河流镇人均月工资多 371 元,然而,经济发达的邹平县,农村学校教师比县直学校教师人均月工资却高出 3.36%。并且,由于县乡财政困难,教师工资只能部分发放。按照山东省工资标准计算,2004 年,全县拖欠农村教师工资达 1054 万元;县直学校教师工资则不存在拖欠现象。

由此可以看出,阳信县中小学城乡教师工资差距较大,农村教师待遇偏低。

表8 2004 年阳信县教师工资发放情况(阳信县教育局督导室,2004 年)

单位	工资总额(万元)	平均教师数(人)	人均月工资(元)	2004 年比 2003 年人均月工资 增加(元)	2004 年拖欠情况(万元) 按省标		
					应发	实发	拖欠
合计	3494	3996	729	53	4942	3888	1054
县直学校	1007	845	993	5	1007	1007	0
乡镇合计	2487	3151	658	65	3542	2487	1054
阳信镇	478	609	654	59	680	478	202
流坡坞镇	225	277	677	73	320	225	95
温店镇	189	241	653	76	269	189	80
洋湖乡	271	340	664	70	385	271	114
翟王镇	240	308	650	64	343	240	102
河流镇	269	360	622	-2	386	269	118
商店镇	280	348	670	81	398	280	118
水落坡乡	306	382	667	55	433	306	127
劳店乡	230	286	669	73	327	230	97

4. 农村学校师资力量薄弱

2004 年,阳信县乡镇中小学在编教师 3151 人,在编在岗教师共 2841 人(内退外借在编不在岗人员 310 人),其中民办教师有 1355 人,占乡镇在编在岗教师的 48%。县直中小学在编在岗教师 240 人。从学历结构来看,具有本科学历教师 293 人,仅占 9.5%;专科学历教师 1181 人,占 38.33%;中专学历教师 1475 人,占 47.87%;高中学历教师 100 人,占 3.24%;初中学历教师 32 人,占 1.04%。全县初中、小学教师学历达标率分别为 86.70%、88.87%。

从教学实践来看,农村学校师资还存在诸多问题。

第一,综合素质偏低。2004 年,全县无一名省级教学能手、学科带头人。通过表 9 可以看出,全县中小学骨干教师仅仅占教师总数的 4.31%,其中,农村中小学骨干教师仅占 1.75%,且集中在地处城区的阳信镇学校。全县缺乏一批能够发挥带头引领作用的骨干教师队伍。

表9　2004 年阳信县中小学骨干教师情况统计(阳信县教育局人事科,2004 年)

级别	初中	小学	合计	备注
县级	40	42	82	
市级	24	27	51	
合计	64	69	133	其中乡镇 49 人,县直 84 人
占专任教师比例	5.39%	4%	全县平均 4.31%	未计算临代

第二,农村教师稳定性差。由于农村教师待遇低,优秀教师外流现象严重,一部分优秀教师外流到经济比较发达的县区,另一部分骨干教师则流入县直学校。据统计,2000～2004 年,先后外流到博兴、邹平、利津等先进县区 161 人;通过招考、借调、托关系等各种方式流入县直学校 200 余人。乡镇教师队伍极不稳定。

第三,农村教师队伍年龄结构不合理。农村教师平均年龄偏大。比如,翟王镇小学教师中 45 岁以上占全镇小学教师的 56.5%,韩箔小学教师平均年龄为 50.07;水落坡乡小学 40 岁以上教师占小学教师总数的 70%,且多为民师转正,他们多观念陈旧,没有接受系统的专业培训,存在着知识老化、教学方法单一、教改主动性差、普通话不过关等问题,再加上职业倦怠等因素的影响,在不同程度上影响了农村学校的教学质量。

第四,农村教师队伍存在着总数超编与学科性缺编的问题。2004 年,阳信县教职工总人数,无论从县人事局下达的编制数,还是按实际在校生数自测编制数,均整体超编。从教育系统内部来看,存在着超编与缺编并存的问题,基本是中学超编、小学缺编;教师总数超编,而音、体、美、微机、小学英语等学科性教师严重不足(流坡坞镇 9 处学区小学中没有一名专业音、体、美和信息技术专业教师)。

第五,农村教师队伍职业倦怠现象严重。一是农村学校部分年轻教师的主要精力放在调动工作上,学习、参加各种考试等,目的都是为了进入县直学校,而没有把精力放在课堂上、放在学生身上。二是部分没有希望调入县城的年轻教师在上课之余从事商业经营、暑期违规办班等“第二职业”活动,以此来满足工资低于县城的不均衡心理;三是没有调动意愿的教师大都属于“半边户”,即自己是教师,丈夫或妻子是本村的农民。这些教师在学校教书育人备课上课、批改作业……;在家里忙于家务,耕田种地、养鸡喂猪……。其表现为精神疲惫,体力明显透支,对工作失去兴趣,缺乏工作热情和创新力;无成就感;对事业追求失去信心;在工作上安于现状,不思进取,得过且过,盼望早日退休;在情绪上常常表现为焦躁不安,紧张,萎靡不振,效能感降低,甚至以一种冷漠疏远的态度对待学生等。

县直学校的教师,由于工作条件比较优越,没有竞争压力和危机感,失去上进的动力,工作懈怠。

（二）制约阳信县义务教育均衡发展原因分析

1. 管理体制的制约

自 20 世纪 80 年代中期开始，阳信县实行"分层管理，分级办学"的管理体制，初中、小学管理权在乡镇政府。乡镇政府拖欠教育的债务与教师工资严重。自 2005 年起，阳信县实行了"以县为主"的管理体制，补发了乡镇学校教师两个月的"必保工资"（基础工资的 60%，人均 420 元）。尽管如此，但全县并没有从根本上调整县乡财政体制，既没有将农村教师工资纳入县级财政预算，也没有把农村教师编制划归到县级政府统一管理，这一现象一直持续到 2010 年 10 月城乡教师工资才正式持平。教师城乡编制的区别决定了城乡教师在福利待遇、晋职晋级、提拔重用、生活条件、生活环境等方面的差距。这是制约阳信县义务教育均衡发展的首要因素。

2. 财政困难的拖累

阳信县在历史上就是一个农业县，经济落后，财政困难。改革开放头 30 年，由于缺少强有力的经济增长点，经济发展缓慢，县乡财政依然困难，属于经济欠发达县。这个阶段由于管理体制的原因，乡镇拖欠教育债务与教师工资严重。从 2005 年阳信县财政收入状况来看，历史遗留的拖欠债务与工资问题恐怕在短时间内很难得到解决。这是制约阳信县义务教育均衡发展的关键因素。

3. 教育政策的失衡

自 20 世纪 80 年代开始，阳信县在教育上实施优先发展县城教育的政策，这一政策直接导致了阳信县城乡义务教育的显著差异。30 年来，无论在经费投入、师资培养，还是在激励、奖励措施等方面，县直学校都享受着特殊的待遇。我们以阳信县第六批教学能手评选活动的推荐名额分配为例：小学语文、数学每乡镇（实验小学——县直）各 2 名；其他学科每乡镇（实验小学）各 1 名；初中语文、数学、英语每乡镇（实验中学——县直）各 2 名；其他学科每乡镇（实验中学）各 1 名；民办学校参与所在乡镇评选。实验小学 122 名教师，推荐 2 人参赛。阳信镇公办学校 294 名教师，1 处民办学校（山东梨乡学校）70 名教师，合计 364 名教师，推荐 2 人参赛。实验小学教师获得参赛的概率是 1.64%，阳信镇小学教师获得参赛的概率是 0.55%，由此可以看出县直小学教师有机会参加活动的机会是乡镇小学教师的 3 倍，也代表县直小学教师晋升职称的机会是乡镇小学教师的 3 倍。实验中学 118 名教师，推荐 2 名参赛。阳信镇初级中学 157 名教师，推荐 2 名教师参赛。实验中学教师参赛的概率是 1.69%，阳信镇中学教师参赛的概率是 1.27%。此外，由于县直学校得天独厚的优势，县直学校的教师 90% 获得一等奖，全县乡镇教师中最大比例是 1 人有机会参加市级以上的各种评选活动，全县乡镇中小学教师 2841 人，由此可以看出，乡镇教师被推出县的概率仅仅有 0.035%。这既是县乡教师素质、职称差距、骨干教师数量不均衡的重要因素之一，又是导致乡镇教师向县直学校单向流动的重要因素之一。

4. 监督机制的缺失

尽管《中华人民共和国义务教育法》对于经费保障制度进行了明确的规定，"国家将义务教育全面纳入财政保障范围,义务教育经费由国务院和地方各级人民政府依照本法规定予以保障"。"地方各级人民政府在财政预算中将义务教育经费单列,县级人民政府编制预算,除向农村地区学校和薄弱学校倾斜外,应当均衡安排义务教育经费"。并规定"未依照本法规定均衡安排义务教育经费的,对直接负责的主管人员和其他直接责任人员依法给予行政处分"。但义务教育法对各级政府具体应该承担的比例,特别是县级政府应该承担的经费比例,并没有明确的要求,也没有一个独立执法的机构。对于县级政府来说,既是义务教育经费的管理者,又是义务教育经费的使用者,违法的是政府,执法的仍然是政府。缺少真正的监督机制和监管机构。像阳信这样的经济欠发达县域,在每年的财政收入无法保证正常工资发放和县、乡政府本身开支的情况下,政府很难自觉地保障教育经费的投入。

综合来看,义务教育发展失衡的现状导致教师资源配置的失衡,又导致了生源的不均衡,生源的不均衡又进一步加剧了义务教育发展的不均衡。

三、阳信县义务教育均衡发展的实践

2005 年 5 月 25 日,教育部颁布实施了《关于进一步推进义务教育均衡发展的若干意见》,提出了义务教育均衡发展的任务与目标要求,为义务教育的均衡发展指明了方向。面对经济落后、财政困难等重重难题,在阳信县党委与政府的领导下,阳信县教育部门开始了义务教育均衡发展的实践与探索。

(一)坚持"以县为主"管理体制,保障义务教育均衡发展

(1)实施"以县为主"教育管理。自 2005 年开始,阳信县实施了"以县为主"的教育管理体制,将农村中小学教职工及校长管理权上收到县,统一管理、统一选拔、统一调配,从而为解决教育资源的合理配置、教师队伍的统筹管理及促进全县义务教育的均衡发展打下了基础。

(2)规范城乡教师管理。自 2005 年以来,县教育局实施了《阳信县中小学教师管理暂行办法》《阳信县中小学教师调配暂行规定》,明确了全县中小学教职工队伍由县教育局统一管理,依法行使对中小学教师的资格认定、招聘录用、职务评聘、培养培训、调配交流、考核奖惩等管理职能,为稳定农村教师队伍奠定了基础。与此同时,县教育局党委先后调整中小学校长 60 余人,将优秀年轻干部 38 人充实到农村中小学任职,提高了农村中小学管理水平。

(3)实施农村学校管理提高工程。自 2006 年以来,先后实施了学校"管理效益年""管理提高年"和"管理规范年"工程,组织 91 人次农村中小学校长开展"异地挂职"活动,组织 20 所学校进行了"结对帮扶"活动,帮助农村薄弱学校改进管理方法,以提高农村中小学的管理水平。

(4)强化督导评估。县教育局每年都要修订完善《教育综合督导评估方案》,综合督导评估小组负责对全县中小学、幼儿园进行全面评估,对各乡镇党政主要领导教育工作情况进行考核。自 2009 年以来,又组织开展了"一周一校巡诊"活动,针对农村学校管理方

面存在的问题"巡诊把脉",不断丰富学校发展内涵,有力地促进了办学水平的均衡发展。

（二）实行"校财县管"办法,不断加大对农村学校的经费投入

（1）完善经费保障机制。阳信县坚持教育优先发展战略,不断健全和完善"以县为主"的农村义务教育管理体制,依法保障教育投入逐年增加,基本实现了"三个增长、两个提高"。2005～2009年,全县财政性教育经费拨款达到5.6亿元。其中2009年,全县财政性教育经费拨款达到1.6亿元,年增长幅度高达24%,预算内教育经费支出占财政支出比例44.05%,近5年平均每年增长3.1%;义务教育阶段生均公用经费标准小学、初中分别由2004年的170元和218元,提高到了2010年的400元和600元,分别增加230元、382元。

2006年,阳信县成立了教育财务集中核算中心,实行"校财县管"办法,对全县教育系统所属39个核算单位实行了会计集中核算,将教育经费预算到每所学校,预算支出指导实际开出,加强财务监管,有力地推进了全县义务教育的均衡发展。

（2）提高教师待遇。2007年1月,阳信县为乡镇教师办理了医疗保险,将中小学教师工资、津贴按统一标准全额纳入县本级财政预算,全县统算,统一发放。同年,全县农村教师人均月工资达1591元,比2004年增加933元;2008年1月,为全县所有中小学教师增加了每月300元的生活补贴,农村教师人均月工资达1890元;2009年1月,又为全县所有中小学教师增加了每月200元的生活补贴。到2010年,全县中小学教师工资比2004年平均增长1700多元,2010年10月实现了县乡教师工资的完全持平,有力地改善了广大教师的工作和生活条件。此外,为提高骨干教师待遇,县政府投入200多万元,连续5年设立"政府园丁奖",面向中小学骨干教师、校长发放。这一系列措施极大地调动了广大教职工教书育人的积极性。

（3）改造薄弱学校。自2005年以来,共撤并小学43处、初中6处,成立了6处九年一贯制学校,撤除全部农村教学点,集中优势教育资源,扩大办学规模。自2007年启动了农村中小学校舍维修改造工程,共计投资8175.23万元,新建校舍80987平方米;结合明德小学和寄宿制学校建设,进一步改善农村中小学办学条件,全县城镇驻地学校全部建起了教学楼房。

（4）加强教育信息化建设。为将优质教育资源传输到农村中小学,2005年以来,阳信县累计投资2100万元,依托"农村中小学现代远程教育工程",先后实施了"校校通"和"班班多媒体"工程,建起了校园网和教学论坛。

（5）实施"三大工程"。2007～2010年全县累计投资近3000万元,先后实施了教学仪器更新工程、课桌凳更新工程和"两热一暖"工程,农村中小学办学条件得到不断提升。

（三）建立师资补充长效机制,充实农村师资力量

（1）优化教师资源配置。阳信县把事业单位新进人员指标大部分用于教育,并将核定教师编制向农村学校倾斜。自2005年至今,共招考引进教师800多人;仅2012年,就从全国范围内公开招考了118名教师,补充到缺编乡镇和学校,并规定服务期不少于5年,为农村学校注入了新鲜血液。

阳信县还建立了县域内骨干教师"巡回走教"、城乡帮扶、城镇教师到乡村学校任教服务等制度,大力开展农村支教、送教送研下乡和联片教研活动,以驻城学校带动乡村学校,以强校帮扶弱校,整体提升教研水平,加大城乡教育对口支援力度,对农村教师的专业成长及城乡师资均衡起到积极的推动作用。

(2)提高教师综合素质。近年来,阳信县牢固树立人才是第一资源的理念,结合全县教育事业发展的实际状况,不断创新人才引进、培养和管理使用的有效机制,积极整合人才资源,努力打造人才高地。第一,大力实施"借脑、洗脑、富脑"工程。先后组织教师到全国知名学校学习,请全国最优秀的教师来阳信传艺,把全县的中小学校长送到北京师范大学、华东师范大学等知名大学培训进修,并且在培训中做到自定方案、自定内容、自选教授,有的放矢,大大提升了教育干部的治学理念。采取暑期集中培训、联片教研、结对帮扶、送课下乡等方式,不断加大教师的培训、培养力度,促进教师队伍专业成长。自2008年起,分别与曲阜师范大学、东北师范大学合作,实施"教育干部骨干教师硕士化工程",经费由县教育局、基层学校、教师个人共同承担,干部教师素质明显提高。第二,把加强师德建设作为常抓不懈的工作。近年来先后开展了"六比六看六反思"师德实践活动和"爱岗敬业,争先进位"主题教育活动,大力倡导阳信教育系统"八荣八耻",广大教师教书育人的自觉性明显得到了增强,涌现出了一大批先进典型,为深入实施素质教育、全面提高教学质量积蓄了充足的师资力量。

(四)关爱弱势群体,促进不同学生群体受教育均衡

(1)加大帮困力度。坚持把关注弱势群体、实现教育公平作为促进教育均衡发展的重要措施,为全县适龄儿童提供较为平等地接受教育的机会。对家庭贫困的学生,按小学、初中每年每人500元、700元补助生活费,减免作业本费、教辅资料费及校服费。自2010年起开始对学前贫困儿童实施资助,每人500元、600元、700元三个档。

(2)关注特殊儿童。改善特教学校办学条件,保证残疾儿童少年同步接受九年义务教育。关注外来民工子女,对符合条件的外来民工子女免费借读,接收学校还注重开展心理教育,经常"开小灶"帮助他们适应新环境。重视心理有障碍、行为有偏差、学习有困难的学生,建立学生信息档案和重点学生档案,耐心做好教育转化工作,使他们"进得来、留得住、学得好"。

(3)关心职工生活。阳信县把提高广大教师的职业幸福感放在重要位置,采取多种形式走近教师,关心教师。实施优惠政策,为中小学班主任和少数民族学校教师发放生活补贴,并在选优评先、职称评定等各方面予以加分,鼓励他们安心工作。每年教师节,县委、县政府都会召开表彰大会,对在教育工作中做出突出贡献的优秀教师,进行表彰奖励,大大激发了干部教师拼搏赶超、争先进位的热情。教育局领导经常深入学校和教师家中,了解基层情况,倾听教师心声,帮助教师解决工作生活中的实际困难,为他们办实事、办好事。每年组织开展优秀教师免费查体活动,不断提高教职工的健康水平,建立特困教师救助制度,为他们安心工作提供保障。启动实施教师"安居工程",为2000多位教师解决了住房难题,使其实现了安居乐业。

综上所述,自 2005 年以来,阳信县通过采取多种措施,使义务教育均衡发展取得显著的成效,城乡间的差距正在逐步缩小。在经济欠发达、财政困难的背景下,阳信教育率先突破,缔造了令人瞩目的阳信"教育现象"。

四、经济欠发达县域义务教育均衡发展的应然策略

从阳信县推进义务教育均衡发展的过程来看,制约经济欠发达县域义务教育均衡发展的因素很多,有历史原因、政策原因、经济原因,还有体制的原因。其中影响经济欠发达县域义务教育均衡发展共性的最关键的问题是经费不足、师资短缺、办学条件落后的问题。教育经费不足,学校办学条件较差,是制约经济欠发达县域义务教育均衡发展的硬件因素;而师资的不均衡是制约经济欠发达县域义务教育均衡发展的软件因素。

综合近年来国内最新研究成果与阳信县义务教育均衡发展的实践经验,笔者认为,在经济欠发达县域推进义务教育均衡发展,应着重做好以下工作。

(一)多方筹措,依法保障,努力实现城乡学校教育经费的基本均衡

教育投入是教育事业的物质基础,是公共财政的重要职能。要想从根本上解决义务教育均衡发展问题,保障对义务教育经费的投入是前提。教育投入的来源主要包括政府投入、企业投入和个人投入三种基本形式。义务教育经费投入主要责任是政府,尤其是县级政府必须保障对教育的经费投入。但对于经济欠发达县域来说,仅仅依靠县级政府的投入仍无法满足义务教育均衡发展的需求,还需要通过健全以政府投入为主、多渠道筹集教育经费的体制,积极争取扶持资金、利用民间个人资金、募集社会闲散资金等投入教育。只有多方筹措建设资金,才能确保义务教育均衡发展的教育经费。

1. 依法问责,确保政府投入

1993 年 2 月 13 日,国务院颁布的《中国教育改革和发展纲要》明确规定,"逐步提高国家财政性教育经费支出占国民生产总值的比例,本世纪(20 世纪)末达到百分之四"。但这一目标至今未能实现,以至于 2010 年的《国家中长期教育改革和发展规划纲要》再次把4%的教育投入目标列入规划,规定"提高国家财政性教育经费支出占国内生产总值比例,2012 年达到 4%"。十几年来,国家教育纲领性文件所规定的教育投入比例始终没有落到实处,关键就在于一些落后地区、经济欠发达县域的教育投入比例过低,无法保障教育经费的足额投入。

对于经济欠发达县域,要实现教育投入 4%的目标,仅仅依靠政府的自觉是远远不够的。在财政困难的情况下,各级政府甚至还经常克扣、挪用、截留教育经费。因此,对于经济欠发达县域来说,制定法律文件,建立相应的问责机制,是约束各级政府依法履行责任的关键所在。把教育经费投入作为考核、评价政府主要领导干部政绩的重要指标,保障教育经费投入的责任不仅要落实到政府,更要和个人政绩挂钩。建立评估和监督机制,上级政府或人大部门负责监督政府的教育投入落实情况。对于不履行法律规定,无法保障教育投入的部门或政府负责人,必须依法追究责任。只有这样,才能保障经济欠发达县域的经费投入,保证教育事业的健康、稳定和协调发展。

此外,通过阳信县近几年来的实践和寿光、铜陵等市地的成功经验来看,政府对教育的投入情况除了受财政收入影响之外,也与政府对教育的重视程度有直接的关系。只有政府认识到位,确保义务教育经费投入的目标才可能实现。

2. 依靠上级政府,争取扶持资金

2001年,《国务院关于基础教育改革与发展的决定》提出,农村义务教育要实行"地方政府负责、分级管理、以县为主"的管理体制,农村教育经费的支出责任主体由乡镇上调到县,农村教师的工资由乡财政划拨到县财政统一发放。这种体制大大减轻了乡镇政府的负担,乡镇学校的经费投入也有了较大程度的提高,对义务教育均衡发展是一个重大的突破。但是,"以县为主"的管理体制并不意味着农村义务教育经费短缺的现状就能够完全改善,也并不意味着农村中小学教师的工资就有了保障。

1994年,我国开始实行分税制,就目前我国的税收体制来看,60%～70%的税收进入国库,30%～40%的税收属于地方。而在义务教育经费的承担责任中,90%左右由县级政府承担,县乡财政60%～70%需用于教育。对于经济欠发达县域来说,县乡财政根本无法满足义务教育的经费需求,无力偿还拖欠的教师工资。因此,经济欠发达县域仅仅保障县级政府的经费投入是远远不够的,并不能从根本上解决义务教育经费困难问题,还要不断争取中央、省、市等各级政府部门的扶持资金,并将争取来的扶持资金投入农村学校义务教育。

3. 实行招商引资,吸引外来资金

经济欠发达县域也有它的资源优势,如土地、生物等各种原始资源比较丰富。因此,经济欠发达县域可以利用资源优势吸引外来资金投入教育。

教育部门可以成立专门的招商办,政府制定财政、税收、金融和土地等优惠政策,吸引外来企业或个人投资教育。通过招商引资的方式,吸引外县、外省的资金,以缓解本县义务教育经费投入不足的问题。

4. 鼓励民间办学,利用民间资金

民办学校可以利用民间企业或个人富余的资金,缓解国办学校的经费压力,分担政府经费短缺的困难,为义务教育的实施发挥调节、缓冲作用,还可以为学生提供更多的选择途径,对于解决"择校"问题起到"舒缓"的作用。例如,滨州的清怡中学,阳信县的梨乡学校、玉友学校对于均衡教育发展都起到了不可磨灭的作用。

在经济欠发达县域,鼓励当地企业或个人创办民办学校,可以有效利用民间资金缓解政府经费紧张的问题。公办、民办教育共同发展的办学体制也是满足民众教育选择需求的有效途径。因此,县级政府要根据《中华人民共和国民办教育促进法》的规定,制定完善促进民办教育发展的优惠政策,保证民办学校的健康发展。同时,要坚决清理整顿"国有民办"机制的"改制学校",优化民办学校的办学环境。

5. 进行教育融资,募集社会资金

通过教育银行、教育储蓄等金融手段进行教育融资,吸纳募集社会闲散的资金投向教育领域,用于农村义务教育均衡发展,也可以解决教育经费暂时不足问题。此外,也可以发行教育彩票,以此募集教育基金,增加经济欠发达地区教育投入。当然,教育融资不是一个地方政府可以操作的,可以通过省政府财政部门定向融资的形式予以实现。

6. 加强监督管理,充分用好资金

在经济欠发达地区,义务教育同样存在着教育经费不足与教育经费浪费并存的局面。20世纪90年代初,四机一幕(电视机、录音机、录像机、投影仪和银幕)进课堂,校校投资数万元,两三年后大部分成为废弃品,即使在最热的两三年内,利用率也仅仅达到25%,75%是作为装饰品,供检查参观用。尽管投资很大,实际发挥的效益却不大。另外,县乡教育部门克扣、挤占教育经费等现象也时有发生。

鉴于此,建立完善的经费监管制度和科学化、精细化的预算机制,加强经费的监督和管理,防止经费的浪费、挪用和侵占,确保有限的资金发挥出最大的价值,更是经济欠发达县域必须考虑的问题。目前,实行"校财县管"制度,对县域教育系统实行会计集中核算,将教育经费预算到每所学校,预算支出指导实际开出,加强财务的审计和监管,是保障义务教育经费公平合理使用,也是防止义务教育经费被挪用、克扣、挤占,防止出现教育腐败现象的有效手段。

(二)科学规划,统筹安排,努力实现城乡学校办学条件的基本均衡

义务教育均衡发展"是一项长期的历史任务和一个不断发展的历史过程",不是一蹴而就的,需要一个很长时期的艰苦努力。经济欠发达县域面临的最大难题是资金短缺。因此,经济欠发达县域推进义务教育均衡发展,更应该量力而行、科学规划。首先根据本县的实际情况,制定出符合本县实际的切实可行的义务教育均衡发展的具体目标,然后分阶段、分步骤地予以落实,达到科学决策,统筹安排,逐步提升。

1. 优化学校布局

2001年,《国务院关于基础教育改革与发展的决定》提出,因地制宜调整农村义务教育学校布局,按照小学就近入学、初中相对集中、优化教育资源配置的原则,合理规划和调整学校布局。义务教育均衡发展的目标之一就是学校间在办学条件上达到基本一致。学校布局的调整是学校条件改善的重要举措之一,尤其是经济欠发达县域在没有足够的经费支援薄弱学校的情况下,合理地撤销和合并薄弱学校,更有利于发挥有限优质教育资源的价值,提升教学质量,减少资源消耗。从阳信县和其他县区的实践来看,可以依据农村5万人口以上的乡镇设1或2所初中、农村小学每1万人口设立1所完全小学的标准,撤并一些规模较小的薄弱学校,在人口少的乡镇办九年一贯制学校。

当然,进行农村义务教育学校布局调整要注意两个问题:一是优化学校布局要坚持集中办学与分散办学并举的原则,要结合本县实际,考虑交通状况、学生生活条件等因素,适当保留低年级就近入学的教学点,不能"一刀切",避免因学校布局调整而导致学生辍学率提高的现象;二是学校布局调整不是简单的撤、合、并,最终目的是提高办学水平,最大限度地利用优质教育资源。

2. 取消重点学校

1978 年 1 月,国务院批转教育部《关于办好一批重点中小学的试行方案的通知》,要求各地集中力量办好重点学校。30 多年的重点发展战略和"精英人才"政策的影响,政府将人力、物力、财力集中投资到几所重点学校,直接导致了一些薄弱地区出现了一批师资短缺、生源不足的薄弱学校。这种现象在经济欠发达县域表现得更加突出。正因为如此,《国家中长期教育改革和发展规划纲要(2010 ~ 2020)》再次明确提出,义务教育阶段不得设重点学校和重点班。如果说在当时培养"精英人才"时代,重点校制度还有它的价值的话,那么在当今教育大众化时代,重点校做法已经成为制约义务教育均衡发展的瓶颈;只有取消重点校、重点班制度,才能缩小校际间的差距,达到义务教育均衡发展。

3. 改造农村薄弱学校

义务教育均衡发展的过程,也就是不断提升薄弱学校办学实力的过程。农村学校面临的共同问题是办学条件差,优秀师资流失严重,生源严重不足。要想实现义务教育的均衡发展,必须改善薄弱学校的办学条件,优化薄弱学校的师资队伍。

首先,制定倾斜的资金投入政策。设立薄弱学校改造资金,制订详细的改造计划,把发展的重点放在薄弱学校,有步骤地改善薄弱学校的办学条件。

其次,制定倾斜的师资政策。通过阳信县的现状分析可以看出,城乡间教师无论在学历结构、年龄结构、职称结构还是骨干教师的数量上,县直学校都明显好于乡镇学校。另外,在教师的流向上,还存在着一种单向上位流动的趋势,即优秀教师主要是从农村流向县直,从薄弱学校流向优质学校,从而不断拉大城乡、校际间的师资差距。因此,县域师资政策必须向农村薄弱学校倾斜。一是提高农村教师的待遇,实现农村教师的收入高于县直学校;二是把支援农村薄弱学校作为县直学校骨干教师晋升职称与职务的条件。凡县直编制教师晋升职称或职务需要有 1 ~ 2 年以上在农村薄弱学校工作的经历。以此引导优秀教师或优秀干部在城乡间、优质学校和薄弱学校间的合理流动。

再次,严格执行"就近入学"制度。《义务教育法》规定"适龄儿童、少年免试入学。地方各级人民政府应当保障适龄儿童、少年在户籍所在地学校就近入学"。"免试就近"入学既指适龄儿童入小学,也包括小学升初中。"免试就近"入学的原则是解决生源均衡的最有力的举措,一是小学和初中要严格按照乡镇划分,实行就近入学,政府按照乡镇的学生数目,给学校拨付生均经费,对跨乡镇招收的学生,政府不予拨款,而且不予注册学籍,不办理转学关系;二是把优质高中的招生数目、招生名额按比例分配到各个初中学校,使在薄弱学校学习的学生同样得到进入优质高中学习的机会,在一定程度上遏制义务教育阶段的择校倾向,改善薄弱初中校的生源质量,有利于义务教育生源的均衡发展。

4. 推行学校标准化建设

标准化学校是指学校布局、办学规模、基础设施、领导班子、师资队伍和素质、课程教学等都达到上级规定的标准。义务教育学校基本办学条件的建设标准:农村 5 万人口以上的乡镇设 1 或 2 所初中,5 万人口以下的设 1 所初中,初中适宜规模为 18 ~ 30 个班,班额应不大于 50 人,一般不设立 12 个班以下的初中;农村小学设置要兼顾学生就学便利和学校规模,原则上每1万人口设立1所完全小学,适宜规模为12～36个班,班额应不大于45人,可适当保留低年级就近入学的教学点,鼓励有条件的地方设置九年一贯制学校。执行义务教育学校标准化建设,可以使政府合理分配教育资源,在帮助和支持薄弱学校达到法定标准的同时,限制政府向重点学校过量投资,使城乡义务教育学校都能按照法定标准,拥有大体均等的硬件设施和师资队伍,从而在义务教育阶段形成一个公平竞争的环境。

为保证学校标准化建设的顺利推行,需要建立和完善标准化学校建设的管理机制,以加强学校标准化建设工作的管理与监督。一是县乡政府要成立学校标准化建设工作领导小组,明确职责,密切配合,形成推进学校标准化建设的合力,共同促进义务教育办学条件均衡发展。二是将学校标准化建设工作列入政府教育工作综合督导,作为考核县乡党委、政府的重要内容,确保标准化学校建设顺利实施。

(三)创新管理机制,努力实现城乡学校师资队伍水平的基本均衡

"一个好校长就是一所好学校,一个好老师就是一个好班级。"均衡师资成为均衡教育资源的关键。与办学条件可以通过大量经费的投入在短期内得到改善不同,优秀师资的培养需要一个相对比较长的过程。因此,创新教师补充机制,加强教师培养培训,实行教师流动机制,让师资队伍活起来,是推动城乡义务教育均衡发展的有效策略。

1. 建立农村教师长效补充机制

为解决农村学校教师结构性缺编问题,可以建立农村教师补充长效机制,将核定教师编制向农村学校倾斜。随着教师社会地位、政治地位和经济待遇的不断提高,越来越多的大学毕业生渴望进入教师队伍。教育部门应抓住就业政策调整的契机,研究并制定农村学校任教优惠政策,吸引优秀毕业生充实到农村中小学师资队伍之中,合同服务期一般为5年。通过政策性的引导与调整,力求保持农村教师队伍的稳定性与流动性的协调,逐步实现农村和城区学校师资在学科、结构、数量和质量等方面基本均衡。

2. 推行城乡教师交流制度

日本教师轮岗的做法告诉我们,建立交流制度,实行教师定期轮校,是实现城乡师资水平均衡的重要举措。因此,要建立健全义务教育学校教师和校长流动机制,可以在乡镇间学校之间进行,也可以在不同乡镇范围学校之间进行,又可以在乡镇与县直学校之间进行。进行的对象可以是教师,也可以是校长。为鼓励教师自觉自愿参与城乡学校交流,可以设立农村教师专项基金,对参与农村任教的给予补贴,例如,属于县级骨干的教师支教农村每月补贴100元,属于市级以上的骨干教师支教农村每月补贴200元。山东省寿光市和浙江省杭州市的成功经验都表明,实行教师交流制度是均衡学校间的师资水平,遏制择校现象的有效措施。

为了防止因教师、校长的流动而出现失职现象,流动周期不易过短,一般教师任职3年、校长任职5年比较合适。在每次教师交流前,由主管单位对接手学校或班级进行调查摸底,写出客观的情况分析,流动校长、教师根据现状分析制定3～5年的发展规划,签订

目标责任书。交流期满,由主管部门对接手单位或班级几年来的发展做出综合评价,成效不显著或失职的人员取消骨干教师待遇,暂留薄弱学校,直到在原有基础上有特色发展再恢复其称号及待遇。城乡教师交流制度要做到制度约束与政策激励的有机结合。

3. 组织名师培养工程

所谓名师培养工程指的是实施"名校长、名班主任、名教师"建设工程,目的是为农村学校培养一批教育家型校长、班主任与研究型学科领军教师。为此,一要切实加强领导;二要多渠道筹措培养经费,用于培训、考察调研、教科研等活动,确保"三名"建设工程的顺利实施;三要严格实行动态管理,切实发挥"三名"建设工程人选的示范、带动作用;四要多渠道给予培养,可以采取国内进修、网络研修、撰写专著论文、结对带徒、开展教育教学研究和学术研讨等方式进行培养。同时,每位工程人选要确定1个县级以上科研课题,结合自己的教育教学、学校管理实际,开展课题研究,并通过网络共享研究成果。名班主任、名教师人选要承担2～4名青年教师的培养任务,名校长人选要确定至少1所薄弱学校作为自己的联系点,指导他们提高管理水平和质量。此外,名师培养工程要与教师全员培训工程相结合,以促进整个县域师资的均衡发展。

4. 强化农村学校校本研训活动

校本研训是校本教研和校本培训的总称,校本教研是"以校为本的教学研究"的简称,是指以学校为研究基地,以校内教学实践中的实际问题为研究内容,以教师为研究主体,以促进师生共同发展为研究目的所开展的教学研究活动。校本教研是学校教育教学工作的重要组成部分,是实施"科研兴校"战略的基本途径和具体行动。校本培训是指在教育行政部门和有关业务部门的规划和指导下,以教师任职学校为基本培训单位,以提高教师教育教学能力为主要目标,把培训、教育教学和科研活动紧密结合起来的教师继续教育形式。校本培训根据学校发展的需要,由学校发起和规划,旨在满足学校每个教师工作需要的校内培训活动。

开展校本研训活动是农村学校整体提高教师教育教学能力与水平的重要举措。但是,农村学校由于信息闭塞、观念落后等因素的影响,往往不重视校本研训活动的开展。因此,教育主管部门应该注重农村学校校本研训活动的强化。一要督促学校制订切合实际的年度校本研训计划,及时建立读书学习、课题研究、合作交流、激励约束、考核评价等管理机制,规范培训过程管理;二要加强对校本研训的检查和评估,使校本研训工作实施有方案、落实有措施、活动有记录、检查有总结;三要组织实践经验丰富、理论水平较高的教师作为校本研训的师资力量,同时聘请教育教学专家担任培训教师,并根据培训内容有针对性选择或自编培训教材,使校本研训活动制度化、常规化、经常化,为农村学校打造一支师德高尚、业务精良、结构合理、富有活力的高素质教师队伍。

5. 建立联盟校制度

以城带乡,以强帮弱,建立联盟校制度,是经济欠发达县均衡城乡教学资源的一种举措。联盟校制度,就是指城乡几所学校,按照强弱结合的原则结为帮扶的盟友。具体要求是一个乡镇中心学校或一个县直学校帮扶周边1或2所薄弱学校,帮扶学校的各种教育资源应向被帮扶学校开放,帮扶学校的骨干教师按计划定期到被帮扶学校赐教,被帮扶学校教师可以按计划定期申请到帮扶学校求教。通过强弱联合的方式,既能实现城乡学校优质教育资源共享,又能使农村薄弱学校借助优质学校的品牌效应得到社会认可。因此,联盟校做法是化解农村薄弱学校优质教育资源短缺,快速提升薄弱学校师资教育教学水平,推进义务教育均衡发展的一种思路。

6. 建立城乡学校联片教研机制

城乡学校联片教研指的是以省市教学示范学校为依托,形成教研室、区片、学校三级网络一体化的教育教学研究指导模式,旨在发挥省市教学示范学校、骨干教师的辐射带头作用,以点带面、城乡联动、区片互动,以驻城学校带动乡村学校、以强校帮扶弱校,从而实现整体提升城乡学校管理、教学水平,促进县乡义务教育均衡发展。

(四)全面实施素质教育,努力实现城乡学校教育质量的基本均衡

理论与实践证明,仅仅以教育规模(数量)来衡量教育是否均衡是片面的,教育质量才是教育均衡发展的根本,只有追求人的全面发展的素质教育才是应该追求的高质量、高效率的教育。尤其是农村学校教育需要从数量增长向质量提升转变,有效提高农村教育质量。因此,在教育经费、办学条件、师资水平实现均衡的基础上,要树立以提高质量为核心的教育发展观,建立以提高教育质量为导向的管理制度和工作机制,制定以面向全体学生、关注所有学生健康成长的工作制度和机制,建立学生课业负担监测和公告制度,探索建立学校教育质量监测评价制度、教育质量目标管理制度和提高教育质量的保障机制,注重教育内涵发展,把教育资源配置和学校工作重点集中到强化教学环节、提高教育质量上来。

1. 全面规范办学行为

长期以来,学生课业负担过重的问题;忽视音、体、美、劳、科学、品德、综合实践等学科的教学,形成一批薄弱学科的问题;过于注重考试分数,片面追求升学率的问题等,在地理偏僻的县区,尤其是农村学校表现得尤为突出,已经严重影响了学生的身心健康和全面、和谐发展,影响了义务教育的全面实施。因此,均衡教育质量,首先要全面规范学校办学行为。一是规范课程。配齐师资,开齐课程,开足课时,加强薄弱学科的教学和管理;加强实践类课程的教学,开设好安全教育、法制教育、环境教育、传统文化、人生指导等课程;鼓励教师开发既具有地方特色又对学生成长具有指导价值的校本课程,形成国家、地方、学校三级课程体系。二是规范作息时间。严格控制学生在校学习时间,合理安排学生的学习生活,确保学生每天体育锻炼时间。三是规范作业。要精选作业内容,控制作业总量,保证训练效益。四是规范考试。严格控制统一考试科目和次数,加强诊断性、形成性、综合性评价。

2. 加强教育质量管理

规范办学行为,减轻学生课业负担,是为了学生的全面发展和综合素质的提高,而不是不要教育质量。因此,在规范学生作息时间,控制学生作业量的同时,还必须要加强教

育质量的管理。教育质量管理主要表现在以下两个方面。第一方面是课堂教学质量管理。课堂效率高,学生学会了,课业负担则相对减轻;课堂效率低,教学任务没完成,学生没学会,课业负担必然加重。因此,课业负担和课堂教学效率是相辅相成的。此外,学生学习时间缩短了,课业负担减轻了,只有加强课堂教学质量管理,提高课堂教学的效率,才能保证教育质量不滑坡。提高课堂教学效率首先要建立教学视导检查制度。教研室要坚持教学视导的常态化、经常化,突出教学视导的实效性;其次落实校长责任制与责任追究制。学校校长要把教学工作作为第一要务,潜心研究,精心指导,严格落实领导干部听评课和兼课制度;再次规范学校培养目标,探索新的教学模式。第二方面是阶段性教育质量管理。阶段性教育质量管理需要重点遵守两个方面的制度:一是教学质量分析制度,无论是阶段检测还是期末考试都要认真组织质量分析,重在查找教与学的问题与不足,及时进行补偿纠正;二是教学质量检测制度,每学期组织一次集中检测活动,全面掌握学生发展状况和学生质量水平。

3. 完善教育评价制度

教育评价对于学校的办学方向和教学思想具有导向的作用,要想使学校沿着正确的方向发展,就必须有一个正确的评价体系。因此,要规范学校办学行为,全面提高学生的综合素质,首先要全面完善教育评价制度。一是完善评价内容,实现评价内容的全面性。改变单纯以学生考试成绩为唯一评价标准的现象,把道德品质、行为习惯、学习水平、身体技能状况以及与各类活动等情况全部纳入评价范畴。评价全面实行等级制。对教师的评价也要综合考虑师德表现、工作态度、专业发展、工作量、工作实绩等方面,不单纯以教学成绩评价和奖惩教师。二是调整评价主体,实现评价主体的多元化。教师和学生既是被评价者,也是评价者。建立健全自评、互评、教师评、学生评、领导评、家长评为一体的多元评价机制,全面调动师生参与评价的积极性。三是改革评价方式,实现教学评价的科学化。坚持过程性评价与终结性评价相结合、量化评价与定性评价相统一,既运用量化考评,又重视定性分析,克服重相对位次比较、忽视个体发展评价的倾向。四是发挥评价作用,实现评价功能的有效性。评价的目的在于促进学生的发展和教师的提高。高度重视评价结果的运用,将考核评价结果作为学生升学评优、教师奖惩、评优选模、职称评定、职务聘用的重要依据,努力实现评价功能的导向性。

“义务教育均衡发展是关系国家和民族长远发展的重大战略问题,也是关系教育事业科学发展的紧迫现实问题。”促进义务教育均衡发展是党的十七大从我国的国情和实际出发做出的一项重大战略部署,是今后一个时期实现教育全面、协调、可持续发展的具体体现,是构建和谐社会的现实需要,也是全面贯彻落实党的教育方针的必然要求。促进县域教育均衡发展,推进社会公平,应该成为每一个教育工作者追寻的崇高教育理想。

分析与讨论

本课题对经济欠发达县域教育均衡问题进行了初步的研究探讨,对促进经济欠发达县域教育均衡发展的实施策略进行了总结,得出了一定的研究成果。但教育均衡发展是一种全新的教育理念和教育发展观，其终极目标是追求人的全面和谐发展；在追求全面和谐、均衡发展的过程中，不免会遇到一些新的难题，需要进一步思考与探索。

1. 均衡发展与教育效益矛盾

在义务教育发展的进程中，均衡和效益是不可或缺的两个基本方面，两者并非对立关系，而应是相互统一的。受教育者不仅要"有学上"，而且要"上好学"，不仅要"快出人才"，而且要"出好人才"。阳信县通过采取各种措施，城乡间、校际间在办学条件、师资水平等方面的差距逐渐缩小，城乡间，尤其是校际间教育教学质量逐步趋于均衡，而这种均衡会是均衡的高质量发展，还是会出现踏步不前的平均，这是一个值得进一步思考的问题。过去教育追求的是效率优先，有好的学校，有差的学校，有比较，有鉴别，存在一种无形的激励作用。而现在校际间均衡了，没有了好与差的区别，是否会影响到教育的创新发展？如何在均衡的基础上实现整体的提升便是一个不得不思考的问题了。

教育均衡不是目的，均衡基础上的全面创新发展，才是理想的目标。因此，促进义务教育均衡发展的同时应注意公平和效益的关系问题，如果完全只从公平角度出发去制定和实行有关政策，就必然会丧失教育效益，也会产生许多弊端。近年来，韩国、日本等国家就发现，他们在推行"平准化"政策后，义务教育逐步丧失了效率。均衡发展不是平均主义，不是削峰填谷，不能把公平绝对化，均衡发展应该强调"公平优先"，但也要"兼顾效率"。只有兼顾教育公平和教育效益的双重目标，切实提高教育质量，才能促进教育的可持续发展，促进人的全面发展和社会的和谐发展。因此，如何处理好公平与效益的关系，是义务教育均衡发展的难点问题。

2. 均衡发展与特色发展矛盾

阳信县自20世纪初大力实施"特色学校"创建工程，全县范围内有两所省级特色学校、一所市级特色学校、12所市级示范学校。县委、县政府在经费投入、师资调配、政策制定等方面都倾斜于创建特色、申报示范的学校。自2005年，阳信县开始义务教育均衡发展的探索，在均衡经费投入、均衡教育资源的同时，也出现了示范校、特色校的牌子保不住的现象。例如，阳信镇张黄中心小学，1996年曾是滨州市首批"教学示范校"中唯一一所乡村"市级教学示范校"，在滨州市内一说到阳信，就知道有一所张黄中心小学，号称"阳信县第二实验小学"。为了均衡校际间的师资水平，三四年内相继从张黄中心小学调出10位优秀教师分配到阳信镇的各个中小学，以均衡全镇师资水平。张黄中心小学的校长被交流到其他学校。然而，乡村首批唯一一所"市级教学示范校"，在第三次复评中（复评标准低于首次评选标准），被取消"教学示范校"的称号。这提醒我们，在重视城乡学校均衡发展的同时不能忽视学校特色发展。

均衡发展要整合教育资源，在经费投入、办学条件、发展战略等方面实现协调发展，但均衡发展不能是统一发展，更不能是划一发展。"办学要均衡，更要有特色。"如何在保证学校条件均衡的情况下，使学校形成自己的特色，避免出现千校一面，这是义务教育均衡发展面临的又一新课题。

3. 均衡发展与创新发展矛盾

办学特色化是当前国际基础教育发展的大趋势,也是实现教育向更高层次的均衡方向发展、全面推进素质教育的要求。学校要办出特色,办出个性,就必须有创新。如何在教育均衡发展的思想指导下,通过建立相互竞争机制,不断激活学校向更高水平的均衡阶段发展,是教育均衡的关键所在。因为只有在教育均衡发展的过程中引入竞争机制,才能带动高质量高水平的均衡。要使教育均衡不断向深度、广度和高水平阶段拓展,必须抓住教师队伍这个核心。通过制度创新,激发教师和校长的职业活力、专业创造力和教育教学热情;通过引入竞争机制,不断增强学校的发展动力、活力,激励学校之间、区域之间向更高水平的教育均衡目标发展。

4. 师资流动与学校稳定发展矛盾

"义务教育能否均衡关键看教师,教师队伍能否均衡关键看流动"。要促进义务教育均衡发展,就要实行轮岗、走教制度,促进骨干教师、校长队伍合理流动。阳信县把农村中小学教师及校长人事管理权上收到县,统一管理、统一选拔、统一调配,有效地促进了薄弱学校的建设。但随之而来的问题是频繁地交流师资与校长易引发学校的不稳定。例如,阳信县实施的校长全县定期交流制度,有助于校长的成长,有助于薄弱学校局面的改善;但是,教育的成败不是一年半载可以看出来的,这一任校长的失职,可能到下一任校长才能显现出来;上一任校长的努力,也可能到下一任校长才能出成果。校长定期流动带来一系列不利问题:一来易导致部分校长失去长期的目标打算,不做长期规划,不为学校的长远考虑,只搞一些临时的政绩工程;二来易为一部分责任心差、管理能力低的校长提供滥竽充数的机会。此类现象也在师资交流中明显地表现出来。学校要发展,需要有一个系统的长期发展规划,更需要有一个长期稳定的局面。因此,如何行动既能使城乡师资合理流动,又能保持学校各方面的稳定;既满足近期需求,又兼顾长远利益,也是义务教育均衡发展需要解决的问题。

因此,在这一课题的研究中,对于以上有关问题,我们还需要有关专家给予指导,需进行更深入的研究与探讨。

建 议

在今后的研究中,不但需要教学一线的教师参与研究,更需要一些管理层面的领导参与研究,同时加大实践层面的反复印证力度,加大专家的引领力度,从而使课题不断完善、更加科学,进一步增强研究成果的推广价值。

后 记

阳信县实施"三名"建设工程,已有 6 年的时光。

一群怀揣梦想的同仁,用勤奋与执着,让教育流动着光和彩,用虔诚和坚守创造着向更高、更远处延伸的传奇。

一路走来,我们严谨认真。秉持认真的态度,我们致力于高端引领,出台了一项项精细的工作方案,举办了一次次终生难忘的专题培训,开展了一届届成效显著的论坛和协作组活动,编发了一期期闪耀着智慧光芒的会刊和简报……回首前行的足迹,历久弥新。

一路走来,我们务实求效。"三名"建设工程,不是在云端跳舞,而是贴地面行走。接地气,聚人气,做实攻,求实效,为人选搭建了广阔的成长平台。推荐书籍,倡导在阅读中提升境界;专题培训,在观摩学习中提升个人学养;博客写作,在表达倾诉中沉淀智慧;成长论坛,在分享交流中超越自我……盘点行囊的收获,人生无悔。

一路走来,我们幸福成长。"三名"团队携手并肩,让阅读成为习惯,将工作视作乐趣,把成长当成行走方式,我们很辛苦也很幸福。教育思想,锤炼了我们的教育感悟;总结体会,梳理了我们的学习心得;专业成长,明晰了前行的方向;教育故事,记录了平凡生活带给心灵的感动……展望今后的道路,初心不忘。

于是,我们把 6 年的经历汇集成"生命与使命同行"丛书,忠实地记录了"三名"建设工程实施以来坚实走过的每一步,全景呈现了每一位"三名"人为此而付出的一点一滴。没有华丽的文字,朴实得就像路旁的花草随风摇曳;也没有高深的理论,浅显得就像是朋友聊天娓娓道来。但,因为朴实而亲切,因为浅显而生机勃勃。我们把它当作献给自己的一份礼物,致敬自己尊德行而道问学的虔诚,致广大而尽精微的求索,极高明而道中庸的超越。我们期待满页芬芳的那一天。

国家教育行政学院于维涛主任对本丛书给予了热切指导并欣然作序。县委县政府将"三名"列入 2017 年重点民生工程。县教体局不遗余力,为丛书出版创造条件。各位编辑同仁字斟句酌,精益求精。中国海洋大学出版社更以海纳百川的胸怀欣然接受了来自鲁北贫困县的申请。桃李不言,下自成蹊。丛书即将付梓,不胜感奋,谨向 6 年来为阳信"三名"建设工程付出心血和智慧的各位领导、专家、同仁一并表示衷心感谢!还要向《心海导航》栏目内的 33 篇原文作者致谢,他们用心谱就的华章,让我们收获了思索,沉淀了智慧。

谨以此书,献给生命与使命同行的"三名"人,献给我们倾注了热情与汗水的每一天。

谨以此书,献给美好的教育,献给美丽的生活。

编者
2017 年 5 月 16 日

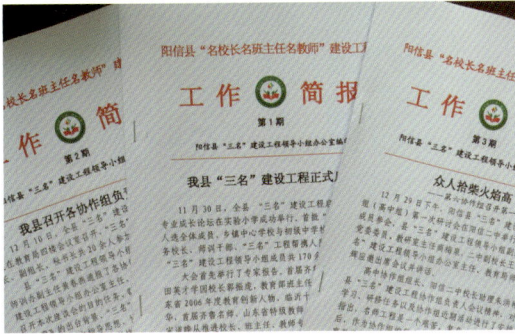

"三名"工程工作简报

"三名"工程会刊《生命与使命同行》

"三名"工程网站

"三名"人选部分荐读书目

2014年4月，阳信县"三名"工程第二次
集中培训班开班典礼

2014年10月，名校长人选到青岛经济开
发区实验初中挂职培训

阳信县校长领导培训沙盘体验

阳信县远程研修指导团队集中办公

2015年4月，阳信县名班主任工作室研讨交流

2015年5月，阳信县小学教师协作组活动

阳信县"三名"工程初中教师协作组
活动经典诵读

阳信县教师王立新为全国中小学教师信息
技术能力提升工程高研班授课

2013年6月，李俊芳在省研修骨干
教师培训开班典礼上发言

2013年9月，南林在山东省初中
骨干校长第5期培训上发言

2015年，宋立芹支教期间与泰国
小朋友在一起

2016年5月，黄春燕副主任在全省教师研
修培训班上进行经验介绍

2016年11月，宋秋红在新教育国际高
峰论坛进行主题发言

2016年11月，樊淑玲、王淑敏、宋立芹
顺利通过山东省学前管理团队培训结业答辩

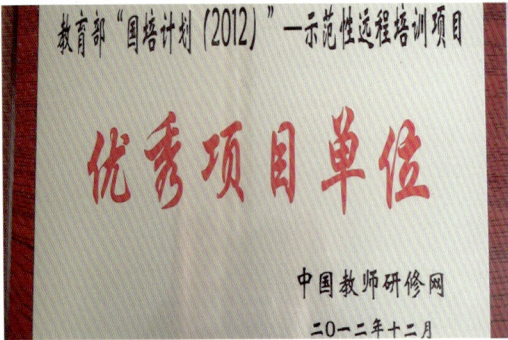

2012年，阳信县荣获"国培计划优秀
项目单位"

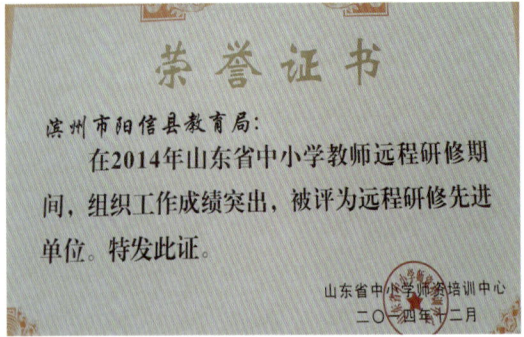

2012~2014年，阳信县连续荣获"远程研修
先进单位"称号

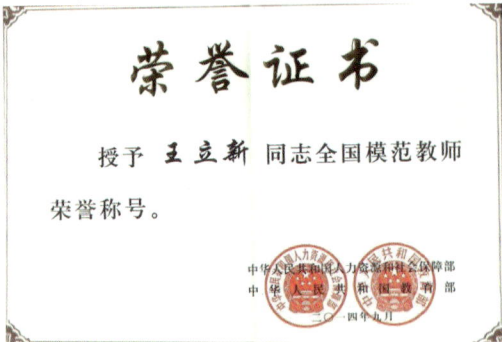

2014年9月，王立新被评为"全国模范教师"

张如意近期发表的部分作品

《滨州教育》对阳信县"三名"工程的
追踪报道

2016年12月，《中国教育报》报道阳信县职业
中专学校文化建设